普通高等教育“十二五”汽车类规划教材

汽车运用工程

主　编　鲁植雄
副主编　赵国柱　侯占峰　宛传平
参　编　邓晓亭　邱　威　王海青
　　　　顾宝兴　张大成　韩　英
　　　　李　和　高　强
主　审　陈　南

机械工业出版社

《汽车运用工程》是一本介绍汽车合理使用方法的专业图书。全书共分12章，主要内容包括：汽车运用基础、汽车动力性、汽车燃料经济性、汽车行驶安全性、汽车通过性、汽车舒适性、汽车环保性、汽车户籍管理与税费、汽车运行材料的合理使用、汽车在特殊条件下的使用、汽车技术状况及其变化和汽车使用寿命。本书内容全面系统，图文并茂。

本书是高等学校交通运输专业、汽车服务工程、车辆工程及相关专业的教学用书，亦可供汽车运输、汽车设计制造、汽车维修管理等工程技术人员阅读参考。

图书在版编目（CIP）数据

汽车运用工程/鲁植雄主编. —北京：机械工业出版社，2015.3（2022.1重印）

普通高等教育“十二五”汽车类规划教材

ISBN 978-7-111-49515-4

Ⅰ.①汽… Ⅱ.①鲁… Ⅲ.①汽车工程－高等学校－教材 Ⅳ.①U46

中国版本图书馆CIP数据核字（2015）第043006号

机械工业出版社（北京市百万庄大街22号 邮政编码100037）

策划编辑：赵海青 责任编辑：赵海青 母云红 丁 锋

版式设计：赵颖喆 责任校对：杨 曦

封面设计：张 静 责任印制：郜 敏

北京富资园科技发展有限公司印刷

2022年1月第1版第4次印刷

184mm×260mm·18.25印张·435千字

5 501—6 000册

标准书号：ISBN 978-7-111-49515-4

定价：46.00元

前　言

随着我国汽车工业的迅速发展，至2013年底汽车保有量已达1.37亿辆，是2003年的5.7倍。汽车已涉及社会生产和人民生活的各个领域和方面，极大地推动了社会进步。正确合理地运用汽车，不仅能提高汽车的动力性和经济性，提高运输效率，还能减少排放，提高行驶安全性。为此，需要研究影响汽车运用效果的各个因素，以科学合理地运用汽车。

本书主要讲授汽车运用条件的特性；汽车使用性能及评价指标；各种汽车运用条件及其运用措施；汽车技术状况变化原因及其影响因素；汽车污染的形成与防治原理、措施；降低汽车油耗的基本原理、措施；汽车润滑材料、轮胎的性能；汽车从销售到报废的管理过程和方法；汽车使用寿命的评价方法等。为了阐明有关理论和实践技术，书中给出了一些必要的数据、规范和标准，并尽量使这些资料能反映目前的汽车技术水平。本书力求突出基本概念、基本理论，内容选择注重少而精。

本书是专为高等学校交通运输专业、车辆工程专业、汽车服务工程专业的“汽车运用工程”课程配套教材而编写的，建议授课学时为48学时。本书也可供从事汽车设计制造、使用、维修、管理等的工程技术人员阅读参考。

本书由南京农业大学鲁植雄担任主编，南京农业大学赵国柱、内蒙古农业大学侯占峰和安徽科技学院宛传平担任副主编。本书第2、3章由赵国柱编写，第4、5章由宛传平编写，第9、10章由侯占峰编写，其余各章由鲁植雄编写。参加本书文字及图片资料整理工作的还有邓晓亭、邱威、王海青、顾宝兴、张大成、韩英、李和、高强。

本书由东南大学陈南教授主审。

本书编写过程中，得到了许多汽车生产企业和维修企业的大力支持和协助，并参阅了大量相关图书和其他文献资料。在此，编者向这些企业和有关文献资料的作者表示衷心的感谢。

为了方便教师授课，编者提供本书的多媒体课件，有需要的读者可登录机械工业出版社网站 http：//www.cmpbook.com 免费下载，或致信于编者邮箱 luzx@njau.edu.cn 索取。

由于编者水平有限，加之经验不足，书中难免存在错误和疏漏之处，恳请广大读者批评指正，并请致信于编者邮箱，编者将认真对待，加以完善。

编　者

目　录

第 1 章

汽车运用基础

1.1 汽车运用条件

汽车运用条件是指影响汽车完成运输工作的各类外界条件。它主要包括社会经济条件、气候条件、道路条件、运输条件和汽车运行技术条件等。

1.1.1 社会经济条件

社会经济条件是指一个国家的经济、社会发展水平及国家管理经济的手段和方式等因素的总和。不同的社会经济条件对汽车运输的组织、汽车的合理利用都有直接的影响。任何一项社会活动，其生产方式都应与社会经济条件相适应，只有这样，这项社会活动才能顺利地实施和进行。

社会经济条件是制约汽车运用的关键要素，我们必须根据不同时期、不同地区的具体条件，合理调整策略，并采用科学的方法及手段做好汽车运用工作，充分发挥其在国民经济中的作用。

1.1.2 气候条件

汽车是全天候运载工具，可以在春夏秋冬、风沙雨雪、晴阴昼夜、酷暑寒冬、潮湿腐蚀等各种气候条件下从事运输工作。气候条件对汽车运用的主要影响因素有：气温、降水量、湿度、风力、风向、大气压力、太阳辐射热等。

1. 气温

我国气候突出的特点是：夏季炎热，冬季严寒，南北温差大。

夏季，如 7 月，除青藏高原和大、小兴安岭外，大部分地区的平均气温在 20℃以上，南方许多地区还超过 35℃。在炎热的夏季行车，发动机容易过热，供油系统易产生气阻；发动机动力下降；轮胎升温快，易爆裂；在没有空调的驾驶室内，驾驶人极易疲劳、困倦，影响行车安全。

冬季，黑龙江省北部地区 1 月平均气温在零下 30℃以下，而南海诸岛却在 20℃以上，南北气温相差超过50℃。0℃等温线大致沿青藏高原的东南边缘向东经秦岭、淮河一带，以该线为界，越向北气温越低，甚至地冻冰封，而该线以南全年不结冰。汽车在寒冷的地区运行，发动机起动困难，冷却液温度偏低，油耗和磨损增加；低温下，塑料、橡胶制品容易变脆变硬；雪天行车视线不清，冰雪路面车轮容易打滑；驾驶操纵条件恶化，极易发生事故。

2. 降水量和湿度

降水量按季节分配明显。全国多数地区降水量集中在5~10月，其中以7、8两月最多。东南沿海和长江中、下游地区，常年温暖潮湿，梅雨季节阴雨连绵，行车视线不清，高速行驶容易发生水滑，还常常遇到塌方、滑坡和泥石流等危险；空气潮湿使车身和裸露的金属零件迅速腐蚀损坏，并使电气设备工作不良。

3. 风力和风向

风力和风向不仅影响行驶阻力和油耗，侧向风还影响行驶稳定性。在干旱地区，风大，沙尘多，各总成因侵入沙尘而使零件磨损加剧。

除气候不同外，还因地形（如山岭、重丘、微丘和平原）和地势（海拔高度）不同影响汽车运用。在高原地区，如海拔达1000m以上时，空气明显稀薄，气压降低，充气系数下降，冷却液易沸腾，发动机易过热，导致功率下降、油耗增加；气压制动系统气压不足，由于频繁使用制动器，造成车轮制动器温度过高，制动能力衰减，以至驾驶人体力消耗大，易出现头晕和四肢无力等现象。另外山区、高原天气变化剧烈，易发生行车事故。

上述不同气候条件对汽车的结构和使用提出了不同的要求，因而，应针对具体的气候和季节条件，使用相应的变型汽车或对标准型汽车进行改造，以提高汽车对气候的适应程度。汽车运输企业还应针对当地的气候特点，合理选用汽车类型，制订相应的技术措施，克服和减少气候条件造成的各种困难，只有这样，才能合理使用汽车，并取得最佳的经济效果。

1.1.3 道路条件

道路条件是指由道路状况决定的，并影响汽车运行的重要因素。它直接影响汽车使用指标的好坏和汽车使用年限的长短。汽车结构、汽车运行工况、汽车技术状况都与汽车运行的道路条件密切相关。道路条件对汽车的运行速度、行驶平顺性及装载质量利用程度等有着极其重要的作用和影响，这种作用和影响，主要来自道路等级和道路养护水平等方面。

1. 道路等级

根据公路的任务、功能和适应的交通量，《公路工程技术标准》（JTG B01—2014）将我国公路分为高速公路、一级公路、二级公路、三级公路和四级公路五个等级。

高速公路为专供汽车分向、分车道行驶并全部控制出入的干线公路。四车道高速公路一般能适应按各种汽车折合成小客车的远景设计年限的年平均昼夜交通量为25000~55000辆的车辆流量要求；六车道高速公路一般能适应按各种汽车折合成小客车的远景设计年限的年平均昼夜交通量为45000~80000辆的车辆流量要求；八车道高速公路一般能适应按各种汽车折合成小客车的远景设计年限的年平均昼夜交通量为60000~100000辆的车辆流量要求。

一级公路一般能适应按各种汽车折合成小客车的远景设计年限的年平均昼夜交通量为15000~30000辆的车辆流量要求，能成为连接高速公路、大城市结合部、开发区的经济带以及边远地区的干线公路；同时可供汽车分向、分道行驶，并能成为部分控制各种车辆出入的公路。

二级公路一般能适应按各种车辆折合成中型载货汽车的远景设计年限的年平均昼夜交通量为3000～7500辆的车辆流量要求，成为连接中等城市的干线公路或通往大工矿区、港口的公路，或交通运输繁忙的城郊公路。

三级公路一般能适应按各种车辆折合成中型载货汽车的远景设计年限的年平均昼夜交通量为1000～4000辆的车辆流量要求，成为沟通县及城镇的集散公路。

四级公路一般能适应按各种车辆折合成中型载货汽车的远景设计年限的年平均昼夜交通量为1500辆以下的车辆流量要求，成为沟通乡、村等地的地方公路。

目前，我国的公路仍不能满足汽车运输的发展需要。截至2012年底，全国公路通车总里程达424万km。截至2013年底，我国高速公路总里程已达104468km，超越了美国的9.2万km，居世界第一。2013年发布的《国家公路网规划（2013—2030年）》提出，未来我国公路网总规模约580万km，其中国家公路约40万km。在40万km的国家公路中，普通公路网26.5万km，国家高速公路网11.8万km。我国已经制定了宏伟的公路发展规划，它的实现将使我国的道路状况发生根本性的转变，对促进我国汽车运输业发展和现代化建设将起到巨大的推动作用。

2. 公路养护水平

公路养护水平的两个评定指标是“好路率”和“养护质量综合值”。根据交通运输部颁布的JTG H20—2007《公路技术状况评定标准》，公路养护质量分为优、良、中、次、差五个等级。评定项目包括龟裂、裂缝、沉陷、车辙、波浪拥包等内容，满分为100分。

好路率和养护质量综合值都与汽车运行无关，但其中的路面平整度却直接与汽车速度、平顺性和总成使用寿命有关。因而，路面平整度可以粗略地表征道路状况，并可用于粗略评价道路对汽车运用影响的程度。路面平整度的评价指标一般采用路面行驶质量指数（RQI）来评价。RQI的计算公式为

$$\mathrm{RQI}=\frac{100}{1+a_0\mathrm{e}^{a_1\mathrm{IRI}}}$$

式中　IRI——国际平整度指数，单位为m/km；

a_0——高速公路和一级公路采用0.026，其他等级公路采用0.0185；

a_1——高速公路和一级公路采用0.65，其他等级公路采用0.58。

国际平整度指数（IRI）可用路面平整度采用路面平整度仪检测，也可用三米直尺检测。路面不平度的人工评定标准见表1-1。

表1-1　路面不平度的人工评定标准

技术等级	优	良	中	次	差
RQI	≥90	≥80，<90	≥70，<80	≥60，<70	<60
三米直尺/mm	≤10	>10，≤12	>12，≤15	>15，≤18	>18
颠簸程度	无颠簸，行车平稳	有轻微颠簸，行车尚平稳	有明显颠簸，行车不平稳	严重颠簸，行车很不平稳	非常颠簸，行车不平稳

1.1.4　运输条件

运输条件是指由运输对象的特点和要求所决定的、影响汽车运用的各种因素。汽车运输

可分为货车运输（简称货运）和客车运输（简称客运）两种类型。

1. 货车运输条件

货车运输条件主要包括货物类别、货物运输量、货运距离、装卸条件、运输类型和组织特点。

1）货物类别。所有被接受运输的商品或物资，从接受承运到交送至收货人为止，统称为货物。货物的分类可有以下几种方法。

① 按装卸方法分

堆积货物——没有包装的、不能计点个数的货物，如：煤、土、砂等。

计件货物——可以计点个数的货物，可有包装或无包装。

罐装货物——无包装的液体货物，通常用自卸罐车运输。

② 按运输和保管条件分

普通货物——无特殊要求，可用通用车辆运输的货物。

特殊货物——在运输过程中必须采用特别措施，才能保证其无损的货物。特殊货物又分为特大、沉重、超长、危险、易腐货物等。

③ 按货物批量分

大批货物——一次运输数量大的货物。

小批货物——少量运输的货物。

2）货物运输量。货物运输量（简称货运量）是指在货物运输中，完成或需要完成的货物数量（t）。

货物周转量——在货物运输中，完成或需要完成的运输工作量（t·km）。

货物运输量——货运量和货物周转量的总称。

3）货运距离。货物运输由装货点到卸货点间的距离。货运距离（简称运距）是主要的运输条件之一，很大程度上决定了运输车辆的利用效率，并对汽车的结构和性能提出了许多要求。

4）货物装卸条件。货物装卸条件决定汽车装卸货物的停歇时间、装卸货物的劳动量和费用，从而在很大程度上影响汽车的运输生产成本。运距越短，装卸条件要求应越好。

5）运输类型及组织特点。货物运输类型有多种分类方法，如短途货运、长途货运、城市货运、城间货运、营运货运、自用货运、分散货运和集中货运等。

货运的组织特点主要取决于汽车运行路线。

2. 客车运输条件

客运对汽车使用性能最基本的要求是为乘客提供最佳的方便性。

我国人口密度大，应分别为市内客运和公路客运配备不同结构形式的汽车。市区公共汽车适于采用车厢式的多站位车身，座位与站立位置之比为1:2，通道要宽，车门数目要多，车厢地板位置要低。为适应乘客高峰时满载的需要，客车要有较高的动力性。为适应市区道路特点，还要操纵轻便。城市间公路客车，要有较高的行驶速度和乘客乘坐舒适性，有的还需要配备长途卧铺；同时，座位要宽大舒适，椅背可调成半仰位置，车门数目比较少，其他辅助设备要齐全。计程车则与乘客的消费水平有关，应有一定比例的低、中、高档车满足不同消费层次乘客的需要。这些都与当时的社会环境条件有关。

除了货运和客运汽车，还有一部分是特种用途汽车，其中包括：公共事业用车、环境卫生车、消防车、救护车、流动修理车、流动售货车、冷藏运送车、建筑工程车（如沥青摊铺车、平地车、压缩空气车、混凝土搅拌车）等，这些特种用途汽车的结构都是根据工作需要和工作现场的条件确定的。

1.1.5 汽车运行技术条件

1. 机动车安全运行技术条件

为保证汽车的安全行驶、运行可靠，机动车运行必须符合国家标准 GB 7258—2012《机动车运行安全技术条件》的规定。其中主要技术条件（部分）如下。

1）汽车外观整洁，装备齐全，紧固可靠，各部件应完好，并具有正常的技术性能。

2）发动机动力性能良好，运行平稳，不得有异响；燃润料消耗正常；无漏油、漏水、漏气、漏电现象。

3）底盘各总成连接牢固，无过热、无异响，性能良好，各润滑部位不缺油，钢板弹簧无断裂或错开现象，轮胎气压正常，汽车、挂车连接和防护装备齐全、可靠。

4）转向轻便灵活，转向节及转向节臂、横拉杆和直拉杆及球销不得松旷且性能良好，前轮定位符合要求。

5）汽车制动性能符合规定，挂车与牵引车意外脱离后，挂车应能自行制动，牵引车的制动仍然有效。

6）客车车厢、货车驾驶室内不进尘土、不漏雨；门窗关闭严密、开启灵活；风窗玻璃视线清晰；客车座椅齐全整洁、牢固；货车车厢无漏洞，栏板销钩牢固、可靠。

7）汽车的噪声及废气排放应符合有关规定。

8）灯泡、信号、仪表和其他电气设备应配备齐全，工作正常、可靠。

2. 汽车危险货物运输规则

汽车运载易爆、易燃、有毒、放射性等危险货物时，必须符合《汽车危险货物运输规则》（JT 617—2004）的规定。危险货物运输车的特殊要求如下。

1）专门用于运送易燃和易爆物品的危险货物运输车应备有消防器材并具有相应的安全措施，排气管应装在罐体/厢体前端面之前并且不高于汽车纵梁上平面的区域，安装符合 GB 13365—2005《机动车排气火花熄灭器》的规定，机动车尾部应安装接地装置。

2）罐式危险货物运输车的罐体顶部应设置具有足够强度的倾覆保护装置，且该装置应装备有能将积聚在其内部的液体排出的排放阀；罐体顶部的管接头、阀门及其他附件的最高点应低于倾覆保护装置的最高点至少 20mm。

3）罐式危险货物运输车的罐体及罐体上的管路和管路附件不得超出汽车的侧面及后下部防护装置，罐体后封头及罐体后封头上的管路和管路附件与后下部防护装置的纵向距离应大于等于 150mm。

3. 特种货物运输运行技术条件

汽车装载散装、粉尘、污秽货物时，应使用密闭车厢或加盖篷布，以免洒漏，污染环境。

4. 特殊条件下汽车运行技术条件

汽车在等外道路、危险渡口和桥梁上通过时，在遇有临时开沟、改线、水毁、塌方、冰坎、翻浆等情况时，必须采取确实有效的技术措施，以保障行车安全。

汽车驾驶操作水平明显地影响汽车零件磨损、燃料经济性和污染物排放率。熟练的驾驶人在平路、下缓坡等有利条件下，能够经常保持车速稳定或滑行状态，很少采取紧急制动措施。正确和熟练的驾驶操作不但能保证汽车安全运行，而且能将汽车行驶的技术速度提高15%～20%，延长汽车大修里程40%～50%，在相同的交通和道路条件下可节约燃料20%～30%。

1.2 汽车使用性能的评价指标

汽车的使用性能是指汽车能适应使用条件而发挥最大工作效率的能力。它是汽车选型配备的主要依据，也是汽车运用的先决条件。

汽车技术水平的高低，主要由汽车性能的优劣显示，而在汽车使用中评价汽车性能的好坏，必须先给定使用条件，在此条件下方可分析汽车的技术性能与使用条件是否相适应。所以，汽车的使用性能好，即表示汽车对具体的使用条件是适应的；反之，即为不适应。

汽车的主要使用性能指标见表1-2。

表1-2 汽车的主要使用性能指标

使用性能		量标及评价参数
容载量		额定装载质量（t），单位装载质量（t/m^3），货厢单位有效容积（m^3），货厢单位面积（m^2/t），座位数和可站立人数
动力性		最高车速，加速能力，爬坡能力，平均行驶速度
使用方便性	操纵轻便性	每百公里平均操纵作业次数，操作力（N），驾驶人座椅可调程度，照明、灯光、视野、信号完好
	出车迅速性	汽车起动暖车时间
	乘客上下车和货物装卸方便性	车门和踏板尺寸及位置，货厢地板高度，货厢栏板可倾翻数，有无随车装卸机具
	可靠性和耐久性	大修间隔里程，主要总成的更换里程，可靠度，故障率，故障停车时间
	维修性	维护和修理工时，每千公里维修费用，对维修设备的要求
燃料经济性		最低燃料消耗量，平均最低燃料消耗量
环保性		噪声级，排放量，电波干扰
通过性		汽车最低离地间隙，接近角，离去角，纵向通过半径，前、后轴荷分配，轮胎花纹及尺寸，轮胎对地面单位压力，前、后轮辙重合度，低速档的动力性，驱动轴数，最小转弯半径
行驶安全性	稳定性	纵向倾翻条件，横向倾翻条件
	制动性	制动效能，制动效能恒定性，制动时方向稳定性
乘坐舒适性	平顺性	振动频率，振动加速度及变化率，振幅

1.2.1 容载量与质量利用

1. 容载量

容载量与装载质量、车厢尺寸、货物密度、座位数和站立乘客的地板面积等有关。载货汽车的容载量常用比装载质量（t/m^3）和装载质量利用系数评价。

$$比装载质量 = \frac{汽车装载质量}{车厢容积}$$

$$装载质量利用系数 = \frac{货物容积质量(t/m^3) \times 车厢容积(m^3)}{额定装载质量(t)}$$

比装载质量、装载质量利用系数表征了汽车结构对各种货物需要的适应能力。它决定了某车型装载何种货物能够装满车厢，或能充分地利用汽车的全部装载能力。普通货车装载密度低的货物时，不能充分利用汽车的装载质量。为了避免汽车超载，不宜通过增加栏板高度来适应轻泡货物的需要，汽车栏板的标准设计高度一般约在600mm以下。汽车装载质量越大，越不适合装载密度低的货物。

2. 质量利用

汽车的质量利用表征了汽车整备质量与装载质量之间的关系，以整备质量利用系数表示。

$$整备质量利用系数 = \frac{装载质量}{整备质量}$$

整备质量利用系数是衡量现代载货汽车制造技术进步的重要指标之一。除了不断完善汽车结构和制造技术外，降低汽车整备质量的主要途径是利用轻型材料，特别是应用强度高、质量轻的高强度铝合金和复合塑料。

汽车整备质量利用系数随装载质量的增加而提高，轻型货车约为1.1，中型货车约为1.35，重型货车约为1.3~1.7。平头汽车的整备质量利用系数一般比长头汽车高。由货车改形的自卸汽车，因改装后整备质量增加，整备质量利用系数比基本型汽车低。

1.2.2 汽车的使用方便性

汽车的使用方便性是汽车的一项综合使用性能，用于表征汽车在运行过程中，驾驶人和乘客的舒适性和疲劳程度，以及对保证运行货物完好无损和装卸货物的适用性。

1. 操纵轻便性

操纵轻便性是指驾驶人在驾驶汽车的过程中劳动强度的高低。评价指标通常为驾驶人施于操纵机构的力、汽车运行时驾驶人的操纵次数、工作装置的位置和装备情况、视野及后视镜的装置情况、照明及信号装置是否完善等。

驾驶人的操作次数通常用换档、踏离合器和制动踏板的次数表征。驾驶操作次数是通过在该类车常见路况下，在典型道路上的使用试验确定，并将试验路段上各类操作次数换算为100km行程的操作次数。一般选用多辆同型号汽车进行试验，以排除驾驶人技术水平和操作习惯差异的影响。

驾驶人座椅的构造和操纵杆件的配置是否舒适方便，也影响汽车使用方便性。适当增加驾驶座椅的高度，减小坐垫与靠背的倾角，可显著改善驾驶人劳动条件。为了保证不同身高的驾驶人都能有适合的驾驶操作姿势，驾驶座椅设计成可沿着水平和垂直方向调节式，并且座椅和靠背的倾角也可调节，即驾驶座椅应具有多维调节的功能；同时，转向盘的位置还应按照驾驶人的需要调节。

为了提高汽车的操纵轻便性，各种操纵机构应有良好的接近性，应设置速度、机油压力、油和冷却液温度、燃料消耗量以及电参数等的显示仪表。当控制参数进入临界值时，发出声、光信号，以便驾驶人及时掌握汽车状况。控制显示仪表应具有必需的显示精度，以利于驾驶人观察。

为了改善驾驶人的工作环境，提高劳动效率，在驾驶室内应设空调及采暖通风装置。

驾驶人的视野性能主要取决于座椅的布置、高度以及坐垫和靠背的倾角，车窗尺寸、形状、布置和支柱的结构等。

2. 出车迅速性

出车迅速性是指汽车开动前必须准备的时间长短，它主要取决于发动机的起动性。我国有关标准规定，不采用特殊的低温起动措施，汽油机在 -10℃、柴油机在 -5℃以下的气温条件下，起动时间应不大于15s。

汽车在低温条件下使用时发动机起动困难，尤其是柴油机，由于起动阻力大、起动转速高等原因，低温起动性能更差。如果汽车为露天停放，除使用中应采取预热等措施外，选购汽车时应考虑柴油机是否有改善起动性能的起动辅助装置，例如独立预热装置、起动液喷射器、电热塞及进气管火焰加热器等。

3. 乘客上下车方便性

乘客上下车方便性作为使用方便性之一，影响城市公共汽车站点的停车时间，从而影响汽车的线路运行时间。乘客上下车的方便性，主要取决于车门的布置和踏板的结构参数。

对于轿车，主要取决于车门支柱的布置。特别是两门轿车，保证后座出入方便尤其重要。车门支柱倾斜适当，可改善乘客出入的方便性。

对于客车，主要取决于踏板高度、深度、级数、能见度及车门的宽度。踏板高度和深度应与日常生活中所习惯的楼梯台阶相同。有的城市公共汽车，为了方便残疾人轮椅和童车的上下，将踏板设计成高度可调或自动升降式。

4. 装卸货物方便性

装卸货物方便性是指汽车对装卸货物的适应性。它用汽车装卸所耗费的时间和劳动力评价。

装卸货物方便性的结构因素主要包括：货厢和车身地板的装卸高度；从一面、两面、三面或上面装卸货物的可能性；厢式车车门的构造、布置和尺寸；有无随车装卸装置及其效率。

在载货汽车的技术规格中，一般不给出货厢地板的高度，但此参数在汽车使用中很重要，尤其在人工装卸或货物批量小的场合，货厢地板的高度越大，装货时间和劳动力消耗就越大。目前，对汽车货厢地板高度尚无统一的标准和要求。在机械化装卸的场合，货厢地板高度对装卸效率无明显影响。

通用栏板汽车可在三面进行装货，它较单门厢式汽车，栏板货厢汽车易于适应装卸货点的需要，可减少在装卸点的掉头时间。

5. 汽车的可靠性和耐久性

汽车的可靠性和耐久性是评价汽车技术水平的综合性的使用性能。

1）汽车的可靠性。汽车的可靠性是指汽车在规定的条件下和规定时间内，完成规定功能的能力。

汽车的可靠性主要取决于零件的刚度，主要部件结构的合理性，机构调整的稳定性，主要机构总成的技术水平、制造工艺水平和质量，以及使用水平（驾驶水平、汽车维修技术水平和质量）。

汽车可靠性的常用指标有：平均首次故障里程、平均故障间隔里程、故障率和当量故障率。

2）汽车的耐久性。汽车的耐久性是指汽车在规定的使用和维修条件下，达到某种技术或经济指标极限时完成规定功能的能力。

汽车极限技术状况是汽车技术状况参数达到了技术文件规定的极限值的状况。

汽车的耐久性一般用汽车从投入使用到进入极限状况时的总行程或使用延续期表示。

汽车耐久性的评价指标主要有：第一次大修前的平均行程（大修里程）、大修间的平均行程（大修间隔里程）和 $\gamma\%$ 行程。

$\gamma\%$ 行程是指汽车以 $\gamma\%$ 的概率使用到极限状况的行程，如80%的汽车第一次大修里程不低于 2×10^5 km，又称为80%的耐久性（寿命）。

大修间隔里程是指汽车两次大修之间的行程，主要是用来考核评价汽车大修的质量。在修理技术水平和配件供应水平相等的条件下，汽车大修间隔里程取决于汽车原有的技术水平。

3）汽车的使用寿命。汽车的使用寿命是指新车开始使用，直至注销为止的总使用时间（或行程），分为技术使用寿命、经济使用寿命和合理使用寿命。

汽车运行到完全不可用的状况，在技术上无法恢复（不含更换基础件）其工作能力时总的使用延续期或总行程，称为汽车的技术使用寿命。

汽车在使用过程中有了严重耗损，若经修复继续使用，经济上不如重置使用同类新型汽车合算，即注销报废时，所运行的总时间或总行程，称为汽车的经济使用寿命。

汽车合理使用寿命是考虑国民经济的承受能力和整个社会的节约原则所确定的汽车使用寿命。

汽车合理使用寿命大于经济使用寿命，小于技术使用寿命。

6. 汽车的维修性（维修适应性）

汽车的维修性是指汽车在规定的条件下和规定的时间内，按规定的程序和方法维修时，保持或恢复到完成规定功能的能力。

决定汽车维修性的结构特性主要有：要求定期维护（润滑、紧固、调整和技术状况检测）点的数量；要求维护的部件、机构的易接近性：总成和部件的连接方式，单独拆卸、更换总成的可能性，总成部件在整车中紧固的简便性，取下沉重总成的简便性；总成和部件拆装的简便性；易损件更换和修理的简便性；同一总成中各零件具有等寿命和相等的耐磨性；零部件规格的统一和互换性，以及采用的工具、器具和润滑材料规格的统一和互换性。

汽车维修性的评价指标包括技术利用系数、完好率、修复率、维护周期等。

1.2.3 汽车动力性

汽车动力性是指汽车在良好路面上直线行驶时由汽车受到的纵向外力决定的，所能达到的平均行驶速度。它表示了汽车以最大可能的平均行驶速度运送货物或乘客的能力。汽车动力性是汽车各种使用性能中最重要、最基本的性能。

汽车动力性评价指标主要有最高车速、加速能力、最大爬坡度、平均技术速度、比功率与比转矩等。

1. 汽车的最高车速 v_{max}

汽车的最高车速 v_{max} 是指汽车满载，在水平良好的路面（混凝土或沥青路面）上行驶时所能达到的最高行驶速度。

2. 汽车的加速能力

汽车的加速能力通常以原地起步加速时间和超车加速时间 t 表示。原地加速时间是指汽车用1档（或2档）起步，以最大的加速度连续换至最高档后，达到某一预定车速所需的时间。超车加速时间是指用最高档或次高档由某一车速全速加速到某一高速所需要的时间。

3. 最大爬坡度 i_{max}

汽车的最大爬坡度 i_{max} 是指汽车满载时，不拖挂，在良好路面上以1档所能通过的最大道路坡度。

4. 平均技术速度

即汽车行驶时间内的平均速度，计算时不包括装卸物质、上下乘客、排除技术故障的停驶时间，但包括遵守交通法规必须停车的时间。

5. 比功率与比转矩

比功率是指汽车的发动机最大功率与汽车的总质量之比。比转矩是指汽车的发动机最大转矩与汽车的总质量之比。对于用途不同的汽车，比功率和比转矩的要求是不相同的，轿车比货车的要求高。

1.2.4 汽车燃料经济性

汽车在一定的使用条件下，用最少的燃料消耗完成单位运输工作的能力，称之为汽车燃料经济性。燃料经济性是汽车使用经济性能的一个很重要的指标，它对汽车运用的效果有决定性影响。燃料费用一般占汽车运输成本的20%～30%，所以降低汽车的燃料消耗是减少使用费用支出的主要途径之一。

燃料经济性的评价指标通常是用在规定条件下行驶单位里程所消耗的燃料量表示，单位为升/公里（L/km）或升/百公里（L/100km），一般称之为百公里油耗。在国外，也有用每燃烧单位体积燃料汽车行驶的里程数表示，单位为公里/升（km/L）或英里/加仑（mile/gal），以及用每升油耗的行程（km/L）来表示。运输企业也用运送单位质量的货物至单位里程所消耗的燃料量表示汽车燃料经济性，单位为升/百吨公里（L/100t·km）或千克/百吨公里（kg/100t·km）。此评价参数不仅表示了燃料消耗量，还表示了运输的效率，便于比较不同装载质量的汽车燃料经济性。

1.2.5 汽车环保性

汽车环保性是指汽车对环境的危害程度。汽车对环境的危害主要有汽车排放污染物、汽车噪声和电磁干扰。

汽车排放污染物是指排气管或其他部位排放出的污染物，包括CO、HC、NO_x、铅化物及炭烟等。汽车噪声主要包括发动机的噪声、排气噪声、车体振动噪声、传动装置噪声及轮胎噪声等。

1.2.6 汽车通过性

汽车通过性是指在一定载质量下，不用其他辅助措施，能以足够高的平均车速通过各种坏路及无路（松软的土壤、沙漠、雪地、沼泽等）地带和克服各种障碍物（陡坡、侧坡、台阶、壕沟等）的能力。

表征汽车通过性能的主要指标有汽车的几何通过性（轮廓通过性）及支承通过性（力学通过性）、机动性，同时汽车通过性还与汽车动力性、平顺性、稳定性等参数有关。

1.2.7 汽车行驶安全性

汽车以最小的交通事故概率和最少的公害适应使用条件的能力，称为汽车的安全性。

安全性是汽车的重要使用性能之一（节能、降污、安全是汽车使用所必须具备的能力），它直接关系到人们的生命和健康，以及汽车和运输货物的完好。汽车的速度性能发挥如何，很大程度上取决于汽车的安全性能是否达到标准，特别是随着汽车保有量的日益增加和汽车速度的提高，人们对汽车的安全性要求也愈来愈严格。如20世纪90年代日本提出的ASV（Advanced Safety Vehicle）就是一种在传统安全技术的基础上，装备先进电子技术的高度智能化安全汽车。它主要采用了安全预防技术、事故避免技术、减少损伤和碰撞后伤害与防护技术，是汽车安全技术研究应用的代表。

汽车的安全性是由一系列结构性能组合体现的。我国汽车强制性标准分为三大部分，即：安全、污染控制和节能，其中安全性标准项目包括主动安全、被动安全和防火安全。

汽车行驶安全性主要包括操纵稳定性和制动性两大方面。

1.2.8 汽车的乘坐舒适性

汽车的乘坐舒适性是以驾驶人及乘客的感觉为评价标准的综合适用性能。影响舒适性的主要因素是汽车的平顺性及设施的完善性。

汽车行驶平顺性是避免汽车在行驶过程中所产生的振动和冲击，使人感到不舒服、疲劳，甚至损害健康，或者使货物损坏的性能。它不仅关系到乘客的舒适及货物的完整无损，还关系到运输效率、燃料经济性及汽车的可靠性。

汽车行驶平顺性的评价方法，通常是根据人体的生理反应及对货物保持完整性的影响来制订的，并且用表征振动的物理量，如频率、振幅、加速度变化率等作为行驶平顺性的指标。

评价汽车设施的完善性着重于以下几方面：车身的类型，座椅的材质、尺寸、布置是否合理，车内通风、保暖、隔音及照明设备的状况，以及车身的防尘、防雨性能等。

1.3 汽车运输效率的评价指标

1.3.1 汽车运输效率的统计指标

汽车运输过程指利用汽车使货物或旅客的位置发生转移的过程。通过运输，货物或乘客被移动一定距离，即完成运输工作。

1. 运量

汽车在每一个运输过程中，所运送的货物量称为货运量（t）；所运送的乘客人数称为客运量（人次）。客运量和货运量统称为运量。

2. 周转量

周转量指运量与货物或乘客所移动的距离之积，单位为t·km或人·km。

3. 运输量（或产量）

运输量（或产量）是汽车运输所完成的运量及周转量的统称。运输量（或产量）包括运量和周转量两种指标。

4. 单车产量

单车产量指运输企业在统计期内平均每辆汽车所完成的周转量（t · km 或人 · km）。

5. 车吨（客）位产量

车吨（客）位产量指运输企业在统计期内平均每吨（客）位所完成的周转量（t · km 或人 · km）。

6. 车日

车日指运输企业的营运汽车在企业内的保有日数。在统计期内，企业所有营运汽车的车日总数，称为总车日（记为 D）；根据汽车的技术状况和工作状况，总车日 D 分为完好车日 D_a 和非完好车日 D_n；完好车日 D_a 包括工作车日 D_d 和待运车日 D_w；非完好车日则包括维修车日 D_m 和待废车日 D_b。由于待运车日、维修车日和待废车日中，汽车均处于非运输工作状态，因而称为停驶车日（记为 D_p）。其营运车日构成见表 1-3。

表 1-3　营运车日构成

<table>
<tr><td rowspan="2">运营总车日（D）</td><td>完好车日 D_a</td><td>待运车日 D_w
工作车日 D_d</td></tr>
<tr><td>非完好车日 D_n</td><td>维修车日 D_m
待废车日 D_b</td></tr>
</table>

7. 车时

车时指营运汽车在企业内的保有小时数。企业所有营运汽车的车时总数，等于营运汽车与其在企业保有小时数的乘积。

按照汽车的技术状况和工作状况，总车时 T 可分为工作车时 T_d 和停驶车时 T_p。汽车在运输工作中具有行驶和停歇两种状态，所对应的车时分为行驶车时 T_t 和停歇车时 T_s。行驶车时 T_t 包括重车行驶车时 T_{tl} 和空车行驶车时 T_{tv}。根据引起汽车停歇的原因，停歇车时 T_s 包括装载车时 T_l、卸载车时 T_u、技术故障车时 T_{st} 及组织故障车时 T_{so}。依据导致汽车停驶的具体原因，停驶车时 T_p 可分为维修车时 T_p、待运车时 T_w 和待废车时 T_b。营运总车时的构成见表 1-4。

表 1-4　营运总车时构成

<table>
<tr><td rowspan="3">营运总车时 T</td><td rowspan="2">工作车时 T_d</td><td>行驶车时 T_t</td><td>重车行驶车时 T_{tl}
空车行驶车时 T_{tv}</td></tr>
<tr><td>停歇车时 T_s</td><td>装载车时 T_l
卸载车时 T_u
技术故障车时 T_{st}
组织故障车时 T_{so}</td></tr>
<tr><td colspan="2">停驶车时 T_p</td><td>维修车时 T_p
待运车时 T_w
待废车时 T_b</td></tr>
</table>

1.3.2　汽车利用程度的评价指标

1. 时间利用指标

评价时间利用程度的常用指标有完好率、工作率和车时利用率等。

1）完好率。汽车的完好率 α_a 是指统计期内企业营运汽车的完好车日 D_a 与总车日 D 之比，其反映了运输过程中对营运汽车总车日利用的最大可能性。

$$\alpha_a = \frac{D_a}{D} \times 100\%$$

影响汽车完好率的因素有汽车的技术性、汽车的使用合理性、汽车的维修组织和维修质量、处理报废汽车的及时性等。

2）工作率。汽车的工作率 α_d 是指统计期内企业营运汽车的工作车日 D_d 与总车日 D 之比，其反映了运输过程中对营运汽车总车日的实际利用程度。

$$\alpha_d = \frac{D_d}{D} \times 100\%$$

影响汽车工作率的因素除汽车完好率及天气、道路交通等因素以外，还与运输工作的组织及管理水平有关。

3）总车时利用率。汽车的总车时利用率 ρ 是指统计期内，营运汽车的工作车日内的工作车时 T_d 与总车时之比，其反映了汽车工作车日中出车时间所占的比例。

$$\rho = \frac{T_d}{24D_d} \times 100\%$$

单辆汽车在一个工作日内总车时利用率为

$$\rho = \frac{T_d}{24} \times 100\%$$

影响汽车总车时利用率的主要因素是运输工作的组织管理水平。例如，合理组织、合理调度货源和采用多班制等均可提高汽车的总车时利用率。

4）工作车时利用率。汽车的工作车时利用率 δ 是指统计期内营运汽车在运输过程中的行驶车时 T_t 与工作车时 T_d 之比，其反映了汽车行驶所用时间占工作时间的比例。

$$\delta = \frac{T_t}{T_d} \times 100\% = \frac{T_d - T_s}{T_d} \times 100\%$$

影响汽车工作车时利用率的主要因素是运输工作组织水平及装卸机械化水平。

2. 速度利用指标

速度利用指标主要有技术速度、营运速度、运送速度、平均车日行程等。

1）技术速度。技术速度 v_t 是指汽车在行驶车时内的平均速度（km/h），数值上等于汽车驶过的距离 L（km）与汽车行驶车时 T_t（h）之比。

$$v_t = \frac{L}{T_t}$$

影响技术速度的主要因素包括汽车结构和性能、道路交通状况、驾驶技术、气候条件及运输组织水平等。

2）营运速度。营运速度 v_d 是指汽车在工作车时内的平均速度（km/h），数值上等于汽

车驶过的距离 L（km）与汽车行驶车时 T_d（h）之比。

$$v_d = \frac{L}{T_d} = \frac{L}{T_t + T_s}$$

营运速度的主要影响因素有汽车的技术速度、运输距离、运输组织和装卸机械化水平等。

3）运送速度。运送速度 v_c 是指汽车运送货物或乘客的平均行驶速度（km/h），用以表示客、货运送的快慢，数值上等于汽车驶过的距离 L（km）与汽车行驶车时 T_c（h）之比。

$$v_c = \frac{L}{T_c}$$

运送时间也称在途时间。乘客的在途时间包括汽车在途中的行驶时间及途中乘客上、下车的停歇时间，但不包括汽车在起点站和终点站等待上、下乘客的时间；货运则不包括起运地点和到达地点的装卸货停歇时间。

影响运送速度的主要因素有汽车技术速度、运输组织水平、途中乘客乘车秩序和货物紧固及包装状况等。

4）平均车日行程。平均车日行程$\overline{L_d}$是指统计期内平均每一个工作车日汽车所行驶的里程，数值上等于汽车统计期工作车日内的总行程$\sum L$(km）与工作车日 D_d 之比。

$$\overline{L_d} = \frac{\sum L}{D_d}$$

影响平均车日行程的主要因素有汽车的技术速度以及汽车的时间利用程度。

3. 行程利用指标

汽车的行程利用指标也称行程利用率（β），是指统计期内汽车的载重行程 L_l（km）与总行程 L（km）的比值，反映了汽车总行程的有效利用程度。

$$\beta = \frac{L_l}{L} \times 100\%$$

总行程等于载重行程与空车行程之和。空车行程包括空载行程和调空行程，前者是指由卸载地点空驶至下一个装载地点的行程；后者是指由停车场（库）空驶至装载地点，或由最后一个卸载地点空驶回停车场（库）以及空车开往加油站、维修点进行加油、维修的行程。

提高汽车的行程利用指标，是提高运输工作生产率和降低运输成本的有效措施。这是因为，尽管可以通过汽车的时间和速度利用指标的提高使汽车的行驶里程增加，但汽车运输的最终目的是运送货物或乘客。

影响行程利用指标的主要因素有客、货源及运送目的地分布、运输组织水平、汽车对不同运输对象的适应能力等。

4. 载重（客）量利用指标

载重（客）量利用指标用于反映汽车载重（客）能力的有效利用程度，常用的指标有载重（客）量利用率和实载率。

1）载重（客）量利用率。载重（客）量利用率 γ 是指汽车实际完成的运输周转量与汽车在载重行程额定载重（客）量得以充分利用时所能完成的运输周转量之比，表示汽车在载重行程额定载重（客）量的利用程度。其中，载重量利用率又称为动载重量利用率；载客量利用率又称满载率。

$$\gamma = \frac{\sum P}{\sum P_o} \times 100\% = \frac{\sum (qL_1)}{\sum (q_o L_1)} \times 100\%$$

式中 $\sum P$——统计期内实际完成的运输周转量之和，单位为t·km或人·km；

$\sum P_o$——统计期内，若载重行程汽车额定载重（客）量充分利用时所能完成的运输周转量，单位为t·km或人·km；

q——汽车的实际载重（客）量，单位为t或人；

q_o——汽车的额定载重（客）量，单位为t或人。

一个运次中，载重行程 L_1 为固定值。因此

$$\gamma = \frac{q}{q_o} \times 100\%$$

影响载重（客）量利用率的主要因素有货（客）流特性、运距、汽车容量及对运输任务的适应性、运输组织水平等。

2）实载率。实载率 ε 是指汽车实际完成的运输周转量与汽车在总行程中载重（客）量得以充分利用时所能完成的运输周转量之比，其表示汽车总行程中额定载重（客）量利用程度。

$$\varepsilon = \frac{\sum (qL_1)}{\sum (q_o L_1)} \times 100\%$$

注意到 $L = L_1/\beta$，则

$$\varepsilon = \frac{\beta \sum (qL_1)}{\sum (q_o L_1)} \times 100\% = \gamma\beta$$

由此可见，实载率综合反映了汽车行程利用率 β 和载重（客）量利用率 γ 对运输过程的影响。

1.3.3 汽车运输生产效率的评价指标

评价汽车运输生产效率的指标是汽车的运输生产率，提高运输生产率是汽车运输企业的基本任务之一。运输生产率是指单位时间内运输汽车所完成的产量。

1. 工作生产率

1）对于货车。载货汽车工作生产率是指平均每工作车时汽车所完成的货运量或周转量，用以评价汽车在工作时间内的生产效率。

一般情况下，载货汽车的运输工作是以运次为基本运输过程进行组织的。一个运次内的货运量 Q_c(t) 和周转量 P_c(t·km) 分别为

$$Q_c = q_o \gamma$$

$$P_c = Q_c L_1 = q_o \gamma L_1$$

式中 L_1——平均到一个运次的载重行程，单位为km。

完成一个运次的工作车时 T_c(h) 为完成该运次的行驶时间 T_t(h) 和停歇时间 T_s(h) 之和。其中，汽车在一个运次中的停歇时间主要包括装卸货物而停歇的时间，即

$$T_c = T_t + T_s = L_1/\beta v_t + T_s$$

单位工作车时完成的货运量 W_q（t/h）和周转量 W_p（t·km/h）分别为

$$W_q = \frac{Q_c}{T_c} = \frac{q_o\gamma}{\dfrac{L_1}{\beta v_t} + T_s}$$

$$W_p = \frac{P_c}{T_c} = \frac{q_o\gamma L_1}{\dfrac{L_1}{\beta v_t} + T_s}$$

2）对于客车。汽车客运的工作生产率是指平均每工作车时汽车所完成的客运量或周转量，用以评价客运汽车在线路上工作时间内的利用效率。

汽车客运含市内公共汽车运输和公路客运两类，一般以单程为基本运输过程进行组织，其共同特点是在一个单程内，乘客在沿途各停车站上、下车而使汽车在各路段的实际载客人数有所不同。在一个单程内，汽车实际完成的客运量 Q_n（人次）和周转量 P_n（人·km）分别为

$$Q_n = q_o\gamma\eta_a$$

$$P_n = Q_n L_p$$

式中　γ——满载额；

q_o——额定载客人数，单位为人；

η_a——乘客交替系数；

L_p——平均运距，单位为 km。

平均运距 L_p 是指统计期内所有乘客的平均乘车距离；乘客交替系数 η_a 是指在一个单程内，各路段平均载客客位中，每客位实际运送的乘客人数，以单程的路线长度 L_n 与平均运距 L_p 之比表示

$$\eta_a = \frac{L_n}{L_p}$$

客运汽车完成一个单程的工作车时 T_n（h）包括行驶时间 T_t（h）和在沿途各站的停歇时间 T_{ns}

$$T_n = T_t + T_{ns} = \frac{L_n}{\beta v_t} + T_n$$

这样，客运汽车平均每工作小时完成的客运量 W_q（人次/h）和周转量 W_p（人·km/h）分别为

$$W_p = \frac{C}{T_n} = \frac{q_o\gamma\eta_a}{\dfrac{L_n}{\beta v_t} + T_{ns}}$$

$$W_q = \frac{P_n}{T_n} = \frac{q_o\gamma\eta_a L_p}{\dfrac{L_n}{\beta v_t} + T_{ns}} = \frac{q_o\gamma L_n}{\dfrac{L_n}{\beta v_t} + T_{ns}}$$

比较客、货运生产率计算公式，以每小时运量为单位的客运生产率公式中多了一项乘客交替系数 η_a，这是由客运以单程为基本运输过程，乘客在沿途有上、下车这一特点决定的。以每小时周转量为单位的客运生产率公式与货运生产率公式在形式上一致，但各影响因素的含义因运送对象的不同而有差异。

实际上，在货运中也有以单程为基本运输过程的运输形式，如邮件及其他小批货物的分

发和集中。此时，以每小时货运量为单位（t/h）的生产率公式与以每小时客运量为单位（人次/h）的客运生产率公式相似。

3）对于出租车。出租汽车客运一般按运次为基本运输过程组织，每运次所用时间包括：收费里程 L_g（km）的行驶时间、不收费里程 L_n（km）的行驶时间、收费停歇时间 T_g（h）和不收费停歇时间 T_n。出租汽车的工作车时 T_d（h）为

$$T_d = \frac{L_g + L_n}{v_t} + T_g + T_n$$

出租汽车的行程利用率 β（也称收费行程系数）定义为收费行程 L_g 与总行程 L 之比，表明出租车总行程的利用程度。

$$\beta = \frac{L_g}{L} = \frac{L_g}{L_g + L_n}$$

因此，T_d 可表示为

$$T_d = \frac{L_g}{\beta v_t} + T_g + T_n$$

出租汽车单位工作时间内完成的收费行程 W_l（km/h）和收费停歇时间 W_t（h/h）分别为

$$W_l = \frac{L_g}{T_d} = \frac{L_g}{\dfrac{L_g}{\beta v_t} + T_g + T_n}$$

$$W_t = \frac{T_g}{T_d} = \frac{T_g}{\dfrac{L_g}{\beta v_t} + T_g + T_n}$$

2. 总生产率

1）对于货车。载货汽车总生产率是指平均每总车时（在册车时）汽车所完成的货运量或周转量，用于评价汽车在企业在册时间内的生产效率和运用效果。

在统计期平均每一总车时内，汽车在线路上的实际工作车时 T'_d(h) 为

$$T'_d = \frac{D_d T_d}{24D} = \frac{D_d}{D}\frac{T_d}{24} = \alpha_d \rho$$

因此，载货汽车每一总车时完成的货运量 W'_q(t/h) 和周转量 W'_p(t · km/h) 分别为

$$W'_q = \alpha_d \rho W_q$$

$$W'_p = \alpha_d \rho W_p$$

2）对于客车。客运汽车总生产率是指单位总车时内汽车所完成的客运量 W'_q(人次/h) 和周转量 W'_p(人 · km/h)。客运汽车总生产率公式的推导过程与货运汽车总生产率的推导过程类似，所得客运总生产率计算公式与货运汽车总生产率计算公式在形式上完全一致，但各因素的含义有所不同，同时应采用不同的单位。

3）对于出租车。出租汽车客运的总生产率是指单位总车时内完成的收费行程 W'_l(km/h) 及收费停歇时间 W'_t(h/h)，参照汽车货运总生产率计算公式可得

$$W'_l = \alpha_d \rho W'_l$$

$$W'_t = \alpha_d \rho W_t$$

1.3.4 汽车的运输成本

汽车的运输成本是评价汽车运输经营效果的综合性指标。

汽车运输的全部费用，按照与汽车运行的关系，可分为变动费用（C_c）、固定费用（C_f）和装卸费用（C_s）三项，其中装卸费用常实行单独核算，所以，汽车运输费用主要是指变动费用和固定费用。

变动费用 C_c（元/km）是指与汽车行驶有直接关系的费用，又称汽车运行费用，通常按每公里行程消耗的费用计算，包括运行材料（燃料、润滑油、轮胎等）费、汽车折旧费、汽车维修费、养路费及其他与汽车行驶有关的费用。

固定费用 C_f（元/h）是指与汽车行驶无直接关系但为组织运输所产生的费用，又称企业管理费，常按汽车每在册车时或车日所消耗的费用计算，包括员工工资和奖金、行政办公费、水电费、房屋维修费、牌照费、员工培训费及固定设施折旧费等。

汽车运输成本是指完成每单位运输工作量所支付的费用。由于汽车运输费用（C）包括变动费用（C_c）和固定费用（C_f）两项，与之对应，汽车运输成本（S）为变动成本（S_c）与固定成本（S_f）之和，即

$$S = S_c + S_f$$

式中 S_c——变动成本，是指统计期内单位运输量的变动费用；

S_f——固定成本，是指统计期内单位运输量的固定变动费用。

汽车货运成本可表示为每吨公里货物周转量的变动费用与固定费用之和。对于出租汽车客运，其运输成本可按每公里收费里程和每小时收费停歇时间确定。

思 考 题

1. 名词解释：汽车运用条件；社会经济条件；道路条件；运输条件；汽车的使用性能；比装载质量；装载质量利用系数；整备质量利用系数；汽车的使用方便性；操纵轻便性；出车迅速性；装卸货物方便性；汽车的可靠性；汽车的耐久性；汽车的使用寿命；汽车维修性；汽车运输过程；汽车的完好率；汽车的工作率；总车时利用率；汽车工作车时利用率；汽车技术速度；汽车营运速度；汽车运送速度；平均车日行程；汽车的行程利用指标；载重（客）量利用率；实载率。
2. 汽车运用的外界条件有哪些？
3. 货车运输条件有哪些？
4. 客车运输条件有哪些？
5. 汽车使用性能的评价指标有哪些？
6. 如何评价汽车的使用方便性？
7. 汽车运输效率的统计指标有哪些？
8. 汽车运输生产效率的评价指标有哪些？
9. 汽车的运输成本由哪三部分组成？
10. 为什么要调查分析汽车的运行工况？
11. 怎样进行汽车运行工况分析？

第2章 汽车动力性

汽车是一种高效率、高机动性的运输工具，其运输的高效率是由其在各种使用条件下的平均速度来体现的。影响汽车行驶平均速度的最主要使用性能是汽车动力性。

汽车动力性表示了汽车以最大可能的平均行驶速度运送货物或乘客的能力。它是汽车各种使用性能中最重要、最基本的性能。

本章重点介绍汽车动力性的基础知识（评价指标、受力、行驶条件），以及根据力的平衡、功率的平衡来分析和评价汽车动力性好坏的基础知识。

2.1 汽车动力性的评价指标

从获得尽可能高的平均行驶速度的观点出发，汽车动力性主要可由下面三个指标来评定：①汽车最高车速 V_{amax}，单位为 km/h；②汽车加速时间 t，单位为 s；③汽车最大爬坡度 i_{max}，单位为（%）或（°）。

汽车最高车速是指汽车在风速不大于 3m/s 的条件下，在水平良好的路面（混凝土或沥青路）上满载行驶能达到的最高行驶速度。汽车最高车速对长途运输汽车的平均行驶速度影响最大。随着汽车技术的提高，汽车最高车速有增加的趋势。

汽车加速时间表示汽车的加速能力，对平均行驶速度有很大影响。常用原地起步加速时间和超车加速时间来表示汽车的加速能力。原地起步加速时间是指汽车由第 1 档或第 2 档起步，并以最大的加速度（包括选择恰当的换档时机）逐步换至最高档后达到某一预定的距离或车速所需要的时间。超车加速时间是指用最高档或次高档由某一较低车速全力加速至某一高速所需的时间。因为超车时汽车与被超汽车并行，容易发生安全事故，所以超车加速能力强，并行行程短，行驶就更安全。一般常用 0→400m（0→0.25mile）的秒数或用 0→100km/h（0→60mile/h）所需的时间来表明原地起步加速能力。超车加速能力还没有一致的规定，采用较多的是用最高档或次高档由 30km/h 或 40km/h 全力加速行驶至某一高速所需的时间。还有用加速曲线（即车速 - 时间关系曲线）全面反映汽车加速能力的。

汽车的爬坡能力用汽车最大爬坡度 i_{max} 来表示。最大爬坡度是指汽车在良好路面上满载等速行驶所能通过的最大坡度。显然，最大爬坡度是指 1 档最大爬坡度。对于轿车，一般不强调它的爬坡能力，对货车一般 i_{max} 在 30% 即 16.5°左右，越野汽车 i_{max} 可达 60% 即 30°左右或更高。汽车最大爬坡度对在山区行驶的汽车的平均速度有很大影响。

2.2 汽车的驱动力和行驶阻力

确定汽车动力性，就是确定汽车沿行驶方向的运动状况。为此需要分析汽车沿行驶方向受到的各种外力，即驱动力与行驶阻力。根据这些力的平衡关系，建立汽车的行驶方程式，就可以确定汽车的运动状况，从而估算汽车的最高车速、加速度和最大爬坡度。

汽车的驱动力与行驶阻力的平衡关系式称为汽车的行驶方程式。汽车行驶方程式为

$$F_t = \sum F$$

式中 F_t——汽车的驱动力；

$\sum F$——汽车行驶阻力之和。

汽车行驶方程式是研究汽车动力性的基础，本节将分别研究汽车的驱动力和行驶阻力，然后将上述方程具体化。

2.2.1 汽车的驱动力

驱动力是由发动机的转矩经传动系统传至驱动轮上得到的。

汽车发动机产生的有效转矩 T_{tq}，经汽车传动系传到驱动轮上，此时作用于驱动轮上的转矩 T_t 产生一个对地面的圆周力 F_0，地面对驱动轮的反作用力 F_t（方向与 F_0 相反）即是驱动汽车的外力——汽车的驱动力（图 2-1），单位为 N。其数值为

$$F_t = T_t / r$$

式中 T_t——作用于驱动轮上的转矩，单位为 N·m；

r——车轮半径，单位为 m。

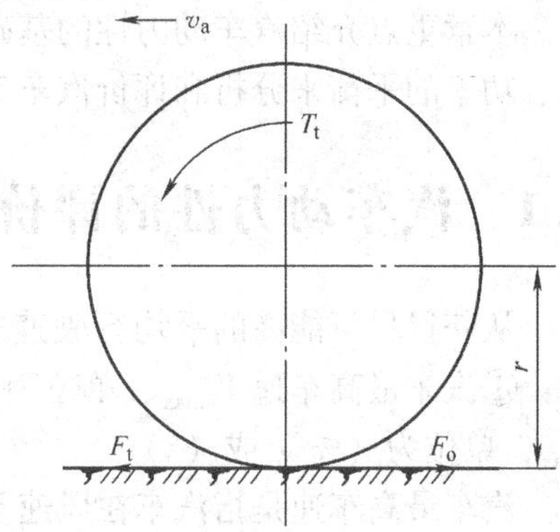

图 2-1 汽车的驱动力

若发动机产生的有效转矩为 T_{tq}，变速器的传动比为 i_g，主减速器传动比 i_0，传动系统的机械效率为 η_T，则作用于驱动轮上的转矩为

$$T_t = T_{tq} i_g i_0 \eta_T$$

对于装有分动器、轮边减速器、液压传动等装置的汽车，上式应计入相应的传动比和机械效率。

根据作用力与反作用力相等的原理，汽车的驱动力为

$$F_t = F_0 = T_t / r = T_{tq} i_g i_0 \eta_T / r$$

下面对上式中的发动机转矩、传动系统机械效率及车轮半径做一些讨论，最后做出汽车的驱动力图。

1. 发动机转矩

求解汽车动力性主要指标最重要的依据之一是驱动力随车速变化的数量关系，这一关系依从于发动机转矩随其转速的变化关系，即发动机的速度特性。

发动机制造厂提供的发动机特性曲线常是在试验台上未带空气滤清器、水泵、风扇、消声器、发电机等条件下测得的，带上全部附件时的发动机特性曲线称为使用外特性曲线。使

用外特性曲线的功率小于外特性的功率。

一般汽油发动机使用外特性的最大功率比外特性的最大功率约小15%，货车柴油机约小5%，轿车与轻型汽车柴油机约小10%。

需要指出的是，台架试验是在发动机工况相对稳定，即保持冷却液温度、机油温度于规定的数值，并且在各个转速不变时测得的转矩、油耗数值；而在实际使用时，发动机的工况常是不稳定的，发动机的热状况、可燃混合气的浓度与台架试验时的稳定工况有显著差异，一般在不稳定工况下，发动机所提供的功率要比稳定工况时低5%～8%。但由于对发动机变工况时的特性研究得还不够，而且数值相差也不大，所以在进行动力性估算时，一般仍沿用台架试验稳定工况时所测得的使用外特性中的功率和转矩曲线。

为便于计算，常用多项式来描述由试验台架测得的发动机外特性转矩曲线，即

$$T_{tq}=a_0+a_1n+a_2n^2+\cdots+a_kn^k$$

式中，系数 a_0，a_1，a_2，…，a_k 可由最小二乘法来确定；拟合阶数 k 随特性曲线而异，一般在2、3、4、5中选取。

例如，原北京内燃机总厂生产的492Q汽油发动机，根据试验测得的数据，其转矩特性可用如下五次多项式来表示：

$$T_{tq}=160.39-0.110913n+1.36485\times10^{-4}n^2-6.191286\times10^{-8}n^3+1.20898\times10^{-11}n^4-8.85607\times10^{-16}n^5$$

式中　T_{tq}——发动机转矩，单位为N·m；

n——发动机转速，单位为r/min。

发动机功率的单位如用kW表示，则功率和转矩有如下关系

$$P_e=\frac{T_{tq}n}{9549}$$

2. 传动系统的机械效率

发动机所发出的功率 P_e 经传动系统传至驱动轮的过程中，为了克服传动系统各部件中的摩擦力，会消耗掉一部分功率 P_T，因此传动系统的机械效率为

$$\eta_T=(P_e-P_T)/P_e=1-P_T/P_e$$

传动系统的功率损失由传动系统中的部件——变速器、传动轴万向节、主减速器等的功率损失所组成。其中变速器和主减速器的功率损失所占比重最大，其余部件的功率损失较小。

传动系统功率损失可分为机械损失和液压损失两大类。机械损失是指齿轮传动副、轴承、油封等处的摩擦损失，机械损失与啮合齿轮的对数、传递的转矩等因素有关。液压损失指消耗于润滑油的搅动、润滑油与旋转零件之间的表面摩擦等功率损失，液压损失与润滑油的品种、温度、箱体内的油面高度以及齿轮等旋转零件的转速有关。

传动系统的机械效率是在专用试验台架上测得的。试验结果表明，在直接档工作时啮合的齿轮不传递转矩，因此比超速档和其他档位时的效率要高。同一档位转矩增加时，润滑损失所占比例减少，机械效率较高。转速低时搅油损失小，比转速高时机械效率要高。

传动系统的机械效率因受到多种因素的影响而有所变化，但在进行汽车动力性的初步分析时可把它看作一个常数，表2-1为传动系统各部件的传动效率。采用有级机械变速器传动系统的轿车，其传动系统机械效率可取为0.9～0.92，货车、客车可取为0.82～0.85，越野

汽车取 0.80 ~ 0.85。表 2-1 推荐的数值亦可用来估算汽车传动系统的机械效率。

表 2-1　传动系统各部件的传动效率

部件名称	传动效率（%）
4~6 档变速器	95
辅助变速器（副变速器或分动器）	95
8 档以上变速器	90
单级减速主减速器	96
双级减速主减速器	92
传动轴的万向节	98

3. 车轮半径

轮胎的尺寸及结构直接影响着汽车的动力性。车轮处于无载荷作用时的半径，称为自由半径 r_0。

汽车静止时，在车重作用下，轮胎产生以径向变形为主的变形，车轮中心到轮胎与道路接触面间的距离称为静力半径 r_s。车轮的静力半径小于其自由半径。

如以车轮转动圈数与实际车轮滚动距离之间的关系换算得出车轮半径，则称其为车轮的滚动半径 r_r

$$r_r = S/2\pi n$$

式中　n——车轮转动的圈数；

S——在转动 n 圈时车轮滚动的距离。

显然，对汽车做动力学分析时，应该用静力半径 r_s；而做运动学分析时，应该用滚动半径 r_s。但在一般的分析中常不计它们之间的差别，统称为车轮半径 r，即

$$r \approx r_s \approx r_r$$

4. 汽车的驱动力图

一般用驱动力 F_t 与车速 v_a 之间的函数关系曲线来全面表示汽车的驱动力，称为汽车的驱动力图。汽车驱动力图直观地显示变速器处于各档位时驱动力随车速变化的规律。

在发动机外特性曲线、传动系统的传动比、传动系统的机械效率、车轮半径等参数已知或确定后，可作出汽车的驱动力图。

作驱动力图时，首先用 $F_t = T_{tq} i_g i_0 \eta_T / r$ 求出汽车变速器处于各档位、不同发动机转速时的驱动力 F_t 值，再根据发动机转速 n 与汽车行驶速度 v_a 之间的转换关系

$$v_a = 0.377 rn / i_g i_0$$

求出各发动机转速 n 和在变速器处于不同档位时的车速 v_a，即可求得各个档位的 F_t—v_a 曲线即汽车的驱动力图。图 2-2 是具有五档变速器某客车驱动力图。

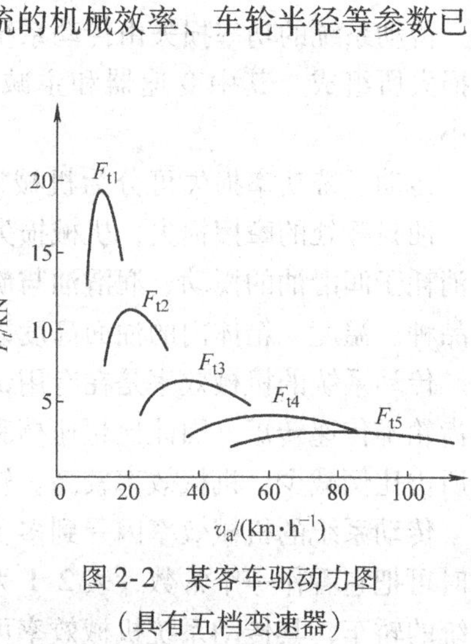

图 2-2　某客车驱动力图（具有五档变速器）

2.2.2　汽车的行驶阻力

汽车在水平道路上直线等速行驶时，必须克服来

自地面与轮胎相互作用而产生的滚动阻力和来自车身与空气相互作用而产生的空气阻力。滚动阻力以符号 F_f 表示，空气阻力以符号 F_w 表示。当汽车在坡道上直线上坡行驶时，还必须克服其重力沿坡道的分力，称为坡度阻力，以符号 F_i 表示。汽车直线加速行驶时，还需克服加速阻力，以符号 F_j 表示。因此，汽车直线行驶时其总阻力为

$$\sum F = F_f + F_w + F_i + F_j$$

上述汽车各种行驶阻力中，滚动阻力 F_f 和空气阻力 F_w 是在任何行驶条件下都存在的，坡度阻力 F_i 和加速阻力 F_j 仅在一定行驶条件下存在。汽车下坡时，F_i 为负值，此时汽车重力沿波道的分力已不是汽车的行驶阻力，而是动力了。同样，汽车减速行驶时，惯性作用是使汽车前进的，亦不是阻力了，F_j 也为负值。在水平道路上等速直线行驶时，就没有坡度阻力和加速阻力。

下面分别讨论上述四种汽车行驶阻力。

1. 滚动阻力

车轮滚动时，轮胎与路面在接触区域内产生法向和切向的相互作用力，以及相应的轮胎和支承路面的变形。无论是轮胎还是路面的这些变形都伴随着能量损失。这些能量损失是产生滚动阻力的根本原因。

当弹性车轮在硬路面上滚动时，轮胎的变形是主要的。此时由于轮胎有内部摩擦产生弹性迟滞损失，使轮胎变形时对它做的功不能全部收回。图 2-3 为汽车弹性轮胎在硬路面上受径向载荷作用时的变形曲线。图中 OCA 为加载变形曲线，ADE 为卸载变形曲线。面积 $OCADEO$ 为加载与卸载过程之能量损失。此能量系消耗在轮胎各组成部分相互间的摩擦以及橡胶、帘线等物质的分子间摩擦，最后转化为热能而消失在大气中。这种损失称为弹性物质的迟滞损失。

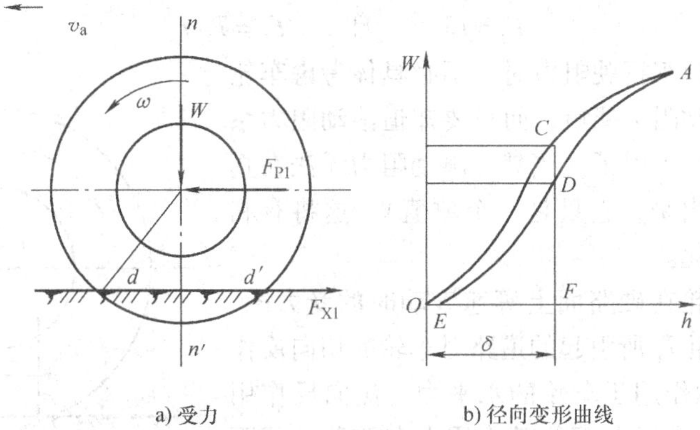

a) 受力　　b) 径向变形曲线

图 2-3　弹性轮胎在硬路面上的滚动的受力情况

进一步分析表明，正是这种弹性迟滞损失表现为阻碍车轮滚动的一种阻力偶。当车轮受径向载荷作用但不滚动时，地面对车轮的法向反作用力的分布是前后对称的；当车轮滚动时，在法线 nn' 前后相对应点 d 和 d'（图 2-3a）变形虽然相同，但由于弹性迟滞现象，处于压缩加载过程的前部 d 点的地面法向反作用力就会大于处于恢复卸载过程的后部 d' 点的地面法向反作用力。这从图 2-3b 中可以看出，设取同一变形 δ，压缩时的受力为 CF，恢复时受力为 DF，而 CF 大于 DF。这样，就使地面法向反作用力的分布前后并不对称，从而使它们的合力 F_Z 相对于法线 nn' 向前移了距离 a（图 2-4a），它随弹性迟滞损失的增大而变大。

合力 F_Z 与法向载荷 W 大小相等，方向相反。

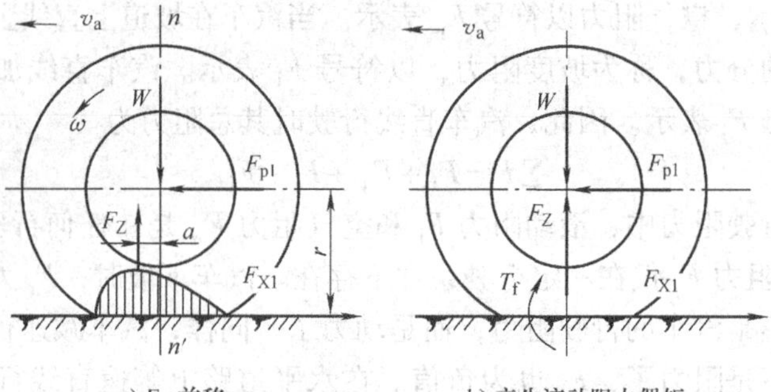

a) F_{Z1}前移　　b) 产生滚动阻力偶矩

图 2-4　从动轮在硬路面上滚动时的受力情况

如将法向反力 F_Z 平移至与通过车轮中心的垂线重合，则从动轮在硬路面上滚动时的受力情况如图 2-4b 所示，即滚动时有滚动阻力偶矩 $T_f=F_z a$ 阻碍车轮滚动。

由图 2-4 可知，欲使从动轮在硬路面上等速滚动，必须在车轮中心施加推力 F_{p1}，它与地面切向反作用力构成力偶矩来克服上述滚动阻力偶矩。由力矩平衡可得

$$F_{p1}r=T_f$$

故

$$F_{p1}=T_f/r=F_Z a/r$$

若令 $f=a/r$，且考虑到 F_Z 与 W 大小相等，常将上式写做

$$F_{p1}=Wf \quad 或 \quad f=F_{p1}/W$$

式中　f——为滚动阻力系数。

可见滚动阻力系数是车轮在一定条件下滚动时所需之推力与车轮负荷之比，即单位汽车重力所需之推力。换而言之，滚动阻力等于滚动阻力系数与车轮负荷之乘积。

$$F_f=fW \quad 且 \quad F_f=T_f/r$$

这样，在分析汽车行驶阻力时，不必具体考虑车轮滚动时所受到的滚动阻力偶矩，而只要知道滚动阻力系数，求出滚动阻力便可以了（当然，滚动阻力无法在真正的受力图上表现出来，它只是一个数值）。这将有利于动力性分析的简化。

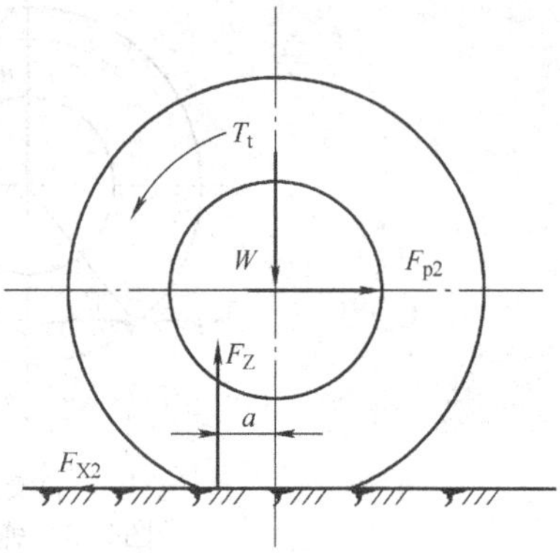

图 2-5　驱动轮在硬路面上等速滚动时的受力情况

图 2-5 是驱动轮在硬路面上等速滚动时的受力图，图中 F_{X2} 为驱动力矩 T_t 所引起的道路对车轮的切向反作用力，F_{p2} 为驱动轴作用于车轮的水平力。法向反作用力 F_Z 也由于轮胎迟滞现象而使其作用点向前移动了距离 a，即在驱动轮上也作用有滚动阻力偶矩 T_f。

由平衡条件得

$$F_{X2}r=T_t-T_f$$

$$F_{X2}=T_t/r-T_f/r=F_t-F_f$$

对照图 2-1 可知，图 2-1 没有考虑车轮滚动阻力而求得驱动力 F_t，由上式可知，真正作用在驱动轮上驱动汽车行驶的力为地面切向反作用力 F_{X2}，它的数值为驱动力 F_t 减去驱动轮上的滚动阻力 F_f。所以，图 2-1 只是一种定义，和滚动阻力一样，在受力图上驱动力是画不出来的。

综上可知，轮胎的弹性迟滞损失是以车轮滚动阻力偶矩的形式表现为对汽车行驶的一种阻力。

滚动阻力系数由试验确定。滚动阻力系数的大小与路面的种类、行驶车速以及轮胎的构造、材料、气压等有关。表2-2给出了汽车在一些路面上以中、低速行驶时滚动阻力系数的大致数值。

表2-2 滚动阻力系数的数值

路面类型	滚动阻力系数
良好的沥青或混凝土路面	0.010～0.018
一般的沥青或混凝土路面	0.018～0.020
碎石路面	0.020～0.025
良好的卵石路面	0.025～0.030
坑洼的卵石路面	0.035～0.050
干燥的压紧土路	0.025～0.035
雨后的压紧土路	0.050～0.150
泥泞土路（雨季或解冻期）	0.100～0.250
干砂路面	0.100～0.300
湿砂路面	0.060～0.150
结冰路面	0.015～0.030
压紧的雪道	0.030～0.050

行驶车速对滚动阻力系数有很大影响。货车及轿车轮胎在车速低于100km/h时，滚动阻力系数随车速增加而逐渐增大，但变化不大。轿车轮胎在140km/h以上时滚动阻力系数增长较快，车速达到某一临界车速例如200km/h时，滚动阻力系数迅速增大。此时轮胎发生驻波现象，轮胎周缘不再是圆形而呈明显的波浪状；轮胎温度也很快升高到100℃以上；胎与轮胎帘布层脱落，几分钟内就会出现爆破现象，这对高速行车是一件很危险的事情。

轮胎的结构、帘线和橡胶品种对滚动阻力都有影响。子午线轮胎的滚动阻力系数较低。轮胎充气压力对f值有很大影响，气压降低时f值迅速增加，这是因为气压降低时，滚动的轮胎变形大，迟滞损失增加的缘故。

径向载荷对滚动阻力系数的影响很小，可以认为滚动阻力系数不随径向载荷的大小而变化。

可以用经验公式大致估算出在良好路面上滚动阻力系数的数值。例如，有人推荐轿车轮胎的滚动阻力系数可用下式估算

$$f=f_0(1+v_a^2/19400)$$

式中 f_0——路面系数，良好沥青或水泥路面为0.014，卵石路面为0.025，砂石路面为0.020。

货车轮胎气压高，有人推荐用车速来估算滚动阻力系数

$$f=0.0076+0.000056v_a$$

上面讨论滚动阻力时是在汽车直线行驶条件下进行的，在转弯行驶时，轮胎发生侧偏现象，滚动阻力大幅度增加，试验表明，这种由于转弯行驶增加的滚动阻力，已接近直线行驶时的50%～100%。

2. 空气阻力

汽车直线行驶时受到的空气作用力在行驶方向上的分力称为空气阻力。空气阻力分为压

力阻力与摩擦阻力两部分。作用在汽车外形表面上的法向压力的合力在行驶方向的分力称为压力阻力。摩擦阻力是由于空气的黏性在车身表面产生的切向力的合力在行驶方向的分力。压力阻力又分为四部分：形状阻力、干扰阻力、内循环阻力和诱导阻力，形状阻力占压力阻力的大部分，与车身主体形状有很大关系；干扰阻力是车身表面突起物如后视镜、门把手、引水槽、悬架导向杆、驱动轴等引起的阻力；发动机冷却系统、车身通风等所需空气流经车体内部时构成的阻力即为内循环阻力；诱导阻力是空气升力在水平方向的投影。在一般轿车中，这几部分阻力的大致比例为，形状阻力占58%，干扰阻力占14%，内循环阻力占12%，诱导阻力占7%，摩擦阻力占9%。

汽车空气阻力的数值通常都总结成与气流相对速度的动压力成正比的形式，即

$$F_w = \frac{1}{2}C_D A\rho v_r^2$$

式中 C_D——空气阻力系数，由试验测得；

ρ——空气密度，一般 $\rho = 1.2258\mathrm{Ns^2m^{-4}}$；

A——迎风面积，即汽车行驶方向的投影面积，单位为 m^2；

v_r——相对速度，即在无风时汽车的行驶速度，单位为m/s。

如汽车行驶速度 v_a 以km/h计，则空气阻力 F_w（单位为N）为

$$F_w = C_D A v_a^2/21.15$$

此式表明，空气阻力是与 C_D 及 A 值成正比的。A 值受到乘坐使用空间的限制不易进一步减少，所以降低 C_D 值是降低空气阻力的主要手段。20世纪50~70年代，轿车 C_D 值维持在0.4~0.6之间，但在20世纪70年代能源危机后，为了进一步降低油耗，各国都致力于降低 C_D 值，在20世纪90年代 C_D 值已减小到0.25~0.40，目前轿车的空气阻力系数仍维持在这一水平。

目前各大厂商对货车与半挂车的空气阻力也很重视，不少半挂车的牵引车驾驶室上已开始装用导流板等装置，以减小空气阻力，节约燃油。货车的空气阻力系数一般在0.6~1.0之间。

值得指出的是，汽车的 C_D 值实际上随着车身的离地距离、俯仰角以及侧向风的大小而变化。一般应给出额定载荷下（如轿车为半载）、无侧向风时的空气阻力系数 C_D 值。

3. 坡度阻力

当汽车上坡行驶时，参见图2-6，汽车重力沿波道的分力表现为汽车坡度阻力 F_i，即

$$F_i = G\sin\alpha$$

式中 G——作用于汽车上的重力，单位为N。

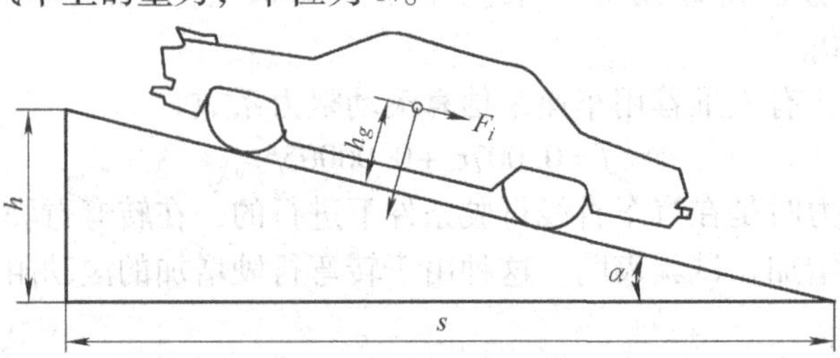

图2-6 汽车坡度阻力

道路坡度以坡高和底长之比来表示，即

$$i = h/s = \tan\alpha$$

根据我国的公路工程技术标准，平原微丘区Ⅰ级路面最大坡度为4%，山岭重丘区Ⅰ级路面最大坡度为9%。所以在一般路面上坡度较小，此时

$$\sin\alpha \approx \tan\alpha \approx i$$

故

$$F_i = G\sin\alpha \approx G\tan\alpha = Gi$$

由于坡度阻力与滚动阻力均属于与道路有关的阻力，而且均与汽车重力成正比，故可把这两种阻力合在一起称作道路阻力，以 F_ψ 表示，即

$$F_\psi = F_f + F_i = fG\cos\alpha + G\sin\alpha$$

当 α 不大时，$\cos\alpha \approx 1$，$\sin\alpha \approx \tan\alpha = i$

则

$$F_\psi = fG + Gi = G(f+i)$$

令 $\psi = f+i$，称为道路阻力系数

则

$$F_\psi = G\psi$$

4. 加速阻力

汽车加速行驶时，需要克服其质量加速运动时的惯性力，这就是加速阻力 F_j。汽车的质量分为平移的质量和旋转的质量两部分。加速时不仅平移的质量产生惯性力，旋转的质量还要产生惯性力偶矩。为方便计算，一般把旋转质量的惯性力偶矩转化为平移质量的惯性力，并以系数 δ 作为计入旋转质量惯性力偶矩后的汽车质量换算系数，因而汽车加速阻力（单位为N）可写做

$$F_j = \delta m \frac{\mathrm{d}v}{\mathrm{d}t}$$

式中　δ——汽车旋转质量换算系数，$\delta > 1$；

m——汽车质量，单位为kg；

$\mathrm{d}v/\mathrm{d}t$——行驶加速度，单位为 $\mathrm{m/s^2}$。

δ 主要与飞轮的转动惯量、车轮的转动惯量以及传动系统的传动比有关。

汽车旋转质量换算系数 δ 的定义可写成如下式子

$$\delta = (F'_j + F''_j)/F'_j$$

式中　F'_j——汽车加速时，平移质量产生的惯性力；

F''_j——汽车加速时，旋转质量产生的惯性力偶矩的转化力。

如果以 I_f 和 $\sum I_W$ 分别表示发动机飞轮的转动惯量与所有车轮的转动惯量之和，ε_f 和 ε_w 分别表示发动机飞轮和车轮的角加速度，则汽车加速时，发动机飞轮和全部车轮产生的惯性力偶矩分别为 $I_f\varepsilon_f$ 与 $\sum I_W\varepsilon_w$，它们转化到车轮边缘的力之和为

$$F''_j = (I_f\varepsilon_f i_g i_0 \eta_T + \sum I_w \varepsilon_w)/r$$

由于

$$\varepsilon_f = \varepsilon_w i_g i_0,\quad \varepsilon_w = 1/r\mathrm{d}v/\mathrm{d}t$$

则

$$F''_j = (I_f i_g^2 i_0^2 \eta_T + \sum I_w)/r\mathrm{d}v/\mathrm{d}t$$

注意到　$F'_j = m\mathrm{d}v/\mathrm{d}t$

由此可求出汽车旋转质量换算系数

$$\delta = 1 + \frac{F''_j}{F'_j} = 1 + \frac{1}{m}\frac{\sum I_w}{r^2} + \frac{1}{m}\frac{I_f i_g^2 i_0^2 \eta_T}{r^2}$$

式中　I_w——车轮的转动惯量，单位为 $kg \cdot m^2$；

I_f——飞轮的转动惯量，单位为 $kg \cdot m^2$。

在进行动力性初步计算时，若不知道准确的 I_w 和 I_f 值，则做如下经验处理

令
$$\delta_1 = \sum I_w/mr^2,\ \delta_2 = I_f i_0^2 \eta_T/mr^2$$

则
$$\delta = 1 + \delta_1 + \delta_2 i_g^2$$

系数 δ_1 和 δ_2 对一般汽车为 0.03 ~ 0.05，可取其平均值，则

$$\delta \approx 1.04 + 0.04 i_g^2$$

2.2.3　汽车行驶方程式

根据上面对汽车行驶阻力的分析，可以得到汽车的行驶方程式为

$$F_t = F_f + F_w + F_i + F_j$$

或
$$\frac{T_{tq} i_g i_0 \eta_T}{r} = Gf + \frac{C_D A}{21.15} v_a^2 + Gi + \delta m \frac{dv}{dt}$$

这个等式表示了驱动力与行驶阻力的数量关系，也可以根据对汽车各部分取隔离体进行受力分析推导出汽车行驶方程式。必须指出，上式只是表示了各物理量之间的数量关系，但式中有些项并不是真正作用于汽车的外力。例如我们称 $F_t = T_{tg} i_g i_0 \eta_T / r$ 为驱动力，但它并不是真正作用于驱动轮的地面切向反作用力，只是为了分析方便，才把它称为驱动力。此外，作用在汽车质心的惯性力为 $m\frac{dv}{dt}$，也不是 $\delta m \frac{dv}{dt}$。除此之外，飞轮的惯性力矩是作用在汽车横截面上的，所以 $F_j = \delta m \frac{dv}{dt}$ 只是进行动力性分析时代表惯性力和惯性力矩总效应的一个数值而已。

2.3　汽车行驶的驱动 - 附着条件与汽车的附着力

2.3.1　汽车行驶的驱动 - 附着条件

由汽车行驶方程可得

$$\delta m \frac{dv}{dt} = F_t - (F_f + F_w + F_i)$$

即驱动力必须大于滚动阻力、坡度阻力和空气阻力后才能加速行驶。若驱动力小于这三个阻力之和，则汽车无法开动，正在行驶的汽车将减速直至停车。所以汽车行驶的第一个条件为

$$F_t \geqslant F_f + F_w + F_i$$

上式称为汽车的驱动条件，但还不是汽车行驶的充分条件。可以采用增加发动机转矩、加大传动比等措施来增大汽车驱动力，但是这些措施只有在驱动轮与路面不发生滑转现象时才有效。如果驱动轮在路面滑转，则增大驱动力只会使驱动轮加速旋转，地面切向反作用力并不会增加，汽车仍不能行驶。这种现象说明，地面作用在驱动轮上的切向反作用力受地面接触强度的限制，并不能随意加大，即汽车行驶除受驱动条件制约外还受轮胎与地面附着条件的限制。

地面对轮胎切向反作用力的极限值称为附着力 F_{φ}，在硬路面上附着力取决于轮胎与地面间的相互摩擦，它与驱动轮法向反作用力 F_Z 成正比，常写成

$$F_{xmax}=F_{\varphi}=F_Z\varphi$$

式中，φ 为附着系数，它是由路面与轮胎决定的。所以地面切向反作用力不能大于附着力，否则将发生驱动轮滑转现象，即对于后轮驱动的汽车

$$F_{x2}=(T_t-T_{f2})/r\leqslant F_{Z2}\varphi$$

$$F_t\leqslant F_{Z2}(\varphi+f)$$

比起附着系数 φ 来，滚动阻力系数 f 的值很小，可近似写成

$$F_t\leqslant F_{Z2}\varphi$$

或更一般地

$$F_t\leqslant F_{Z\varphi}\varphi$$

式中　$F_{Z\varphi}$——作用于所有驱动轮上的地面法向反作用力。

此为汽车行驶的第二个条件，即附着条件。

把汽车的驱动条件和附着条件两公式合起来写，则有

$$F_f+F_w+F_i\leqslant F_t\leqslant F_{Z\varphi}\varphi$$

这就是汽车行驶的必要与充分条件，称为汽车行驶的驱动－附着条件。

2.3.2　汽车的附着力

汽车的附着力取决于附着系数以及地面作用于驱动轮的法向反作用力。

附着系数主要取决于路面的种类和状况，行驶车速对附着系数也有影响，还受到车轮运动状况的影响。一般动力性分析中只需取附着系数的平均值。在良好的混凝土或沥青路面上，路面干燥时 φ 值为0.7～0.8，路面潮湿时 φ 值为0.5～0.6；干燥的碎石路 φ 值为0.6～0.7；干燥的土路 φ 值为0.5～0.6，湿路面 φ 值为0.2～0.4。

驱动轮地面法向反作用力与汽车的总体布置、行驶状况及道路的坡度有关。图2-7画出了汽车加速上坡时的受力图。

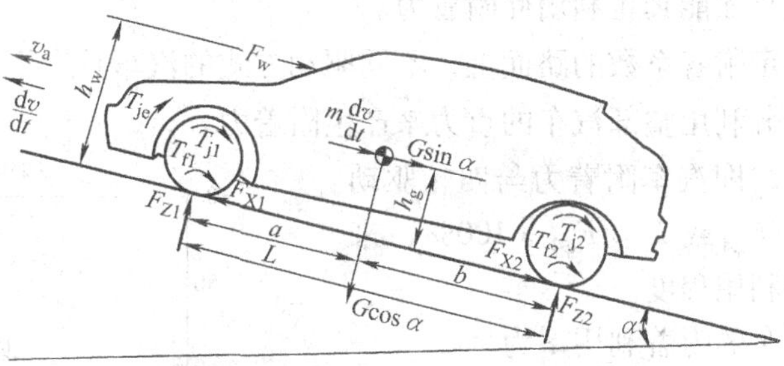

图2-7　汽车加速上坡时的受力情况

G—汽车重力　α—道路坡度角　h_g—汽车质心高度　h_w—风压中心高度　T_{f2}、T_{f1}—作用在前、后轮上的滚动阻力偶矩　T_{j1}、T_{j2}—作用在前、后轮上的惯性阻力偶矩　F_{Z1}、F_{Z2}—作用在前、后轮上的法向反作用力　F_{X2}、F_{X1}—作用在前、后轮上的地面切向反作用力　L—汽车轴距；a、b—汽车质心至前、后轴之距离

若将作用在汽车上诸力对前、后轮与道路接触面中心取力矩，则得

$$F_{Z1}=\left[G\cos\alpha(b-f_r)-Gh_g\sin\alpha-mh_g\frac{dv}{dt}-\sum T_j-F_wh_w\right]/L$$

$$F_{Z2}=\left[G\cos\alpha(a+f_r)+Gh_g\sin\alpha+mh_g\frac{dv}{dt}+\sum T_j+F_wh_w\right]/L$$

式中，$\sum T_j = T_{j1} + T_{j2}$。

为便于分析，将上式简化。因一般坡道的坡度不大，故 $\cos\alpha \approx 1$；良好路面 f 值很小，可令 $b - fr \approx b$，$a + fr \approx a$，$\sum T_j$ 的数值较小可以忽略不计；对轿车而言 $h_g \approx h_w$，这样，上式可写为

$$F_{Z1} = \left[Gb - h_g\left(G\sin\alpha + m\frac{dv}{dt} + F_w \right) \right] / L$$

$$F_{Z1} = \left[Ga + h_g\left(G\sin\alpha + m\frac{dV}{dt} + F_w \right) \right] / L$$

上式中第一项为汽车静止时前、后轴上的静载荷，第二项为行驶中产生的动载荷，动载荷的绝对值随坡度与加速度的增加而增大。当汽车利用其极限附着能力以通过大坡度和以高加速度行驶时，动载荷的绝对值也达到最大值。此时，汽车的附着力与各阻力有近似关系

$$F_\varphi = G\sin\alpha + m\frac{dv}{dt} + F_w + F_f$$

故

$$F_{Z1} = [Gb - h_g(F_\varphi - F_f)]/L$$

$$F_{Z2} = [Gb + h_g(F_\varphi - F_f)]/L$$

因此，对后轴驱动汽车而言，其附着力 $F_{\varphi2}$ 为

$$F_{\varphi2} = F_{x2}\varphi = \varphi[Ga + h_g(F_{\varphi2} - F_f)]/L$$

或

$$F_{\varphi2} = \varphi G(a - fh_g)/(L - \varphi h_g)$$

对于前轮驱动汽车而言，其附着力 $F_{\varphi1}$ 为

$$F_{\varphi1} = \varphi G(b + fh_g)/(L + \varphi h_g)$$

显然，对于四轮驱动汽车而言，其附着力为

$$F_{\varphi4} = (F_{Z1} + F_{Z2})\varphi = G\cos\alpha\varphi \approx G\varphi$$

应当指出，只有汽车前、后驱动力的分配比值刚好等于其前、后轮法向反作用力的分配比值时，四轮驱动汽车才能真正利用此附着力。

由此可见，在一定附着系数的路面上，不同驱动方式的汽车具有不同的附着力。只有四轮驱动汽车才可能充分利用整部汽车的重力来产生附着力。

常用附着利用率，即汽车附着力与四轮驱动汽车附着力之比 $F_{\varphi2}/F_{\varphi4}$ 或 $F_{\varphi1}/F_{\varphi4} \times 100\%$，来表示汽车对附着力的利用程度。

后轮驱动方式汽车的附着利用率为

$$F_{\varphi2}/F_{\varphi4} = (a - fh_g)/(L - \varphi h_g) \times 100\%$$

前轮驱动汽车的附着利用率为

$$F_{\varphi1}/F_{\varphi4} = (b + fh_g)/(L + \varphi h_g) \times 100\%$$

图 2-8 为不同路面附着系数下，不同驱动方式汽车的附着利用率曲线。从图 2-8 可知，前轮驱动汽车的附着利用率不如后轮驱动汽车。为克服此缺点，前轮驱动汽车的质心位置都布置得靠前。

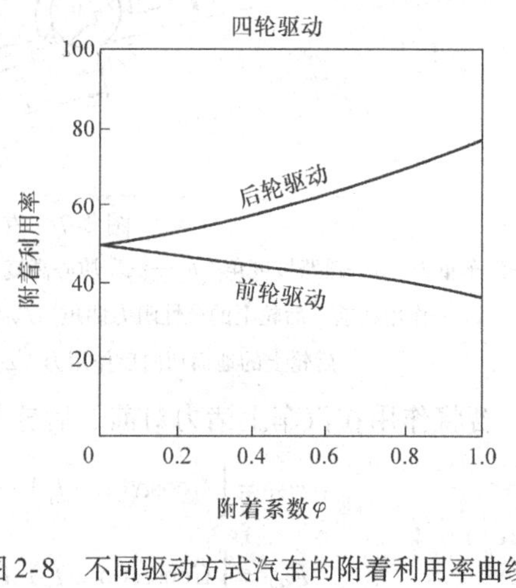

图 2-8　不同驱动方式汽车的附着利用率曲线

2.4 汽车动力性分析

2.4.1 驱动力－行驶阻力平衡图

前面曾得出汽车的行驶方程式为

$$F_t = F_f + F_w + F_i + F_j$$

或

$$\frac{T_{tq} i_g i_0 \eta_T}{r} = Gf + \frac{C_D A}{21.15} v_a^2 + Gi + \delta m \frac{dv}{dt}$$

此公式表明汽车行驶时驱动力和行驶阻力平衡关系的普遍情况。当发动机的转速特性、变速器的传动比、主减速比、传动效率、车轮半径、空气阻力系数、汽车迎风面积以及汽车质量等初步确定后或已知时，便可利用此式分析在附着性能良好的典型路面（混凝土、沥青路面）上的行驶能力，即确定汽车的最高车速、加速能力和爬坡能力。

为了清晰而形象地表明汽车行驶时的受力情况及其平衡关系，一般用图解法对汽车行驶方程式进行分析。

图 2-9 为一辆具有四档变速器汽车的驱动力－行驶阻力平衡图。图中画出了各档的驱动力、滚动阻力及滚动阻力和空气阻力叠加后得到的行驶阻力曲线。

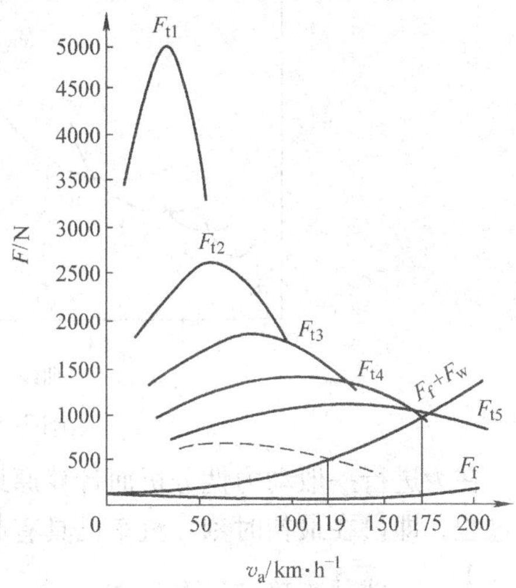

图 2-9 某辆具有四档变速器汽车的驱动力－行驶阻力平衡图

从图 2-9 可清楚地看出不同车速时驱动力和行驶阻力之间的关系。汽车以最高档行驶时的最高车速，可以直接从图上得到。显然，F_{t5} 曲线与（$F_w + F_f$）曲线的交点便是 v_{amax}。

从图 2-9 中还可以看出，当车速低于最高车速时，驱动力大于行驶阻力。这样，汽车就可以利用剩下来的驱动力来加速或爬坡。当需要中速或低速行驶时，驾驶人可以减小节气门开度（图中虚线），此时发动机只用部分负荷特性工作，相应地得到虚线所示驱动力曲线，以使汽车达到新的平衡。

汽车的加速能力可用它在水平良好路面上行驶时能产生的加速度来评价，但因加速度的数值不易测量，一般常用加速时间来表明汽车的加速能力，例如用直接档行驶时，由最低稳定速度加速到一定距离或 80% 的 v_{amax} 所需的时间。现在根据图 2-9 求汽车的加速时间。

设 $F_i = 0$，由汽车行驶方程得

$$\frac{F_t - F_w}{G} = D\frac{dv}{dt} = \frac{1}{\delta m}[F_t - (F_t + F_w)]$$

由图 2-9 和上式可计算得到各档节气门全开时的加速度曲线，见图 2-10。

有的汽车一档 δ 值甚大，二档的加速度可能比一档的加速度还大。根据加速度图可以进一步求出由某车速Ⅳ加速至较高车速Ⅴ所需的时间。

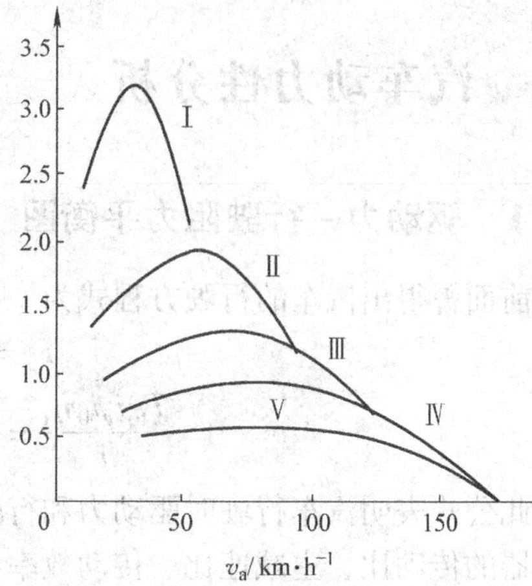

图 2-10　各档节气门全开时的加速度曲线

由运动学可知 $\mathrm{d}t = \frac{1}{a_j}\mathrm{d}v$

$$t = \int_0^t \mathrm{d}t = \int_{v1}^{v2} \frac{1}{a_j}\mathrm{d}v = A$$

即加速时间可用计算机进行积分或用图解积分法求出。用图解积分法时，将 $a_j - v_a$ 曲线转化成$\frac{1}{a_j} - v_a$ 曲线（图 2-11a），曲线下两个速度区间的面积就是通过此速度区间的加速时间；常将速度区间分为若干间隔，通过确定面积 Δ_1，Δ_2，… 来计算（总）加速时间（图 2-11b）。

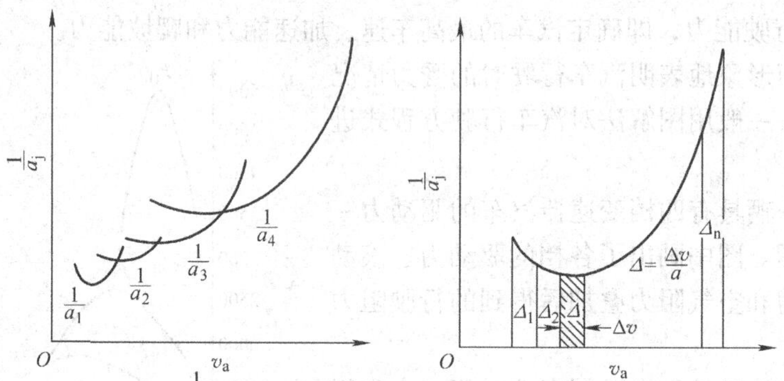

a) $\frac{1}{a_j} - v_a$ 曲线　　b) 速度区间细分

图 2-11　加速度倒数曲线

在为进行一般动力性分析而计算原地起步加速时间时，可以忽略原地起步时的离合器打滑过程，即设在最初时刻，汽车已具有起步档的最低车速。加速过程中的换档时刻可根据各档的$\frac{1}{a_j} - v_a$ 曲线来确定，参见图 2-11a。若一档和二档的加速度倒数曲线有交点，显然，为了获得最短加速时间，应在交点对应车速由一档换二档，若一档和二档加速度倒数曲线不相交，则应在一档加速行驶至发动机转速达到最高转速时换入二档。其他各档的换档时刻亦按此原则确定。换档过程所经历的时间常忽略不计。

根据汽车的行驶方程式和驱动力 - 行驶阻力平衡图，可以确定汽车的爬坡能力。

一般所谓汽车的爬坡能力，是指汽车在良好路面上克服（$F_w + F_f$）后的余力全部用来克服坡度阻力时能爬上的坡度（汽车等速行驶），所以$\frac{\mathrm{d}v}{\mathrm{d}t} = 0$，故

$$F_i = F_t - (F_f + F_w)$$

式中，F_f 应为 $Gf\cos\alpha$，但 F_f 的数值本来就小，且 $\cos\alpha \approx 1$，故可认为

$$F_f + F_w = Gf + \frac{C_D A}{21.15} v_a^2$$

从而
$$F_i = G\sin\alpha = F_t - (F_f + F_w)$$

或
$$\alpha = \arcsin \frac{F_t - (F_f + F_w)}{G}$$

汽车最大爬坡度 i_{max} 为一档时的最大爬坡度。直接档最大爬坡度 i_{0max} 亦应引起注意，因为汽车经常是以直接档行驶的，如果 i_{0max} 过小，迫使汽车遇到较小的坡度时经常换档，这样就影响了行驶的平均速度。其数值可按下式近似计算

$$i_{0max}=\frac{F_{tDmax}-(F_f+F_w)}{G}$$

式中　F_{tDmax}——直接档时的最大驱动力。

2.4.2　动力特性图

汽车工程中也有用动力特性图来分析汽车动力性的。将汽车行驶方程式两边除以汽车重力 G 并整理如下

$$F_t=F_f+F_w+F_i+F_j$$

$$\frac{(F_t-F_w)}{G}=\frac{F_f+F_i}{G}+\frac{\delta m}{G}\frac{dv}{dt}$$

令 $\frac{F_t-F_w}{G}=D$，称为汽车的动力因数。注意到 $\frac{F_f+F_i}{G}=\frac{G(f+i)}{G}=f+i=\psi$

故
$$D=\psi+\frac{\delta}{g}\frac{dv}{dt}$$

汽车在各档下的动力因数与车速的关系曲线称为动力特性图（图2-12）。在动力特性图上做滚动阻力系数曲线 $f-v_a$，显然，f 线与 $D-v_a$ 曲线的交点即为汽车的最高车速。

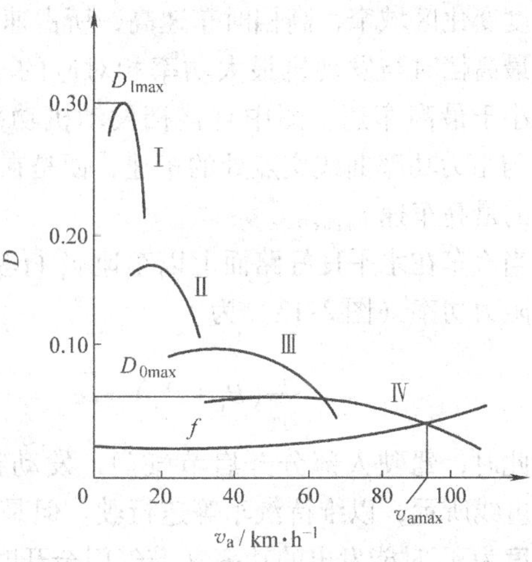

图2-12　汽车动力特性

在求最大爬坡度时，$\frac{dv}{dt}=0$，则

$$D=\psi=f+i$$

因此，D 曲线与 f 曲线间的距离就表示汽车的爬坡能力。一档时，坡度较大，此时 $i_{max}=D_{1max}-f$，计算误差较大，应用下式计算

$$D_{1max}=f\cos\alpha_{max}+\sin\alpha_{max}$$

将 $\cos\alpha_{max}=\sqrt{1-\sin^2\alpha_{max}}$ 代入上式并整理得

$$\alpha_{max}=\arcsin\frac{D_{1max}-f\sqrt{1-D_{1max}^2+f^2}}{1+f^2}$$

$i_{max}=\tan\alpha_{max}$，即为最大爬坡度。

加速时，$i=0$，故

$$\frac{dv}{dt}=\frac{g}{\delta}(D-f)$$

用动力特性图亦可求得加速度值，然后换算为加速时间。

2.4.3 功率平衡图

汽车行驶时，不仅驱动力和行驶阻力互相平衡，发动机功率和汽车行驶阻力的功率也是互相平衡的，即在汽车行驶的每一瞬间，发动机发出的功率始终等于机械传动损失和全部运动阻力所消耗的功率。

汽车运动所消耗的功率有滚动阻力功率 P_f、空气阻力功率 P_w、坡度阻力功率 P_i 及加速阻力功率 P_j。将汽车行驶方程式两边乘以行驶车速 v_a，并经单位换算整理出汽车功率平衡方程式（式中功率单位为 kW）如下

$$P_e = \frac{1}{\eta_T}\left(\frac{Gfv_a}{3600} + \frac{Giv_a}{3600} + \frac{C_D A v_a^3}{76140} + \frac{\delta m v_a}{3600}\frac{dv}{dt}\right)$$

与力的平衡处理方式相同，功率平衡方程式可用图解法表示。若以纵坐标表示功率，横坐标表示车速，将发动机功率 P_e、汽车经常遇到的阻力功率 $(P_f + P_w)/\eta_T$ 对车速的关系曲线绘在坐标图上，即为汽车功率平衡图，见图 2-13。

发动机功率与行驶车速的关系曲线 $P_e - v_a$ 可根据发动机外特性及公式 $v_a = 0.377nr/i_g i_0$，将发动机转速转换成车速绘得。显然，在不同档位时，功率大小不变，只是各档发动机功率曲线所对应的车速位置不同，且低档时车速低，所占速度变化区域窄；高档时车速高，所占速度变化区域宽。

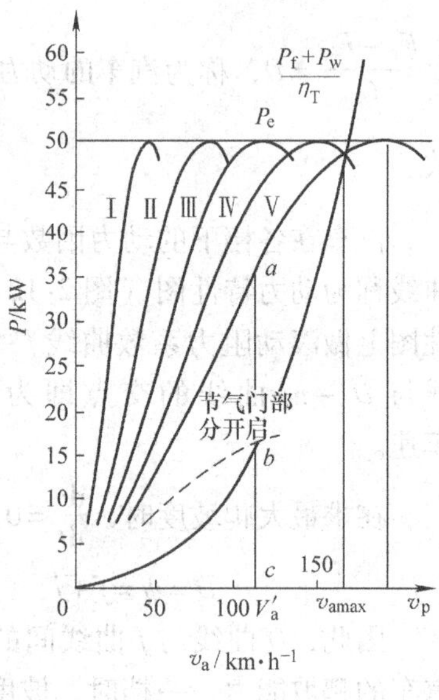

图 2-13 汽车功率平衡图

最高档时与发动机最大功率相对应的车速 v_p 一般等于或稍小于最高车速。图中直接档发动机功率曲线（或超速档）与阻力功率曲线交点处的车速，便是在良好水平路面上汽车的最高车速 v_{amax}。

当汽车在水平良好路面上以车速 v_a' 行驶时（等速），汽车的阻力功率（图 2-13）为

$$\frac{1}{\eta_T}(P_f + P_w) = \overline{bc}$$

此时，驾驶人部分开启节气门，发动机功率曲线如图 2-13虚线所示，以维持汽车等速行驶。但是发动机在汽车行驶速度为 v_a' 时能发出的功率（节气门全开时）为 $P_e = \overline{ac}$（图 2-13），于是

$$P_e - \frac{1}{\eta_T}(P_f + P_w) = \overline{ac} - \overline{bc} = \overline{ab}$$

可用来加速或爬坡。$P_e - (P_f + P_w)/\eta_T$ 被称为汽车的后备功率。就是说，在一般情况下维持汽车等速行驶所需的发动机功率并不大，发动机节气门开度较小。当需要爬坡或加速时，驾驶人加大节气门开度，使汽车的全部或部分后备功率发挥作用。因此，汽车的后备功率愈大，汽车动力性愈好。图 2-14 是各个档位的后备功率。利用

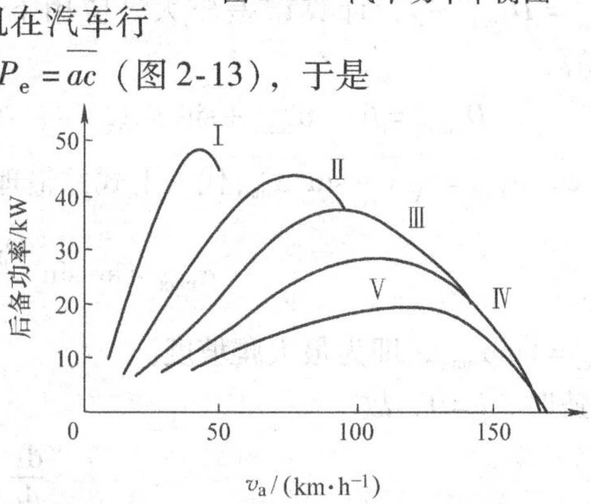

图 2-14 汽车的后备功率

后备功率也可以具体地确定汽车的爬坡度或加速度。

利用功率平衡定性分析设计使用中有关动力性的问题较为方便，因为它是从能量转换角度研究汽车动力性的，利用功率平衡图可以形象地表明后备功率，能看出汽车行驶时发动机的负荷率，所以燃油经济性分析中常使用它。

2.5 影响汽车动力性的因素

从对汽车行驶方程式的分析中可知，汽车动力性与汽车结构参数、载荷及道路条件密切相关。下面从汽车结构和使用条件两个方面来讨论各种因素对汽车动力性的影响。

2.5.1 汽车结构参数对动力性的影响

1. 发动机参数对汽车动力性的影响

发动机的外特性、最大功率和最大转矩对汽车动力性影响最大。

在附着条件允许时，显然，发动机功率转矩越大，汽车动力性就越好。但发动机功率过大也是不合理的，一方面发动机功率过大将导致发动机尺寸、质量、制造成本增加，特别是运行时的燃油经济性显著下降；另一方面，从前面的分析可知，汽车驱动力的提高受到附着条件的限制，不能无限地加大，所以过度地增大发动机功率也是无益的。通常用汽车比功率（即发动机最大净功率与汽车最大允许总质量之比）来衡量汽车发动机功率匹配。汽车比功率的大小对汽车动力性和燃油经济性等有很大影响，是选择发动机功率的重要依据之一。GB 7258—2012《机动车运行安全技术条件》规定：低速汽车及拖拉机运输机组的比功率应大于等于4.0kW/t，除无轨电车外的其他机动车的比功率应大于等于5.0kW/t。

2. 传动系统参数对汽车动力性的影响

1）传动效率 η_T。传动系统损失功率可表示为 $P_t = P_e(1-\eta_T)$，可见传动系统机械效率越高，传动功率损失越小，发动机有效功率更多地转化为驱动力，汽车动力性越好。目前可在润滑油中加入减磨添加剂和选用黏度适当且受温度影响小的润滑油，对提高传动效率有明显效果。

2）主减速器传动比。变速器处于直接档时，主减速器传动比将直接影响汽车动力性。图2-15表示其他条件相同而主减速器传动比不同时的直接档功率平衡图，其中 $i_{01} > i_{02} > i_{03}$。

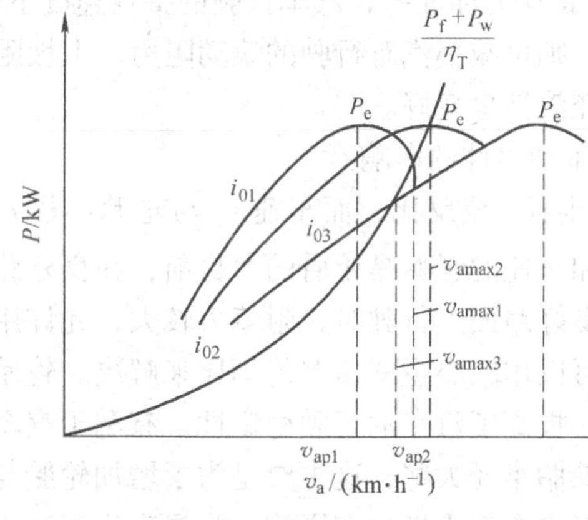

图2-15 不同主减速器传动比的功率平衡图（$i_g=1$，$i_{01} > i_{02} > i_{03}$）

分析该功率平衡图可知，$i_0=i_{02}$时，汽车的最高车速最大。此时，汽车以最高车速行驶，阻力功率等于发动机的最大功率，汽车的最高车速等于与发动机最大功率相对应的车速，即$v_{ap}=v_{amax}$；其他条件不变，无论主减速器传动比i_0增大或减小，都使汽车的最高车速降低。在这种情况下，$(P_f+P_w)/\eta_T-v_a$曲线与发动机外特性曲线不再相交于发动机输出最大功率处，即$v_{ap}\neq v_{amax}$，发动机最大功率不能用来提高汽车车速。

当$i_0=i_{01}$（$>i_{02}$）时，汽车的最高车速v_{amax1}大于与发动机最大功率P_{emax}相对应车速v_{ap1}；当$i_0=i_{03}$（$<i_{02}$）时，汽车的最高车速小于与发动机最大功率相对应的车速（实际上这个车速不存在），使汽车发动机最大功率不能被利用，不仅使汽车的最高车速降低，同时汽车后备功率也明显降低，汽车的动力性全面变差。因此，一般汽油车最高车速v_{amax}与最大功率时相应车速v_{ap}之比为$v_{amax}/v_{ap}=1.0\sim1.1$，柴油车为$v_{amax}/v_{ap}=1$。

3）变速器传动比及档数对汽车动力性的影响。汽车以最低档（一档）行驶时，必须保证汽车具有足够的驱动力，以使汽车具有克服最大行驶阻力的能力。如其他条件相同，一档的传动比直接影响汽车起步加速性能和最大爬坡能力。

现代汽车大多仍保持变速器的最小传动比为1，即最高档为直接档；少数汽车变速器最小传动比小于1，即最高档为超速档。利用超速档的目的主要是提高汽车在良好道路上行驶的最高车速和高速时的燃油经济性。

变速器档位多，增加了发动机发挥最大功率附近高功率的机会，提高了汽车的加速能力和爬坡能力。

3. 空气阻力系数C_D对汽车动力性的影响

根据$D=(F_t-F_w)/G$，若汽车总重和驱动力相同时，则空气阻力越小，汽车动力因数越大，即克服道路阻力和加速阻力的能力增强，最高车速也越高，汽车动力性越好。

空气阻力系数C_D、迎风面积A及车速决定了汽车空气阻力的大小。空气阻力在汽车低速行驶时，对汽车动力性影响较小；而在汽车高速行驶时，空气阻力在汽车行驶阻力中占很大比重，对汽车动力性影响较大。所以改善汽车流线形，减少空气阻力，对高速行驶的汽车是非常必要的。

4. 汽车总重对动力性的影响

汽车总重对汽车动力性影响很大。除空气阻力外，其他行驶阻力都与汽车的总重力成正比，动力因数与汽车总重力成反比。因此，随着汽车总重力的增加（在汽车使用中装载变化很大，常出现这种情况），其动力性变差，汽车行驶的平均速度下降。

如果能减轻汽车的自重，则可减小汽车行驶的滚动阻力、上坡阻力和加速阻力，使汽车动力性得到改善，而且燃油经济性也变好。

5. 轮胎尺寸与型式对汽车动力性的影响

汽车的驱动力F_t与轮胎半径r成反比，而车速v_a与轮胎半径r成正比，因此，轮胎半径对与动力性有关的驱动力和车速的影响是矛盾的。目前，在良好路面上行驶的汽车，轮胎半径有减小的趋势。汽车在良好路面上行驶时，附着力较大，允许用小直径的轮胎，可得到较大的驱动力。车速的提高可以用减小主减速器传动比来解决。轮胎尺寸和主减速器传动比减小，使汽车质心高度降低，提高了汽车的行驶稳定性，有利于汽车的高速行驶。软路面行驶的汽车，车速不高，要求轮胎半径大些，这主要是为了增加轮胎与路面间的附着系数。

轮胎型式、花纹、气压对汽车动力性也有影响。为提高汽车动力性，应尽量减少汽车轮胎的滚动阻力，同时增加道路与轮胎间的附着力。根据这一原则，在硬路面上行驶的汽车，用子午线轮胎、小而浅的花纹、较高的轮胎气压，对提高汽车动力性有一定作用；在松软路面上行驶的汽车，用大而深的轮胎花纹、较低的轮胎气压，对提高汽车动力性和通过性有很好的作用。

2.5.2 使用因素对汽车动力性的影响

使用因素对汽车动力性有重要影响，如一辆本来动力性良好的汽车，若使用、保养、维修不当，发动机产生不出应有的功率，传动系统机械效率较低，则汽车就不能充分发挥它的动力性。使用因素对汽车动力性的影响主要包括以下几个方面。

1）发动机技术状况。这是保证汽车动力性的关键。应保证发动机有足够的功率、转矩，不然汽车动力性将下降。

2）汽车底盘的技术状况。汽车传动系统各轴承的紧度与润滑、前轮定位角度、轮胎气压、制动器的调整、离合器的调整、传动系统润滑油的质量等都直接影响汽车动力性。

3）驾驶人的驾驶技术。熟练地驾驶、适时和迅速地换档、正确选择档位，对发挥和利用汽车动力性有很大作用。例如，充分利用惯性冲坡，可以使汽车通过比使用说明书指出的最大爬坡度还大的短坡。

4）汽车行驶条件。路面和气候条件也影响汽车动力性。在坏路上行驶时，路面和轮胎间的滚动阻力增大，附着系数下降，汽车动力性变差。在炎热地区，发动机进气温度高，引起发动机功率下降。在高原地区，由于气压低，发动机进气量下降导致有效功率下降，使汽车动力性变差。

2.6 汽车动力的合理使用

对汽车技术状况变化规律的分析表明，汽车在正常使用时期，汽车技术经济性处在最佳阶段，在这个时期内如何合理使用汽车，充分发挥其经济效益，是汽车使用研究的主要内容，而其中最重要的是研究如何充分发挥汽车的动力性。充分发挥汽车动力性主要是提高汽车的平均技术速度和有效载重量，即提高汽车发动机功率的利用程度。

2.6.1 汽车平均技术速度

汽车平均技术速度不同于汽车的最高车速，它不仅能反映汽车动力性能，同时还能反映各种运行条件的影响，因此，它是影响汽车运用生产率和成本的重要因素之一。

汽车平均技术速度等于汽车总行驶里程与总行驶时间之比，即

$$v_{a平} = S/T$$

式中 S——总行驶里程，单位为 km；

T——总行驶时间，单位为 h。

汽车的平均技术速度不仅取决于汽车动力性能，同时还受到汽车的其他使用性能以及道路条件、运输工作的组织因素、驾驶人技术水平和交通条件的影响。它不是汽车的实际行驶速度，也不是汽车的最高车速，而是一个计算值，是汽车运输企业在编制运输工作时计算生产率和成本的一个重要参数。

汽车平均技术速度是驾驶人技术水平、汽车技术性能与状况、道路和交通条件、运输组织水平、汽车载荷等功能效率的综合反映。因此，影响汽车平均技术速度的因素有驾驶人的技术水平、汽车技术性能与状况、道路条件、交通条件、运输生产组织水平、载重量等。

1. 驾驶人的技术水平

驾驶人的技术水平主要是指驾驶人操作技能的熟练程度及对所驾驶汽车技术状况、性能、结构原理的掌握程度，对交通环境及各种情况处理是否正确等。一个技术良好的驾驶人，应具有操作技术熟练，熟知所驾驶汽车的结构、性能和状况，在各种道路上以及较复杂的交通条件下，即使是车速较高，也能安全行车。一个好的驾驶人能提高汽车的平均技术速度。统计表明，同一辆汽车，由于驾驶人的技术水平不同，平均技术速度产生约10%的差异。另外，驾驶人的生理特性差异（如反应能力、视觉功能等）对平均技术速度也有很大的影响。

2. 汽车的技术性能与状况

汽车的技术性能主要是指动力性能、制动性能、操纵稳定性能等。汽车技术状况是指如发动机、转向和制动装置等的技术状况。另外，前桥、车轮总成、照明装置、喇叭、灯光、信号以及刮水器等的技术状况好坏都直接影响着平均技术速度。对于相同车型的汽车，汽车技术性能与技术状况好的，其平均技术速度就高些。对于不同的车型，汽车性能优越的，在同样行驶条件下，其平均技术速度就高些。因此，在确定平均技术速度时，应考虑不同类型或同类型汽车的技术性能和状况方面的差异。

3. 道路条件

道路条件对汽车平均技术速度有很大影响，如公路等级、行车路面宽度、路面颜色、道路的照明、转弯半径、安全设施、尘土的多少、纵向坡度和坡长、路面平整度及附着系数、交叉路口数量、上下坡的多少等，都影响汽车的行驶速度。目前，我国三、四级公路占的比例较大，一、二级公路占的比例较小。表2-3为路面等级对平均技术速度的影响。表2-4为路面种类对平均技术速度的影响。

表2-3　路面等级对平均技术速度的影响

公路等级	高级（一、二级）	中级（三级）	低级（四级及以下）
最大车速/(km/h)	60	45	35
平均技术速度/(km/h)	40～50	30～35	20～25

表2-4　路面种类对平均技术速度的影响

路面种类	对平均技术速度的影响程度
路面状况良好的沥青路面	100%
路面状况良好的条石路、碎石路、修整的土路	75%～80%
路面磨损的条石路、碎石路、修整的土路	70%
路面严重磨损的道路或土路	50%

道路宽度对行车速度亦有一定影响。汽车在运行时，随时都可能与迎面而来的汽车相会或超越前车。当两车交会时，考虑汽车左右摇摆情况，要有一定的侧向安全距离。车与车的侧向间距大，车速可以高些；反之车速应低些，以免发生事故。

表2-5为车与车的侧向最小安全间距和车轮至路边的最小距离与车速的关系。

表2-5 在不同车速下的侧向最小安全间距和车轮至路边的最小距离

车速（两车车速相同）/(km/h)	侧向最小安全间距/m	车轮至路边的最小距离/m
20	0.50	0.50
30	0.57	0.60
40	0.64	0.70
50	0.69	0.80
60	0.74	0.90
70	0.79	1.0
80	0.84	1.1
90	0.89	1.2
100	0.94	1.3

4. 交通条件

交通条件对平均技术速度的影响也是十分显著的。如在市区交通密度（辆/km）大，交通量（辆/h）也相应增大，车与车之间的速度差依次减小，平均技术速度也相应下降。交通量最大时，各种不同型号的汽车的行驶速度几乎相同，速度差为零。当交通量、交通密度很小时，汽车可自由选择速度，汽车的平均技术速度就较高。

5. 运输生产组织水平

对公共汽车，主要是考虑站距长短和停车站的设置。对载货汽车，主要是考虑运货的性质、装载情况、是否拖带挂车、运距、货运组织方法等。

如果运距短，停车频繁，而每次停车都要把行驶速度降为零，然后又重新起步加速，平均技术速度就会较低。如果运距较长，特别是在长途运输中，其技术速度要比城市短途运输高得多。因此，合理组织运输对提高平均技术速度有重要作用。

6. 载重量的影响

载重量对小客车的平均技术速度没有实际影响，但对载货汽车，其满载和空载的技术速度相差5%～10%。单车比汽车列车的技术速度要高。可是，有的使用单位过多地增加汽车载重量（超载、超挂），因而使汽车动力性变坏，导致平均技术速度下降过多。此外，由于汽车负荷增加，发动机曲轴转速相应增加，而行驶速度却下降很多，从而使发动机磨损量增大，技术状况变差，这样使用汽车是不合理的。

由以上对影响汽车平均技术速度的因素的分析可以看出，平均技术速度是一个随机变化的量，因此，它是难以确定的。在实际应用时采用试运行方法来测定汽车平均技术速度。试验时，应尽量避免或尽可能减少与汽车结构无关的那些因素，如驾驶人技术水平、道路条件、载荷等，并随上述条件的改善而及时地修正数据。

测试汽车平均技术速度的试验，最好同时试验三组以上，以比较不同型号的汽车。试验汽车应具有相同的技术状况和额定载荷。试验时要在同一道路同一里程（100～150km），使汽车单独地进行正常的行驶；每组汽车应不少于三辆，多些更宜，以避免驾驶技术的影响。试验后，求得每组汽车的平均技术速度，即为该类汽车的平均技术速度的平均值。

通过试运行和分析计算所确定的平均技术速度，能反映目前汽车的实际水平，可以用来修正经济数据和评价、比较不同车型的汽车或汽车列车。

提高汽车平均技术速度的途径很多，主要有以下几个方面：

1）提高驾驶人的素质和操作技能，使汽车经常在合理的工况下运行。

2）提高汽车的技术性能，保持汽车具有良好的技术状况。采用现代诊断技术检验汽车并及时维护，从汽车本身去提高技术速度。

3）加强公路的管理和工程建设。一是要加强道路的管理与维护，搞好路面标志、标线、信号的建设；二是改善现有道路状况，提高公路等级，加宽路面宽度，改善弯道、坡度和视野，提高轮胎与路面间的附着系数，新建和改建高速公路等。在交通量大、密度高的繁华城市里，建立立体交叉专用车道，对提高汽车平均技术速度有明显效果。

此外，采用先进的运输组织和改进交通管理，也是提高平均技术速度的途径。

2.6.2 汽车合理拖载

合理组织拖挂运输，增加车轴数，组成汽车列车，是充分利用汽车的动力、发挥汽车的潜力、增加汽车的载重量、提高运输生产率、降低运输成本的有效措施。汽车列车与单车相比不仅载重量大，运输效率高，还能节约油料，汽车制造成本和使用成本相比都很低，并且对道路也没有更高的要求。因此，可以在少增加公路投资的情况下，大幅度地增加汽车的载重量，以提高公路运输的经济效益。

公路货运的发展趋势是以重型汽车列车为主，运输的经济距离一般在400km以上。一些发达国家已大量采用汽车列车，如美国800～1000km以内的货运基本上都采用汽车列车实现门对门的运输，运输效率和经济效益显著提高。

1. 组织拖挂运输的可能性

汽车发动机的功率利用程度主要取决于汽车结构、载重量和道路条件三个因素。

根据试验，一般汽车在规定载荷下用直接档（或超速档）和常用经济车速行驶于良好道路上，其节气门只需开约35%～40%的位置，仅仅利用发动机在同转速下最大功率的45%～50%，约为发动机最大功率的20%。尤其在低速行驶时，发动机功率利用率将更低。如东风EQ140汽车载重量为5t，拖载4.5t，在平路上以正常车速35～45km/h行驶时，只是利用了发动机最大功率的50%。所以，汽车发动机在一般情况下处于部分负荷状态，而保持着相当大的后备功率。

汽车的牵引力是评价汽车牵引性能的指标。它的大小与传动系统传动比、驱动轮的滚动半径和传动系统机械效率有关，与发动机的功率有关。所以，发动机的备用功率同样可以用剩余牵引力来表示。

由于目前我国道路技术条件的限制，汽车很少能达到最高车速，同时为安全起见又提倡中速行车，因此，汽车发动机发出的牵引力比较高，而相应的汽车行驶阻力又比较低，所以，利用发动机的后备功率拖带挂车、组织拖挂运输是完全可能并有理论依据的。

2. 合理拖挂重量的确定

对汽车的合理拖挂重量的选择，需要进行全面的分析和研究。当拖挂重量确定之后，还要在生产实践中考察运输效率、油耗量和发动机磨损量（车公里磨损量）及当地自然条件等。

（1）确定汽车拖挂重量的原则

① 基本上保持单车的使用性能，或者下降不多。

② 汽车拖挂运输时，在最大坡道上要用一档起步，二档通过。

③ 保持有足够的牵引力，同时保证牵引车的驱动轮不打滑。

④ 应保证在直接档有较好的加速性能，即拖载不宜过重，否则会严重降低加速能力和平均技术速度。

⑤ 拖载后的油耗量应不超过原厂规定的单车油耗量的50%。

⑥ 汽车列车的比功率（发动机功率P/汽车列车总质量G）是汽车拖挂后牵引性能的一个综合评价指标。

⑦ 从道路交通条件和交通安全等情况出发，汽车拖挂最好一车一挂。

（2）合理拖挂重量的选择　在选择拖挂重量时，首先应确定汽车总重量，使其比功率不小于于5.0kW/t，所以初步估计汽车列车总重量$G=P/5$（t）。

① 在运行路线上大部分时间能用直接档行驶。直接档最大动力因数$D_{0\max}$是评价汽车合理拖载重量的重要指标。$D_{0\max}$过小，汽车在公路上行驶时使用高速档时间较少，换档次数增多，燃油消耗量增加，平均车速和运输生产率下降，并使牵引装置、发动机和传动系统等早期磨损甚至损坏。

汽车列车直接档的最大动力因数应比沥青路上的滚动阻力系数大一些，因此，汽车列车直接档的动力因数可取$D_{0\max}=0.025\sim0.03$。

由

$$D_{0\max}=(F_{t0\max}-F_w)/G_L$$

得汽车列车总重为

$$G_L=(F_{t0\max}-F_w)/G_{0\max}$$

式中　$F_{t0\max}$——牵引车直接档最大牵引力（驱动力），单位为N；

F_w——$F_{t0\max}$相应车速时的空气阻力。

② 在运行路线的最大坡道上用一档起步。我国各级公路允许的纵向坡度见表2-6。在四级公路和难行的山岭区，最大纵坡度可增加1%。

表2-6　各级公路纵向坡度标准

公路等级	一	二		三		四
		平原微丘	山岭重丘	平原微丘	山岭重丘	
最大纵向坡度（%）	4	5	6	7	8	8

汽车列车在坡道上起步时，与其正常行驶不同，道路有较大的变形，引起额外的附加阻力使道路阻力多数加大；另外，起步时发动机的热状况尚未稳定，其功率、转矩均比额定值小，所以，在起步时引入一个系数β加入计算，相当于滚动阻力系数f加大β倍。

不计空气阻力，由汽车行驶方程式得汽车列车总重为

$$G_L=F_{t1\max}/(\beta f+i+\frac{\delta_L}{g}j)$$

式中　β——汽车列车起步时的附加阻力系数，其数值取决于运行条件，一般，夏季取1.5~2.5，冬季取2.5~5.0；

δ_L——汽车列车的旋转质量换算系数，粗略计算可取为1；

j——汽车列车起步时的加速度，其值取为0.3~0.5m/s^2；

F_{t1max}——一档最大牵引力（驱动力），单位为N；

i——坡道坡度；

f——滚动阻力系数。

③ 在运行路线上的最大坡道上能用二档通过。忽略空气阻力，认为是等速上坡，故$F_w=0$，$F_j=0$，从汽车行驶方程式可得允许的汽车列车总重为

$$G_L=F_{t2max}/(f+j)$$

式中 F_{t2max}——二档最大牵引力（驱动力），单位为N。

④ 汽车列车必须符合附着条件，保证牵引车驱动轮不打滑。即牵引力必须小于牵引车驱动轮与路面之间的附着力

$$F_t \leqslant F_\varphi$$

式中 F_t——牵引力，单位为N；

F_φ——牵引车驱动轮与路面间的附着力，单位为N。

一般，汽车列车行驶时车速不高，且为等速行驶，$F_j=0$，$F_w\approx 0$，由汽车行驶方程式得

$$F_t=G_L\psi$$

式中 ψ——道路阻力系数，$\psi=f+i$。

而牵引车驱动轮与路面间的附着力为

$$F_\varphi=G_t\varphi$$

式中 G_t——驱动轮的附着重量，单位为N；

φ——驱动轮与路面间的附着系数。

由此得

$$G_L\psi \leqslant G_t\varphi$$

因此，汽车列车的总重量为

$$G_L \leqslant G_t\frac{\varphi}{\psi}$$

综上所述，在确定汽车合理拖挂重量时，为达到汽车列车行驶能力的要求，应计算出汽车列车总重量。显然，计算值可能各不相同，应取其最小值作为汽车列车总重量，再减去牵引车总重量，即得挂车或半挂车总重量，并取其为符合我国挂车系列型谱规定的值。

3. 汽车拖挂后对各总成的影响

汽车拖挂后，与单车的工作情况不同，拖挂后所需发动机的输出功率增大；传动系统传递的转矩增加；起步时间延长；行驶中由于冲击、摇摆和振动所造成的交变负荷也变大。因此，汽车各总成机件磨损增加，大修间隔里程缩短，汽车使用寿命降低。

1）对发动机使用寿命的影响。汽车拖带挂车后，由于发动机的功率利用率提高，实际上增大了节气门的开度，使发动机产生较大的功率和转矩。由于进入气缸的混合气量增多，燃烧后产生的热量增加，气缸壁、活塞、燃烧室和气门的温度均大为增加。

在炎热的季节或爬坡行驶时，汽车低档运行时间加长，发动机温度升高，使润滑油黏度下降，润滑条件变坏，因而增加了曲柄连杆机构零件的磨损，特别是气缸壁、活塞、活塞环的磨损。另外，发动机经常在重负荷下工作，较高的气体压力将加速曲轴连杆轴颈和主轴颈以及轴承的磨损。

汽车拖挂后单位里程的发动机曲轴转数也要比单车工作时增加较多，这也使发动机磨损加快。另外，随着曲轴转速的增加，对发动机某些机件的磨损也产生影响，如火花塞电极工作次数增加，磨损加快。

2）对传动系统使用寿命的影响。汽车拖带挂车后，由于拖挂重量较大，起步阻力增大。为避免传动系统受到冲击载荷，起步时须缓慢而平顺地接合离合器。单车起步时离合器接合延续时间一般为0.5～2.0s，拖带挂车后应增加到5s，有时甚至更长。因此，拖带挂车易引起离合器摩擦片温度升高而较快地磨损。传动系统的变速器、传动轴、主减速器和差速器，由于传递的功率和转矩增加，使齿轮、齿槽和轴承所受到的压力增加，齿轮与齿轮的啮合间隙和工作面要求相应比单车要求严格，否则会引起齿轮的异常磨损。另外，由于汽车拖挂后在中间档行驶的时间加长，所以变速器二、三档齿轮的磨损也较显著。

3）对车架和行驶系统使用寿命的影响。汽车拖挂后起步、换档、加速和在不平道路上行驶时，均增加了牵引挂钩上的交变载荷。这些巨大的冲击力使车架的纵、横梁承受额外的应力，常导致车架产生裂纹和紧固连接部分的松动。起步加速时的冲击力使钢板弹簧的反应转矩和纵向推力增加，特别易引起后悬架上联接螺栓的松动。

由于拖挂后驱动力（牵引力）增加使驱动轮打滑的次数较多，因而轮胎磨损比单车大。如有的地区东风汽车行驶40000km左右就出现了轮胎严重磨损、早期报废现象。

4）对制动系统使用寿命的影响。由于汽车总重量增加，制动距离增大，特别是在山区公路使用，制动器的使用时间长，使用条件恶劣，制动强度增加，所以，制动摩擦片的使用寿命降低（约5000km）。因此，汽车拖挂后应加强对制动器及其驱动机构技术状况的检验、调整以及润滑作业，以使汽车获得最佳制动效能。

由于上述诸影响，不言而喻，汽车拖挂后寿命将降低，大修间隔里程将缩短。

2.7　汽车动力性的试验

2.7.1　汽车动力性指标

1. 底盘输出功率检验标准

汽车底盘输出功率的限值见《汽车动力性台架试验方法和评价指标》（GB/T 18276—2000）。

2. 滑行性能检测标准

1）用底盘测功机检测或路试时，初速度为30km/h的滑行距离应符合表2-7的规定。

2）测得滑行阻力P_s，应符合

$$P_s \leqslant 1.5\% mg$$

式中　P_s——滑行阻力，单位为N；

m——汽车的整备质量，单位为kg；

g——重力加速度，单位为9.8m/s^2。

3）汽车的滑行性能符合上述1）和2）条中任意一项即为合格。

表 2-7 汽车滑行距离要求

汽车整备质量 m/kg	双轴驱动汽车滑行距离/m	单轴驱动汽车滑行距离/m
$m<1000$	≥104	≥130
$1000\leqslant m\leqslant 4000$	≥120	≥160
$4000<m\leqslant 5000$	≥144	≥180
$5000<m\leqslant 8000$	≥154	≥230
$8000<m\leqslant 11000$	≥200	≥250
$m>11000$	≥214	≥270

2.7.2 汽车动力性试验方法

汽车动力性试验一般采用道路试验和室内台架试验两种方法。

1. 汽车动力性的道路试验

(1) 试验条件

① 试验汽车的装载质量为厂定的最大装载质量，且装载物均匀分布、固定牢靠，不因潮湿等条件变化而改变其质量。

② 轮胎气压应符合该试验车技术条件的规定，误差不超过 ±10kPa。

③ 试验车使用的燃料、润滑油（脂）、制动液的牌号和规格均应符合该车技术条件和现行国家标准的规定，同一次试验必须使用同一批燃料和润滑油。

④ 试验必须在无雨无雾的天气下进行，相对湿度小于 95%，气温 0～40℃，风速不大于 3m/s。

⑤ 试验道路应是清洁、干燥、平坦的混凝土或沥青铺成的平直路面，长 2～3km，宽不小于 8m，纵向坡度在 0.1% 以内。

⑥ 试验用仪器、设备必须经过检查，符合精度要求。

(2) 试验仪器

道路试验通常采用五轮仪（或非接触车速测定仪）记录汽车加速距离、加速时间、加速末速以及换档开始和结束时的速度、距离、时间。

五轮仪有接触式和非接触式两种（图 2-16）。

a) 接触式

b) 非接触式

c) 主机

图 2-16 五轮仪

接触式五轮仪主要由主机、第五轮传感器和脚踏开关等部分组成（图 2-16a）。检测时把第五轮安装在汽车车身上（汽车本身有四个轮子，传感器为第五轮，故称五轮仪），使其能够在地面上滚动。第五轮支架上装有一个磁电式速度传感器，其磁头靠近圆盘矩形齿。第五轮旋转时，磁头与矩形齿间的间隙周期性变化，引起传感器线圈的磁通量也发生相应变化，主机可据此计算出汽车行驶距离及行驶速度。

非接触式五轮仪采用光电式速度传感器，没有滚动的第五轮（图2-16b），检测时把光电式速度传感器安装在汽车保险杠（或其他部位）下部，这种传感器可以向路面发射某种波束，并能接收路面的反射波，根据反射波的变化情况，可测出汽车的行驶速度。

五轮仪主机由单片计算机控制，有传感器信号接口、键盘、显示器、微型打印机等部分，如图2-16c所示。第五轮、脚踏开关等传感器产生的电信号经电缆线输送到主机，再经主机放大、处理、运算后，在显示器上显示出检测过程的数据变化及检测结果，微型打印机可把检测结果及检测过程中汽车行驶速度的变化曲线打印出来，还可以通过键盘输入检测项目及预先设定的初始值等。

（3）试验内容　汽车动力性的道路试验的试验内容主要有汽车最高车速试验、汽车加速性能测定和测定爬坡能力。

① 汽车最高车速试验。根据GB/T 12544—2012《汽车最高车速试验方法》，在符合试验条件的道路上，选择中间200m为测量路段，并用标杆做好标志，测量路段两端为试验加速区间。选择合适的加速区间，使汽车在驶入测量路段前能够达到最高的稳定车速。试验汽车在加速区间以最佳的加速状态行驶，在到达测量路段前保持变速器（及分动器）在汽车设计最高车速的相应档位，节气门全开，使汽车以最高稳定车速通过测量路段，以秒表或光电测时仪记录通过时间。试验往返各进行一次，记录试验结果。

② 汽车加速性能测定。汽车加速性能测定按GB/T 12543—2009《汽车加速性能试验方法》进行。

汽车最高档或次高档加速性能试验，是在试验路段上选取合适长度的路段作为加速性能的测试路段，在两端放置标杆作为记号。汽车在变速器预定档位，以稍高于该档最低稳定车速（选5的整数倍的速度，如30km/h、35km/h、40km/h）做等速行驶，用五轮仪监测初速度；当车速稳定后（±1km/h），驶入试验路段，迅速将加速踏板踏到底，使汽车加速行驶至该档最高车速的80%以上（对于轿车应达到100km/h以上）；用五轮仪记录汽车的初速度和加速行驶的全过程。试验往返各进行一次，往返加速试验的路段应重合。

汽车进行起步连续换档加速性能试验时，将汽车停于试验路段一端，变速器置于该车的起步档位（一档或二档），迅速起步，并将加速踏板快速踏到底，使汽车尽快加速行驶，当发动机达到最大功率转速时，力求迅速无声地换档，换档后立即将加速踏板快速踏到底。用五轮仪测定汽车加速行驶的全过程。试验往返各进行一次，往返试验的路段应是同一段道路。记录试验结果。

③ 测定爬坡能力。爬坡能力根据GB/T 12539—1990《汽车爬陡坡试验方法》进行。试验车使用最低档，如有副变速器也置于最低档，将试验车停于接近坡道的平直路段上。起步后，节气门全开爬坡。测量并记录汽车通过测速路段的时间及发动机转速。爬坡过程中监视各仪表（如冷却液温度表、机油压力表）的工作情况。爬至坡顶后，停车检查各部位有无异常现象发生，并做详细记录。

2. 汽车动力性的室内台架试验

（1）室内台架试验原理　汽车动力性的室内台架试验是在底盘测功机上完成的。在底盘测功机上检测汽车动力性时，驱动车轮放置在滚筒表面驱动滚筒旋转。测功机以滚筒表面模拟路面；加载装置通过给滚筒加载，模拟各种阻力；测量装置可以测出驱动车轮上的输出功率或驱动力。

底盘测功机的转鼓轴端装有液力或电子测功器，测功器能产生一定阻力矩，以调节转鼓转速，控制汽车驱动轮的转速（图2-17）。

汽车驱动轮施加于转鼓的力矩由测力装置求出

$$M = FL$$

式中 L——测功器外壳测力臂长；

F——测力臂上的拉力。

此外，由固定汽车的钢丝绳上的拉力表测得挂钩拉力 F_d，$F_d = F_x$。

由驱动轮力矩平衡得

$$M_t = F_X r_d + M_R$$

由转鼓力矩平衡得 $M = F_X R - M_R$。则驱动力

$$F_t = \frac{M_t}{r_d} = \frac{F_d(r_d + R) - FL}{r_d}$$

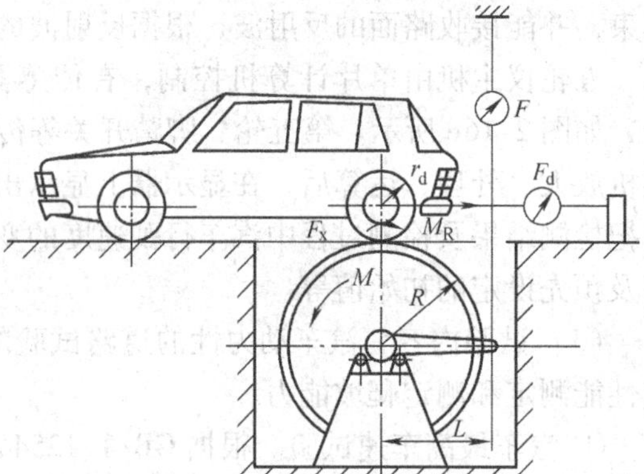

图2-17 汽车动力性的室内台架试验原理

测出各种车速下节气门全开时的 F_d 和 F 值，即可得到汽车的驱动力－车速曲线图。

（2）底盘测功机的基本构造 底盘测功机主要由滚筒装置、加载装置、飞轮装置、测量装置、控制与指示装置和辅助装置等部分组成，各部分支撑在型钢焊接成的框架上。图2-18为某底盘测功机机械部分结构示意图。

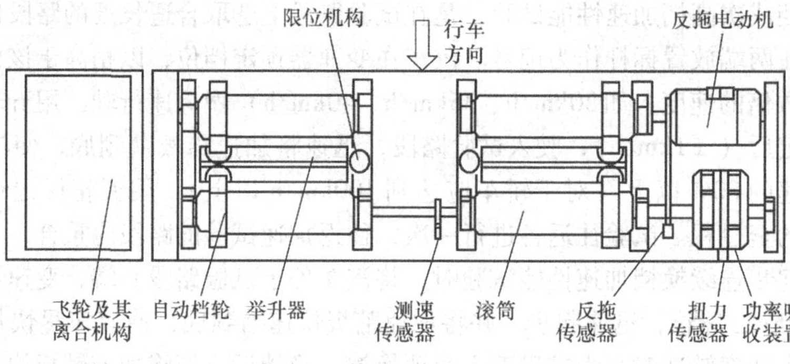

图2-18 底盘测功机的机械部分结构

① 滚筒及飞轮装置。底盘测功机的滚筒相当于一个连续移动的路面，被测汽车的车轮放置在两个滚筒之间驱动滚筒旋转。在进行汽车加速性能、滑行性能检测时，为了模拟汽车行驶的惯性，在滚筒的一端安装有飞轮组。检测时根据汽车质量的不同，挂接大小不同的飞轮。飞轮与滚筒的挂接由电磁操纵离合器或气压传动离合器控制。

② 加载装置。底盘测功机的加载装置用于吸收和测量驱动车轮上的功率和驱动力。加载装置就是测功器，有水力式、电力式、电涡流式等几种。其中电涡流式测功器使用较多。

电涡流式测功器主要由定子和转子两部分组成。在定子四周装有励磁线圈，转子与测功机主动滚筒相连，在定子中间转动。当励磁线圈通以直流电时，线圈周围的定子、转子之间

产生磁场。转子的外圆周上加工或镶有齿环，其齿顶与定子励磁线圈之间有很小的空气间隙。主动滚筒带动转子在磁场中转动时，转子边缘的齿环上会产生涡电流，该涡电流存在于定子磁场中，使转子产生一个与其转动方向相反的转矩。由于转子与滚筒相连，相当于给滚筒施加了一个转动阻力，这样就模拟了汽车在道路上的行驶阻力。调节定子励磁电流的大小，可改变磁场强度，因而可以方便地调节测功器的制动力矩。

③ 测量装置。驱动车轮的输出功率是根据测出的转速、转矩或车速、驱动力计算得出的。测量装置包括测力、测速及测距装置。

④ 控制与指示装置。控制与指示装置以计算机为核心，对各传感器输送过来的电信号进行运算、处理，指示出检测结果；同时，根据试验要求，对加载负荷、试验车速等进行控制调节。

⑤ 辅助装置。辅助装置包括举升装置、冷风装置和纵向约束装置等。举升装置是为方便汽车驶入、驶出而在两滚筒之间设立的举升器和托板，举升器主要有气压式（气缸式或气囊式）、液压式（液压油缸）和机械式（机械千斤顶）等。冷风装置是可移动的风扇或冷风机。由于汽车在底盘测功机上试验时没有迎面风，采用冷风装置可以加强发动机及驱动车轮轮胎的散热。纵向约束装置是在汽车前后设置的钢索或三角木，防止试验时驱动车轮驶出测功机。

（3）底盘测功机的基本功能　底盘测功机是一种不解体检验汽车动力性能的室内试验设备，它利用功率吸收装置模拟汽车在实际行驶时所受到的空气阻力、滚动阻力及底盘传动阻力等，测定汽车动力性能以及检测汽车的技术状况，诊断汽车故障。底盘测功机一般具有以下功能。

① 汽车底盘输出功率检测。可按额定转矩工况、额定功率工况或自定义工况进行功率检测，并可进行驱动轮输出功率试验、绘制驱动轮输出功率曲线。

② 加速、滑行性能检测。按系统设定的测试范围测量汽车的加速时间和滑行距离。

③ 速度表、里程表检测。按系统设定的测试点进行车速表误差与里程表误差校验。

④ 反拖阻力测试。在测功机上加装由变频器、电动机、测力传感器系统和同步带组成的反拖装置，可实现 GB/T 18276—2000 规定的反拖阻力测试要求。在 0 ~ 100km/h 范围内，对测功机台架空转阻力、汽车车轮滚动阻力、汽车底盘传动系统阻力进行测量和效率计算。

⑤ 燃油经济性试验。将油耗仪联网后，在驾驶人的配合下（控制到预设速度），系统根据预设模拟路面行驶需加载阻力的大小，控制电涡流测功器进行阻力模拟加载，控制稳定后由油耗仪测取百公里油耗。

⑥ ASM（稳态加速模拟法）尾气简易工况法试验。增配专用尾气分析仪，可在底盘测功机上进行 ASM5025 工况和 ASM2540 工况的汽车排气污染物测量。

思　考　题

1. 名词解释：汽车动力性；汽车最高车速；汽车加速时间；汽车最大爬坡度；汽车的驱动力；汽车的行驶阻力；汽车的滚动阻力；汽车的空气阻力；汽车的坡度阻力；汽车的加速阻力；汽车的附着力；汽车的动力因数。

2. 汽车动力性的评价指标有哪些？

3. 汽车的行驶阻力有哪些？

4. 汽车的附着力取决于哪些因素?
5. 发动机参数对汽车动力性有何影响?
6. 传动系统参数对汽车动力性有何影响?
7. 空气阻力系数对汽车动力性有何影响?
8. 降低空气阻力系数有哪些主要措施?
9. 汽车行驶的驱动和附着条件是什么?
10. 分析影响滚动阻力系数的主要因素。
11. 从动力性角度出发，分析4×2汽车前轮驱动好还是后轮驱动好。为什么?
12. 轮胎尺寸与型式对汽车动力性有何影响?
13. 后备功率对汽车动力性有何影响?
14. 使用因素对汽车动力性有何影响?
15. 如何发挥汽车平均技术速度?
16. 如何合理确定汽车的拖挂重量?
17. 进行汽车动力性的道路试验需要哪些仪器或设备?
18. 底盘测功机是如何测量汽车底盘输出功率的?

第3章

汽车燃料经济性

3.1 汽车燃料经济性的评价指标

汽车燃料经济性是指汽车以最少的燃料消耗量完成单位运输工作的能力，它是汽车的主要使用性能之一。

发动机的燃料经济性通常由有效燃料消耗率 g_e 或有效效率 η_e 来评价。因其未能反映发动机在具体汽车上的功率利用情况与行驶条件两因素的影响，所以，它不能直接用以评价整个汽车燃料经济性。

为了评价整个汽车的燃料经济性，应同时考虑上述两因素，因而选取单位行驶里程的燃料消耗量（当燃料按质量计算时单位为 kg/100km，当燃料按容积计算时单位为 L/100km）或单位运输工作的燃料经济性［单位为 kg/（100t · km）、kg/（1000 人 · km）、L/（100t · km）或 L/（1000 人 · km）］作为评价指标。前者用于比较相同容载量的汽车燃料经济性，也可用于分析不同部件或总成（如发动机、传动系统等）装在同一辆汽车上对汽车燃料经济性的影响；后者常用于比较评价不同容载量的汽车燃料经济性。以上数值越大，汽车燃料经济性越差。

3.1.1 百公里燃料消耗量

百公里燃料消耗量是指汽车在一定运行工况下行驶 100km 的燃料消耗量。一般情况下，燃料消耗量采用容积（升）计算，百公里燃料消耗量是最常采用的燃料经济性评价指标。

根据不同的测试条件，百公里燃料消耗量又分为等速行驶百公里燃料消耗量、多工况百公里燃料消耗量、一般道路平均百公里燃料消耗量等。

1. 等速百公里燃料消耗量

等速百公里燃料消耗量是常用的一种评价指标，指汽车在一定的载荷下（GB/T 12545.1—2008），以最高档在水平良好路面上等速行驶 100km 的燃料消耗量。通常测出每隔 10km/h 速度间隔的等速百公里燃料消耗量，然后在图上连成曲线，称为等速百公里燃料消耗量曲线，用它来评价汽车的燃料经济性，如图 3-1 所示。

不同车型的等速百公里燃料消耗量曲线差别较大，但大多数车型在中等车速范围的百公里燃料消耗量较低。

2. 循环工况行驶百公里燃料消耗量

等速百公里燃料消耗量不能全面反映汽车的实际运行情况，特别是在市区行驶中频繁使用的加速、减速、怠速、停车等行驶工况。因此，各国根据本国的道路、交通状况制订了一些典型的循环工况来模拟汽车的实际运行工况，并以其百公里燃料消耗量来评定相应工况的燃料经济性。

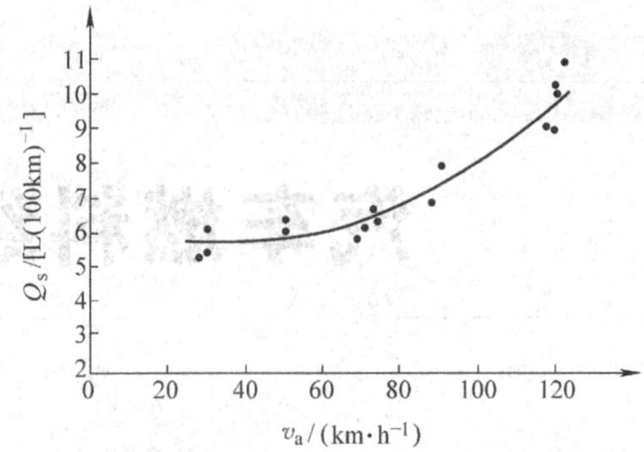

图 3-1　汽车等速行驶百公里燃料消耗量曲线

多工况燃料消耗量是按照规定的多工况循环试验得出的汽车百公里燃料消耗量。多工况循环行驶试验规定了车速－时间行驶规范，确定了何时换档、何时制动以及行车的速度、加速度等数值。多工况循环试验规定严格，大多是在室内汽车底盘测功机上进行，简单的循环工况也可在道路上完成。

工业和信息化部规定，从 2010 年 1 月 1 日起，建立轻型汽车燃料消耗量公示制度，汽车制造企业必须在汽车出厂前在车身上粘贴实际汽车燃料消耗量标识。汽车燃料消耗量标识是指分别标明的轻型汽车市区工况、市郊工况和综合工况下的燃料消耗量三类燃料消耗量标识，以方便消费者辨识燃料消耗量程度或节能效果。

1）市区工况的百公里燃料消耗量。我国制定了轻型汽车和重型商用车辆模拟市区工况循环燃料消耗量试验方法，即《汽车燃料消耗量试验方法第 1 部分：乘用车燃料消耗量试验方法》（GB/T 12545. 1—2008）、《乘用车燃料消耗量评价方法及指标》（GB 27999—2011）和《重型商用车辆燃料消耗量测量方法》（GB/T 27840—2011）。其中规定乘用车采用十五工况试验法、商用车采用六工况试验法、城市客车采用四工况试验法。

① 十五工况试验法。十五工况法用于模拟乘用车在市区工况行驶下的百公里燃料消耗量。十五工况法严格规定了每一个工况的运转次序、加速度、速度、每次运转时间、变速器档位等数值。乘用车十五工况循环试验参数和方法见表 3-1 和图 3-2。

乘用车模拟市区的十五工况法，包括 60s 怠速，9s 怠速、汽车减速、离合器脱开，8s 换档，36s 加速行驶，57s 等速行驶和 25s 减速行驶。一个循环共计 195s，其中，怠速以及汽车减速、离合器脱开的时间最长，占整个测试时间的 35. 4%。市区工况下，汽车平均时速为 19km/h，最高车速为 50km/h，每个循环的理论距离为 1. 013km。通常需进行 4 次重复试验，才能计算出市区工况下的平均百公里燃料消耗量。

表 3-1　乘用车十五工况循环试验参数

工况	运转次序	加速度/(m/s^2)	速度/(km/h)	每次时间		累计时间/s	手动变速器使用档位
				运转/s	工况/s		
1	1 怠速	—	—	11	11	11	6sPM[①] + 5sK_1[②]
2	2 加速	1. 04	0→15	4	4	15	1
3	3 等速	—	15	8	8	23	1

（续）

工况	运转次序	加速度/(m/s^2)	速度/(km/h)	每次时间 运转/s	每次时间 工况/s	累计时间/s	手动变速器使用档位
4	4 等速	-0.69	15→10	2	5	25	1
	5 减速离合器脱开	-0.92	10→0	3		28	K_1
5	6 怠速	—	—	21	21	49	$16sPM+5sK_1$
6	7 加速	0.83	0→15	12	12	54	1
	8 换档					56	—
	9 加速	0.94	15→32			61	2
7	10 等速	—	32	24	24	85	2
8	11 减速	-0.75	32→10	8	11	93	2
	12 减速离合器脱开	-0.92	10→0	3		96	K_2
9	13 怠速	—	—	21	21	117	$16sPM+5sK_1$
10	14 怠速	0.83	0→15	26	26	122	1
	15 换档					124	—
	16 加速	0.62	15→35			133	2
	17 换档					135	—
	18 加速	0.62	35→50			143	3
11	19 等速		50	12	12	155	3
12	20 减速	0.52	50→35	8	8	163	3
13	21 等速	—	35	13	13	176	3
14	22 换档	—	—	12	12	178	
	23 减速	-0.86	32→10			185	2
	24 减速离合器脱开	-0.92	10→0			188	K_2
15	25 怠速	—	—	7	7	195	7sPM

① PM 指变速器在空档，离合器接合。

② K_1（或 K_2）指变速器挂一档（或二档），离合器脱开。

② 六工况法。对于载荷汽车，我国的《商用车燃料消耗试验方法》（GB/T 12545. 1—2008）规定了其燃料消耗量采用六工况法。

六工况法严格规定了每个工况的行程、时间、车速、加速度等数值，一次循环共需要 96. 2s，累计行程为 1350m，六工况循环试验参数见表 3-2 和图 3-3。

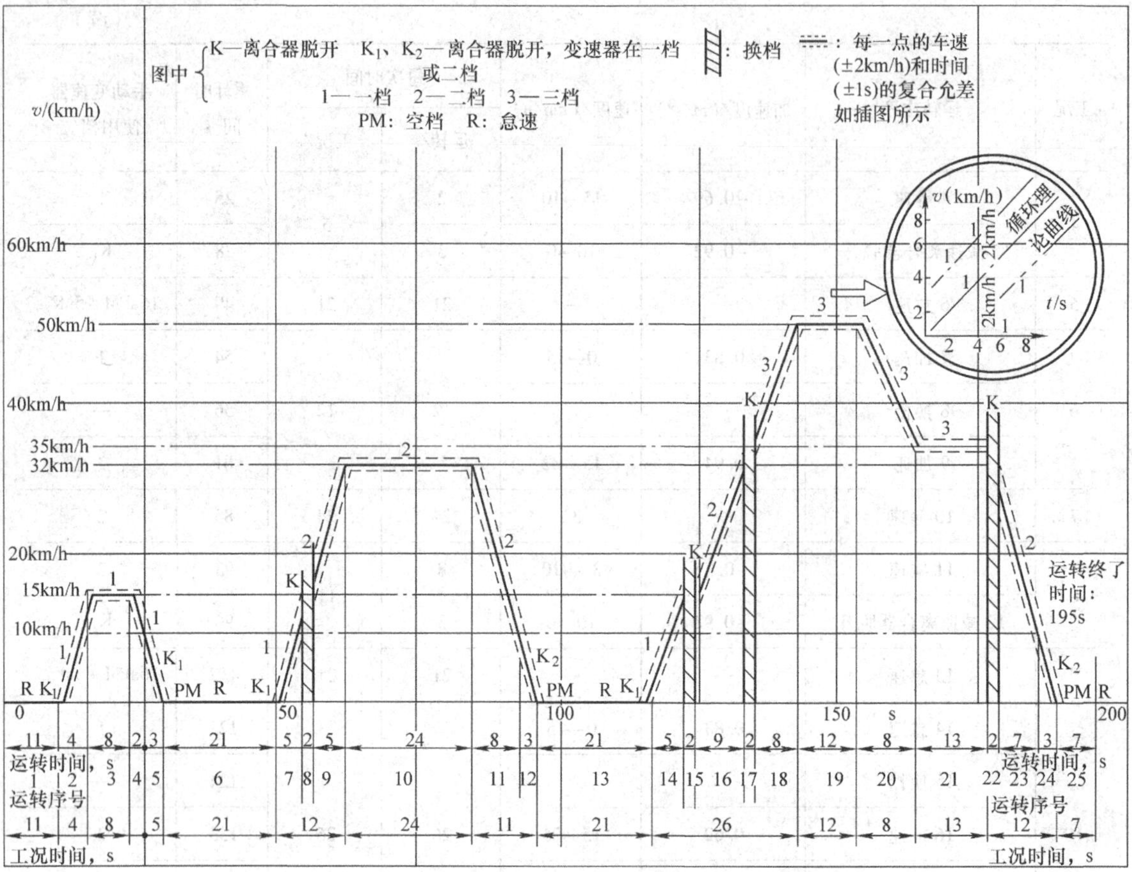

图 3-2 乘用车的十五工况循环试验规范

表 3-2 六工况循环试验参数

工况	行程/m	时间/s	累计行程/m	车速/(km/h)	加速度/(m/s^2)
1	125	11.3	125	40	—
2	175	14.0	300	40~50	0.2
3	250	18.0	550	50	—
4	250	16.3	800	50~60	0.17
5	250	15.0	1050	60	—
6	300	21.6	1350	60~40	0.26

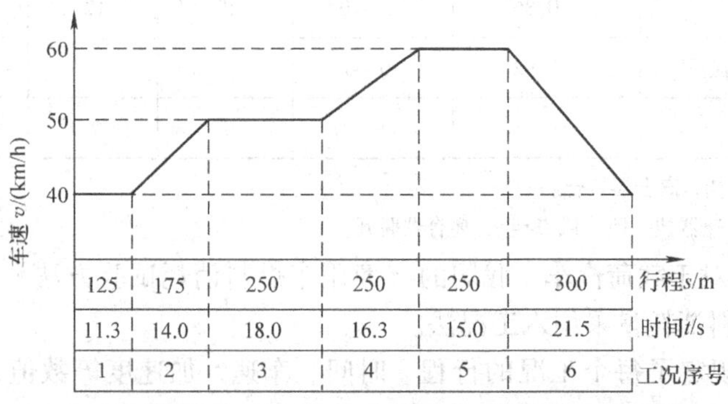

图 3-3 货车的六工况试验规范

③ 四工况法。对于客车，国标 GB/T 12545.1—2008 规定其燃料消耗量试验方法需采用四工况法。与六工况法相似，四工况法亦严格规定了每个工况的运转状态、行程时间、档位和车速等数值。每完成一个循环需要 72.5（或 75.7）s，累计行驶 700m。四工况循环试验参数见表 3-3 和图 3-4。

表 3-3　城市客车和双层客车四工况循环试验参数

工况序号	运转状态/(km/h)	行程/m	累计行程/m	时间/min	变速器档位及换档车速	
					档位	换档车速/(km/h)
1	0～25 换档加速	5.5	5.5	5.6	2～3	6～8
		24.5	30	8.8	3～4	13～15
		50	80	11.8	4～5	19～21
		70	150	11.4	5	
2	25	120	270	17.2	5	
3	(30) 25～40	160	430	(20.9) 17.7	5	
4	减速行驶	270	700		空档	

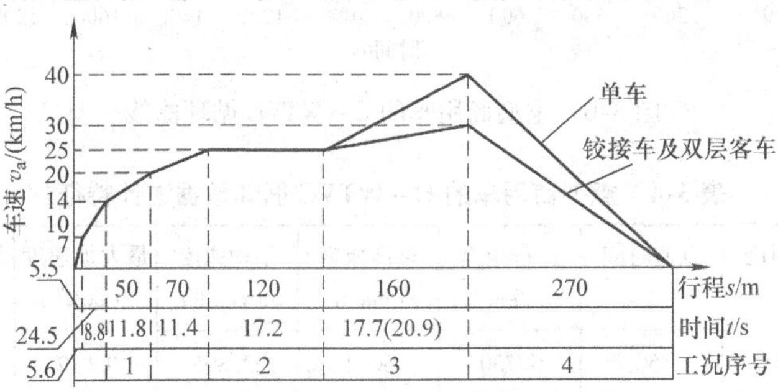

图 3-4　客车的四工况试验循环规范

2）市郊工况的百公里燃料消耗量。一个市郊运转循环包括 40s 的怠速，10s 的怠速、汽车减速、离合器脱开，6s 的换档，103s 的加速行驶，209s 的等速行驶和 32s 的减速行驶。市郊工况采用 13 工况法，各工况的运用时间、车速、行驶状态可参见《轻型汽车污染物排放限值及测量方法》（GB 18352.3—2005）所述的市郊运转循环。

市郊循环工况进行一次，共需 400s 时间。市郊工况中，等速行驶时间最长，占总时长的 52.2%。在市郊工况下，汽车平均车速为 62.6km/h，最高车速为 120km/h；市郊工况每个循环的理论距离为 6.955km；通常需进行三次重复试验，计算出市郊工况下的平均百公里燃料消耗量。

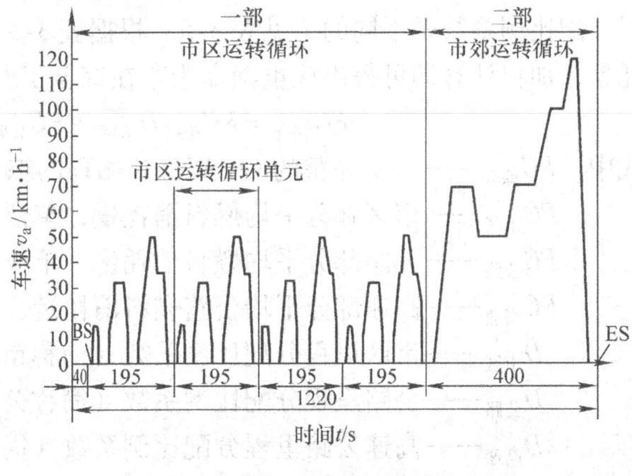

图 3-5　综合工况的试验循环规范

3）综合工况的百公里燃料消耗量。综合工况由四个市区工况小循环（一部）和一个郊区工况（二部）组成（图 3-5）。一个完整测试循环共计 1180s，其中，市区工况共 780s，最高车速为 50km/h；郊区工况 400s，最高车速为 120km/h。总里程为 11.047（4.052 +6.995）km。综合工况的百公里燃料消耗量位于市区工况与市郊工况的油耗之间。

4）重型商用车的 C－WTVC 循环综合工况的百公里燃料消耗量。C－WTVC 循环是指以世界重型商用汽车瞬态循环（World Transient Vehicle Cycle）为基础，调整加速度和减速度形成的驾驶循环。C－WTVC 循环由市区、公路和高速公路工况组成，见图 3-6。重型商用车的 C－WTVC 循环数据统计特征见表 3-4。

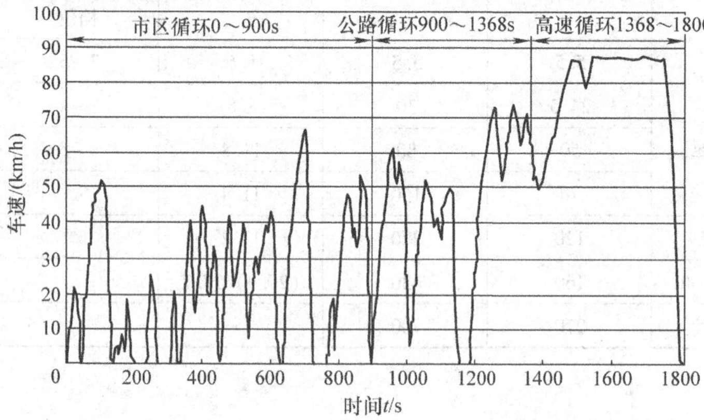

图 3-6　重型商用车的 C－WTVC 循环曲线

表 3-4　重型商用车的 C－WTVC 循环数据统计特征

工况	运行时间 /s	怠速时间 /s	运行距离 /km	最高速度 /(km/h)	平均速度 /(km/h)	最大加速度 /(m/s²)	最大减速度 /(m/s²)	里程比例 (%)
市区部分	900	150	5.730	66.2	22.895	0.917	1.033	27.94
公路部分	468	30	5.687	73.5	43.746	0.833	1.000	27.73
高速部分	432	6	9.093	87.8	75.772	0.389	0.967	44.33
C－WTVC 循环	1 800	186	20.510	87.8	40.997	0.917	1.033	100.00

对于不同的重型商用车，C－WTVC 循环中的市区、公路和高速公路工况部分的特征里程分配比例系数是不同的，见表 3-5。根据表 3-5 中的分配比例，测量不同工况下的燃料消耗量，加权计算即可得出该重型商用车在综合工况的百公里燃料消耗量。其计算公式为：

$$FC_{综合} = FC_{市区}D_{市区} + FC_{公路}D_{公路} + FC_{高速}D_{高速}$$

式中　$FC_{综合}$——一个完整的 C－WTVC 循环的综合燃料消耗量，单位为 L/100km；

$FC_{市区}$——市区部分平均燃料消耗量，单位为 L/100km；

$FC_{公路}$——公路部分平均燃料消耗量，单位为 L/100km；

$FC_{高速}$——高速部分平均公路燃料消耗量，单位为 L/100km；

$D_{市区}$——市区里程分配比例系数（简称市区比例）（%）；

$D_{公路}$——公路里程分配比例系数（简称公路比例）（%）；

$D_{高速}$——高速公路里程分配比例系数（简称高速比例）（%）。

表 3-5　C－WTVC 循环中的市区、公路和高速公路工况部分的特征里程分配比例

车辆类型	最大设计总质量 GCW/GVW/kg	市区比例 $D_{市区}$	公路比例 $D_{公路}$	高速比例 $D_{高速}$
半挂牵引车	9 000≤GCW≤27 000	0	40%	60%
	GCW＞27 000	0	10%	90%
自卸汽车	GVW＞3 500	0	100%	0
货车（不含自卸汽车）	3 500＜GVW≤5 500	40%	40%	20%
	5 500＜GVW≤12 500	10%	60%	30%
	12 500＜GVW≤25 000	10%	40%	50%
	GVW＞25 000	10%	30%	60%
城市客车	GVW＞3 500	100%	0	0
客车（不含城市客车）	3 500＜GVW≤5 500	50%	25%	25%
	5 500＜GVW≤12 500	20%	30%	50%
	GVW＞12 500	10%	20%	70%

3.1.2　其他评价指标

1. 百吨或千人公里燃料消耗量

汽车运输企业还常用完成每百吨公里或千人公里运输工作量的燃料消耗量来表示汽车的燃料经济性，该指标便于比较不同装载量汽车的燃料经济性。其表示方法如下

$$Q_t=\frac{100q}{Ws}\quad 或\quad Q_P=\frac{1000q}{Ns}$$

式中　Q_t——汽车百吨公里油耗，单位为 L/（ht·km）；

W——汽车载质量，单位为 t；

q——汽车通过测试路段的燃料消耗量，单位为 mL；

s——汽车行驶里程，单位为 m；

Q_P——汽车千人公里油耗，单位为 L/(kp·km)；

N——载客量，单位为 p（人）。

利用百吨公里或千人公里燃料消耗量，参考道路状况及其他纠正参数，可以合理确定商用车的燃料消耗定额，进行汽车运输成本分析核算。

2. MPG

在美国、英国等一些国家则用 MPG（mile/gal）表示法作为汽车燃料经济性的指标，即用每消耗 1 加仑的燃料汽车行驶的英里数来表示（1mile＝1.6093km，1 美加仑＝3.785L，1 英加仑＝4.546L），相同载质（客）量的汽车，该数字越大，说明该车的燃料经济性越好。

3. 汽车平均燃料消耗特性

由于汽车在使用过程中载荷和道路条件对汽车燃料的消耗影响很大，可用平均燃料运行消耗特性来评价汽车燃料经济性。平均运行燃料消耗特性是指在不同的道路条件下，燃料消耗量与有效载荷之间的关系。图 3-7

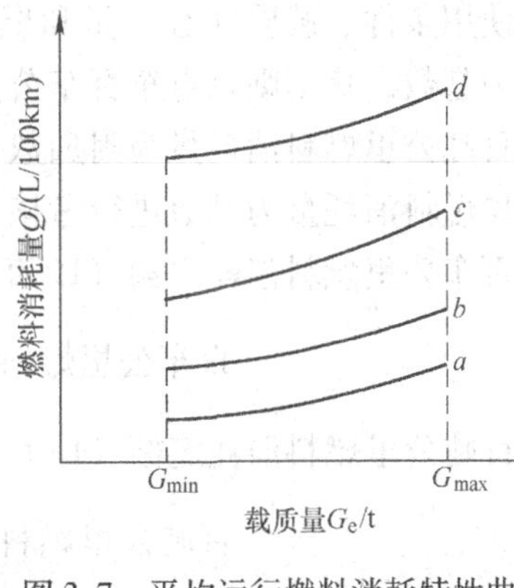

图 3-7　平均运行燃料消耗特性曲线

中 a、b、c、d 各曲线表示不同的道路条件下的最小燃料消耗量，其中 a 表示最好的道路条件，d 表示最坏的道路条件。

平均燃料运行消耗特性是用道路试验方法求得的。

1）在某一种道路条件下，分别测量各种不同装载质量时的燃料消耗量（L/100km），从而得到相应道路条件下的平均燃料运行消耗特性。试验时，汽车应按照通常在该种道路和装载质量情况下行驶时的平均技术速度行驶（不可规定为匀速行驶）。

2）按同样的方法在其他类型的道路条件下做不同装载质量的运行试验。

为使试验结果更为准确，试验要求如下。

① 有一定数量的试验汽车（至少有三辆），且技术状况良好。

② 选择具有代表性的路线，且同一路线上的路面质量应相同，路线长度不短于100km。

③ 同一参数的测定至少应重复三次，并应在相同的气候条件和相同的交通量的条件下进行。

由此可见，平均燃料运行消耗特性反映了汽车类型、道路条件、交通量、装载质量以及气候等因素对燃料消耗的影响，可用来比较全面地评价汽车使用中的燃料经济性。

当掌握了同一类型的两种汽车的平均燃料运行消耗特性时，如图3-8所示，也可进行比较。图中实线和虚线分别代表两种汽车的平均燃料运行消耗特性，a、a' 表示良好道路条件，b、b' 表示一般道路条件，c、c' 表示坏道路条件。由图可知，在良好道路条件和一般道路条件运行时，虚线汽车的平均燃料运行消耗特性优于实线汽车；而在坏道路条件运行时，实线汽车的平均燃料运行消耗特性反而优于虚线汽车。所以，用平均燃料运行消耗特性进行比较可作为汽车合理选用的依据之一。

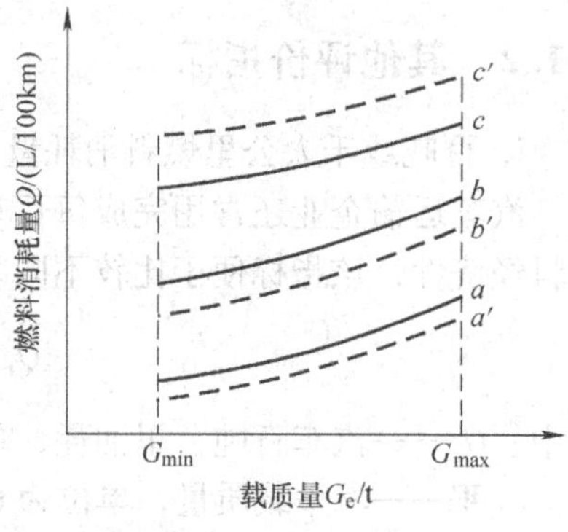

图3-8　两种汽车的平均运行燃料消耗特型的比较

对于典型路线试验得到的平均燃料运行消耗特性，可作为运输企业制订燃料消耗定额的依据。

4. 燃料消耗定额

燃料消耗定额是指汽车每行驶百车公里或完成百吨公里所消耗燃料的限额，它是考核单车和汽车运输企业在运输生产中物料消耗的主要定额指标之一。燃料消耗定额通常是按车型、使用条件、载质（客）量和燃料种类等分别制订的。客车一般按百车公里平均燃料消耗量为基数；货车则以空车百车公里平均燃料消耗量为基数，再按其实际载质量及拖挂总质量的百吨公里燃料消耗量为附加数，进行考核。对汽车运输企业，则按全部运行汽车百吨公里平均燃料消耗量为基数进行考核。

百车公里燃料消耗定额（L/百车·km）的计算公式为

$$\text{百车公里燃料平均消耗量}=\frac{\text{燃料实际消耗量}}{\text{总行驶里程}}\times 100$$

百吨公里燃料消耗定额（L/百吨·km）的计算公式为

$$\text{百吨公里燃料平均消耗量}=\frac{\text{燃料实际消耗量}}{\text{实际完成周转量}}\times 100$$

燃料消耗定额是一个综合性的考核指标。要降低燃料消耗定额一方面要提高驾驶人的操作技术水平和汽车的技术状况；另一方面调度人员要根据运输任务的批量大小、气象与道路条件，合理地确定营运路线，科学地调派汽车，以保证运输任务的完成。因此燃料消耗定额能反映技术与经济的综合管理效果。

3.1.3　汽车燃料消耗量标准

1. 乘用车油耗标准

我国控制乘用车燃料消耗量的第一个强制性国家标准《乘用车燃料消耗量限值》（GB 19578—2004），于 2004 年 9 月 2 日经国家质量检验检疫总局和国家标准化管理委员会批准发布，2005 年 7 月 1 日正式实施。该标准按照整车整备质量规定了乘用车燃料消耗量的限值对于新开发车型，从 2005 年 7 月 1 日开始执行第一阶段限值要求，第二阶段的执行日期为 2008 年 1 月 1 日。对于在生产车型，从 2006 年 7 月 1 日开始执行第一阶段限值要求，第二阶段的执行日期为 2009 年 1 月 1 日，比新开发车型推迟 1 年实施。

工业和信息化部公布了第三阶段乘用车燃料消耗量的国家标准，即《乘用车燃料消耗量评价方法及指标》（GB 27999—2011）于 2012 年 1 月 1 日正式实施，该标准规定了乘用车新阶段的燃料消耗量限值并提出了企业平均燃料消耗量的评价方法。

表 3-6 给出了乘用车第三阶段燃料消耗量限值。与 2008 年执行的第二阶段标准相比，新标准的燃料消耗限值较第二阶段下降 20%；2015 年，全国平均乘用车燃料消耗量将降为 7L 左右。考虑到整车制造企业无法迅速完成任务，故新标准将提出渐进式目标，如 2012 年为导入期，新老车型的燃料消耗可以高出标准一定比例，但 2015 年开始严格按新标准实施。

表 3-6　乘用车第三阶段燃料消耗量限值（GB 27999—2011）

整车整备质量（CM）/kg	手动档且 2 排座椅	自动档，或 3 排及 3 排以上座椅
CM≤750	5.2	5.6
750＜CM≤865	5.5	5.9
865＜CM≤980	5.8	6.2
980＜CM≤1090	6.1	6.5
1090＜CM≤1205	6.5	6.8
1205＜CM≤1320	6.9	7.2
1320＜CM≤1430	7.3	7.6
1430＜CM≤1540	7.7	8.0
1540＜CM≤1660	8.1	8.4
1660＜CM≤1770	8.5	8.8
1770＜CM≤1880	8.9	9.2
1880＜CM≤2000	9.3	9.6
2000＜CM≤2110	9.7	10.1
2110＜CM≤2280	10.1	10.6
2280＜CM≤2510	10.8	11.2
2510＜CM	11.5	11.9

2. 重型商用汽车燃料消耗量限值

为节约能源、保护环境，汽车强制性国家标准 GB 30510—2014《重型商用车辆燃料消耗量限值》已经由国家标准化管理委员会批准发布，并于2014 年 7 月 1 日正式实施。该标准规定了重型商用车辆燃料消耗量限值，适用于最大设计总质量大于 3 500kg 的重型商用车辆，包括货车、牵引车、客车、自卸汽车及相关专用汽车。

货车和自卸汽车在综合工况下的燃料消耗量限值见表 3-7。半挂牵引车在综合工况下的燃料消耗量限值见表 3-8。客车和城市客车在综合工况下的燃料消耗量限值见表 3-9。

表 3-7　货车和自卸汽车在综合工况下燃料消耗量限值

最大设计总质量 GVW/kg	燃料消耗量限值/（L/100km）	
	货车	自卸汽车
3500 < GVW≤4500	13.0	15.0
4500 < GVW≤5500	14.0	16.0
5500 < GVW≤7000	16.0	17.5
7000 < GVW≤8500	19.0	20.5
8500 < GVW≤10500	21.5	23.0
10500 < GVW≤12500	25.0	25.5
12500 < GVW≤16000	28.0	28.0
16000 < GVW≤20000	31.5	34.0
20000 < GVW≤25000	37.5	43.5
25000 < GVW≤31000	43.0	47.0
31000 < GVW	45.5	49.0

对于汽油车，其限值是表中相应限值乘以 1.3，求得的数值圆整（四舍五入）至小数点最后一位。

表 3-8　半挂牵引车在综合工况下的燃料消耗量限值

最大设计总质量 GVW/kg	燃料消耗量限值/（L/100km）
3500 < GVW≤1800	33.0
18000 < GVW≤27000	36.0
27000 < GVW≤35000	38.0
35000 < GVW≤40000	40.0
40000 < GVW≤43000	42.0
43000 < GVW≤46000	45.0
46000 < GVW≤49000	47.0
49000 < GVW	48.0

表 3-9　客车和城市客车在综合工况下的燃料消耗量限值

最大设计总质量 GVW/kg	燃料消耗量限值/（L/100km）	
	客车	城市客车
3500 < GVW≤4500	12.5	14.0
4500 < GVW≤5500	13.5	15.5

（续）

最大设计总质量 GVW/kg	燃料消耗量限值/(L/100km)	
	客车	城市客车
5500 < GVW ≤7000	15.0	17.5
7000 < GVW ≤8500	16.5	19.5
8500 < GVW ≤10500	18.5	22.5
10500 < GVW ≤12500	20.0	26.0
12500 < GVW ≤14500	21.5	30.5
14500 < GVW ≤16500	22.5	34.0
16500 < GVW ≤18000	24.0	37.5
18000 < GVW ≤22000	25.0	41.0
22000 < GVW ≤25000	27.5	45.5
25000 < GVW	29.5	49.0
对于汽油车，其限值是表中相应限值乘以 1.3，求得的数值圆整（四舍五入）至小数点最后一位。		

3.2　汽车燃料经济性的计算

3.2.1　利用万有特性图与汽车功率平衡图进行燃料消耗量的计算

在汽车设计与开发工作中，常需要根据发动机台架试验得到的万有特性图与汽车功率平衡图，对汽车燃料经济性进行估算。下面介绍燃料经济性循环行驶试验工况的各个工况如等速行驶、加速、减速和怠速停车等行驶工况的燃料消耗量计算方法。

1. 等速行驶工况燃料消耗量的计算

图 3-9 为一台汽油发动机的万有特性曲线。在万有特性曲线图上有等燃料消耗率曲线。根据这些曲线，可以确定发动机在一定转速 n，产生一定功率 P_e 时的燃料消耗率 b。为了便于计算，按照转速 n 和车速 V_a 的转换关系在横坐标上画出汽车（最高档）的行驶车速比例尺。此外，计算时还需要汽车在水平路面上等速行驶时，为克服滚动阻力与空气阻力，发动机应提供的功率为 $P=(P_f+P_w)/\eta_T$。

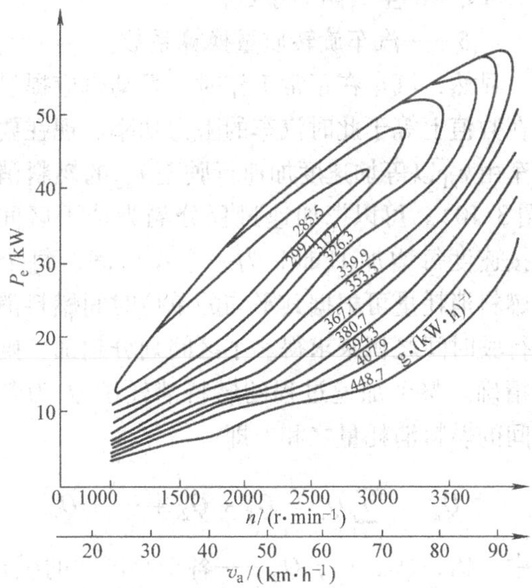

图 3-9　汽油发动机万有特性

根据等速行驶车速 V_a 及阻力功率 P，在万有特性图上（利用插值法）可确定相应的燃料消耗率 b，从而计算出以该车速等速行驶时单位时间内的燃料消耗量 Q_t（mL/s）为

$$Q_t = \frac{Pb}{367.1\gamma}$$

式中　b——燃料消耗率，单位为 g/(kW·h)；

γ——燃料的重度（N/L），汽油可取为 6.96 ~ 7.15N/L，柴油可取为 7.94 ~ 8.13N/L。

整个等速过程经 s（m）行程的燃料消耗量 Q（mL）为

$$Q = \frac{Pbs}{102v_a\rho g}$$

折算成等速百公里燃料消耗量（L/100km）为

$$Q = \frac{Pb}{1.02v_a\gamma}$$

2. 等加速行驶工况燃料消耗量的计算

在汽车加速行驶时，发动机还要提供克服加速阻力所消耗的功率。若加速度为 $\frac{dv}{dt}$（m/s²），则汽车的阻力功率 P（kW）应为

$$P = \frac{1}{\eta_T}(P_f + P_w + P_j) = \frac{1}{\eta_T}\left(\frac{Gfv_a}{3600} + \frac{C_D A v_a^2}{76140} + \frac{\delta m v_a}{3600}\frac{dV}{dt}\right)$$

式中　P——功率，单位为 kW；

G——汽车总重力，单位为 N；

v_a——汽车行驶速度，单位为 km/h；

A——汽车迎风面积，单位为 m²；

m——汽车总质量，单位为 kg；

η_T——传动系统的机械效率；

C_D——空气阻力系数；

δ——汽车旋转质量换算系数。

显然，汽车在正常工作时，发动机应提供的功率在数值上等于此时汽车的阻力功率。现在要计算汽车由 v_{a1} 以等加速度加速行驶至 v_{a2} 的燃料消耗量（图 3-10）。可以把加速过程分隔为若干区间，例如按速度每增加 1km/h 为一个小区间，每个区间的燃料消耗量可根据其平均的单位时间燃料消耗量与行驶时间之积来求得。小区间划分越细，则结果越精确。整个加速过程的燃料消耗量 Q_a 为各个小区间的燃料消耗量之和，即

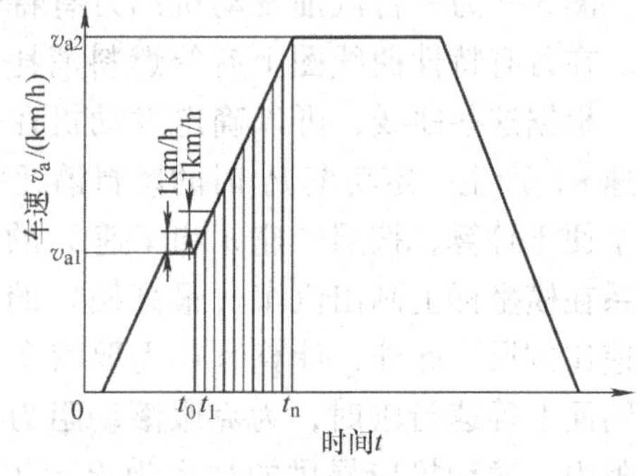

图 3-10　等加速度过程的燃料消耗量计算

$$Q_a = \sum_{i=1}^{n} Q_i = Q_1 + Q_2 + \cdots + Q_n$$

式中　Q_1，Q_2，…，Q_n——各个小区间的燃料消耗量，单位为 mL。

3. 等减速行驶工况燃料消耗量的计算

减速行驶时，松开加速踏板（节气门开度最小）并进行轻微制动，发动机处于强制怠

速状态，其燃料消耗量即为正常怠速燃料消耗量。减速工况燃料消耗量 Q_d 应等于减速行驶时间 t_d 与怠速燃料消耗量 Q_i 的乘积，即

$$Q_d = Q_i t_d$$

4. 怠速停车时的燃料消耗量

若怠速停车时间为 t_{id}（s），则怠速停车时的燃料消耗量 Q_{id}（mL）应等于怠速停车时间 t_{id} 与怠速燃料消耗量 Q_i 的乘积，即

$$Q_{id} = Q_i t_{id}$$

5. 整个循环工况的百公里燃料消耗量

对于由等速、等加速、等减速、怠速停车等行驶工况组成的循环，如 ECE－R.15 和我国货车六工况法等，其整个试验循环的百公里燃料消耗量（L/100km）可按下式计算

$$Q_S = \frac{\sum Q}{S} \times 100$$

式中　Q_S——整个循环工况的百公里燃料消耗量，单位为 L/100km；

$\sum Q$——所有过程燃料消耗量之和，单位为 mL；

S——整个循环的行驶距离，单位为 m。

3.2.2　利用定额计算法进行汽车运行燃料消耗量的计算

确定汽车运行燃料消耗量的方法有多种。定额计算法是一种能反映运输工作而且计算方便的方法。汽车运行燃料消耗量的影响因素，除汽车结构、工艺水平、车况外，还有道路、载荷、运距、环境条件（如气温、风、雨、雾、交通情况等）及驾驶水平等，其中包括随机因素、自然因素和人为因素。为了全面地建立数学表达式，需要考虑可等级化和数量化的因素，如道路、载荷、气温、海拔等。交通因素将在道路分类中予以考虑，而车况、驾驶水平等因素，尽管它们对运行燃料消耗也有较大影响，但计算时将其视为一般正常水平，而不予以考虑。对风、雨、雾等特殊环境因素，由于它们的影响是局部的、地区性的，而且也难于等级化和数量化，其影响可根据实际情况在制订燃料消耗定额时确定。

汽车运行燃料消耗量的计算式用于计算汽车在不同运行条件下运行时所消耗的燃料限额，以限制和考核汽车运行燃料经济性。它由汽车基本运行燃料消耗量和汽车运行条件修正系数两部分构成。

载货汽车运行燃料消耗量计算公式为

$$Q = \sum_{i=1}^{n} (q_a + q_b W_i + q_c \Delta m) \frac{S_i k_{ri} k_{hi} k_{ti} k_{\gamma i}}{100}$$

大型载客汽车运行燃料消耗量计算公式为

$$Q = \sum_{i=1}^{n} (q_a + q_b N_i + q_c \Delta m) \frac{S_i k_{ri} k_{hi} k_{ti} k_{\gamma i}}{100}$$

乘用车运行燃料消耗量计算公式为

$$Q = \sum_{i=1}^{n} q \frac{S_i k_{ri} k_{hi} k_{ti} k_{\gamma i}}{100}$$

式中　q_a——汽车空驶基本燃料消耗量，单位为 L/100km；

q_b——货物（旅客）周转量的基本附加燃料消耗量，单位为 L/100t · km；

q_c——整备质量变化的基本附加燃料消耗量，单位为 L/100t·km；

q——汽车空车质量综合基本燃料消耗量，单位为 L/100km；

S_i——该运行条件下的行驶里程，单位为 km；

W_i——该运行条件下汽车的载质量，单位为 t；

N_i——该运行条件下乘客人数，单位为 P；

Δm——汽车整备质量增量，其值为汽车实际整备质量与标准给出的汽车整备质量 m_0 之差，单位为 t；

k_{ri}——该运行条件下道路修正系数，见表 3-10；

k_{hi}——该运行条件下海拔修正系数，见表 3-11；

k_{ti}——该运行条件下气温修正系数，见表 3-12；

$k_{\gamma i}$——燃料密度修正系数，对于汽油，$k_{\gamma i}=1+0.8\ (0.742-\gamma_g)$；对于柴油，$k_{\gamma i}=1+0.8\ (0.830-\gamma_d)$。$\gamma_g$、$\gamma_d$ 分别为汽油和柴油在气温为 20℃、气压为 100kPa 时的密度（g/mL）。

表 3-10　道路修正系数 k_{ri}

道路类别	公路等级	城市道路等级	修正系数 k_r
1 类道路	平原、微丘一、二、三级公路		1.00
2 类道路	平原、微丘四级公路	平原、微丘地形的一、二、三、四级道路	1.10
3 类道路	山岭、重丘一、二、三级公路	重丘地形的一、二、三、四级道路	1.25
4 类道路	平原、微丘级外公路	级外道路	1.35
5 类道路	山岭、重丘四级公路		1.45
6 类道路	山岭、重丘级外公路		1.70

表 3-11　海拔修正系数 k_h

海拔 h/m	≤500	500～1500	1500—2500	2500—3500	>3500
k_h	1.00	1.03	1.07	1.13	1.20

表 3-12　气温修正系数 k_t

月平均气温 t/℃	>28	28～5	5～-5	-5～-15	-15～-25	<-25
k_t	1.02	1.00	1.03	1.06	1.09	1.13

3.2.3　利用试验法进行燃料消耗量的计算

试验法计算燃料消耗量的方法主要有质量法、容积法和碳平衡法等。

1. 采用质量法确定燃料消耗量 Q

采用质量法确定燃料消耗量 Q（L/100km）的计算公式如下：

$$Q=\frac{M}{S\rho_g}\times 100$$

式中　ρ_g——标准温度 20℃下的燃料密度，单位为 kg/dm³；

S——试验期间的实际行驶距离，单位为 km；

M——燃料消耗量测量值，单位为 kg。

2. 采用容积法确定燃料消耗量 Q

采用容积法确定燃料消耗量 Q（L/100km）的计算公式如下

$$Q=\frac{V[1+\alpha(T_0-T_F)]}{S}\times 100$$

式中 V——燃料消耗量（体积）测量值，单位为L；

α——燃料容积膨胀系数（燃料为汽油和柴油时，该系数为0.001/℃）；

T_0——标准温度为20℃；

T_F——燃料平均温度，即每次试验开始和结束时，在容积测量装置上读取的燃料温度的算术平均值，单位为℃。

3. 碳平衡法

碳平衡法是通过测定排放的二氧化碳（CO_2）、一氧化碳（CO）、碳氢化合物（HC）的碳质量来计算燃料消耗量的。

碳平衡法的理论依据是质量守恒定律，即汽（柴）油经过发动机燃烧后，排气中碳质量的总和等于燃烧前的燃料中碳质量总和。

碳平衡法计算汽车燃料消耗量 Q 的方法如下

$$Q=\frac{0.866\times G}{0.429W_{CO}+0.866W_{HC}+0.273W_{CO_2}}$$

式中 G——1L燃料的质量，单位为g；

W_{CO}——一氧化碳排出量，单位为g/km；

W_{HC}——碳氢化合物排出量，单位为g/km；

W_{CO_2}——二氧化碳排出量，单位为g/km。

3.3 汽车燃料经济性的分析

3.3.1 影响汽车燃料经济性的因素

汽车燃料经济性主要取决于发动机有效燃料消耗率、汽车行驶阻力及汽车传动效率。实际运行过程中，汽车的燃料消耗还与汽车技术状况、驾驶技术以及运行条件有关。

1. 汽车发动机对燃料经济性的影响

发动机的热效率直接影响发动机的有效燃料消耗率，影响汽车的燃料消耗量。而发动机的热效率又取决于发动机的种类、设计与制造水平、负荷率的大小及使用方法。

1）发动机种类。与汽油机相比，柴油机热效率高、有效燃料消耗率较低，特别是在部分负荷时，柴油机的有效燃料消耗率比汽油机低许多，这一点对车用发动机尤为有利。现代柴油机的燃料消耗比汽油车要低20%～45%，同时柴油机排气污染较汽油机小，因此载货汽车尤其是大、中吨位的载货汽车已普遍采用柴油发动机。随着柴油机性能的不断改进，一些小吨位汽车甚至小型轿车也装用柴油发动机。

目前世界各国正在积极推行轻型货车和轿车的柴油化进程，在总质量为2～5t的载货汽车中，德国有95%左右、日本约为90%已用柴油机。扩大柴油机的应用范围是改善汽车燃料经济性的主要途径之一。

2）压缩比。当发动机压缩比提高时，热效率增加，发动机动力性提高，发动机燃料消耗率降低。

但压缩比过高会引起爆燃和表面点火，同时排气污染严重，因此只能在控制发动机爆燃、满足排放要求的前提下适当提高压缩比，以改善燃料经济性。

3）负荷率。由发动机负荷特性可知，在转速一定的情况下，负荷率较高时，有效燃料消耗率较低，发动机在中等转速较高负荷率时，其燃料消耗率最低，经济性较好。但一般汽车在水平良好道路上以正常速度行驶时只用到最大功率的20%左右，大部分时间都在较低负荷率下工作。因此在保证动力性的前提下，不宜装用功率过大的发动机，以提高发动机功率利用率；同时在使用中，应力求提高发动机负荷率以改善燃料经济性。

改变发动机负荷率的方法，通常是采用闭缸技术，其主要方法有变行程法和变缸法。

变缸法是改变有效气缸数目，即在中小负荷时，关闭一部分气缸，而提高另一部分气缸的功率利用率，使之工作在较经济工况。变缸法的效果取决于变缸时机的掌握，最好用计算机自动控制。

减少发动机工作气缸数的方法很多，有的采用堵塞进气道的方法；有的采用关闭进、排气门的方法。关闭进、排气门的方法能减少泵气损失和气门驱动损失，节油效果显著。

4）发动机的燃烧过程。改进燃烧室形状、采用稀薄混合气分层燃烧技术、利用电控燃料喷射系统精确控制供油量等措施可改善汽油机的燃烧过程，能显著提高燃料经济性，又可降低排放污染。

稀混合气可以提高发动机燃料经济性的主要原因是，由于稀混合气中的汽油分子有更多的机会与空气中氧分子接触，容易燃烧完全，同时混合气越接近于空气循环，绝热指数越大，热效率越高；采用稀混合气，由于其燃烧后最高温度降低，使气缸壁传热损失较少，并使燃烧产物的离解减少，从而提高了热效率。另外，采用稀混合气，由于气缸内压力、温度低，不易发生爆燃，则可以提高压缩比，增大混合气的膨胀比和温度，减少燃烧室残余废气量，因而可以提高燃料的能量利用效率。但若混合气过稀，燃烧速度过于缓慢，等容燃烧速度下降，混合气发热量和分子改变系数减少，指示功减小，但机械损失功变化很小，使机械效率下降；混合气过稀，发动机的工作对混合气分配的均匀性和汽油、空气及废气三者的混合均匀性变得更加敏感，循环变动率增加，个别缸失火的概率增加。

使用稀薄燃烧技术的汽油发动机，空燃比可达20:1以上，甚至高达23:1。

5）进、排气系统。改善进、排气系统的目的是，减小进气管气流阻力，减少排气干扰，提高充气效率。进气管的结构和尺寸要保证有足够的流通截面，并保证管壁的表面光洁，连接处平整，要减少气流转折以及流通截面突变，以减少气流的局部阻力。进气门是整个进气管道中产生阻力最大的地方。捷达轿车发动机每缸采用五气门（三个进气门，两个排气门）结构，以增加进气充量。

汽油机进气管断面形状和尺寸对燃料的雾化、蒸发和分配影响很大。进气管断面过大，气流速度低，燃料液态颗粒易沉积于管壁，而且液态燃料的蒸发速率比较慢，结果使各缸混合气的分配不均匀，发动机油耗增加。

2. 传动系统的影响

汽车传动系统的档位数、传动比、传动系统效率对汽车的燃料经济性有很大的影响。

1）变速器档位数。在水平良好道路上，应尽可能使用最高档行驶，这样可以使发动机处于中等转速较高负荷下工作，有利于降低燃料消耗。当变速器档位数增多时，可根据汽车行驶阻力的变化选择合适的档位，使发动机处于经济工况的机会增多；但过多的档位会使变速器或传动系统结构复杂，操作不便。

采用自动变速器的汽车简化了操作过程，但自动变速器的液压变矩器部分传动效率较低，因此这类汽车的燃料经济性并不是最好的。

若无级变速器的传动效率与机械式有级变速器相同，采用无级变速器可以使发动机工作特性与汽车的行驶工况达到最佳匹配，则可显著提高燃料经济性，同时简化了驾驶操作。目前，欧洲生产的少数汽车上应用了一种 CAT 自动变速器，这是采用推力式钢带传动的无级变速器，但这种自动变速器的传动效率与机械式有级变速器相比仍有一定的差距，因而装用这种无级变速器的汽车实际燃料消耗较装用机械式手动变速器汽车略高。

2）超速档的应用。传动系统直接档的总减速比（主减速器传动比）是根据良好道路上汽车动力性的要求选择的。这样的传动比，在中等车速下行驶时，发动机的负荷率不高，使得汽车燃料消耗率没有达到最佳值。为改善汽车在水平良好道路上行驶时的燃料经济性，在不改变主减速器传动比的情况下，在变速器中增加一个传动比小于 1 的超速档，提高了汽车中速行驶时发动机的负荷率，可降低中速行驶时的百公里油耗。

3）主减速器传动比。选择较小的主减速器传动比，在相同的车速和道路条件下，可以提高汽车的负荷率，有利于降低燃料消耗。但若主减速器传动比过小，会导致汽车经常使用低一档的档位，最小传动比档位的利用率降低，反而使燃料消耗率增加。因而经常在良好道路上行驶的汽车可选用较小的主减速器传动比。

4）传动系统的机械效率。传动系统效率越高，传动过程中的损失功率越少，汽车的燃料经济性就越好。

3. 汽车总质量的影响

汽车的滚动阻力、坡道阻力和加速阻力都和汽车总质量成正比。当汽车载质量或拖挂总质量增加时，汽车的百公里燃料消耗增加。但载质量增加使发动机的负荷率提高，有效燃料消耗量减少，百吨公里油耗降低。因此，减少汽车自身质量和增大汽车载质量或拖带挂车总质量，都能改善汽车的燃料经济性。

目前，在汽车轻量化方面采用的主要措施有：用优化设计的方法充分利用材料的强度，提高结构的刚度；采用高强度轻材料，如采用高强度低合金钢、销合金、镁合金、塑料和各种纤维强化等材料制造汽车零件；改进汽车结构，如轿车采用前轮驱动、高可靠性轮胎（可以去掉备胎）、少片或单片弹簧钢板、承载式车身、风冷式发动机、二冲程发动机、绝热发动机，以及各种零件的薄壁化、复合化、小型化等；减少车身尺寸（这还有利于减少行驶时的空气阻力）；取消一些附加设备及器材等。质量轻的电子产品的大量应用，也对汽车的轻量化发挥了作用。

4. 空气阻力系数和汽车迎风面积的影响

汽车空气阻力与汽车的迎风面积、空气阻力系数、车速的平方成正比。车速越高，空气阻力占全部行驶阻力的比例越大。在高速行驶时，降低空气阻力可显著提高燃料经济性。

图3-11 是 Audi 100 轿车通过变动车身形状而具有不同 C_D 值时的试验结果。当 C_D 值由 0.42 降低到 0.3 时，其混合百公里燃料消耗可降低 9%，而以 150km/h 等速行驶的燃料消耗则可降低 25% 左右。

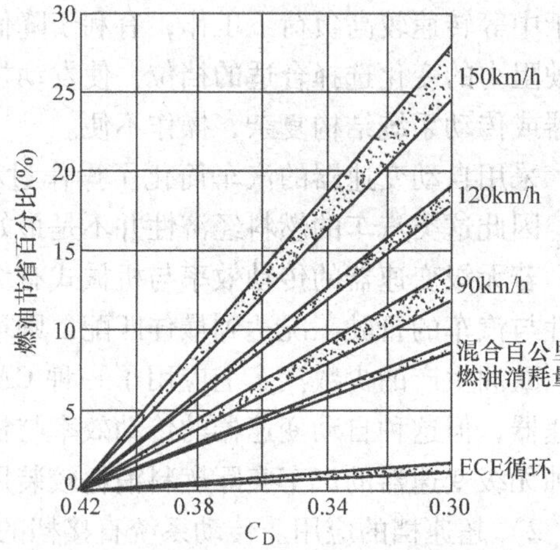

图 3-11 C_D 值降低使燃料消耗减低（Audi 100）

20 世纪 60 年代轿车的 C_D 值在 0.45 左右，现代不少轿车的 C_D 值已降低到 0.3 左右，今后 C_D 值仍可能继续下降到 0.2。

5. 滚动阻力系数的影响

滚动阻力在汽车行驶阻力中所占比例很大，在汽车使用过程中应力求降低滚动阻力系数。轮胎的结构、花纹、气压，路面的种类和状况，汽车的运行状况等都对滚动阻力系数有影响。

美国环保局的试验表明，滚动阻力减少 10%，燃料消耗量可降低 2%。采用子午线胎、提高轮胎气压，是减少滚动阻力的主要途径。

试验表明，大型货车装用子午线胎后，滚动阻力可减少 15% ~30%，节油 5% ~8%；轿车装用子午轮胎后汽车节油率为 6% ~9%。据德国资料，采用轮胎制造新技术，可使轮胎滚动阻力系数由 0.016 降至 0.008。

6. 汽车使用因素的影响

对一定型号的汽车，燃料消耗量的多少主要取决于汽车的技术状况、驾驶人的操作技术以及相关的运行条件。

1）发动机技术状况。发动机技术状况不仅影响汽车动力性，还直接影响汽车的燃料经济性。汽油喷射系统发生故障、点火正时不准、点火能量不足、配气相位失准、气缸压缩比下降都会使汽车燃料经济性下降。发动机润滑系统、冷却系统工作不良也会对汽车燃料消耗产生一定影响。

2）底盘技术状况。汽车底盘技术状况直接影响到传动系统效率和汽车行驶阻力，做好汽车维护、保持底盘技术状况良好，可提高汽车燃料经济性。汽车滑行距离较长，则燃料经济性较好。

3）驾驶操作技术。汽车驾驶人的驾驶操作技术对燃料消耗影响很大。据测试，仅由于驾驶人操作技术的不同所引起的燃料消耗可相差 7% ~15%。正确的驾驶操作可明显降低汽车燃料消耗量。

7. 运行条件的影响

海拔、气候条件、道路状况等运行条件对汽车燃料经济性有较大影响。汽车设计是按照一般条件考虑的。针对特殊的使用环境，可采取相应的措施减少环境因素的影响，达到节油的目的。高速公路路面坚实平整，道路线形好，采取了严格的隔离措施，有效地排除和减少了交通干扰与冲突，大大降低了汽车的滚动阻力系数。选择高速公路通行，可提高行车速度，降低燃料消耗。但若行车速度过快，空气阻力会迅速增加，当车速超过 100km/h 时，滚动阻力系数也会增加，进而导致汽车燃料消耗增大。

3.3.2 提高汽车燃料经济性的措施

提高燃料经济性，必须从汽车的选购、使用、维护、修理、改造、报废全过程加以控制，应用有效的节油技术。

1. 合理选购车型

不同车型的汽车燃料消耗量相差很大。选购汽车时，应充分考虑当地的运输市场情况和道路运输条件，根据主要承担运输任务的性质、运量、运距、道路、气候等条件，合理选配汽车结构，如大、中、小车型比例，汽油车、柴油车比例以及通用车、专用车比例等；选择性能好、燃料消耗低、适应本地运行条件的经济车型。

2. 正确使用汽车

根据运输任务的不同，合理调配汽车，尽可能提高汽车的实载率。在条件许可的情况下，合理安排拖挂运输。不要随意增加汽车附属装置，以减轻汽车自重。

在特殊条件下使用汽车时，可采取相应的技术措施。如在高原行驶的汽车，适当提高压缩比，降低混合气浓度，改善汽车的燃料经济性；在山区和丘陵地区行驶的汽车安装下坡或怠速节油器，可在下坡时切断发动机供油，节约下坡滑行时不必要的燃料消耗，并充分利用发动机制动作用，保证行车安全。在驾驶室和车厢间加装导流罩，可降低空气阻力，减少燃料消耗。

3. 加强汽车维护

严格按规定进行汽车各级维护，认真执行发动机、底盘系统的维护作业，确保汽车技术状况良好，可提高汽车的燃料经济性。做好发动机冷却系统、润滑系统维护，正确调整供给系统和点火系统，可降低发动机燃料消耗量；正确调整传动系统齿轮传动副的啮合间隙，正确调整轴承和油封的松紧度，保证车轮定位正确，制动器无阻滞，保持轮胎气压正常，均可减小汽车行驶阻力，提高汽车燃料经济性。对发动机油路、电路调整不当，火花塞工作不良，制动器拖滞，行驶跑偏等故障，要及时修理，以减少燃料消耗。

发动机技术状况良好，不仅使汽车具有良好的动力性，同时还使其具有良好的燃料经济性。保持发动机技术状况良好的主要措施如下。

1）定期检查并保持足够的气缸压缩压力。若气缸压力不足，不但会使发动机动力性下降，而且会使燃烧速度减慢，致使燃料经济性下降。

2）保持发动机正常工作温度。冷却液温度过高会使发动机过热，减少充气量，出现爆燃、早燃等不正常现象，供油系统容易产生气阻，不但功率降低，而且燃料消耗增加；冷却液温度过低会使燃料不易气化，各缸进气不均匀，缸盖及缸壁的散热损失加大，燃烧速度下降，同样造成发动机功率及转矩下降，燃料消耗率增加。

3）维持合适的混合气浓度。要定期检查进气管道，防止进气管道破裂。

4）保持点火系统的良好技术状况。保证足够的电火花能量、合适的点火时间、高速不断火等，均有利于降低发动机燃料消耗，提高汽车的燃料经济性。

4. 正确选用燃料，使用子午线轮胎

要按汽车使用说明书的规定选择燃料牌号。汽油牌号过低，容易引发爆燃，损伤机件，增加燃料消耗；电喷发动机使用含铅汽油易引起汽油喷射系统发生故障。机油黏度不合适，会增加运动阻力，增加燃料消耗。

子午线轮胎行驶阻力小。使用子午线轮胎，可降低汽车行驶阻力，减少燃料消耗量。子午线轮胎不能与普通轮胎混合使用。

5. 提高驾驶技术

实践证明，良好的驾驶技术可以大大降低汽车的燃料消耗量。不同技术水平的驾驶人在相同使用条件下驾驶同一类型的汽车，其燃料消耗量可相差20% ~40%。欲降低燃料消耗量，除合理起动、预热起步及行驶中要缓加速，保持正常的冷却液温度，安全、合理地使用制动外，还应注意以下几个方面：

1）行车档位。在良好的路面上，汽车在一定车速范围内，既可以用最高档行驶，也可用次高档行驶时，应选用最高档行驶。

图3-12为汽车直接档及超速档的功率平衡图。在某车速下，两种档位汽车的阻力功率相同（以线段 ab 表示）。而用超速档行驶时发动机的负荷率较大，只要节气门开度不超过80%的范围内（混合气不加浓），根据发动机负荷特性可知，有效燃料消耗率 g_e 较小；再由等速行驶燃料消耗方程 $Q_s = Pg_e/10v_a\gamma$ 可知，这将使每百公里燃料消耗下降，故选用高档行驶较省油。

2）行驶车速。由汽车的等速燃料消耗曲线图3-1可见，汽车用最高档在平直良好的路面上行驶的百公里燃料消耗数 Q_s 最小，此车速称为技术经济车速，用 v_{aj} 表示。

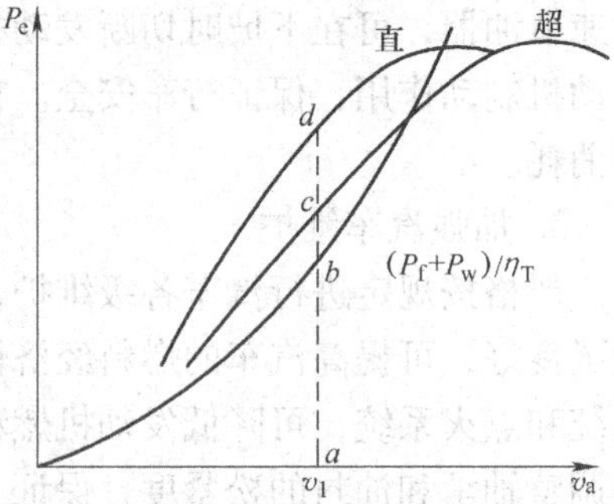

图3-12　汽车直接档及超速档的功率平衡图

当 $v_a < v_{aj}$，且较低时，空气阻力可以忽略不计。故随着车速的增加，行驶阻力增加很少；而随着发动机产生的功率加大，负荷率提高，有效燃料消耗率 g_e 较小，使 Q_s 下降。

当 $v_a > v_{aj}$ 时，发动机已在较大负荷下工作，随着车速的提高，g_e 随输出功率增加而下降较小，在加浓装置起作用后，还会使 g_e 增加。而随着车速的增加，行驶阻力增加较快，百公里燃料消耗 Q_s 增加。

由于技术经济车速为一个速度点，驾驶人难以掌握，故将技术经济车速点前后燃料消耗比较低的车速划为一组，称为技术经济车速范围。汽车在此速度范围内行驶可以节省燃料。

3）在良好的道路上采用加速滑行技术。汽车使用高档加速至较高的车速后，脱档滑行至较低的车速，再挂该档加速，这种加速与脱档滑行交替的驾驶方法，称为加速滑行法。

加速时，虽然行驶阻力增加，但人为地提高了发动机的负荷率，降低了有效燃料消耗率 g_e，故燃料消耗量增加不多。而发动机怠速滑行时，单位时间的燃料消耗量是很小的，两者相加，采用加速滑行技术仍比等速行驶节省燃料。

试验表明：在平均速度相同的条件下，加速滑行的最佳模式与等速行驶相比较，满载时节省燃料率达11.80% ~16.72%；空载时节省燃料率达21.32% ~23.37%。但应注意车速忽快忽慢不安全。

4）合理采用拖挂运输方式。运输企业常常采用拖挂方式提高运输生产率，降低成本。汽车采用拖挂后，虽然总的燃料消耗量增加了，但分摊到每吨货物上的消耗量（即吨百公里燃料消耗量）小了。拖挂省油的原因有两个：一是拖挂车后，发动机的负荷率提高了，降低了有效燃料消耗率 g_e；二是汽车列车的质量利用系数增大了。

3.4 汽车燃料消耗量的试验

汽车燃料消耗量的大小是评价燃料经济性好坏的标志。燃料经济性试验是测量汽车在一定条件下的燃料消耗。该试验在道路上或试验室内进行。

3.4.1 汽车燃料消耗量测试原理

测试汽车燃料消耗量的检测设备主要是油耗仪。

油耗仪（又称油耗传感器、油耗计）通常由油耗传感器和显示仪器（又称二次仪表）两部分组成。按测量原理的不同，油耗仪可分为容积式、质量式、流量式、流速式等几种，其中容积式油耗仪和质量式油耗仪应用较为广泛。显示仪器大多采用计算机控制，可对油耗传感器输送来的油耗量信号进行分析处理后，用数字显示检测结果。

1. 容积式油耗仪

1）玻璃量杯式油耗仪。图3-13所示为一种容积式油耗检测装置示意图。计量燃料的容器是几个相连的玻璃量杯，每个量杯的容积为标定值（如25mL、50mL、100mL等），在量杯狭颈处两侧分别装有发光管（光源）和光敏管。当油液充满到量杯狭颈处时，发光管发出的光线穿过油液经折射后不能照在光敏管上；而当液面下降，量杯狭颈处没有油液时，光线则直接照射在光敏管上。据此原理，若油面下降到量杯上部狭颈处开始计量，到量杯下部狭颈处停止计量，此时消耗的油量即为该量杯的容量。计量检测过程自动控制。

这种玻璃量杯结构的容积式油耗仪检测过程直观方便，但测量误差较大；装置的体积较大，只能在室内汽车底盘测功机或发动机台架试验时进行燃料消耗量检测，不能使用在汽车上进行道路油耗试验。

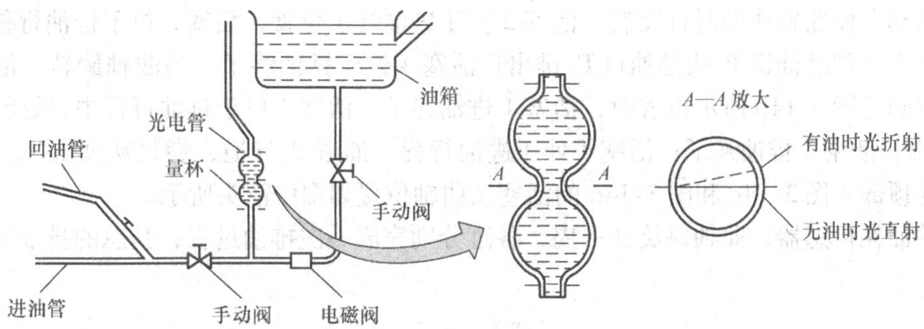

图3-13 玻璃量杯式油耗仪

2）行星活塞式油耗仪。这种油耗仪（传感器）目前应用最广，主要由流量变换机构和信号转换机构两部分组成。

流量变换机构如图3-14所示，流量变换机构把燃料消耗量转变为曲轴的转动圈数，主要由油缸机体、四个呈十字形辐射状布置的活塞、曲柄连杆机构等组成。燃料经进油口进入到传感器的油缸机体中央，经油道P到达排油口E，再从传感器出油口流出。在燃料流动时，燃料压力推动活塞使曲轴顺时针方向旋转，曲轴每转动一周，各缸完成一次排油过程。

图3-14a表示活塞1位于进油行程，从油缸机体中央来的燃料经油道P_1推动活塞1向曲

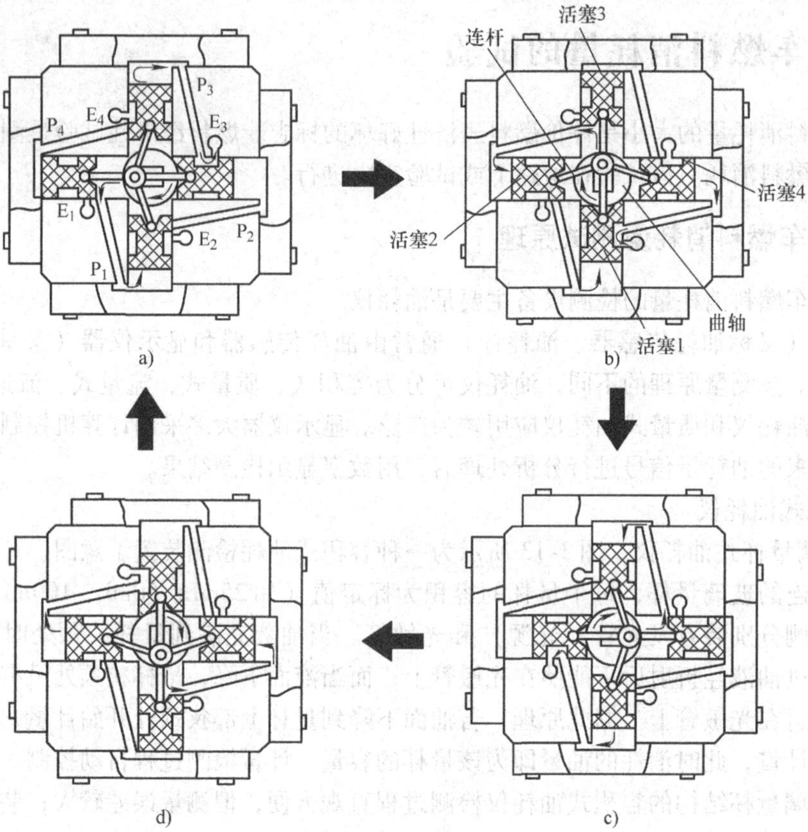

图 3-14　行星活塞式油耗仪的工作原理

轴中心运动，使曲轴作顺时针旋转；活塞 2 位于进油终了位置；活塞 3 位于排油行程中，燃料从活塞 3 上部经油道 P_3从排油口 E_3排出；活塞 4 位于排油终了。当曲轴旋转，活塞和曲轴的位置到达图 3-14b 所示位置时，活塞 1 进油终了；活塞 2 位于排油行程中，燃料经排油孔 E_2排出；活塞 3 排油终了；活塞 4 处于进油行程，油道 P_4导通，燃料从油缸机体中央到达活塞 4 顶部。图 3-14c 和图 3-14d 的活塞及曲轴位置如图中箭头所示。

这种油耗传感器，曲轴每旋转一周，各缸分别完成一次排油过程，其总的排油量可用下式确定

$$V=4\times\frac{\pi d^2}{4}\times 2h=2h\pi d^2$$

式中　V——四缸的总排油量，单位为 mL；

$2h$——2 倍的曲轴偏心距，即活塞行程，单位为 cm；

d——活塞直径，单位为 cm。

显然，通过测量曲轴转过的圈数，就可以测出燃料消耗量值。

信号转换机构是用来检测曲轴转动圈数的，如图 3-15 所示，由主动磁铁与从动磁铁组成的磁性联轴器、转轴、光栅板（其上有许多孔或槽，可遮光，也可做成筒状）、光源（发光二极管或红外线管）、光电管、电缆插座及壳体等组成。主动磁铁安装在曲轴上，从动磁铁安装在转轴上，两者之间相互隔开，以防燃料流入信号转换机构。信号转换机构的壳体通

常用铝制成，曲轴转动时，通过磁铁的吸引力可使转轴转动。转轴通过轴承支撑在壳体上，转轴上端固定有转动光栅板，在光栅板上、下方有发光二极管和光敏管。转轴随曲轴转动，可带动光栅板转动，通过光栅板上、下的发光二极管和光敏管的光电作用，可把曲轴的转动变换成光电脉冲信号输送到计量显示仪器（二次仪表），经运算处理后，即可显示出燃料消耗量。

曲轴每转一圈，信号转换机构可输出多个脉冲信号，每一个脉冲信号表示的燃料消耗量在仪器出厂时已经标定，不同的仪器其标定值不尽相同。

这种油耗传感器的活塞与油缸之间有较好的配合，检测精度较高，运转灵敏，从进油口吹气就可使活塞转动。但检测时对燃料的清洁程度要求较高，如果燃料中有杂质，会使活塞卡死，燃料无法通过油耗仪，发动机将熄火。油耗传感器存放时，为防止燃料中的胶质粘住活塞，应倒出其中的燃料，用清洁的压缩空气吹干，充入黏度较低的机械油，再用软管把进、出油口两端连通。

2. 质量式油耗仪

图3-16为一种质量式油耗仪结构示意图。该油耗仪为一个称量装置，秤盘上有油杯，伸进油杯中的出油管吸入燃料供发动机使用。燃料箱中的燃料由电磁阀控制，经加油管输送到油杯中，电磁阀的开启或关闭受两个微型限位开关控制，这两个限位开关又随油杯中油量的多少受行程限位器的摆动控制。

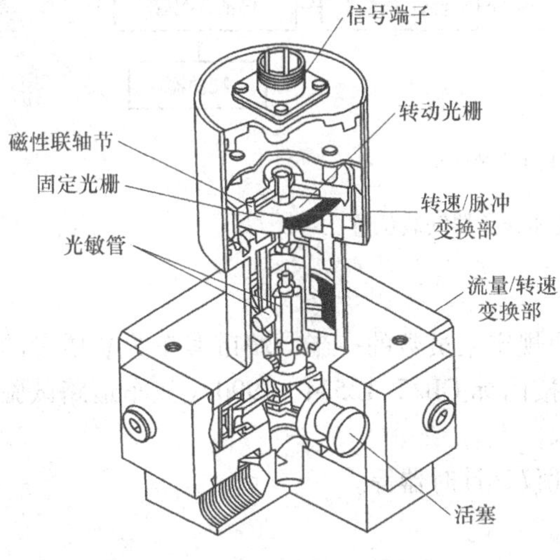

图3-15 行星活塞式油耗仪的信号转换装置

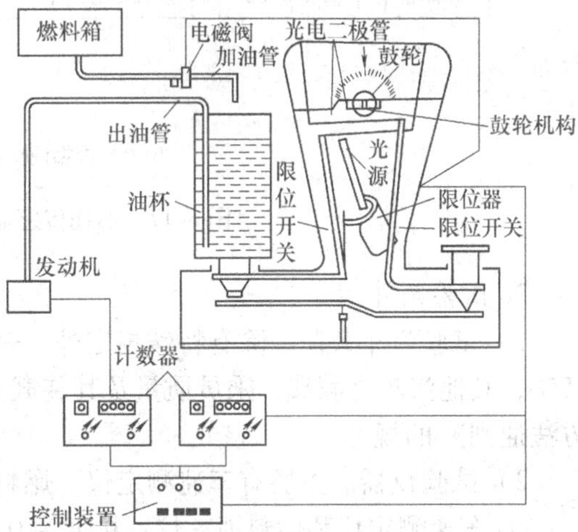

图3-16 质量式油耗仪的结构

这种油耗称量燃料机构是一个光电传感器。光电传感器由两个光敏二极管和装在棱形指针上的光源组成，光敏二极管为固定式，用以确定油耗始点；光敏二极管为活动式，确定油耗终点。计量的燃料量通过转动鼓轮从刻度盘上读出，鼓轮又与齿轮轴相连，齿轮轴与齿条相啮合，光敏二极管即装在与齿条相连的活动滑块上。计量开始时，光源的光束射在光敏二极管上，光敏二极管发出信号，使计数器开始计数，随着油杯中燃料的不断消耗，指针摆动，活动滑块移动。当光束照射到光敏二极管上时，光敏二极管发出信号，使计数器停止计数。计数器显示出的数据反映了燃料消耗量的大小。

3.4.2 汽车燃料消耗量的道路试验

汽车燃料消耗量的道路试验一般采用油耗仪直接测量油耗，并用五轮仪测量车速和行驶里程。

1. 仪器的安装

① 按图3-17要求，正确安装油耗传感器和气体分离器，并固定牢靠。

② 按说明书要求，正确安装五轮仪或非接触式车速仪，并固定牢靠。

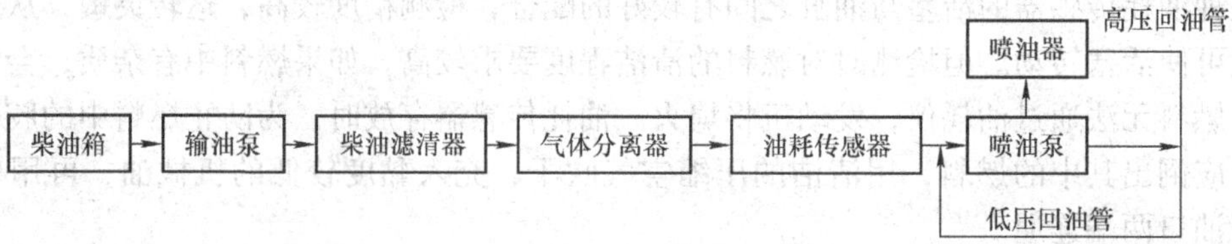

a) 在柴油机上安装位置

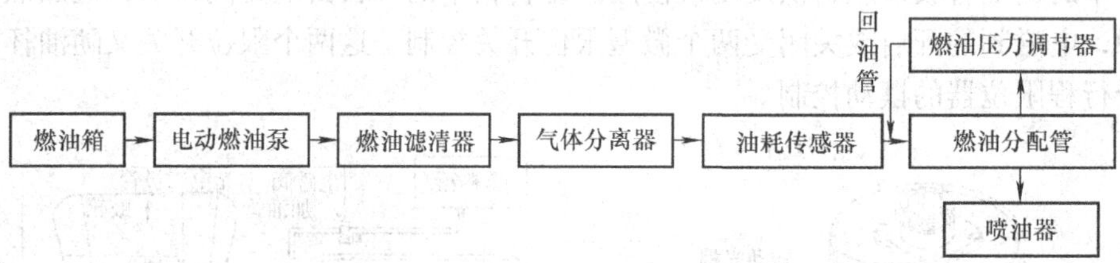

b) 在电控燃油喷射发动机上安装位置

图3-17 油耗传感器和气体分离器安装位置

2. 试验条件

1）试验汽车载荷。除有特殊规定外，轿车为规定乘员数的一半，城市客车为总质量的65%，其他汽车为满载，乘员质量及其装载要求按国标GB/T 12534—1990《汽车道路试验方法通则》的规定。

2）试验仪器。主要有车速测定仪、燃料消耗仪、计时器等。

① 车速测定仪和燃料消耗仪：精度为0.5%。

② 计时器：最小读数为0.1s。

3）试验的一般规定。主要规定如下。

① 试验汽车必须清洁，关闭车窗和驾驶室通风口，只允许开动为驱动汽车所必需的设备。

② 由恒温器控制的空气流必须处于正常调整状态。

③ 试验汽车必须按规定进行磨合，其他试验条件、试验汽车准备按国标GB/T 12534—1990《汽车道路试验方法通则》的规定。

3. 试验项目

1）等速行驶燃料消耗量试验。

2）加速行驶燃料消耗量试验。

3）多工况燃料消耗量试验。

4）限制条件下燃料消耗量试验。

5）不限制条件下燃料消耗量试验。

4. 试验方法

1）等速行驶燃料消耗量的试验方法。等速行驶百公里油耗试验是一种早就广泛采用的、最简单的路上循环试验。试验路段设在路面良好、平直的道路上，长度不少于500m。汽车变速器档位置于常用档位，一般是最高档；使用自动变速器的汽车，采用高档测量。试验车速从20km/h（最小稳定车速高于20km/h时，从30km/h）开始，以车速10km/h整数倍均匀选取车速，直到最高车速的90%，至少测定五个试验车速。例如以20km/h、30km/h等10km/h的整倍数车速等速驶过测量路段，利用燃料流量计与秒表测出通过该路段的油耗与时间，计算出相应的百公里油耗与实际平均车速，即得到百公里油耗与车速的关系曲线。图3-18是某汽车直接档等速行驶燃料消耗量特性曲线。

对等速行驶燃料消耗经济性评价，要注意三个方面的特征，一是经济车速，二是最低燃料消耗量，三是高速油耗相对于最低油耗的增量（%）。

2）加速行驶燃料消耗量试验。加速行驶燃料消耗量试验是对汽车加速工况燃料消耗量的测量，以评价汽车加速时的油耗水平。一般用直接档节气门全开加速500m的方法来测量。

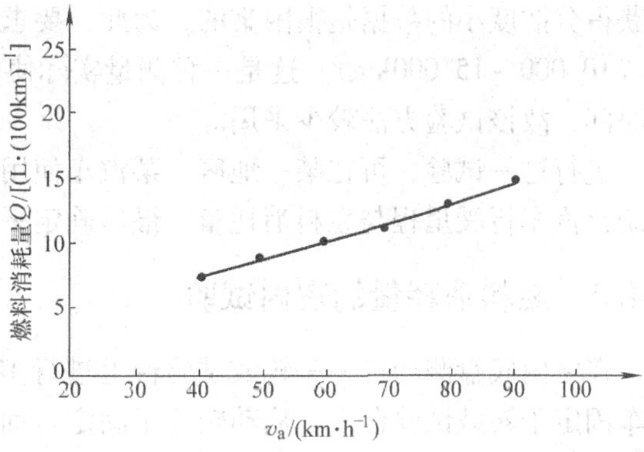

图3-18　某汽车直接档等速行驶燃料消耗量特性曲线

试验时，汽车挂直接档（没有直接档可用最高档），在稳速段以（30±1）km/h的车速匀速行驶，从测量路段的起点开始，把加速踏板踩到底，加速通过测试路段，测量并记录通过测试路段的加速时间、燃料消耗量和汽车到达测试终点的车速。

3）多工况燃料消耗量的试验方法。多工况试验应严格按各试验循环的规定进行。换档应迅速、平稳；怠速工况时，离合器应接合，变速器置于空档；从怠速工况转换为加速工况时，在转换前5s分离离合器，把变速器档位换为低速档；减速工况中应完全抬起加速踏板，离合器仍接合，当车速降至10km/h时，分离离合器。必要时，减速工况中，允许使用汽车制动器。

进行多工况试验时，每一次循环试验完成后，应记录通过循环试验的燃料消耗量和通过时间。当一次循环试验完成后，汽车应迅速掉头，重复试验，以保持汽车相同的工况。试验应往返进行两次，取四次试验结果的算术平均值作为多工况燃料消耗量试验的测定值。

多工况燃料消耗量试验在实际道路上进行时是比较困难的，为了模拟实际汽车运行状况以进行汽车排放污染物与燃料消耗的测量，多工况燃料消耗试验基本上都在室内底盘测功机——转鼓试验台上进行。

4）限制条件下燃料消耗量的试验方法。汽车在实际使用中的燃料消耗直接地反映了汽车的燃料经济性水平，但是由于汽车实际使用条件的复杂性，实际燃料消耗量的离散性很大，为了使实际运行条件下的测试结果有一定的可比性，要求对实际运行条件加以适当的限制和规定，这就是限定条件下的燃料消耗量试验。

试验时，测试路段应设在三级以上的平原干线公路上，试验路段长度不小于50km。

所选择道路的变通情况应正常。试验车在保证交通安全和遵守交通法规规定的前提下，应基本保持一定的行驶速度，对于轿车，车速为60km/h；对于铰接式客车，车速为35km/h；对于其他汽车，车速为50km/h，各车速下速度偏差为±2km/h。

客车试验时，每隔10km停车一次，怠速运转1min后重新起步。

试验中记录制动次数、各档位使用次数、行驶时间和行程、停车时间等，要测量50km单程的燃料消耗量，并计算汽车百公里油耗和平均车速。

测定每50km单程的燃料消耗量，并换算成百公里燃料消耗量。试验往返各进行一次，以两次测量结果的算术平均值作为限定条件下的平均使用燃料消耗量的测定值。

5）不限定条件下燃料消耗量的试验方法。不限定条件的燃料消耗量试验是指对汽车行驶道路、交通情况、驾驶习惯、周围环境等因素不加控制的试验方法。当然对被测试汽车的维护、调整规范及所用燃料、润滑油规格是有明确规定的。由于各种使用因素的随机变化，要获得分散度小的数据是很困难的，为此，要求试验汽车数量多（几十辆以上）、行驶里程长（10 000～15 000km）。这是一种测量实际使用油耗的方法，但测量难度大，同时需要很长时间，故该试验方法较少采用。

进行这一试验，可在某一地区、某汽车使用单位，把试验汽车投入实使用，在使用过程中统计汽车行驶里程与燃料消耗量，最后确定平均燃料消耗量。

3.4.3 燃料消耗量的室内试验

在室内底盘测功机——转鼓试验台上进行多工况燃料消耗试验，如图3-19所示。测试汽车固定于转鼓试验台上，从动轮置于固定台面，驱动轮置于转鼓上。起动发动机挂档后，汽车使驱动转鼓（及与其相连接的旋转质量与电力测功器）旋转。

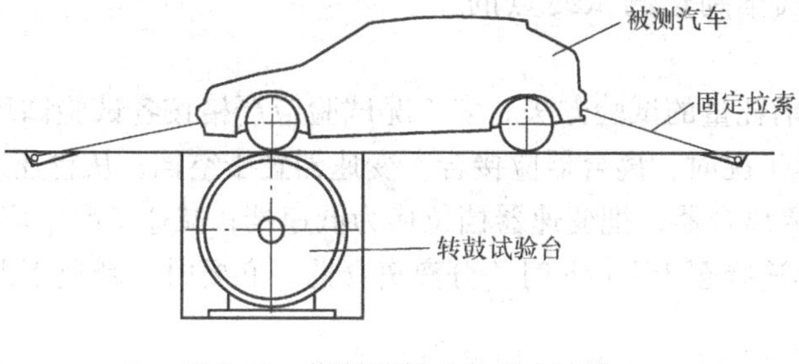

图3-19 燃料消耗量的室内试验

用室内转鼓试验台进行汽车燃料经济性试验时，需要知道被测试汽车在行驶中遇到的空气阻力与滚动阻力，它们是通过路上滑行试验求得的。所谓滑行是指汽车在水平路面且无风的条件下加速至某预定速度后，摘档脱开发动机，利用汽车的动能继续行驶的减速运动。试验中用五轮仪等测速仪器记录滑行过程的曲线。显然，滑行时汽车的滚动阻力与空气阻力之和为

$$F_f + F_w = \delta_c m \frac{dv}{dt} - \frac{T_r}{r}$$

式中　δ_c——滑行时的汽车旋转质量换算系数；

T_r——滑行时传动系统加于驱动轮的摩擦阻力矩与从动轮摩擦阻力矩之和，一般常忽略 T_r 不计。

滑行时汽车的运动只决定于 $F_f + F_w$ 与汽车质量参数，因此可以根据滑行中的减速度、滑行时间、滑行距离等求得汽车行驶阻力。利用减速度的方法试验结果的精度得不到保证，目前采用的方法主要有时间法、行程法以及曲线拟合法，曲线拟合法可以取得较准确的结果。

将滑行试验结果及汽车质量参数输入转鼓试验后台，静止的汽车驱动转鼓时将会遇到与道路上行驶完全一样的阻力，包括整车的滚动阻力、空气阻力与加速阻力。因此，固定在转鼓试验台上的汽车可以在室内进行多工况燃料消耗试验。

显然，在试验室内还应配备排气分析、碳平衡法与燃料消耗量测定的仪器设备。在转鼓试验台上还可以做等速百公里油耗试验。

思考题

1. 名词解释：汽车燃料经济性；百公里燃料消耗量；等速百公里燃料消耗量；综合工况百公里燃料消耗量；百吨公里燃料消耗量；千人公里燃料消耗量。
2. 汽车燃料经济性的评价指标有哪些？
3. 如何利用发动机万有特性图计算出汽车燃料消耗量？
4. 如何利用定额计算法进行汽车运行燃料消耗量的计算？
5. 如何利用质量法进行燃料消耗量的计算？
6. 如何利用碳平衡法进行燃料消耗量的计算？
7. 影响汽车燃料经济性的因素有哪些？
8. 汽车发动机对燃料经济性有何影响？
9. 传动系统对汽车燃料经济性有何影响？
10. 空气阻力系数和汽车迎风面积对汽车燃料经济性有何影响？
11. 使用因素对汽车燃料经济性有何影响？
12. 提高汽车燃料经济性的措施有哪些？
13. 油耗仪有哪些类型？简述质量式油耗仪测试汽车燃料消耗量的原理。
14. 如何进行道路试验来测量汽车燃料消耗量？
15. 如何进行室内台架试验测量汽车燃料消耗量？
16. 汽车在高档位行驶、采用加速滑行法行车为什么可以提高汽车的燃料经济性？

第4章 汽车行驶安全性

汽车安全性主要有主动安全性和被动安全性两种。

主动安全性指汽车本身防止或减少道路交通事故发生的性能。其主要取决于汽车的总体尺寸、制动性、行驶稳定性、操纵性、信息性以及驾驶人的工作条件（操纵元件人机特性、座椅舒适性、操纵轻便性、噪声、温度和通风等）。

被动安全性指交通事故发生后汽车本身减轻人员伤害和货物损坏的能力，可分为汽车内部被动安全性（减轻车内乘员受伤和货物受损）以及外部被动安全性（减轻对事故所涉及的其他人员和汽车的损害）两类。

汽车行驶安全性在很大程度上取决于汽车的制动性，良好的制动性可以化险为夷，避免交通事故；汽车行驶安全性还直接受操纵稳定性的影响，良好的操纵稳定性，可使汽车按驾驶人的意志安全行驶，操纵稳定性是高速汽车的生命线。随着汽车保有量的增加和汽车车速的提高，汽车行驶安全性越来越重要，已成为现代汽车的重要性能之一。

本章主要介绍对汽车主动安全性有重要影响的制动性和操纵稳定性，以及汽车的被动安全性。

4.1 交通事故与交通安全

4.1.1 交通事故

1. 交通事故的分类

交通事故是指汽车在道路上因过错或者意外造成的人身伤亡或者财产损失的事件。

按照我国现行交通管理的有关规定，交通事故按所造成后果的严重程度分为轻微事故、一般事故、重大事故和特大事故四类。

轻微事故是指一次交通事故造成轻伤 1 ~ 2 人；或者财产损失机动车不足 1000 元，非机动车不足 200 元的事故。

一般事故是指一次交通事故造成重伤 1 ~ 2 人；或轻伤 3 人及 3 人以上；或者财产损失不足 3 万元的事故。

重大事故是指一次交通事故造成死亡 1 ~ 2 人；或重伤 3 ~ 10 人；或财产损失 3 万元以

上不足6万元的事故。

特大事故是指一次交通事故造成死亡3人或3人以上；或重伤11人以上；或死亡1人，同时重伤8人以上；或死亡2人，同时重伤5人以上；或财产损失6万元以上的事故。

2. 汽车事故的形态

汽车事故形态是道路交通事故的外部表现形式，即汽车事故参与者之间发生冲突或自身失控肇事所表现出来的具体事态。它基本上可分为碰撞、刮擦、碾压、翻车、坠车、爆炸和失火等。

1）碰撞。碰撞是指交通强者（相对而言）的正面部分与他方相互接触，根据碰撞时的运动形态，通常可以将碰撞分为正面相撞、侧面相撞和尾随相撞。正面相撞是指相向行驶的汽车正前部（包括汽车左右两角）碰撞。侧面相撞是指汽车的接触部分有一方是汽车侧面的碰撞。尾随相撞是指同方向同车道行驶的汽车，尾随汽车的前部与前车的尾部的碰撞。碰撞主要发生在机动车之间、机动车和非机动车之间、非机动车之间、机动车与行人之间、非机动车与行人之间、汽车与其他物体之间。

2）碾压。碾压是指机动车对非机动车或行人等的推碾或压过。在发生碾压以前，大部分已发生汽车碰撞现象，同时有碰撞或刮擦的现象，在习惯上一般都称为碾压。当汽车将行人或骑车人等撞入车轮下，碾压的特征是机动车轮胎的胎面与对方（非机动车或行人）有接触。

3）刮擦。刮擦是指汽车的侧面部分与他方接触，造成自身或他方损坏。根据交通事故中汽车行驶方向的不同，机动车之间的刮擦可根据运动情况分为会车刮擦和超车刮擦。会车刮擦是指相向行驶的汽车在会车时发生的两车侧面刮擦。超车刮擦是指同向行驶的汽车在后车超越前车时发生的两车侧面刮擦。

刮擦主要表现为车刮车、车刮物、车刮人。对汽车乘员而言，发生刮擦事故的最大危险来自破碎的玻璃，但也有车门被刮开，将车内乘员甩出车外的现象。

4）翻车。翻车是指汽车在行驶过程中，因车身受侧向力的作用，部分或全部车轮悬空而车身着地的现象。翻车一般分为侧翻和滚翻两种，汽车的一侧轮胎离开地面称为侧翻，所有的车轮都离开地面称为滚翻。为了准确地描述翻车过程和最后的静止状态，也可用翻车的角度来定义翻车的状态，如90°、180°、270°、360°、720°翻车等。

5）坠车。坠车通常指汽车整体跌落到与路面有一定高度差的路外，落于路面高度以下地点的交通事故形态。坠车分为直接坠落和间接坠落，直接坠落是汽车直接从公路上驶出和滑出路面，间接坠落是先翻后坠落，如坠落桥下、坠入山涧等。

6）爆炸。爆炸是指将爆炸物品带入车内，汽车在行驶过程中由于振动等原因引起爆炸物品爆炸而造成汽车事故。若无违章行为，则不属于汽车事故。

7）失火。失火是指汽车在行驶或发生事故的过程中，汽车起火造成损害的事故形态。并且汽车在行驶过程中未发生违章行为，而是由于某种人为或技术原因而引起的火灾。常见的原因有乘员使用明火、违章直流供油、发动机回火、电路系统短路、漏电等现象。

汽车着火主要的内在原因，是由于汽车使用的各种燃料以及部分防冻液，都是易燃的物质。汽车的失火常引起汽车本身的可燃物质，如轮胎、涂料、木制车厢、油封以及所装载货物的燃烧甚至爆炸。汽车失火常造成严重的汽车事故，这种火情发生突然、迅速，难以扑灭。许多汽车常由于失火而报废。因此，要加强防范汽车失火事故的发生，贯彻以预防为主、扑救为辅的原则。具体的预防措施是，除了在车库、车场和汽车上应设有消防器材外，最重要的还是要严格控制各种火源，加强对燃料的使用管理。

8）撞固定物。撞固定物是指汽车在行驶过程中，与固定物（不包括机动车、非机动车及行人）的相撞。如撞路边景观树、电线杆、防护栏等。

9）撞静止汽车。撞静止汽车是指一方汽车速度为零的碰撞。如碰撞路边停放的汽车。

3. 交通事故的影响因素

道路交通事故是在特定的交通条件下，由于人、车、路、环境诸要素配合失调而引发的。因此，其影响因素可归结到人、车、路、环境和交通管理诸方面。如果从宏观的角度讨论问题，影响交通事故的因素还有许多，例如气候、地理条件、社会环境等。

4. 交通事故的预防措施

交通事故是由人、车、路、交通环境等诸多因素共同影响下的复杂交通事件，因此解决交通安全问题，必须把人－车－路－环境作为一个有机整体进行分析和处理，从谋求该系统的平衡出发，规划和协调解决其中各组成部分的结构、性能、行为等问题。保障交通安全、预防交通事故可从以下几方面着手。

① 改善线形与交叉路口设计。

② 强化交通安全设施。

③ 加强交通管理与控制。

④ 提高驾驶人的素质、水平与职业道德。

4.1.2 交通安全

道路交通安全主要是和“驾驶人－汽车－道路”系统有关（图4-1）。

交通安全可划分为交通参与人的安全、交通工具的安全和交通环境的安全。道路交通安全仅限于研究人、道路汽车和交通环境的安全。

道路交通安全又包括主动安全和被动安全。主动安全是指可以降低道路交通事故率的事故避免措施，即预防性措施。被动安全是为了降低预计损害所采取的降低事故后果的措施。主动安全措施由人、汽车和环境三个方面组成。

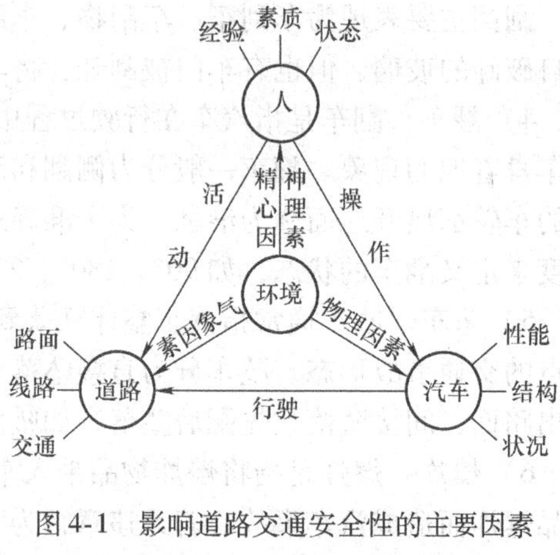

图4-1 影响道路交通安全性的主要因素

1. 主动交通安全

1）人的主动安全性。人的主动安全性包括交通教育和宣传以及交通安全的解释。交通安全教育可使交通参与人及早发现可能发生事故的各种关键状态，从而避免交通事故的发生。

① 交通医学：影响驾驶人感受信息量的界限值，例如，疲劳预防和报警。

② 交通的法律安全：血液酒精浓度检验，兴奋剂、麻醉剂、安定、吸毒检验及法律裁决。

2）汽车的主动安全。

① 行驶安全：避免因驾驶不当或驾驶行为不当，例如违反交通法规，而引起交通事故。

② 工作环境安全：降低汽车驾驶人空间（驾驶室）的噪声、振动强度，改善通风和空调性能，从而减少造成驾驶人工作疲劳的可能性。

③ 操作安全：依据人体工程学的原理，正确布置驾驶人的操作元件以及防止误操作的可能性。

④ 感觉安全：改善驾驶人的工作视野（装饰物、大视野后视镜），合理设计刮水器的工作范围，选择涂料色彩符合视觉舒适原理。

3）环境安全。

① 交通流的控制：交通流诱导、速度监测、合理绿信比、道路标志、增加交叉/丁字路口等的信号灯装备率以及限速期、限速横线、限速噪声路面等。

② 道路管理与建设：避免将直线路段设计得过长；雾、雨、风、冰雪、动物等经常出没等区域的改善或预告（预报）；事故多发区（黑段或黑点）环境的改善，例如道路线形的平曲线和竖曲线的搭配以及与自然环境的适应；使交通法规适应相应交通运输的发展，例如交通管理规则、优先通行权规则等。

2. 被动交通安全

1）人的被动安全。除安全带的佩戴意识（安全气囊必须和安全带联合使用）外，还包括

① 发展救护事业：快速救护，进行现场救护或迅速将伤员运送医院抢救，这也包括交通事故通信；事故救护专业人员培训，鼓励建立交通事故志愿救护队。

② 保险事业：对事故受害者进行治疗和生活抚恤。

2）汽车的被动安全。自保护措施（相对碰撞对手而言），例如，轿车乘员保护（正面气囊、侧面气囊以及防翻车加强杆和横向加强杆），主要考虑与商用汽车如载货汽车的碰撞或者轿车与轿车的碰撞事故。

4.1.3　安全行驶

汽车行驶过程中的运行条件和交通环境总是经常变化的，而安全行驶的核心内容就是使汽车去适应这些变化，并有效地发挥其速度性能而不发生任何事故，圆满完成运输任务。如果运行条件恶劣，交通环境复杂，这种适应的难度就大，驾驶操纵的动作也多。不管运行条件怎样变化，驾驶过程主要是由起步、选择车速、保持安全间距、会车、超车、转向、掉头、倒车、滑行、制动、停车等环节组成。从行车的外界条件来看，除一般运行条件下的行车外，还有一些特殊环境下的行驶，如：夜间行车、雨雾和雪天行车、坏路和无路条件下的行车及拖挂等。

4.2　汽车制动性

汽车的制动性是指行驶中的汽车能在短距离内停车且维持行驶方向稳定，以及在下长坡时能控制一定车速的能力。

制动性是汽车的主要性能之一，是汽车安全行驶的保证，直接关系到人民生命财产的安全。汽车具有良好的制动性能，才能充分发挥动力性，提高汽车的平均技术速度，从而获得较高的运输生产率。

4.2.1 汽车制动性的评价指标

汽车制动性主要由制动效能、制动效能的恒定性和制动时汽车的方向稳定性三方面评价。

1. 制动效能

制动效能是指汽车迅速降低行驶速度直至停车的能力，是制动性最基本的评价指标。它是用制动力、制动减速度、制动距离和制动时间等指标来评定的。

1）制动力。汽车在制动过程中人为地使汽车受到一个与其行驶方向相反的外力，汽车在这一外力作用下迅速地降低车速以至停车，这个外力只能由地面和空气提供。通常空气阻力较小，起决定作用的是地面提供的制动力，称为汽车的制动力。

① 地面制动力 F_X。一般汽车是通过车轮制动器使汽车车轮受到与汽车行驶方向相反的地面切向反作用力来实行制动作用的，这个地面对车轮的切向反作用力称为地面制动力 F_X。

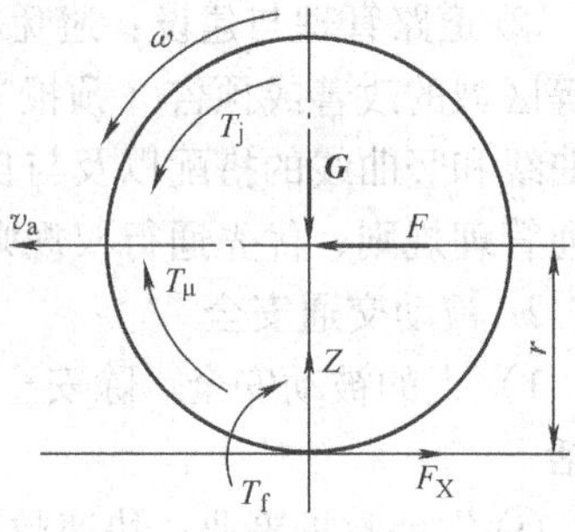

图 4-2 制动时车轮受力情况

图 4-2 为汽车在良好的硬路面上制动时的车轮受力情况。图中 T_μ 为车轮制动器的摩擦力矩，T_j 为汽车回转质量的惯性力矩，T_f 为车轮的滚动阻力矩，F 为车轴对车轮的推力，G 为车轮的垂直载荷，Z 是地面对车轮的法向反作用力。

在制动过程中滚动阻力矩 T_f、惯性力矩 T_j 相对都较小时可忽略不计。由力矩平衡方程可得

$$F_X = T_\mu / r$$

式中 r——车轮半径。

地面制动力 F_X 是汽车制动时地面作用于车轮的外力，F_X 值取决于车轮的半径与制动器的摩擦力矩 T_μ。

② 制动器制动力 F_μ。在轮胎周缘克服车轮制动器摩擦力矩所需的力称为制动器制动力 F_μ，计算公式为

$$F_\mu = T_\mu / r$$

式中 T_μ——车轮制动器（制动蹄与制动鼓相对滑转时）的摩擦力矩。

制动器制动力 F_μ 取决于制动器结构、型式与尺寸大小，制动器摩擦副摩擦因数和车轮半径。一般情况，其数值与制动踏板力成正比，即与制动系统的液压或气压大小呈线性关系。对于结构、尺寸一定的制动器而言，制动器制动力主要取决于制动踏板力与摩擦副的表面状况，如接触面大小、表面有无油污等。

③ 地面附着力 F_φ。与驱动的情况相同，制动时地面作用于车轮的地面制动力 F_X 要受到极限值的限制，这个极限值叫做地面附着力，用 F_φ 表示，其大小为

$$F_\varphi = Z\varphi$$

式中 Z——地面对车轮的法向反力；

φ——地面的附着系数。

附着系数 φ 与路面的材料、路面状况、轮胎结构及汽车的行驶速度有关。

④ 地面制动力 F_X、制动器制动力 F_μ 和地面附着力 F_φ 三者的关系。在不考虑附着系数变化的制动过程中，地面制动力 F_X、制动器制动力 F_μ 及附着力 F_φ 随着制动踏板力 F_p

的变化关系如图 4-3 所示。汽车制动时，车轮有滚动或抱死滑移两种运动状态。

当制动踏板力 F_p（$F_p < F'_p$）较小时，制动器摩擦力矩不大，路面与轮胎间摩擦力（即地面制动力 F_X）足以克服制动器摩擦力矩使车轮滚动。车轮滚动时的地面制动力 F_X 等于制动器制动力（F_μ），且随踏板力 F_p 的增长成正比增长。

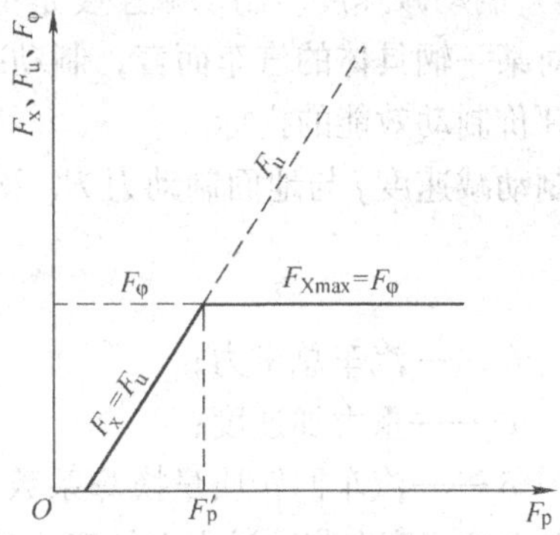

图 4-3 制动过程中地面制动力与附着力之间的关系

当制动踏板力 $F_p = F'_p$，地面制动力 F_X 等于附着力 F_φ 时，车轮即抱死不转而出现拖滑现象，显然，地面制动力 F_X 受轮胎与路面附着条件的限制，其最大值 F_{Xmax} 不可能超过附着力 F_φ，即

$$F_X \leqslant F_\varphi = Z\varphi \text{ 或 } F_{Xmax} = F_\varphi = Z\varphi$$

当车轮抱死而拖滑后，随着制动踏板力继续增大（$F_p > F'_p$），制动器制动力 F_μ 由于制动器摩擦力矩的增长而直线上升，但地面制动力 F_X 达到极限值 F_φ 后不再增加。可见，地面制动力 F_X 首先取决于制动器制动力 F_μ，但同时又受到地面附着条件（F_φ）的限制。所以，汽车制动时必须具有足够的制动器制动力（制动器摩擦力矩），同时路面又能提供较高的附着力，才能获得足够的地面制动力。

由上述分析可见，制动力是评价汽车制动性能的最本质因素。制动力可在制动试验台架上测量获得，这种检测方法在汽车综合性能检测站广泛采用。通过制动力的检测不仅可以测得各车轮制动力的大小，还可了解汽车前、后轴制动力分配情况，以及各轴两侧车轮制动力平衡状况。若同时测得制动协调时间，便能较全面地检验汽车的制动性能。

值得指出的是，在试验台上检测车轮制动力时，与汽车行驶中制动情况类似，车轮也会出现两种运动状态，一种是车轮转动状态，此时试验台将测得与制动踏板力相对应的最大车轮制动力（等于制动器制动力）；另一种是车轮处于停转（试验台滚筒相对车轮轮胎滑转）状态，此时试验台测得的车轮制动力（相当于前述的地面制动力）将等于轮胎与试验台滚筒之间的附着力。这往往小于车轮制动器动力，而无法测得车轮制动器制动力的最大值。因为附着力大小是和轮胎与滚筒之间的正压力及附着系数有关。正压力与轴荷大小及车轮在试验台上与滚筒之间的安置角有关，在实际检测时该轴荷多半是汽车空载状态。为排除这种检测的不确切性，在 GB 7258—2012《机动车运行安全技术条件》内规定，可通过增加相应车轴上的附加质量或作用力来获得足够的附着力。

2）制动距离。制动距离是指在指定的道路条件下，机动车在规定的初速度下急踩制动踏板时，从脚接触制动踏板（或手触动制动手柄）时起至汽车停住时止汽车驶过的距离。

制动距离与行车安全有直接关系，而且最为直观。驾驶人往往按预计停车的距离来控制制动强度，故政府部门通常按制动距离的要求制定安全法规。制动距离与制动过程中产生的地面制动力以及制动传动机构、制动器工作滞后时间有关，而地面制动力与检验时施加在制动踏板上的踏板力或制动系统的压力（液压或气压）以及路面的附着条件有关，因此，测试制动距离时必须对制动踏板力或制动系统的压力以及轮胎与路面的附着条件进行相应的规定。

3）制动减速度。制动减速度是指汽车制动时，汽车速度下降的快慢程度。

对某一辆具体的汽车而言，制动减速度与地面制动力是等效的，因此也常用制动减速度作为评价制动效能的指标。

制动减速度 j 与地面制动力 F_X 及汽车总质量有关，以下式表示

$$j = \frac{g}{\delta G} F_X$$

式中 G——汽车总重力；

g——重力加速度；

δ——汽车回转质量换算系数。

制动减速度在制动过程中是变化的，如图 4-4 所示，当汽车制动到全部车轮抱死滑移时，回转质量换算系数 δ 等于 1，而此时地面制动力 $F_X = F_\varphi = G\varphi$，由此可得最大制动减速为

$$j_{max} = g\varphi$$

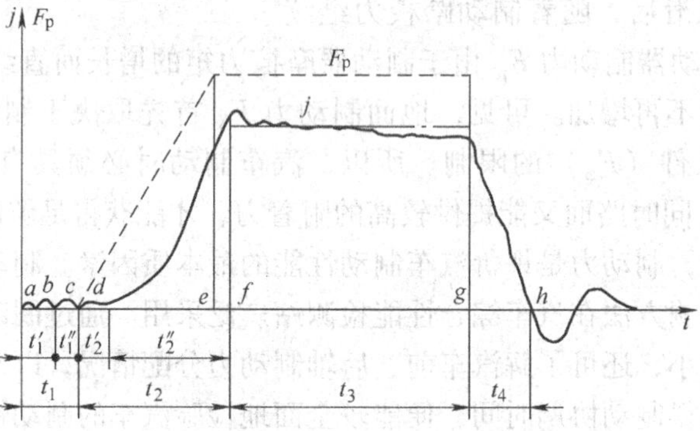

图 4-4 制动过程中制动减速度变化规律

通常汽车检测时用平均减速度或最大减速度作为制动效能的评价指标，在 GB 7258《机动车运行安全技术条件》中采用充分发出的平均减速度 MFDD（Mean Fully Development Deceleration）作为汽车制动的评价指标

$$\text{MFDD} = \frac{v_b^2 - v_e^2}{25.92(S_e - S_b)}$$

式中 v_b——$0.8\,v_0$，汽车制动的末速度，单位为 km/h；

v_e——$0.1\,v_0$，汽车制动的末速度，单位为 km/h；

S_b——在速度 v_0 和 v_b 之间汽车驶过的距离，单位为 m；

S_e——在速度 v_0 和 v_e 之间汽车驶过的距离，单位为 m；

v_0——制动初速度，单位为 km/h。

汽车制动时，MFDD 越大，说明汽车制动力越大，汽车制动性越好。MFDD 与汽车制动力具有等效的意义。因此，常用充分发出的平均减速度作为路试评价汽车制动性的指标。

4）制动时间。制动时间是指汽车整个制动过程所经历的时间。制动时间很少单纯地作为评价指标，但是它是分析制动过程和评价制动效能时不可缺少的参数。如对于同一型号的两辆汽车产生同样制动力所经历的时间不同，则两辆汽车的制动距离就可能相差不大，对行驶安全将产生不同效果。因此通常把制动时间作为辅助的评价指标。制动过程各阶段的时间分布大致如图 4-4 所示。制动时间包含如下四个时间。

① 驾驶人反应时间 t_1 。它是指驾驶人从接到需制动信号，到把踏板力加到制动踏板上所经历的时间。其中包括驾驶人发现、识别障碍并做出紧急制动决定的意识时间 t_1'（$a \to b$）和把右脚从加速踏板移到制动踏板的时间 t_1''（$b \to c$）。t_1 的长短因人而异，一般为0.7～1.0s。

② 制动器作用时间 t_2 。它是指从施加制动踏板力到产生最大制动减速度的时间。其中包括消除制动系统传动间隙的时间 t_2'（$c \to d$）和地面制动力由零增长到最大的时间 t_2''（$d \to f$）。t_2 的长短一方面取决于驾驶人踩踏板的速度；另一方面更重要的是受制动系统结构形式及技术状况的影响，一般为0.2～0.9s。

③ 持续制动时间 t_3。它是指以最大制动减速度（或最大地面制动力）持续制动直到停车的时间（$f \to g$）。当制动器制动力足够时，t_3 的长短只取决于初始车速和路面附着系数。

④ 制动释放时间 t_4。它是指驾驶人松开制动踏板后，到制动力消除所需要的时间（$g \to h$）。制动释放时间一般为0.2～1.0s。t_4 过长会延缓随后汽车的起步。

对汽车减速停车起重要作用的是持续制动时间 t_3 和制动器作用时间 t_2。通常，t_2 和 t_3 的大小具有间接评价汽车制动性能的作用，其制动时间越短，制动性能就越好。但一般情况下，制动时间不单独作为评价指标。《机动车运行安全技术条件》规定，将制动协调时间作为辅助性评价指标。制动协调时间是指紧急制动时，从制动踏板开始动作至汽车减速度（或制动力）达到标准规定的充分发出的平均减速度（或制动力）75%时所需的时间。显然，制动协调时间是制动器作用时间 t_2 的主要部分。

2. 制动效能的恒定性

制动效能的恒定性主要是指制动器受摩擦热或水润滑的作用时制动效能的稳定程度。它包括制动器的抗热衰退性和抗水衰退性。制动效能的恒定性越好，则汽车制动时抵抗制动效能下降的能力越强，汽车制动效果就越好。

制动效能的恒定性主要指制动效能的抗热衰退能力，反映了汽车高速制动或下长坡连续制动时制动效能的稳定程度。汽车制动时，汽车的行驶动能转化为车轮制动器的摩擦热能，使制动器温度升高，制动器摩擦衬片摩擦因数下降，制动力下降。所以，在制动器温度升高后能否保持足够的制动效能，是汽车制动性能的一个方面。

汽车长时间进行强度较大的制动时，制动器的温度升高，常在300℃以上，有时甚至能达到600～700℃。温度升高后，制动器摩擦副的摩擦因数下降，摩擦力矩减小，因而制动效能下降，这种现象称之为制动器的热衰退。山区行驶的货车和高速行驶的轿车应有较好的制动抗热衰退性能。

影响制动抗热衰退性能的主要因素是制动器摩擦副的材料及制动器的结构形式。一般的制动鼓、制动盘由铸铁制成，摩擦衬片由石棉、石棉与金属等几种材料制成。在正常制动时，摩擦副的温度在200℃左右，但温度更高时，摩擦因数迅速下降。选用耐高温的摩擦衬片材料可明显提高制动器的抗热衰退性能；采用散热条件好和热容量高的制动鼓，或者在制动鼓上铸出散热肋，也能提高制动抗热衰退性能。

制动器的结构形式不同，其制动效率也不同。双向助势制动蹄结构的制动器，由于具有增力作用，可得到较高的制动效能，但摩擦因数的变化程度大，制动器的抗热衰退性能较差。虽然盘式制动器的制动效能较低，但其随摩擦因数的变化程度小，因而具有较好的抗热衰退性能。

3. 制动时汽车的方向稳定性

制动时汽车的方向稳定性是指汽车在制动过程中维持直线行驶的能力或按预定弯道行驶的能力。

制动时方向稳定性较好的汽车，能够按驾驶人给定的轨迹行驶，即能够维持直线行驶或能按预定弯道行驶。制动时汽车行驶方向的不稳定是引起交通事故的一个主要原因，为提高汽车行驶的安全性，应充分重视制动时汽车的方向稳定性。制动时方向稳定性差的汽车，容易产生制动跑偏、制动侧滑，甚至丧失转向能力。

1）制动跑偏。汽车在制动时自动向左或向右偏离行驶方向称为制动跑偏，制动跑偏时后轮沿前轮轨迹运动。汽车制动跑偏的主要原因是左右轮制动力不相等，悬架导向杆系统与转向杆系统发生运动干涉。

2）制动侧滑。制动时汽车某一轴或两轴发生横向移动称为制动侧滑，制动侧滑时前后轮的行驶轨迹不重合。制动跑偏和制动侧滑是有联系的，严重的跑偏会引起后轴的侧滑，容易发生侧滑的汽车也容易跑偏。

众所周知，制动时若车轮抱死，汽车的转向能力或稳定性就会丧失，下面将按前轮抱死、后轮抱死和全部车轮抱死三种情况进行讨论。

图4-5a的前轮在制动力B_1作用下还在滚动，而后轮已经抱死。如果在制动惯性力G_Z的基础上还存在一个侧向干扰力F_Y，那么合力将与汽车纵轴线成β角。F_Y必须用车轮上的等值侧向力来平衡。因为后轮已经滑移，所以侧向力实际上只能作用在前轮上，即$F_Y \approx F_{Y1}$，相应的力矩使车轮绕垂直轴旋转，并使β角增大，汽车回转趋势增大，处于不稳定状态。

反之，如果前轮抱死，后轮继续滚动（图4-5b），则相应的力矩将使β角减小，汽车处于稳定状态。这时，汽车将继续大致沿着原来的方向运动，也就是说失去了转向能力。

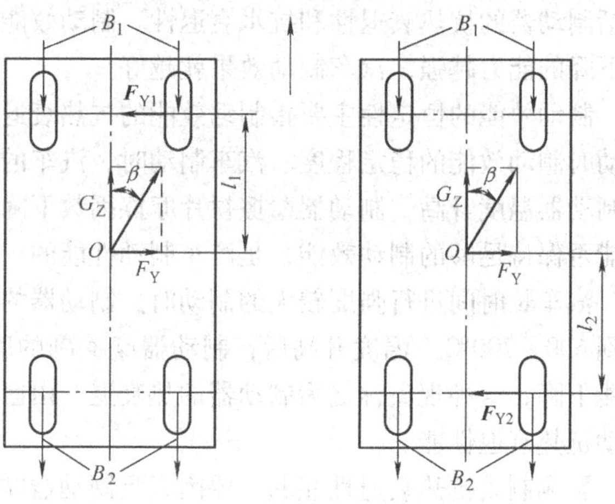

a) 后轮先抱死　　b) 前轮先抱死

图4-5　车轮抱死时的方向稳定性

在直线行驶时，还是宁愿取前轮抱死。而在弯道行驶时，前轮抱死将使汽车从弯道滑出。所以，过去曾有人提出后轮应先抱死，以保持前轮的转向能力；同时还认为，直线行驶时，驾驶人可以通过转向操作来纠正尾部侧滑。但是，研究表明，驾驶人在意外情况下，突然紧急制动使后轮抱死时，往往来不及转向，或者转向失误；此外，驾驶人还往往错误地继续踏紧制动踏板，而不松开。其实，从物理学上讲，保持制动稳定性最简单的方法是减小制动力，使原来抱死的车轮又可以承受侧向力，这样，侧滑就可以终止。

各轮都抱死，汽车无法承受侧向力。这样在侧向力干扰下，汽车将侧向运动，不会绕垂直轴剧烈旋转。

因此，从保证汽车方向稳定性的角度出发，首先不能出现只有后轴车轮抱死或后轴车轮先抱死的情况，以防止后轴侧滑的危险。其次，尽量少出现只有前轴车轮抱死或前、后轮都抱死的情况，以维持汽车的转向能力。最理想的制动状况就是防止任何车轮抱死，前、后轮都处于滚动状态，这样就可以确保制动时的方向稳定性。但对于普通行车制动系统，实际是以实现前、后轮同时抱死为目标的，以求较好地利用附着系数，缩短制动距离。

3）丧失转向能力。汽车制动时转向控制失灵的现象称为丧失转向能力。如：汽车在弯道行驶制动时，汽车不按弯道行驶而沿弯道切线方向驶出；直线行驶制动时虽然转动转向盘但汽车仍按直线方向行驶。汽车丧失转向能力通常是前轮制动抱死而不能承受侧向力引起的，故对于无防抱死制动系统的汽车来说，其转向能力的丧失有时是不可避免的，不过对于制动时后轮先抱死的汽车，其丧失转向能力的可能性小些。因此，对于山区使用的汽车来说，制动时最好不要出现前轮先抱死现象，以防止汽车丧失转向能力而发生危险。

4.2.2 影响汽车制动性的因素

汽车在行驶中，汽车制动性与道路、气候、汽车结构、汽车技术状况及使用等条件有关。

1. 道路与气候条件

道路的路面是汽车制动赖以存在的条件，而车轮最大制动力受到道路附着系数 φ 的限制，所以，道路路面的状况对充分发挥汽车的制动性有着决定性的影响。

气候条件在很大程度上是通过路面来对汽车制动产生影响的。表4-1列出了不同类型的路面及其干湿状态的附着系数值。

表4-1 不同类型的路面及其干湿状态的附着系数

路面		轮胎		
类型	状态	高压轮胎	低压轮胎	越野轮胎
沥青或混凝土路面	干燥	0.50~0.70	0.70~0.80	0.70~0.80
	潮湿	0.35~0.45	0.45~0.55	0.50~0.60
	污染	0.25~0.45	0.25~0.40	0.25~0.45
卵石路面	干燥	0.50~0.60	0.60~0.70	0.60~0.70
	潮湿	0.30~0.40	0.40~0.50	0.40~0.55
土路	干燥	0.40~0.50	0.50~0.60	0.50~0.60
	湿润	0.20~0.40	0.30~0.45	0.35~0.50
	泥泞	0.15~0.20	0.15~0.25	0.20~0.30
积雪荒地	松软	0.20~0.30	0.20~0.40	0.20~0.40
	压实	0.15~0.20	0.20~0.25	0.30~0.50
结冰路面	零下气温	0.08~0.15	0.10~0.20	0.05~0.10

在相同的沥青或混凝土路面上，因干湿状态不同，在车速为30km/h时制动距离相差约一倍；干燥的沥青路面与结冰路面相比，在30km/h的车速下的制动距离相差约六倍。

2. 驾驶人因素

驾驶人的反应快慢对汽车制动的安全是很重要的。确切地说，反应时间 t_1 就是一个评价的参数。好的驾驶人，一般的反应时间在0.39~0.63s之间；1.5s以内算正常的；当超过2.0s时，被认为不正常。

反应时间的长短对汽车制动安全的影响可用下例说明：当汽车以108km/h（相当于

30m/s）的速度运行时，反应快的驾驶人（如反应时间为0.4s）可以在12m以内做出正确的判断，并采取制动的动作。而反应慢的（如反应时间为1.5s）则需在45m以后才能做出正确的判断和动作，许多突发事故在这种反应慢的情况下发生时，想通过紧急制动来防止事故的发生往往已经来不及了。

反应时间长短还与驾驶人的生理状态有关，主要是注意力不集中、过度疲劳和精神状态不佳，从而引起反应时间的增加。特别是高速行驶时，反应时间随车速提高而延长的原因是由于车速提高后，驾驶人精神紧张，发现危险信号后受惊吓和操作程序慌乱带来的结果。

3. 车速

在汽车制动的 t_2 阶段，制动距离与车速的增加成正比；在 t_3 阶段，制动距离与车速的平方成正比。

高速行驶的汽车在干硬路面上制动时，橡胶胎面还来不及与路面微观凹凸构造完全“啮合”，使附着系数略有降低（图4-6）。在潮湿路面上制动时，汽车轮胎不易将黏液体挤出而使附着系数显著下降。在结冰的路面上制动时，附着系数比干硬路面要低；随着车速的提高，因与轮胎接触的冰层受压时间短，来不及在接触面间形成水膜，附着系数会略有提高，无论怎样，在结冰的路面上汽车行驶的稳定性和汽车制动时的稳定性极差。

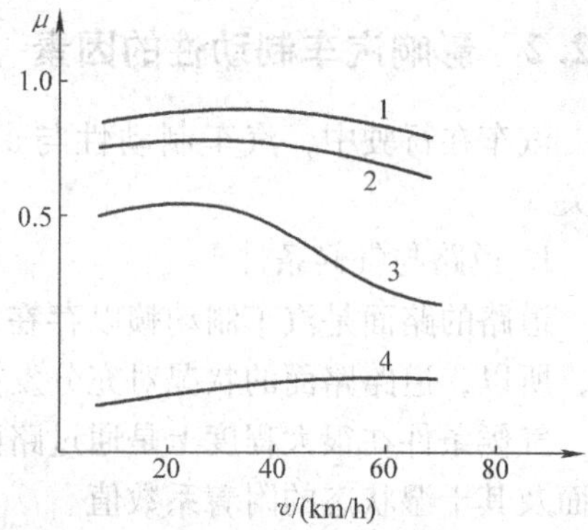

图4-6　不同路面的附着系数与车速的关系

1—干燥的混凝土路面　2—潮湿的混凝土路面

3—积雪的混凝土路面　4—软路面

4. 汽车的装载

在设计汽车制动器时，为了提高制动性，充分利用各车轮上的附着重量，应根据汽车制动时轴载荷再分配的情况，使汽车制动系统满足前、后轮同时制动到全滑移状态。这样就获得了汽车前、后轮制动力，与制动时作用于前、后轮上的法向载荷成正比的关系。前、后轮的法向载荷的比值并非是一个常数，而是随着道路附着系数和重心位置的不同而改变。为此，在汽车设计时，应以某一种路面为假设条件，而这个假设路面的附着系数称为同步附着系数。

5. 汽车拖挂

为了保证汽车列车的制动安全，挂车的各个车轮上均应安装制动器，以充分利用其附着重量，提高汽车列车的制动性能。

当汽车列车制动时，如果保持挂钩上仍然传递不大的牵引力，就可以改善汽车列车制动的稳定性。所以，设计汽车列车的制动传力机构时，要求它保证汽车制动的开始时间较汽车制动略为提前。

6. 制动系统技术状况

制动器的鼓与摩擦片在使用过程中，因磨损而使其间隙逐渐增大。制动器间隙的增大，将引起制动作用迟缓、制动力不足以及制动距离增大。必须指出，制动器故障对汽车制动性影响极大。例如：制动鼓与制动蹄片磨损不均匀或调整不当，可能造成制动不平稳或制动力不足；左右轮制动器技术状况不同，可能因制动力不均匀而引起汽车制动跑偏等。

制动系统传力机构的技术状况也会影响制动效能。气压驱动的制动系统气压降低引起制动距离增大的原因是，制动迟滞时间增加及制动力不足。

7. 汽车车轮的技术状况

车轮的技术状况（如轮胎气压、轮胎花纹磨损程度等）也影响汽车的制动性。大多数情况下，车轮的技术状况不正常现象是个别的，因此它对汽车制动的影响在于造成各车轮制动力的不均匀，而导致汽车制动的跑偏。

轮胎在路面上的单位压力（即车轮载荷与印痕面积之比）与轮胎的附着能力关系很大。单位压力的数值取决于轮胎气压、路面性质等因素（图4-7）。

对于同一辆汽车上的各个车轮，会因气压不相等或在制动时轮胎与地面接触处性质有差异而造成汽车制动时各车轮的最大制动力不均匀。轮胎气压的降低会使轮胎与地面的接触面积显著增大，磨损较轻的胎面花纹嵌入土壤及排水能力较强，也会使附着系数显著提高。

汽车制动安全要求同一车轴上的左右轮胎应具有相同花纹、磨损程度相近，并具有相同的气压。

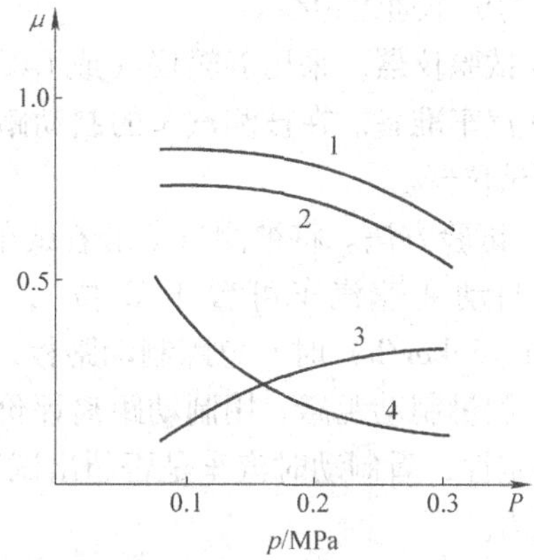

图4-7 在不同路面上的轮胎气压与附着系数的关系

1—干燥的混凝土路面 2—潮湿的混凝土路面 3—积雪的混凝土路面 4—软路面

8. 发动机制动与排气制动

在山区行驶的汽车下坡时，为避免车轮制动器长时间工作而发生过热，造成制动效能降低，或冬季行驶在冰雪路面上时，为避免制动力过大而引起侧滑，常利用发动机制动。

用发动机制动时，驾驶人放松踏板，不脱开发动机，驱动轮在汽车惯性作用下通过传动系统迫使发动机以高于怠速时的转速工作。这时汽车需要克服发动机内摩擦阻力矩和进排气阻力，且这个阻力矩随发动机转速（被迫转动）的增高而增大。发动机内摩擦阻力矩换算到驱动轮上的制动力 F'_μ 为

$$F'_\mu = T_{er} i_g i_0 / \eta'_T r$$

式中 T_{er}——发动机内阻力矩；

η'_T——从驱动轮到发动机的传动效率。

由上式可见，传动系统传动比越大（低速档），发动机转速越高，则发动机内阻力矩消耗的能量越多，制动效果显著。

同时应注意到利用发动机制动时，发动机的旋转质量惯性力偶矩是阻碍发动机制动的，也就是说发动机内阻力矩大于发动机旋转质量惯性力偶矩时，发动机制动才有效果。因此，在紧急制动时，仅用车轮制动，制动效果更好。

采用发动机制动不需要安装其他设备，也不需要对发动机做任何改造，所以成为驾驶人常采用的一种方法，但其制动效能不大。山区行驶的汽车用排气制动是比较理想的。制动时关闭排气节流阀，切断油路、电路，利用发动机急剧增加的排气阻力而增大其内阻力矩。排气制动功率可达发动机有效功率的80%～90%。排气制动多用于柴油车。

4.2.3 汽车制动性的试验

汽车的制动性试验分为道路试验和室内台架试验两种，主要是通过道路试验来评定。

1. 汽车的制动性道路试验

1）试验条件。包括道路条件、试验仪器、汽车准备等。

① 道路条件。路试检测制动性能应在平坦（坡度不应超过1%）、干燥和清洁的硬路面（轮胎与路面之间附着系数不小于0.7）上进行，在试验路面上应画出与制动稳定性要求相应宽度的试车通道边线。

② 试验仪器。采用五轮仪（或GPS）、制动减速度仪、制动踏板力检测仪等测试仪器。

③ 汽车准备。在被测汽车的制动踏板上安装提供信号用的踏板套，在汽车适当位置装上各测试仪器。

2）试验方法。将被测汽车沿着试车道的中线行驶至高于规定的初速度后，置变速器于空档（自动变速汽车可置于D位），当滑行到规定初速度（通常为20km/h、30km/h、40km/h、50km/h）时，急踩制动踏板，使汽车停住，并同时操作各测量仪器。

① 测量制动距离。用制动距离评价制动性能时，需测取制动距离，并同时检查汽车制动的稳定性，看制动时汽车是否超出试车通道边线。对除气压制动外的汽车还应同时测取制动踏板力。

② 测量MFDD值。用充分发出的平均减速度评价制动性能时，需测取MFDD和制动协调时间，并检查制动稳定性，查看制动时汽车是否超出试车通道边线。对除气压制动外的汽车，路试时还应测取制动踏板力。

注意：对空载汽车检验制动性能有质疑时，可用满载检验要求进行检验。

将制动性道路试验结果填入记录表中（表4-2），进行该车制动性能分析。

表4-2　汽车制动性道路试验记录表

试验序号	行驶方向	汽车初速度/(km/h)	制动时间/s	制动距离/m	制动减速度/(m/s^2)	充分发出的平均减速度(MFDD)/(m/s^2)	制动踏板力/N
1	往	20					
2	返	20					
3	往	30					
4	返	30					
5	往	40					
6	返	40					
7	往	50					
8	返	50					
9							
10							

2. 汽车的制动性室内台架试验

室内台架试验是在制动试验台上进行的，其工作原理是测试汽车制动器的摩擦力矩以检查汽车的制动性。

1）制动试验台的结构原理。制动试验台按不同的分类方法，可以分成不同的类型。常见的分类方法有：按试验台测量原理不同，可分为反力式和惯性式两类；按试验台支撑车轮的形式不同，可分为滚筒式和平板式两类；按试验台检测参数不同，可分为测制动力式、测制动距离式和多功能综合式三类；按试验台测量装置至指示装置传递信号方式不同，可分为机械式、液压式和电气式三类；按试验台同时能测车轴数不同，又可分为单轴式、双轴式和多轴式三类。

① 反力式滚筒制动试验台。反力式滚筒制动试验台（测制动力式）得到了广泛应用。特别是单轴反力式滚筒制动试验台应用最为普遍，国内外汽车检测站和维修企业所用制动检测设备多为这种形式。我国目前生产和使用的制动试验台绝大多数也为反力式滚筒制动试验台。

单轴反力式滚筒制动试验台的结构如图4-8所示。它由框架、驱动装置、滚筒装置、测量装置、举升装置、指示与控制装置等组成。为使制动试验台能同时检测车轴两端左右车轮的制动力，除框架、指示与控制装置外，其他装置是分别独立设置的。

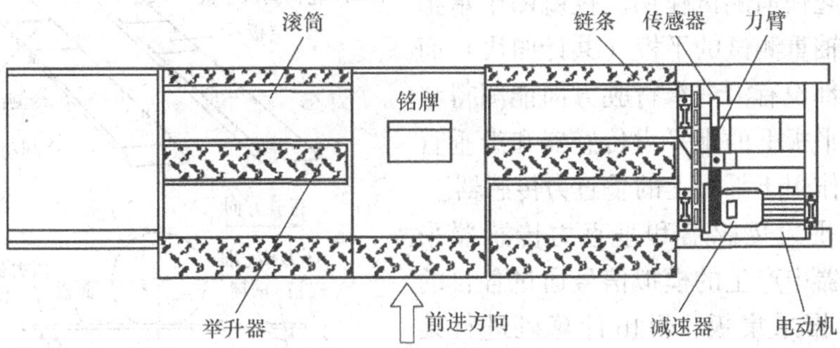

图4-8 单轴反力式滚筒制动试验台的构造

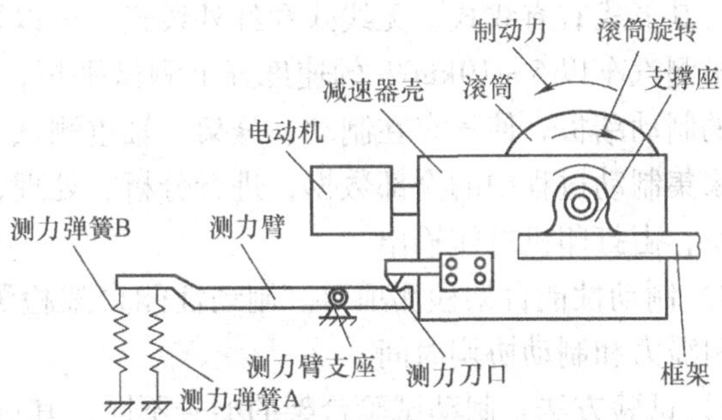

图4-9 反力式滚筒式制动试验台的测量原理

测量时，汽车开上反力式滚筒制动试验台，使被检车轴左右车轮处于每对滚筒之间，放下举升器，起动电动机，通过减速器、链传动使主、从动滚筒带动车轮低速旋转，然后用力踩下制动踏板。此时，车轮制动器产生的摩擦力矩作用在滚筒上，与滚筒的转动方向相反，因而产生反作用力矩。减速器壳体在这一反作用力矩作用下，其前端发生绕其输出轴向下的偏转，带动测力刀压下测力臂，迫使测力杠杆前端向上位移，拉伸测力弹簧，通过测力传感器转换成反映制动力大小的电信号，由计算机采集、处理后，指令电动机停转，并由指示装置指示或由打印机打印检测到的制动力数值（图4-9）。

② 惯性式滚筒制动试验台。惯性式滚筒制动试验台，用滚筒模拟移动的路面，用旋转飞轮的转动惯量模拟汽车在道路上行驶时的动能，因此滚筒传动系统具有相当于汽车在道路上行驶的惯性。制动时，轮胎对滚筒表面产生阻力，这时虽然驱动滚筒的动力（如电动机或汽车发动机的动力）已被切断，但由于滚筒传动系统具有一定的惯性，因而滚筒表面将相对于车轮移过一定距离。由此可见，在惯性式制动试验台上可以模拟道路制动试验工况。这种试验台的主要检测参数是各轮的制动距离，同时还可测得制动时间或减速度。

惯性式滚筒制动试验台的滚筒，可由电动机或汽车的驱动轮驱动，并能进行高速试验，因而测试结果与实际工况更为接近。

该种试验台的主要检测参数是各轮的制动距离，同时还可测得制动时间或制动减速度。如果采用运算电路，则可获得整车制动距离或制动减速度。

③ 惯性式平板制动试验台。惯性式平板制动试验台不仅能检测制动性能，还能检测轴重、侧滑和悬架的技术状况等，因而又称为平板式检测设备或平板式底盘检测设备。

惯性式平板制动试验台由测试平板、数据处理系统和踏板力计等组成，如图4-10所示。测试平板一共有六块。其中四块为制动、悬架、轴重测试用，一块为侧滑测试用，还有一块为空板，不起任何测试作用。仅就图中承担制动、悬架、轴重测试的平板（共计四块）而言，每块平板都设有沿汽车行驶方向能测得汽车轮胎作用于平板上的水平力传感器和沿垂直方向测得轮胎作用于平板上的垂直力传感器。

数据由水平力传感器和垂直力传感器采集。两个传感器中产生的模拟信号通过各自的放大器进入数据采集板，再由计算机进行处理、显示和打印。

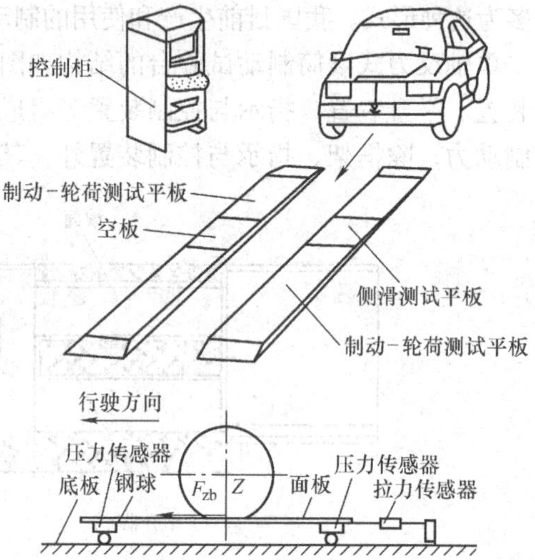

图4-10　惯性式平板制动试验台

踏板力计能测得制动时作用在制动踏板上的力，其形式有有线式、无线式和红外线式，可以根据要求选用。

被测汽车以5~10km/h的速度开上测试平板，驾驶人根据指示信号及时踩下装有踏板力计的制动踏板，使汽车在制动、悬架、轴重测试平板上制动并停住。与此同时，数据处理系统采集制动过程中的全部数据，进行分析、处理，并在计算机显示屏上以图形、符号和数字显示，由打印机打印输出。

2）制动性能台架检测项目。制动性能台架检测的主要项目包括制动力、制动力平衡、车轮阻滞力和制动协调时间。

3）试验方法。制动试验台架的型号不同，其试验方法也不同，下面以反力式滚筒试验台为例，介绍其试验方法。

① 被测汽车的准备：检查并清除汽车轮胎粘有的泥、水、砂、石等杂物。核实汽车各轴轴荷，汽车轴荷不得超过试验台允许载荷。同时，轮胎气压应符合规定气压。

② 制动试验台的准备：将制动试验台指示与控制装置上的电源开关打开，按使用说明书的要求预热至规定时间；如果指示装置为指针式仪表，检查指针是否在零位，否则应调零；检查试验台滚筒上是否粘有油泥、石块及各种杂物等，若存在杂物应清除干净；检查显示及控制装置是否工作正常。

③ 升起举升器。

④ 汽车驶入制动试验台，汽车被测车轴在轴重计或轮重仪上检测完轴荷后，应尽可能沿垂直于滚筒的方向驶入制动试验台。先前轴，再后轴，使车轮处于两滚筒之间。

⑤ 汽车停稳后变速杆置于空档位置，行车制动器和驻车制动器处于完全放松状态，能

测制动时间的试验台还应把脚踏开关套在制动踏板上。

⑥ 降下举升器，使车轮与两滚筒完全接触，与举升平板完全脱离。如制动试验台带有内置式轴重测量装置，则应在此时测量轴荷。

⑦ 放松制动踏板，电动机转动，测量制动器拖滞力，判断制动器是否拖滞。

⑧ 在6s内均匀、缓慢地踏下制动踏板，测出轴制动力，一般在1.5~3.0s后，制动试验台滚筒自动停转。有些制动试验台在两滚筒之间设有一个直径较小的第三滚筒，上面设有转速传感器。当车轮抱死时，该滚筒发出电信号，使滚筒停转。

⑨ 读取并打印测量结果。

⑩ 升起举升器，汽车驶出制动试验台。驶出已测车轴，驶入下一车轴，按上述方法检测另一轴的轴荷和制动力。

当与驻车制动器相关的车轴在制动试验台上时，检测完行车制动性能后应重新起动电动机，在行车制动器完全放松的情况下，用力拉紧驻车制动器操纵杆，检测驻车制动性能。

所有车轴的行车制动性能及驻车制动性能检测完毕后，升起举升器，汽车驶出制动试验台。

切断制动试验台电源。

4.2.4 汽车制动性的标准

1. 路试检测制动性的标准

GB 7258—2012《机动车运行安全技术条件》中对道路检验汽车制动性制定了相关标准。

1）制动距离标准。机动车在规定的初速度下的制动距离和制动稳定性要求应符合表4-3的规定。对空载检验的制动距离有质疑时，可用表4-3规定的满载检验制动距离要求进行。

表4-3 制动距离和制动稳定性要求

机动车类型	制动初速度/(km/h)	空载检验制动距离要求/m	满载检验制动距离要求/m	试验通道宽度/m
三轮汽车	20	≤5.0		2.5
乘用车	50	≤19.0	≤20.0	2.5
总质量不大于3500kg的低速货车	30	≤8.0	≤9.0	2.5
其他总质量不大于3500kg的汽车	50	≤21.0	≤22.0	2.5
铰接客车、铰接式无轨电车、汽车列车	30	≤9.5	≤10.5	3.0
其他汽车	30	≤9.0	≤10.0	3.0
两轮普通摩托车	30	≤7.0		—
边三轮摩托车	30	≤8.0		2.5
正三轮摩托车	30	≤7.5		2.3
轻便摩托车	20	≤4.0		—
轮式拖拉机运输机组	20	≤6.0	≤6.5	3.0
手扶变型运输机	20	≤6.5		2.3

制动稳定性要求是指制动过程中机动车的任何部位（不计入车宽的部位除外）不超出规定宽度的试验通道的边缘线。

2）充分发出的平均减速度（MFDD）标准。汽车、汽车列车在规定的初速度下急踩制动踏板时充分发出的平均减速度及制动稳定性要求应符合表4-4的规定，且制动协调时间对液压制动的汽车应小于等于0.35s，对气压制动的汽车应小于等于0.60s，对汽车列车、铰接客车和铰接式无轨电车应小于等于0.80s。对空载检验的充分发出的平均减速度有质疑时，可用表4-4规定的满载检验充分发出的平均减速度进行。

表4-4 制动减速度和制动稳定性要求

机动车类型	制动初速度/(km/h)	空载检验充分发出的平均减速度/(m/s^2)	满载检验充分发出的平均减速度/(m/s^2)	试验通道宽度/m
三轮汽车	20	≥3.8		2.5
乘用车	50	≥6.2	≥5.9	2.5
总质量不大于3500kg的低速货车	30	≥5.6	≥5.2	2.5
其他总质量不大于3500kg的汽车	50	≥5.8	≥5.4	2.5
铰接客车、铰接式无轨电车、汽车列车	30	≥5.0	≥4.5	3.0
其他汽车	30	≥5.4	≥5.0	3.0

3）制动踏板力或制动气压标准。进行制动性能检验时的制动踏板力或制动气压应符合表4-5要求。

表4-5 制动踏板力或制动气压要求

机动车类型			制动踏板力	制动气压
满载检验时	气压制动系统		—	≤额定工作气压
	液压制动系统	乘用车	≤500N	—
		其他机动车	≤700N	—
空载检验时	气压制动系统		—	≤600kPa
	液压制动系统	乘用车	≤400N	—
		其他机动车	≤450N	—
摩托车（正三轮摩托车除外）			≤350N，（手握力≤250N）	—
正三轮摩托车			≤500N	—
三轮汽车和拖拉机运输机组			≤600N	—

汽车、汽车列车在符合规定的制动踏板力或制动气压下的路试行车制动性能如符合制动距离和制动减速度要求，即为合格。

4）应急制动标准。汽车（三轮汽车除外）在空载和满载状态下，按表4-6所列初速度进行应急制动性能检验，应急制动性能应符合表4-6的要求。

表4-6 汽车应急制动性能要求

机动车类型	制动初速度/(km/h)	制动距离/m	充分发出的平均减速度/(m/s^2)	允许操纵力应小于等于/N	
				手操纵	脚操纵
乘用车	50	≤38.0	≥2.9	400	500
客车	30	≤18.0	≥2.5	600	700
其他汽车（三轮汽车除外）	30	≤20.0	≥2.2	600	700

4）驻车制动标准。在空载状态下，驻车制动装置应能保证机动车在坡度为20%（对总质量为整备质量的1.2倍以下的机动车为15%）、轮胎与路面间的附着系数大于等于0.7的坡道上正、反两个方向保持固定不动，时间应大于等于5min。检验汽车列车时，应使牵引车和挂车的驻车制动装置均起作用。

说明：在规定的测试状态下，机动车使用驻车制动装置能停在坡度值更大且附着系数符合要求的试验坡道上时，应视为达到了驻车制动性能检验规定的要求。在不具备试验坡道的情况下，在用车可参照相关标准使用符合规定的仪器测试驻车制动性能。

2. 室内台架检测汽车制动性的标准

GB 7258—2012《机动车运行安全技术条件》中对台架检验汽车制动性能制定了相关标准。

1）行车制动标准。主要包括制动力百分比要求、制动力平衡要求、制动协调时间要求、车轮阻滞率要求等。

① 制动力百分比要求。汽车、汽车列车在制动检验台上测出的制动力应符合表4-7的要求。对空载检验制动力有质疑时，可用表4-7规定的满载检验制动力要求进行检验。使用转鼓试验台检测时，可通过测得制动减速度值计算得到最大制动力。

摩托车的前、后轴制动力应符合表4-7的要求，测试时只准许乘坐一人。

表4-7 台架检验制动力要求

机动车类型	制动力总和与整车重量的百分比（%）		轴制动力与轴荷①的百分比（%）	
	空载	满载	前轴②	后轴②
三轮汽车	≥45		—	≥60③
乘用车、其他总质量不大于3500kg的汽车	≥60	≥50	≥60③	≥20③
铰接客车、铰接式无轨电车、汽车列车	≥55	≥45	—	—
其他汽车	≥60	≥50	≥60③	≥50④
普通摩托车	—	—	≥60	≥55
轻便摩托车	—	—	≥60	≥50

① 用平板制动检验台检验乘用车时应按左右轮制动力最大时刻所分别对应的左右轮动态轮荷之和计算。

② 机动车（单车）纵向中心线中心位置以前的轴为前轴，其他轴为后轴；挂车的所有车轴均按后轴计算；用平板制动试验台测试并装轴制动力时，可视为一轴。

③ 空载和满载状态下测试均应满足此要求。

④ 满载测试时后轴制动力百分比不做要求；空载用平板制动检验台检验时应大于等于35%；总质量大于3500kg的客车，空载用反力滚筒式制动试验台测试时应大于等于40%，用平板制动检验台检验时应大于等于30%。

② 制动力平衡要求（两轮、边三轮摩托车和轻便摩托车除外）。在制动力增长全过程中同时测得的左右轮制动力差的最大值，与全过程中测得的该轴左右轮最大制动力中大者（当后轴及其他轴，制动力小于该轴轴荷的60%时为与该轴轴荷）之比，对新注册车和在用车应分别符合表4-8的要求。

表4-8　台架检验制动力平衡要求

	前轴	后轴（及其他轴）	
		制动力大于等于该轴轴荷60%时	制动力小于该轴轴荷60%时
新注册车	≤20%	≤24%	≤8%
在用车	≤24%	≤30%	≤10%

③ 制动协调时间要求。汽车的制动协调时间，对液压制动的汽车应小于等于0.35s，对气压制动的汽车应小于等于0.60s；汽车列车和铰接客车、铰接式无轨电车的制动协调时间应小于等于0.80s。

④ 车轮阻滞率要求。进行制动力检验时，汽车、汽车列车各车轮的阻滞力均应小于等于轮荷的10%。

⑤ 合格判定要求。室内台架检验汽车、汽车列车行车制动性能时，检验结果同时满足制动力百分比、制动协调时间、车轮阻滞率方为合格。

2）驻车制动标准。当采用制动检验台检验汽车和正三轮摩托车驻车制动装置的制动力时，机动车空载，乘坐一人，使用驻车制动装置，驻车制动力的总和应大于等于该车在测试状态下整车重量的20%，但总质量为整备质量1.2倍以下的机动车应大于等于15%。

4.3　汽车操纵稳定性

汽车的操纵稳定性包括相互联系的两个部分，一是操纵性，二是稳定性。操纵性是指汽车能够确切地响应驾驶人转向指令的能力；稳定性是指汽车在行驶过程中，具有抵抗改变其行驶方向的各种干扰，并保持稳定行驶而不致失去控制甚至翻车或侧滑的能力。实际上两者很难截然分开，稳定性的好坏直接影响操纵性，常统称其为汽车操纵稳定性。

汽车的操纵稳定性不仅影响到汽车驾驶的操纵方便程度，还是决定高速汽车安全行驶的一个主要性能，还与运输生产率和驾驶人的劳动强度有关。随着汽车保有量的增加和车速的提高，汽车的操纵稳定性显得越来越重要，被人们称之为“高速行车的生命线”。研究汽车操纵稳定性及其影响因素，不仅对汽车设计至关重要，还与修好车、用好车的关系也甚为密切。

汽车的操纵稳定性涉及的问题较为广泛，与汽车动力性、经济性、安全性等性能有所不同，它需要采用较多的物理参量从几个方面来进行评价。可以通过考察下列关系来评价操纵稳定性的好坏。

① 在一定车速下，汽车质心轨迹曲线与转向盘转角的关系。

② 以一定角速度转动转向盘后，汽车转向角速度随时间的关系。

③ 汽车在圆周行驶时其转向盘上的作用力与汽车侧向加速度的关系。

④ 为保证额定车速行驶的汽车其轨迹曲率半径能按额定要求变化，必须在转向盘上施

加作用。

另外还有转向半径、转向轻便性等评价指标。

轮胎的侧偏特性是研究汽车操纵稳定性的出发点，为此先讨论轮胎的侧偏特性。

4.3.1 轮胎的侧偏特性

汽车充气轮胎具有一定的径向和侧向弹性，在受到侧向力的作用滚动时，将因侧向变形而引起侧向偏离行驶。轮胎的侧向偏离特性是指侧向力与侧偏角、回正力矩之间的关系。

1. 轮胎的侧偏现象

汽车在行驶过程中受到侧向力作用时，若轮胎是刚性的，则有两种情况发生：一种是地面侧向反作用力未超过车轮与地面的附着极限时，轮胎与地面之间无侧滑，如图4-11a所示；另一种情况是地面侧向反作用力达到车轮与地面之间的附着极限而侧向滑移，如图4-11b所示。

当轮胎有侧向变形时，即使侧向反作用力未达到附着极限，车轮行驶方向也将偏离直线 cc 方向，这就是轮胎的侧偏现象。

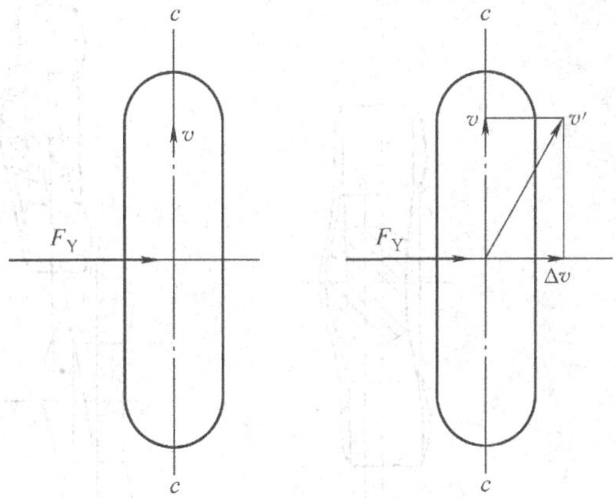

a) 没有侧向滑移　　b) 有侧向滑移

图4-11 有侧向力作用时刚性车轮的滚动

轮胎的侧偏现象不仅影响车轮的运动轨迹，还使轮胎的滚动损失增加，并加剧轮胎的磨损，是不利的，但它是不可避免的。

2. 侧偏力与侧偏角的关系

当车轮静止不动时，由于轮胎的侧向变形，轮胎与地面之间接触印迹的中心线 aa 与车轮平面 cc 不重合，偏离 Δh，但 aa 仍与 cc 平行，如图4-12a所示。

当轮胎有侧向变形而滚动时，接触印迹的中心线 aa 不但偏离 cc，而且与 cc 不平行，其夹角 α 即为侧偏角，如图4-12b所示。

为了分析产生侧偏角的原因，在轮胎胎面的中心线上标出 A_0、A_1、A_2、A_3 等各点，随着车轮的滚动，各点将依次落在地面上 A'_0、A'_1、A'_2、A'_3 等各点。在图上可以看出，A'_0、A'_1、A'_2、A'_3 等各点的连线是一条斜线，不平行于 cc 线，与 cc 形成 α 的夹角。显然，侧偏角的大小与侧向力有关。

图4-13为某乘用车轮胎的侧偏特性曲线。可以看出，侧偏角不超过5°时，侧向力 F_Y 与 α 成线性关系。由于 $\alpha=0$ 时，$F_Y=0$，即该曲线经过原点，故 $F_Y=k\alpha$，k 称为侧向刚度，即弹性轮胎产生1°侧偏角所需施加的侧向力。

侧偏刚度是衡量轮胎操纵稳定性的重要参数，轮胎应具有较高的侧偏刚度，以保证汽车具有良好的操纵稳定性。

从图4-13中还可以看出，在较大侧向力的作用下，侧偏角以较大速率增长，即 F_Y 与 α 关系由直线而变为曲线，这时轮胎在接触地面处发生部分侧滑。当侧偏力增加到附着极限

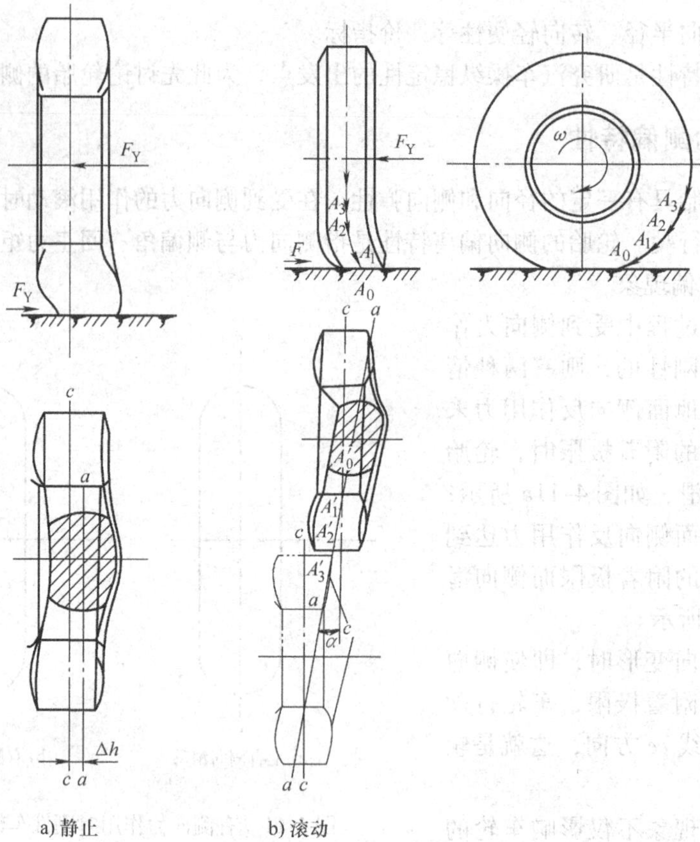

图 4-12　轮胎的侧偏现象

时，整个轮胎侧滑。显然，轮胎的最大侧偏力决定于附着条件，即垂直载荷、轮胎花纹、材料、结构、气压、路面材料、潮湿程度及车轮的外倾角等。

3. 影响轮胎侧偏的因素

1）轮胎结构的影响。尺寸较大的轮胎具有较高的侧偏刚度；子午线轮胎接触地面宽，其侧偏刚度也较高，钢丝子午线轮胎比尼龙子午线轮胎的侧偏刚度高。

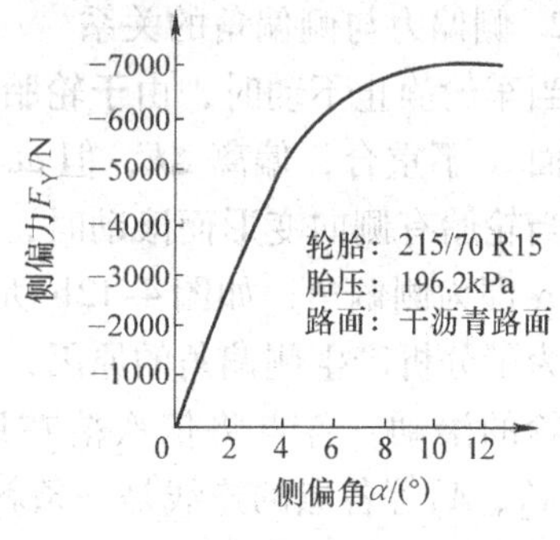

图 4-13　轮胎的侧偏力与侧偏角的关系曲线

轮胎的扁平率是指轮胎的断面高度 H 与断面宽度 B 之间的比值，即 H/B（%）。扁平率较小时，轮胎侧偏刚度较大。现代轿车轮胎的扁平率逐渐变小，以获得较高的侧偏刚度。目前不少轿车采用 60（扁平率 60%）系列轮胎，而追求高性能的运动型轿车采用扁平率为 50% 或 40% 的轮胎。

2）轮胎工作条件的影响。汽车在使用过程中，如在转弯、侧坡、装载不匀状况下行驶时轮胎的垂直载荷常发生变化，影响到轮胎的侧偏特性。一般地，轮胎垂直载荷增大后，侧偏刚度也随之增大；但当垂直载荷过大时，轮胎与地面之间接触区的压力极不均匀，轮胎的侧偏刚度反而有所减小。

轮胎受到的侧向力和切向力与侧偏特性有关。在一定的侧偏刚度下，驱动力增加，侧偏力减小，这是由于驱动力增加后，轮胎侧向弹性发生了改变。当驱动力相当大，以至于接近附着极限时，轮胎的侧偏力将很小。汽车在制动时也有同样的变化。

轮胎充气压力也与轮胎侧偏特性有一定的关系。随着充气气压的提高，轮胎弹性下降，侧偏刚度增大。当轮胎充气压力过高后，受附着力的限制，轮胎侧偏力不再增加。

3）地面切向反作用力的影响。地面切向反作用力对轮胎侧偏特性的影响，如图4-14所示。当有地面切向作用力（制动力或驱动力）作用时，轮胎侧偏力的极限值会因此而下降；同样，当有侧偏力存在时，无论是制动还是驱动，所能获得的切向反作用力的极限值（即纵向附着能力）也会下降，并且地面切向作用力越大，侧偏力的极限值越小；同样，侧偏力越大，所能产生的切向反作用力的极限值就越小。

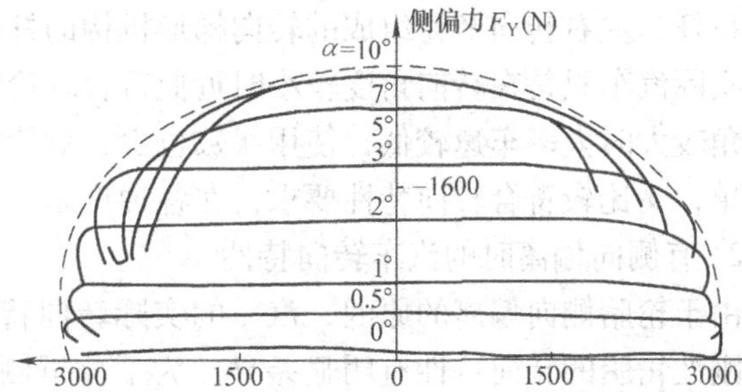

图4-14 地面切向反作用力对侧偏特性的影响

4）路面状况对侧偏特性的影响。经试验证明，粗糙的路面使最大侧偏力增加；干路面上的最大侧偏力比湿路面大；当路面有薄水层时，车速达到一定值，会出现“水滑”现象而完全丧失侧偏力。

另外，车轮的外倾角也会对侧偏特性产生影响。一般说来，当车轮外倾角为正时，有助于减小侧偏角；当车轮采用负外倾角时，侧偏角会加大。

4.3.2 汽车稳态转向特性

1. 刚性轮胎转向时的几何关系

为使汽车转向时所有轮胎都保持纯滚动，减小轮胎磨损和提高汽车行驶的稳定性，汽车所有轮胎必须在同一瞬时围绕转向中心做曲线运动。若不考虑轮胎的侧偏特性，其转向简图如图4-15所示。

从图中可以看出，转向时内外车轮的偏转角度是不同的。由图中的三角关系可知

$$\cot\delta_1 = \frac{OG}{EG} = \frac{R + \frac{d}{2}}{L}$$

$$\cot\delta_2 = \frac{OD}{FD} = \frac{R - \frac{d}{2}}{L}$$

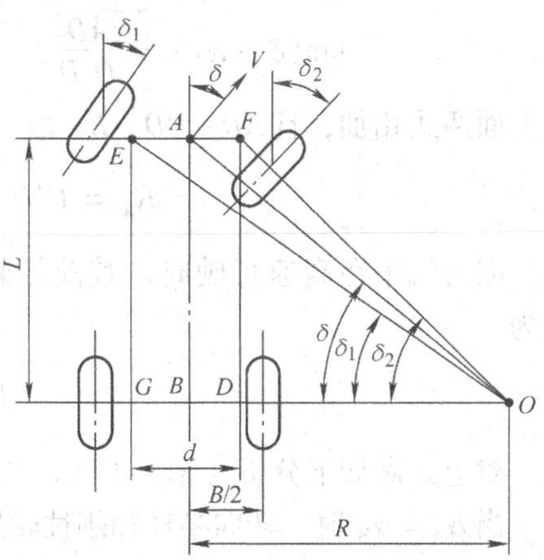

图4-15 刚性轮胎的汽车转向简图

故

$$\cot\delta_1 - \cot\delta_2 = \frac{OG - OD}{L} = \frac{d}{L} \approx \frac{B}{L}$$

式中 δ_1、δ_2——左、右转向节 E、F 的转角，单位为（°）；

d——左、右转向节主销中心的距离，单位为 m；

B——轮距，单位为 m；

L——轴距，单位为 m。

上式就是刚性车轮的汽车转向时内、外车轮转角关系的理论特性，这一特性靠前轴、转向横拉杆、左右转向节臂组成的转向梯形机构的杆件长度来保证。

实际汽车只是在转向角度较小时近似符合理论特性。转向角较大时偏差较大，同时由于转向角较大时大多车速较低，使用次数也少，对轮胎磨损影响较小。汽车转向梯形机构的结构简单，又比较符合转向特性要求，在各种汽车上均采用。

2. 有侧向偏离时的汽车转向特性

由于轮胎侧向偏离的原因，汽车的实际转向特性与刚性轮胎的转向特性有明显差异。为了分析侧偏对转向特性的影响，假设转向时受离心力的作用，前、后轮胎产生相应的侧偏角 α_A 和 α_B，且同轴轮胎的侧偏角相等，如图 4-16 所示。

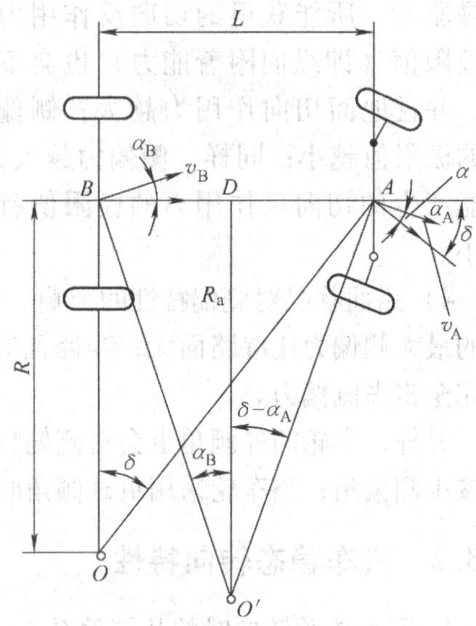

图 4-16　弹性轮胎的汽车转向简图

汽车转向行驶时，由于弹性轮胎的侧偏特性，在汽车转向侧向力的影响下，汽车前轴中点运动速度 v_A 方向与汽车纵向轴线成 α_A 角，后轴中点运动速度 v_B 方向与汽车纵向轴线成 α_B 角，这样，前、后轴的瞬时转向中心移到 O' 点。从 O' 向汽车纵向轴线引垂直线 $O'D$，$O'D$ 即为有侧向偏离时的汽车转向半径 R。

在三角形 $BO'D$ 和三角形 $AO'D$ 中

$$\tan\alpha_B = \frac{BD}{O'D}$$

$$\tan(\delta - \alpha_A) = \frac{AD}{O'D}$$

将上面两式相加，且 $AD + BD = L$，故

$$R_a = O'D = \frac{1}{\tan\alpha_B + \tan(\delta - \alpha_A)}$$

因为汽车在高速行驶时，其前轮转角不大，同时侧偏角值一般不超过 6°～8°，故可认为

$$R_a \approx \frac{1}{\delta + \alpha_B - \alpha_A}$$

对上式做如下分析（图 4-17）。

当 $\alpha_A = \alpha_B$ 时，转向半径和刚性轮胎的转向半径相等，称为中性转向。具有中性转向特性的汽车，在转向盘转角不变的条件下，随着车速的提高，转向半径维持不变。

当 $\alpha_A > \alpha_B$ 时，$R_a > R$，汽车将沿着更为平缓的曲线行驶，称为不足转向。具有不足转

向特性的汽车，在转向盘保持某一固定转角条件下，缓慢加速或以不同车速等速行驶时，随着车速的增加，转向半径 R 增大。

当 $\alpha_A < \alpha_B$ 时，$R_a < R$，汽车将沿着更为弯曲的曲线行驶，称为过度转向。具有过多转向特性的汽车，在转向盘转角保持不变的条件下，随着车速的增加，转向半径越来越小。

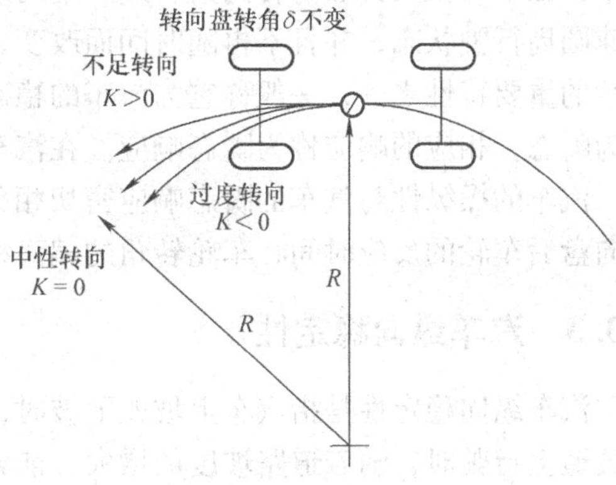

图 4-17　汽车的不同转向特性

3. 转向特性分析

1）具有中性转向特性的汽车行驶的特点。具有中性转向特性的汽车的转向轮偏转角为 $\delta = L/R_a$，该角度与汽车行驶速度无关；当转向盘角度固定不变时，汽车沿给定半径的圆周行驶，转弯半径与车速亦无关。这种特性的汽车在沿直线行驶时，若遇侧向力作用于汽车重心，则汽车将沿着与原直线成一定夹角的另一条直线行驶，若欲维持原行驶方向，驾驶人只要将转向盘向侧向偏离的相反方向转动，然后再将转向盘回到中间位置即可。

2）具有不足转向特性的汽车行驶的特点。具有不足转向特性的汽车以不同的车速行驶时，其转向半径大于同样条件下的刚性轮胎汽车的转向半径，并随车速的提高，转向半径不断增大；当这种特性的汽车直线行驶时，若遇侧向力作用于其重心，汽车将朝侧向力的方向偏转，绕瞬时转向中心做曲线运动，这时转向离心力的方向与侧向力方向相反，有削弱侧向力的作用，侧向力消失后，汽车可自动恢复直线行驶。驾驶这种特性的汽车沿给定半径的圆周加速行驶时，驾驶人应随车速的提高不断增加转向盘的转角。

3）具有过度转向特性的汽车行驶的特点。具有过度转向特性的汽车行驶时与具有不足转向特性的汽车行驶时的特点正好相反，当转向盘转角固定不动时，随着车速的升高，转向半径变小，车速过高时可能导致汽车侧滑。这种转向特性的汽车沿给定半径的圆周行驶时，其所需的转向盘转角应随车速的提高而减小，即驾驶人应随车速的提高不断减小转向盘转角。当汽车达到临界车速时，只要有微小的前轮转角也将产生极大的横摆角速度（汽车绕转向中心转动的角速度），即转向半径越来越小，汽车将发生急转。过度转向特性在行驶中具有失去方向稳定性的危险。

从以上分析可知：具有适度不足转向特性的汽车具有良好的操纵稳定性，所以目前绝大多数的汽车具有不足转向特性。在汽车设计和使用中应注意重心的前后位置，并要求在转向时，前轮的侧偏角大于后轮的侧偏角，以使汽车具有一定的不足转向特性。轮胎的气压对侧偏刚度也有影响，前轮气压低于后轮气压，可使 $\alpha_A > \alpha_B$，便于获得不足转向特性。错误地在前轮装用子午线轮胎而后轮为普通轮胎，或者前轴负荷过大时，可能会使汽车由不足转向特性变为过度转向特性。但应注意，不足转向特性只能在一定的范围内，过度的不足转向会使汽车转弯时行驶阻力增大，也会加剧轮胎磨损。

4. 稳态响应和瞬态响应

如果驾驶人将转向盘转过一定角度维持前轮转角不变时，会引起汽车运动状态发生变化，这就叫汽车响应。汽车响应分为稳态响应和瞬态响应两种。对于原处于等速直线运动的汽车，如果驾驶人突然将转向盘转过一定角度保持不变，一般汽车经过短暂的时间后即进入等速圆周行驶状态，并且不再随时间而改变，这就是稳态响应。稳态响应是评价汽车操纵稳定性的重要特性之一，一般称它为汽车的稳态转向特性。由一种状态到另一种状态的过渡过程为瞬态，相应的响应称为瞬态响应。在汽车行驶中，驾驶人不断接触到的是汽车的瞬态响应。汽车的操纵性与汽车的瞬态响应密切相关。评定汽车瞬态响应的指标主要有：迅速转动转向盘后车轮的反应时间、车轮转角的偏离程度、转向后的稳定时间。

4.3.3 汽车纵向稳定性

汽车纵向稳定性是指汽车上坡或下坡时，汽车抵抗绕后轴或前轴翻车的能力。汽车在纵向坡道上行驶时，随着道路坡度的增大，前轮的地面法向反作用力不断减小。当坡度达到一定程度时，前轮的地面法向反作用力为零，此时，前轮将失去转向操纵能力，并可能产生仰翻。另外，如果为了克服道路阻力所需的驱动力大于附着力时，有可能出现驱动轮滑转现象。以上两种情况都使汽车的行驶稳定性遭到破坏。

1. 汽车纵翻的条件

汽车在纵向坡道上等速行驶时，其受力如图 4-18 所示。不难看出，随着坡度的增大，前轮的地面法向反作用力逐渐减小，当 $F_{Z1}=0$ 时，汽车将绕后轴纵翻。

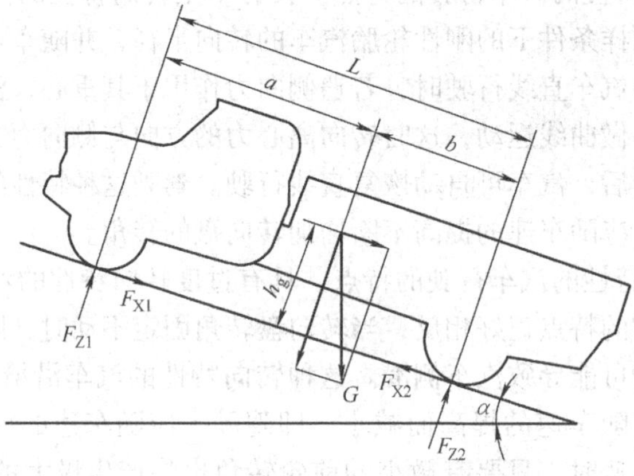

图 4-18 汽车在纵向坡道上等速行驶受力图

F_{Z1}—作用在前轮的法向反作用力 F_{Z2}—作用在后轮的法向反作用力 F_{X1}—作用在前轮的切向反作用力 F_{X2}—作用在后轮的切向反作用力 h_g—汽车的重心高度 a—汽车的重心到前轴之间的距离 b—汽车的重心到后轴之间的距离 L—汽车的轴距 G—汽车的重力 α—道路的坡度角

当坡度较大时，车速较低，空气阻力 F_w 及滚动阻力矩 M_f 都很小，可忽略不计，则前、后轮法向反作用力表达式为

$$F_{Z1}=\frac{bG\cos\alpha-h_gG\sin\alpha}{L}$$

$$F_{Z2}=\frac{aG\cos\alpha-h_gG\sin\alpha}{L}$$

当 $F_{Z1}=0$ 时，则有：

$$bG\cos\alpha-h_g\sin\alpha=0$$

将此式整理可得汽车纵翻的临界条件

$$\tan\alpha_{max} = \frac{b}{h_g}$$

当道路的坡度 $\alpha \geqslant \alpha_{max}$ 时，汽车将失控而纵向翻倒。若质心至后轴距离 b 越大，质心高度 h_g 越低，则 α_{max} 越大，越不易纵翻。正常道路条件下，其纵向坡度较小，不会纵翻。

2. 避免纵翻的条件

另一方面，汽车所能驶上的最大坡道，受到驱动轮的附着条件限制。以后轴驱动汽车为例，汽车以较低速度等速上坡时，驱动轮不发生滑转的临界状态为

$$F_{t\max} = G\sin\alpha_{\varphi\max} = F_{Z2}\varphi = \frac{aG\cos\alpha + h_g G\sin\alpha}{L}\varphi$$

式中 φ——纵向附着系数；

$\alpha_{\varphi\max}$——汽车后轮不发生滑转所能克服的最大道路坡度角。

$\alpha_{\varphi\max}$ 的大小为

$$\tan\alpha_{\varphi\max} = \frac{\alpha\varphi}{L - \varphi h_g}$$

显然，如果 $\alpha_{max} < \alpha_{\varphi\max}$，则当汽车遇有坡度角为 α_{max} 的坡道时，驱动轮因受附着条件的限制而滑转，地面不能提供足够的驱动力以克服坡道阻力，因而无法上坡，也就避免了汽车的纵向翻倒。所以汽车避免纵翻的条件是

$$\frac{\alpha\varphi}{L - \varphi h_g} < \frac{b}{h_g}$$

由此整理可得后轴驱动汽车纵向稳定性条件是

$$\frac{b}{h_g} > \varphi$$

只要满足 $b/h_g > \varphi$，汽车就不可能纵向翻车。由于现代汽车的质心位置较低，一般情况下汽车能够满足该条件，所以汽车纵翻的可能性较小，汽车的纵向稳定性较好。但对于越野汽车，其轴距较小，质心位置较高，轮胎又具有纵向防滑花纹，因而附着系数较大，故其丧失纵向稳定性的危险增加。

同样可以求出前轴驱动汽车避免纵翻的条件为 $L > 0$；全轴驱动汽车避免纵翻的条件与后轴驱动相同。可见，前轴驱动汽车纵向稳定性最好。

4.3.4 汽车侧向稳定性

汽车侧向稳定性是指汽车抵抗侧翻和侧滑的能力。汽车重力沿道路横坡的分力以及转弯时汽车的离心力都可能导致汽车的侧翻和侧滑。但由于汽车高速转弯行驶的离心力较大，汽车往往沿离心力所指的侧向翻车和滑移，故侧向稳定性主要是指汽车转弯行驶的稳定性。若汽车转弯行驶满足一定条件，则汽车不会产生侧滑和侧翻。

1. 汽车的侧翻

汽车在行驶过程中受到各种侧向力的作用，如重力的侧向分力、转向时的离心力、侧向风力及道路不平引起的侧向冲击力等。如果车轮的侧向反作用力达到附着力时，汽车就发生侧向滑移，同时也改变了左、右轮的法向反作用力。当一侧车轮的法向反作用力为零时，将发生侧向翻车。图 4-19 为汽车在侧坡上转弯行驶时的受力情况。

将各力对左、右车轮接地点取力矩，经整理得

$$F_{ZL}=\frac{1}{B}\left(\frac{1}{2}BG\cos\beta-Gh_g\sin\beta+\frac{1}{2}BF_{CY}\sin\beta+F_{CY}h_g\cos\beta\right)$$

$$F_{ZR}=\frac{1}{B}\left(\frac{1}{2}BG\cos\beta+Gh_g\sin\beta+\frac{1}{2}BF_{CY}\sin\beta-F_{CY}h_g\cos\beta\right)$$

若汽车沿半径 R 做圆周等速运动，故作用在汽车上的离心力为

$$F_{CY}=\frac{G}{g}\frac{v_a^2}{R}$$

当无纵向坡度时，作用在全部车轮上的侧向及法向反作用力之和为

$$\sum F_Y=F_{CY}\cos\beta-G\sin\beta$$

$$\sum F_Z=F_{CY}\sin\beta+G\cos\beta$$

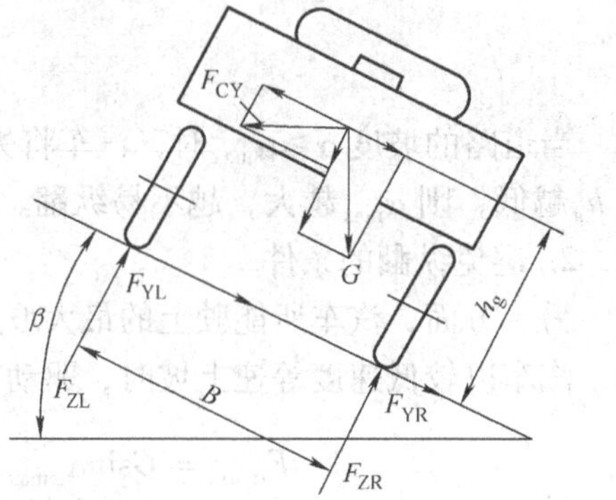

图4-19　汽车在侧坡上转弯行驶时的受力图

β—道路的横向坡度角　B—汽车的轮距

h_g—汽车的重心高度

F_{ZL}、F_{ZR}—左、右车轮的法向反作用力

F_{YL}、F_{YR}—左、右车轮的侧向反作用力

F_{CY}—作用在汽车重心上的离心力　G—汽车总重力

由图4-19可知，随着转弯时行驶车速的提高，离心力增大，内侧车轮（图中右侧车轮）的法向反作用力 F_{ZR} 减少。当 $F_{ZR}=0$ 时，汽车将失去侧向稳定性而向外翻（图中向左侧翻）。将离心力计算公式 F_{CY} 及 $F_{ZR}=0$ 代入 F_{ZR} 的计算公式，可求出汽车在侧坡上转弯行驶时允许的最大车速为

$$v_{\beta\max}=\sqrt{\frac{gR(B+2h_g\tan\beta)}{2h_g-B\tan\beta}}$$

依据上式，分析以下几种特殊情况。

① 当道路横向坡度角 $\tan\beta=2h_g/B$ 时，式中的分母近似于0，即 $v_{\beta\max}$ 趋于无穷大。所以，汽车在这一侧坡角度的道路上可以以任意速度转向行驶。公路的弯道处有内低外高的侧向坡，可以保证汽车转弯行驶时的安全性。

② 当 $\beta=0$，即汽车在无侧坡的水平弯道上等速转弯行驶时，其不侧翻的最大车速为

$$v_{0\max}=\sqrt{\frac{gBR}{2h_g}}$$

以上两种是汽车在弯道上行驶的特殊情况，通过分析比较可知 $v_{0\max}<v_{\beta\max}$。从公式中可以看出，汽车的轮距（B）越宽、重心（h_g）越低、转弯半径 R 越大，汽车侧翻的临界速度就越高。

③ 如果汽车在侧坡上等速直线行驶，这时离心力等于0，即 $F_{CY}=0$，这时作用在车轮上的法向反作用力只有重力的分力。若外侧（图4-19中左侧）处车轮的法向反作用力为零，汽车将失去侧向稳定性而向内翻。经推导（过程从略）可得出直线行驶时无翻车的最大侧坡角度为

$$\tan\beta_{o\max}=\frac{B}{2h_g}$$

2. 汽车的侧滑

汽车发生侧滑时其侧向附着力等于侧向反作用力，经推导（过程从略）后可得出汽车

在侧滑前的最高车速为

$$v_{\varphi_1 \max} = \sqrt{\frac{gR(\varphi_1 + \tan\beta)}{1 - \varphi_1 \tan\beta}}$$

式中　φ_1——侧向附着系数。

依据上式，做以下三种特例分析。

① 当 $\tan\beta = 1/\varphi_1$ 时，$v_{\varphi_1 \max}$ 趋于无穷大，即汽车在具有这一侧向坡度的道路上可以以任意车速转向行驶而不发生侧滑。

② 当无横向坡度，即 $\beta = 0$ 时，汽车侧滑前所允许的最大车速为

$$v_{\varphi_1 0\max} = \sqrt{gR\varphi_1}$$

③ 当汽车直线行驶时，即离心力 $F_{CY} = 0$ 时，车轮不发生侧滑的作用力为 $G\sin\beta$，阻止车轮侧滑的附着力为 $G\varphi_1\cos\beta$。这时车轮不发生侧滑的条件为

$$G\sin\beta \leqslant G\varphi_1\cos\beta$$

即

$$\tan\beta \leqslant \varphi_1$$

3. 汽车侧向稳定性系数

汽车在弯道上行驶的速度提高时，是否发生侧滑或侧翻，只要在水平路面的条件下，比较水平路面（坡度角为0）的 $v_{0\max}$ 与 $v_{\varphi_1 0\max}$ 两值的大小即可。从安全考虑，应使侧滑发生在侧翻之前，即

$$v_{\varphi_1 0\max} < v_{0\max}$$

也就是

$$\sqrt{gR\varphi_1} < \sqrt{\frac{gBR}{2h_g}}$$

所以

$$\frac{B}{2h_g} > \varphi_1$$

把 $B/2h_g$ 称为汽车侧向稳定系数，它反映了汽车抗侧翻的能力。当 $B/2h_g > \varphi_1$ 时，汽车侧滑先于侧翻，侧翻不易发生。汽车轮距越大，质心高度越低，则侧向稳定性系数越大，汽车抵抗侧翻的稳定性就越好。

汽车若要避免侧翻，应尽量降低质心高度。在经常行驶的路面上，汽车一般能满足侧向稳定性条件，即 $B/2h_g > \varphi_1$。但下列情况需注意：装载货物的质心太高，且侧向偏载；用普通货车底盘改装的厢式货车，如冷藏车等，其质心较高；双层公共汽车的质心位置高；侧滑受限制。

防止侧翻的主要措施有：转弯处降速，路滑处降速，尽量使质心降低。

4. 汽车侧向稳定性标准

GB 7258—2012《机动车运行安全技术条件》中有以下规定。

① 客车在静态下，向左侧和右侧倾斜最大侧倾稳定角不允许小于 28°。

② 罐式汽车和罐式挂车在满载、静态状态下，向左侧和右侧倾斜最大侧倾稳定角不允许小于 23°。

③ 以下汽车在空载、静态状态下，向左侧和右侧倾斜最大侧倾稳定角：总质量为整备

质量的1.2倍以下的汽车不允许小于30°；总质量不小于整备质量的1.2倍的专用作业车和轮式专用机械车不允许小于32°；其他汽车不允许小于35°。

4.3.5 影响汽车操纵稳定性的因素

由于汽车机件的磨损、变形等原因，或因汽车保养和修理作业中调整不正确，容易引起汽车转向操纵性能恶化，具体表现为转向轮摇摆（蛇行）、转向轮振动、汽车单向偏驶、转向沉重等。

1. 转向轮的振动及其原因

汽车转向轮绕主销摆振的现象通常称为“摇头”，汽车前轴也会因在横向垂直平面内产生角振动而引起左、右转向轮的上下跳动。转向轮的摆振和跳动可以用振动的原理来解释。

汽车转向轮通过悬架及转向传动机构与车架相连。这些互相联系的机构组成了复杂的振动系统，它可简化为转向桥绕汽车纵轴线的角振动（即转向轮跳动）和转向轮绕主销的摆振动（即摆头）。当转向轮受外界干扰的激力时，转向轮的弹性系统产生位移变形；当外界激力消除时，由于弹性元件材料内部摩擦阻力和相互配合件之间摩擦阻力的共同作用，将使该弹性系统形成阻尼衰振。若外界干扰力以一定的频率作用于转向轮的弹性系统时，振动现象便继续下去。当外界激力的频率与该弹性系统的自然频率相接近时，则发生强烈的共振现象。

大多数情况下，汽车转向轮的振动是由于汽车使用过程中某些机件的磨损、变形、位置不正或连接件的松动以及调整不当等原因所造成的。

① 车轮不平衡的影响。在某种情况下，由于车轮的不平衡所带来的干扰比路面的干扰更为严重，对转向轮的振动影响很大。由于车轮不平衡产生的力随车速的增加而增大，当车轮角速度接近转向桥在垂直面内振动系统的自然频率时，即产生转向桥的角振动（车轮跳动）。当车轮角速度接近转向轮轴水平面内振动系统的自然频率时，就会产生转向轮绕主销的摆振。如果左、右转向轮的不平衡质量处在对称位置时，将使转向轮的振动变得严重。

车轮的不平衡往往是因在生产和修理过程中轮盘、轮毂和轮胎的精度差，轮胎材料的密度不均匀，或者因轮盘与轮胎中心在安装中不重合而产生的。在汽车使用过程中，轮胎磨损不均匀、轮盘变形以及轮胎修补所造成的局部加厚也将产生不平衡。

② 前轮定位角不正确的影响。汽车在使用过程中前桥及转向拉杆的变形或调整不当等原因将引起前轮定位角的改变，从而导致转向轮的稳定效应变差。转向轮稳定力矩的减小使得转向轮绕主销振动的自然频率减小，从而促成共振现象的提前出现。

应该指出，主销后倾角过大而使稳定力矩过大，也会因转向轮在转向后返回中间位置时过于猛烈而对振动有影响。

③ 转向系统机件松动的影响。当转向传动连接部分松动、转向器安装处松动、转向轮轴承松动以及转向节轴承松动时，均会使转向振动系统的阻尼作用降低，振动位移量加大，从而造成转向轮振动加剧。

此外，钢板弹簧中心夹紧螺栓及U形螺栓的松动也往往导致转向轮振动加剧。

④ 轮胎气压的影响。转向轮轮胎的侧向弹性具有稳定效应的作用。轮胎气压的不正常对转向轮的稳定效应是有影响的。此外，轮胎气压的改变还会引起轮胎的法向刚度的改变。

另外，钢板弹簧变形下沉或折断降低了转向振动系统的刚度，进而引起该振动系统的自然频率降低，这也促成共振现象的提前出现。减振器的失效也影响转向轮的振动。

2. 转向轮摇摆（蛇行）的原因

转向轮摇摆现象大多数情况下是由于前桥及转向系统机件的松动引起的。前轮定位不正确、制动器调节不均匀或车轮和制动鼓失圆都会引起转向轮的摇摆。汽车后部超载会使转向轮的摇摆加剧。

3. 汽车转向沉重的原因

汽车转向沉重，大多数情况下是由于转向器调整过紧、前轮定位不正确、轮胎气压降低或车桥与车架位置不正以及汽车超载等引起的。

4. 汽车单向跑偏的原因

汽车单向跑偏，一般都是左、右车轮的轮胎气压不一致，前轮定位不正确，制动器调整不正确，以及车架、车桥、转向节与弯度等变形或相互位置不正确，轮胎尺寸不统一等原因所引起的。

4.3.6　汽车操纵稳定性的试验

对汽车操纵稳定性进行综合评价，常通过道路试验完成，我国已制定了“汽车操纵稳定性试验方法”国家推荐标准，包括六项试验，即稳态回转试验、转向回正性能试验、转向轻便性试验、转向瞬态响应试验（转向盘转角阶跃输入）、转向瞬态响应试验（转向盘转角脉冲输入）和蛇行试验。

操纵稳定性试验可在试车场或实际路面上进行，测定的参数有车速、侧向加速度、侧倾角、侧倾角速度、车轮轨迹、航向角、转向盘操纵力等。使用的仪器主要有五轮仪（或GPS）、转向盘力矩转角参数测试仪（力角仪）、加速度计以及陀螺仪等。

1. 稳态回转试验

为判断汽车稳态转向特性，常采用固定转向盘转角连续加速试验法。试验前在试验场地上，用明显的颜色画出半径为15m或20m的圆周。安装好试验需要的仪器以及设备后，汽车以最低稳定车速沿所画的圆周行驶。此时转向盘的转角为δ_{sw0}，测定此时的车速v_0以及横摆角速度ω_{r0}，由此可以计算出不计轮胎侧偏（因车速极低，故忽略轮胎的侧偏角）时的转向半径$R_0=v_0/\omega_{r0}$。保持转向盘的转角δ_{sw0}不变，然后缓慢连续而均匀地加速（纵向加速度不大于$0.25\mathrm{m/s^2}$），使汽车的侧向加速度达到$6.5\mathrm{m/s^2}$。记录不同车速v下的横摆角速度ω_r，根据瞬时的v与ω_r的值，按公式$R_i=v/\omega_r$以及$a_y=v\omega_r$求出相应的R_i和a_y值，这样就获得了不同侧向加速度下有侧偏角时的转弯半径，进而求得R_i/R_0-a_y曲线（图4-20）。同时，绘制出不同侧向加速度下的转弯半径曲线。对于不足转向的汽车，随车速的增加，转弯半径越来越大；反之，过多转向汽车的转弯半径则越来越小。图4-21所示为汽车在定转向盘连续加速行驶过程中试验得到的汽车运行轨迹曲线。

利用试验记录的转向盘转角、横摆角速度、汽车前进车速、车身侧倾角、侧向加速度等参数，可评价汽车的稳态回转响应性能的优劣。

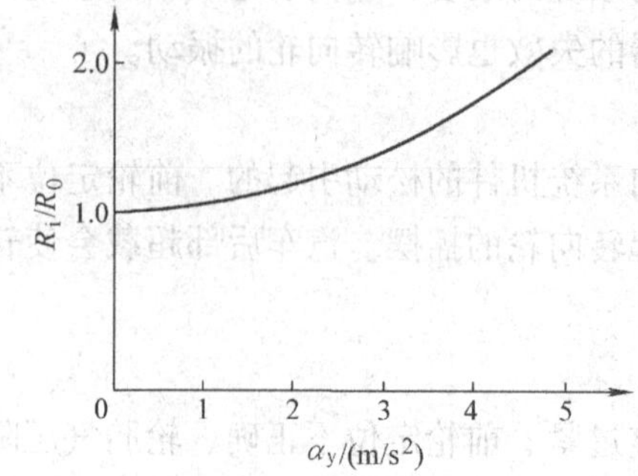

图 4-20 某汽车的转向半径之比与 a_y 的试验曲线

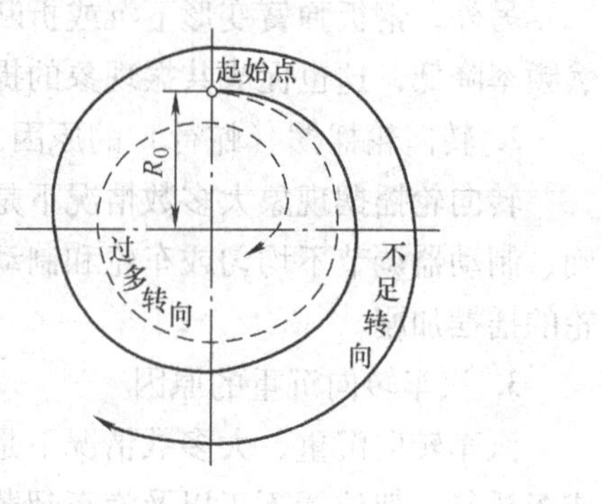

图 4-21 定转向盘连续加速行驶中的汽车运行轨迹试验曲线

2. 转向回正性能试验

回正力矩取决于汽车轮胎的侧偏特性以及主销定位角，反映了汽车回复到直线行驶的能力，因此转向回正性能是评价汽车操纵稳定性的一个重要的参数。转向回正性能试验可以通过对转向盘施加一个输入力后，然后卸掉输入，在回正力矩的作用下，汽车前轮将回复到直线行驶状态。试验过程中汽车的节气门位置保持不变，记录时间、车速、转向盘转角和横摆角速度等参数。可利用横摆角速度与时间曲线（图 4-22），进行汽车转向回正能力的评价。

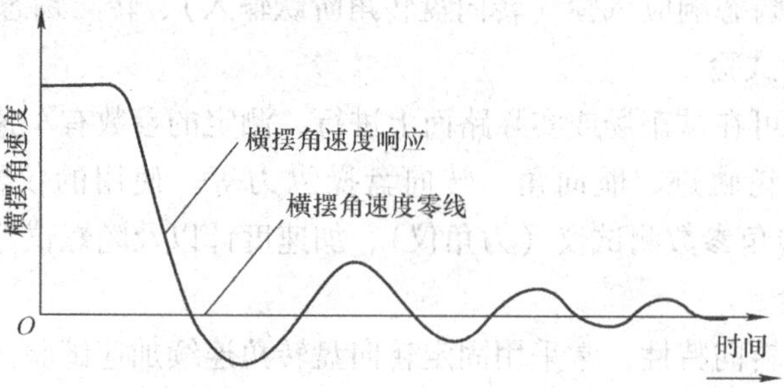

图 4-22 典型的横摆角速度 – 时间历程曲线

转向回正性能试验一般包括低速回正试验和高速回正试验。

1）低速回正试验。其试验步骤如下所述。

① 试验前试验车沿半径为 15m 的圆周、以侧向加速度达 $3m/s^2$ 的相应车速行驶 500m，使轮胎升温。

② 接通仪器电源，使其达到正常工作温度。

③ 试验车直线行驶，记录各测量变量零线，然后调整转向盘转角，使汽车沿半径为（15 ±1）m 的圆周行驶。调整车速，使侧向加速度达到（4 ±0.2）m/s^2。固定转向盘转角，稳定车速并开始记录。待 3s 后，驾驶人突然松开转向盘并做标记（建议用一个微动开关和一个信号通道同时记录），至少记录松手后 4s 的汽车运动过程。记录时间内节气门开度保持不变。

对于侧向加速度达不到（4 ±0.2）m/s^2 的汽车，按试验车所能达到的最高侧向加速度进行试验，并应在试验报告中加以说明。

④ 试验按向左转与向右转两个方向进行，每个方向各三次。

2）高速回正试验。其试验步骤如下所述。

① 对于最高车速超过100km/h的汽车，要进行高速回正性能试验。

② 试验车速按被试汽车最高车速的70%并四舍五入为10的整数倍。

③ 接通仪器电源，使其达到正常工作温度。

④ 试验车沿试验路段以试验车速直线行驶，记录各测量变量的零线。随后驾驶人转动转向盘使侧向加速度达到（2 ±0.2）m/s^2，待稳定并开始记录后，驾驶人突然松开转向盘并做标记（建议用一个微动开关和一个信号通道同时记录），至少记录松手后4s内的汽车运动过程。记录时间内节气门开度保持不变。

⑤ 试验按向左转与向右转两个方向进行，每个方向各三次。

3. 转向轻便性试验

驾驶人操纵汽车转向盘的轻重程度主要取决于转向系统的阻力，即转向系统零部件之间的摩擦力、轮胎与路面之间的滑移摩擦力、运动速度变化时零部件的惯性力以及轮胎与前轮定位角引起的回正力矩等。

当驾驶人操纵转向盘使转向角增大时，所作用的操纵力是主动力，也称为转向力。当转向盘转角减小时，回正力矩和复原力矩等转变为主动力，也称为保持力。因此汽车转向轻便性试验测量的参数主要有转向盘转角、转向盘力矩、转向盘直径和汽车行驶速度。

汽车转向轻便性试验一般沿图4-23所示的双扭线轨迹以10km/h的车速行驶。双扭线轨迹的极坐标方程为

$$L = d\sqrt{\cos 2\psi}$$

在$\psi=0$时，双扭线顶点处的曲率半径最小，其数值为$R_{min}=d/3$。双扭线的最小曲率半径应按试验汽车的最小转弯半径乘以1.1，并圆整到比此乘积大的一个整数来确定。

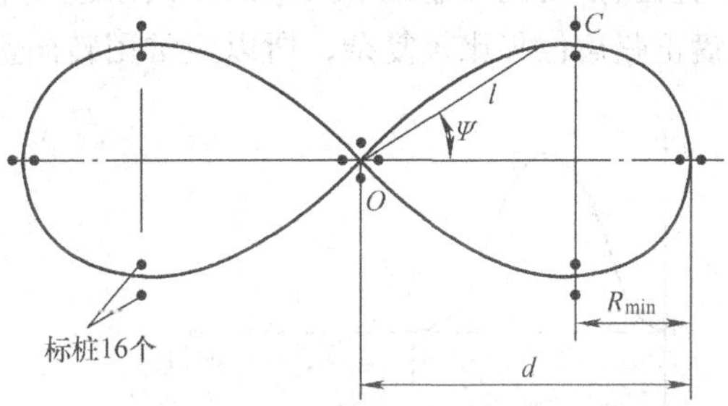

图4-23　测定转向轻便性的双扭线

试验中记录转向盘转角以及转向盘转矩，并按照双扭线路经每一周整理出转向盘转矩－转向盘转角曲线。通常以转向盘最大转矩、转向盘最大作用力及转向盘作用功等来评价转向轻便性。图4-24为某汽车转向轻便性试验所测得的转向盘转矩和转向盘转角之间的关系曲线。它同时与操纵稳定性其他的试验项目一起进行汽车操纵稳定性的评价。

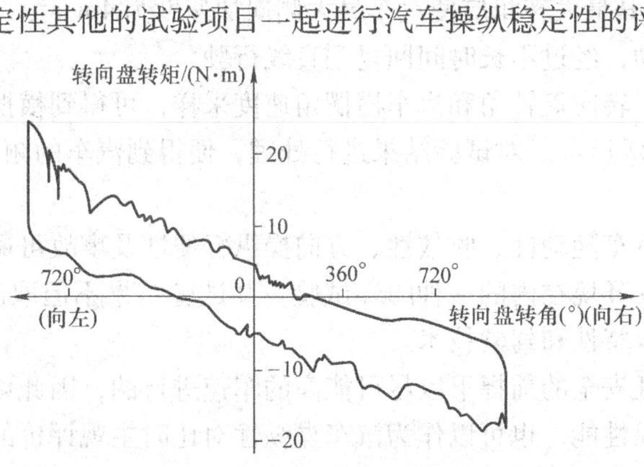

图4-24　转向盘转矩与转向角转角关系曲线

4. 转向瞬态响应试验（转向盘转角阶跃输入试验）

目前常用转向盘转角阶跃输入试验来测定汽车对转向盘转角输入时的瞬态响应，并以此评价汽车的瞬态特性。

试验车速按被试汽车最高车速的70%并四舍五入为10的整数倍确定。试验时汽车以试验车速直线行驶，先按输入方向轻轻靠紧转向盘，消除转向盘自由行程并开始记录各测量参数的零线。经过0.2~0.5s，以尽可能快的速度（起跃时间不大于0.2s或起跃速度不低于100°/s）转动转向盘，使其达到预先选好的位置并固定数秒钟（待所测变量过渡到新稳态值），停止记录。记录过程中保持车速不变。

把记录的转向盘转角、横摆角速度等信号，整理成横摆角速度随时间变化的曲线，从曲线上可求出反应时间、峰值反应时间、横摆角速度超调量等参数，这些参数用以评价汽车的瞬态特性。

试验按向左转和向右转两个方向进行。

5. 转向瞬态响应试验（转向盘转角脉冲输入试验）

汽车的频率响应可以说明在一定的输入下汽车的真实响应程度，因此也可以用来对汽车的性能进行评价。转向盘转角脉冲输入试验要求给转向盘正弦角输入，利用在此输入下的汽车的横摆角速度的频率响应特性作为评价的指标。图4-25为转向盘正弦角位移输入曲线。在转向盘正弦角位移输入下汽车的横摆角速度响应曲线如图4-26所示。因为直接给汽车的转向盘正弦角位移比较复杂，所以经常用转向盘角位移脉冲试验来确定汽车的频率特性。

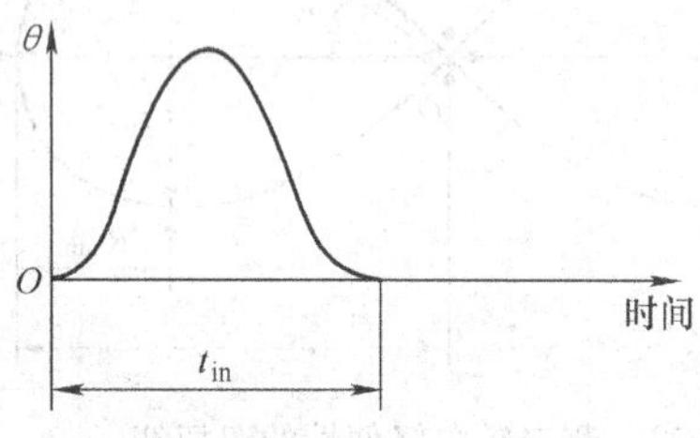

图4-25　转向盘正弦角位移输入曲线

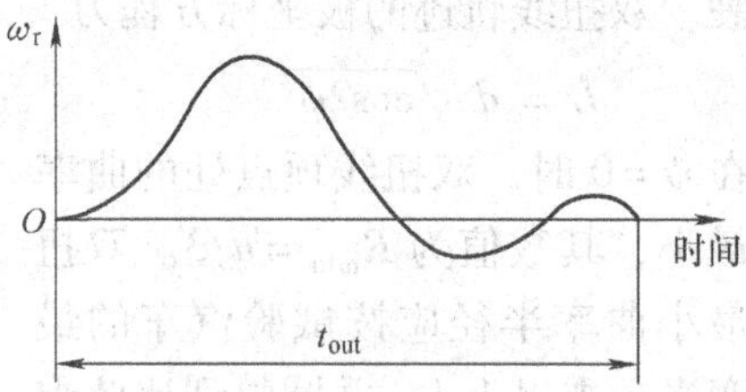

图4-26　转向盘角脉冲输入下的横摆角速度响应曲线

转向盘角位移脉冲试验在平坦的场地上进行，试验车速为最高车速的70%。汽车以试验车速行驶，然后给转向盘一个三角脉冲转角输入，即向左或向右转动转向盘，转向盘转角输入脉宽0.3~0.5s，其最大转角应使汽车最大侧向加速度为$4m/s^2$。输入转向盘角脉冲时，汽车行驶方向发生摆动，经过不长时间回复到直线行驶。

用信号处理设备对转向盘转角和汽车横摆角速度采样，可得到横摆角速度与侧向角速度的测量曲线，如图4-27所示。对试验结果进行处理，便得到汽车的频率特性。

6. 蛇行试验

蛇形试验是评价汽车随动性、收敛性、方向操纵轻便性及事故可避免性的典型试验，也是包括汽车－驾驶人－环境在内的一种闭环试验。其试验结果不但取决于汽车本身的特性，还取决于驾驶人的自身特性和驾驶技术。

蛇行试验是在保证安全的前提下以尽可能高的车速进行的，因此可以考查汽车在接近侧滑或侧翻工况下的操纵性能，也可以作为汽车操纵性对比时主观评价的一种感觉试验。

选择有丰富驾驶经验的驾驶人驾驶试验车，汽车进入试验区之前以基准车速的1/2左右

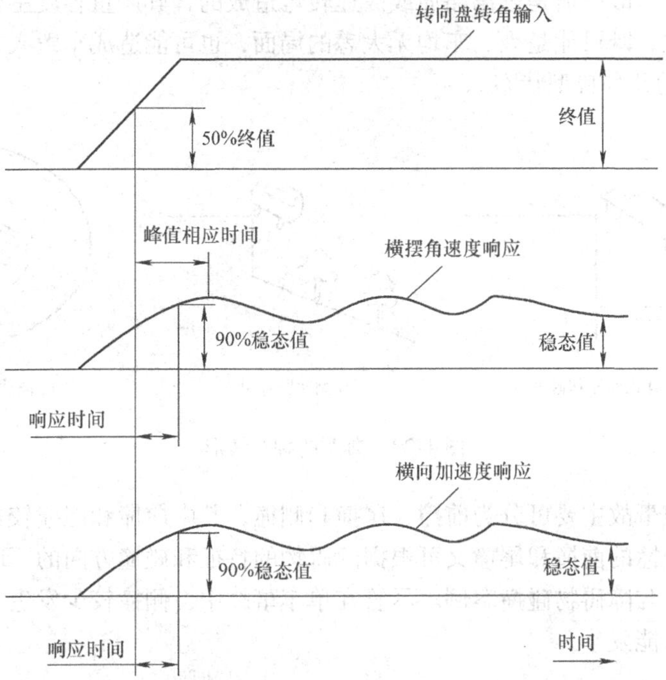

图4-27　横摆角速度与侧向角速度的测量曲线

的车速匀速直线行驶，进入试验区后按图4-28所示路线稳速行驶，同时记录转向盘转矩、侧向加速度、通过有效标桩区的时间等。试验从低速开始，逐次增加车速，直到试验出现不稳定行驶现象或驾驶人感觉再升高车速将使通过标桩有困难为止（车速通常不超过80km/h）。试验以不同车速共进行10次。

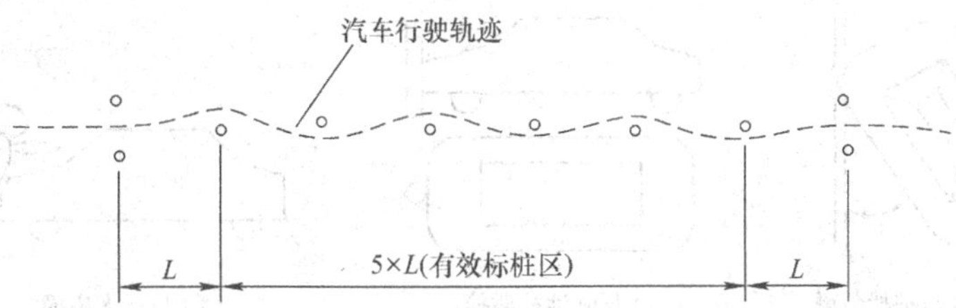

图4-28　蛇形路示意

蛇行试验的评价指标包括蛇行车速、平均转向盘转角、平均横摆角速度、平均车身侧倾角、平均侧向加速度等。

4.4　汽车被动安全性

4.4.1　汽车事故分析

1. 汽车碰撞事故分类与特征

汽车碰撞事故可分为单车事故和多车事故，其中单车事故又可细分为翻车事故和与障碍物碰撞事故。翻车事故一般是驶离路面或高速转弯造成的，其严重程度主要与事故汽车的车速和翻车路况有关，既可能是人、车均无大恙的局面，也可能造成车毁人亡的严重后果，图4-29 列举了翻车的几种典型状态。

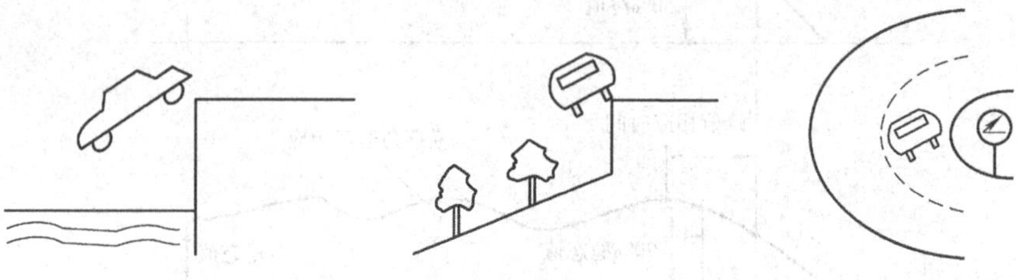

a) 正向坠崖翻车　b) 侧向坠崖翻车　c) 高速转弯翻车

图 4-29　典型的翻车情形

与障碍物碰撞事故主要可分为前撞、尾撞和侧撞，其中前撞和尾撞较常见，而侧撞较少发生。与障碍物碰撞的前撞和尾撞又可根据障碍物的特征和碰撞方向的不同再分类，图4-30 为几种典型的汽车与障碍物碰撞案例。尽管在单车事故中，侧撞较少发生，但当障碍物具有一定速度时也有可能发生。

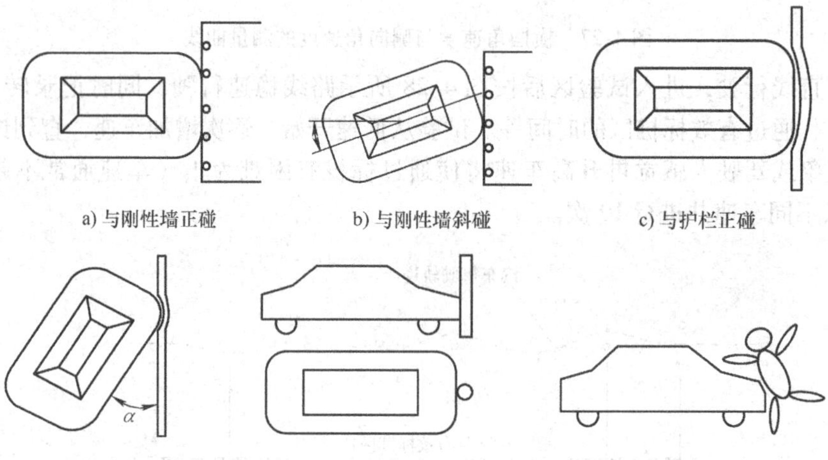

a) 与刚性墙正碰　b) 与刚性墙斜碰　c) 与护栏正碰

d) 与护栏斜碰　e) 与刚性柱碰撞　f) 与行人碰撞

图 4-30　典型的汽车与障碍物碰撞情形

单车事故中汽车可受到前后、左右、上下的冲击载荷，且对汽车施加冲击载荷的障碍物可以是有生命的人体或动物体，也可以是无生命的物体。显然，障碍物的特性和运动状态对汽车事故的后果影响较大，这些特性包括障碍物的质量、形状、尺寸和刚性等。这些特性参数的实际变化范围很大，如人体的质量远比牛这类动物体的质量小，而混凝土墙的刚性远比护栏和松土的刚性大。障碍物特性和状态的千变万化导致的结果是对事故汽车及乘员造成不同类型和不同程度的伤害。

多车事故为两辆以上的汽车在同一事故中发生碰撞。在多车事故中，两辆车相撞的情形较多。图 4-31a 所示的正面相撞和图 4-31c 所示的侧面相撞都是具有极大危险性的典型事故状态，且占事故的70%以上。追尾事故在市内交通中发生时，一般相对碰撞速度较低，但由于追尾可造成被撞汽车中乘员颈部的严重损伤和致残，其后果仍然十分严重。

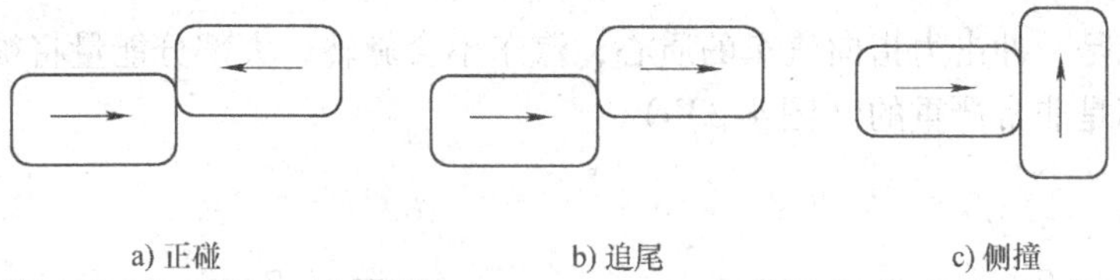

图4-31 两车相撞情形

从图4-31不难看出，在多车事故中，不同汽车所受的碰撞类型是不一样的，如在图4-31a所示的正面碰撞中，两辆车均受到前撞；在图4-31b所示的追尾事故中，前面汽车受到尾撞，而后面汽车却受到前撞；在图4-31c所示的侧撞事故中，一辆汽车受到侧撞，而另一辆汽车却受到前撞。在多车事故中，汽车的变形模式也是千变万化的，但与单车事故比，有两个明显的特征。

① 在多车事故中一般没有来自上、下方向的冲击载荷。

② 给事故汽车施加冲击力的均为其他汽车，尽管不同汽车的刚性不一样，但没有单车事故中障碍物的刚性变化大。

在实际生活中，除了以上描述的典型单车事故和典型多车事故外，还有这两类典型事故的综合型事故，如在多车事故中，一辆或多辆车与行人或其他障碍物发生碰撞。对于这类综合型事故的分析，可结合典型单车事故和典型多车事故的分析方法来讨论。

在实际生活中，汽车事故发生的状态和结果千差万别，很难用有限的篇幅描述全部可能出现的情况。同时，从上述分析可以看出，尽管单车事故看上去只涉及单一汽车，似乎情况相对简单，但汽车本身可能造成的损伤比多车事故更复杂，因为单车事故包括了上、下受冲击载荷的情形，而多车事故中一般不包括这一情形。

2. 汽车碰撞机理分析

1）碰撞冲击力。在汽车碰撞过程中，碰撞冲击力的方向总是同某点冲击力特定角度相关。因此，冲击合力可以分成分力，通过汽车向不同方向分散。

例如，某汽车碰撞过程中，冲击力以垂直和侧向角度撞击汽车的右前翼子板，冲击合力可以分解成为三个分力：垂直分力、水平分力和侧向分力。这三个分力都被汽车零部件所吸收（图4-32）。水平分力使汽车右前翼子板变形方向指向发动机舱盖中心。侧向分力使汽车的右前翼子板向后变形。这些分力的大小及对汽车造成的损坏取决于碰撞角度。

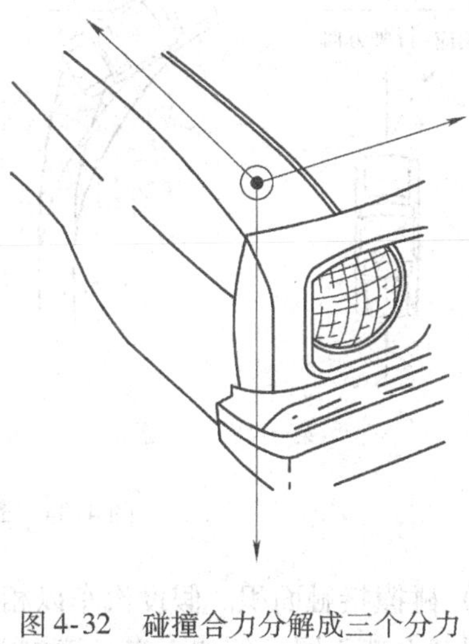

图4-32 碰撞合力分解成三个分力

冲击力造成大面积的损坏也同样取决于冲击

力与汽车质心相对应的方向。假设冲击力的方向并不是沿着汽车的质心方向，一部分冲击力将形成使汽车绕着质心旋转的力矩，该力矩使汽车旋转，从而减少冲击力对汽车零部件的损坏（图4-33a）。

另一种情况是，冲击力指向汽车的质心，汽车不会旋转，大部分能量将被汽车零件所吸收，造成的损坏是非常严重的（图4-33b）。

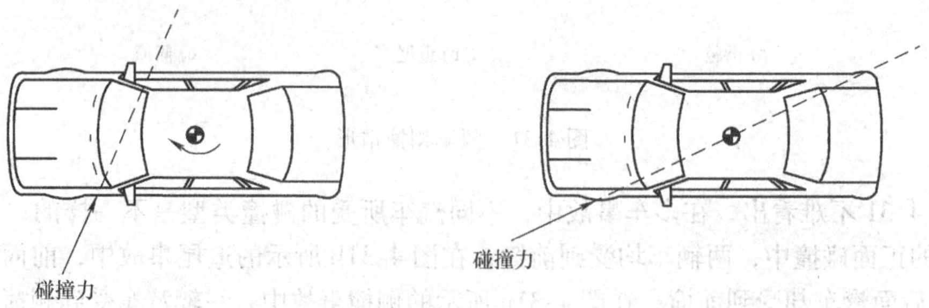

a) 偏心碰撞　　b) 对心碰撞

图4-33　碰撞方向与汽车质心的关系

驾驶人的反应经常影响到冲击力的方向，尤其对于正面碰撞，驾驶人意识到碰撞不可避免时，其第一反应就是旋转转向盘以避免正面碰撞（图4-34a）。这种反应所导致的汽车碰撞称为侧面损坏。在众多的碰撞类型中，人们应首先了解这种碰撞类型损坏。

驾驶人的第二反应就是试图踩制动踏板，汽车进入制动状态，使汽车从前沿向下俯冲。这种类型的碰撞一般发生在汽车的前沿，比正常接触位置低（图4-34b）。由这种反应所导致的碰撞类型称为凹陷，经常在侧向损坏后立即发生。正面碰撞中的凹陷能导致碰撞点高于汽车的前沿。这将引起前盖板件和车顶盖向后移动及汽车尾部向下移动。如果碰撞点的位置低于汽车的前沿，汽车的车身质量将引起汽车的尾部向上变形，迫使车顶盖向前移动，这就是为什么在车门的前上部和车顶盖之间形成一个大缝隙的原因（图4-35）。

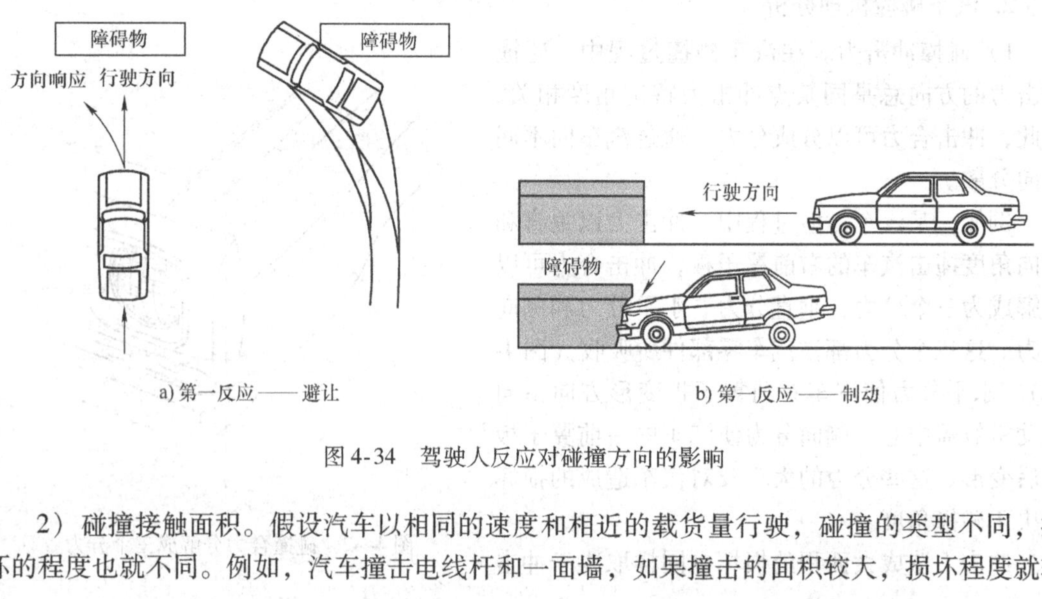

a) 第一反应——避让　　b) 第一反应——制动

图4-34　驾驶人反应对碰撞方向的影响

2）碰撞接触面积。假设汽车以相同的速度和相近的载货量行驶，碰撞的类型不同，损坏的程度也就不同。例如，汽车撞击电线杆和一面墙，如果撞击的面积较大，损坏程度就较

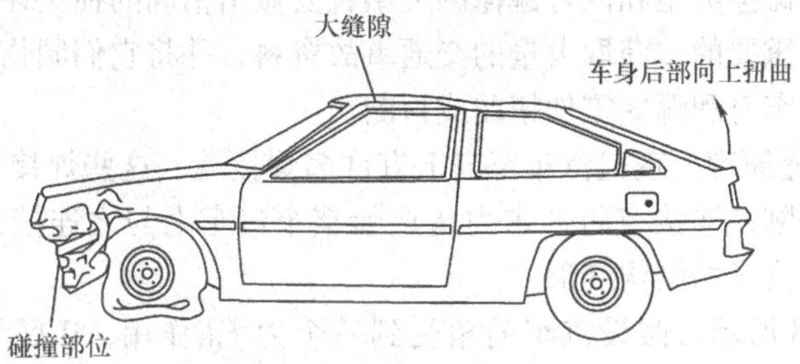

图4-35　典型正面碰撞的损伤

小（图4-36a）。接触面积越小，损坏就越严重。在图4-36b中，保险杠、发动机舱盖、散热器等都发生了严重的变形，发动机向后移动，碰撞所带来的影响甚至扩展到后悬架。

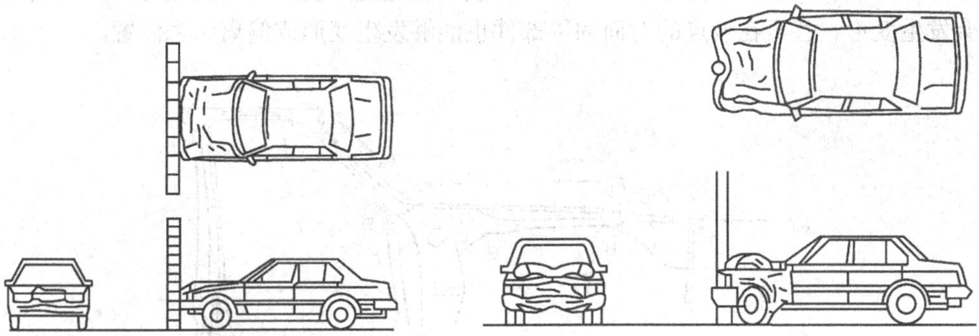

a) 碰撞接触面积大　　　　b) 碰撞接触面积小

图4-36　不同的碰撞接触面积产生的损伤

另一种情况是，一辆汽车撞击另一辆正在运动的汽车。如图4-37所示（箭头方向为碰撞前汽车的行驶方向），假设汽车1向正在运动的汽车2侧面撞击。汽车1的运动使汽车前端向后运动，然而汽车2的运动将汽车1向侧面“拖动”。尽管这仅是一次碰撞，但是碰撞损失却是两个方向的。此外，在一个方向也可能出现二次碰撞，例如，在高速公路连环相撞是一种普遍存在的现象；一辆轿车撞击另一辆轿车，然后冲向路边的立柱或栏杆，这是两种完全不同类型的碰撞。

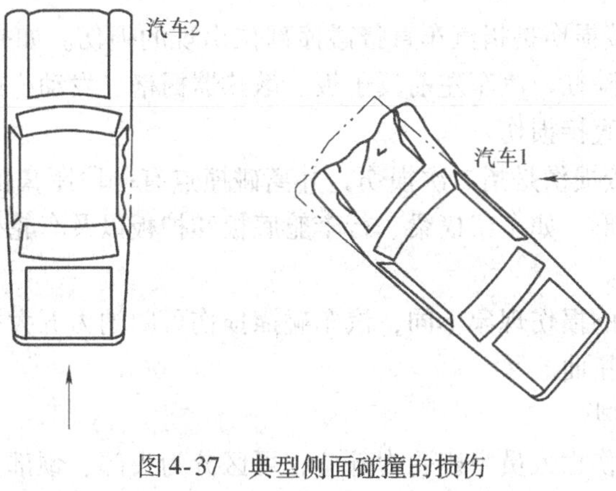

图4-37　典型侧面碰撞的损伤

还有许多其他的碰撞类型和混合碰撞的类型，要做出精确的损失评估，弄清楚汽车碰撞是如何发生的是非常重要的。获取大量的交通事故资料，并将它们同物理测量相结合，以判定汽车碰撞的类型及车身和哪些零件扭曲或折断。

3）冲击力的传递原理。现代汽车车身上有许多焊接缝，这些焊接缝可以作为汽车结构的刚性连接点。这些刚性连接点将冲击力传递给整个汽车上与之连接的钣金件和汽车零部件，因此大大降低了汽车的结构变形。

例如，如图4-38所示，假设汽车前角受到一个力 F_0 作用，B区域将会变形，减小了 F_0 到 F_1，剩下的冲击力传递到C点，金属将发生变形，能量继续减小到 F_2，F_2 将分解成两个方向传递到D点，冲击力继续减弱传递给 F_3，所受到的力继续改变方向并冲击着车身的支柱和车顶盖，E点的冲击力 F_4 继续减小，汽车车顶盖金属轻微变形，在F点几乎不再有冲击力，也不再发生变形。碰撞能量大部分都被汽车零部件所吸收，刚性连接点、结构件、钣金件都可以吸收能量。不但这些部分可以直接吸收碰撞能量，而且其他与该点相连的零部件也会发生变形，甚至在该点的对面的零部件也能够发生变形或偏离原来位置。

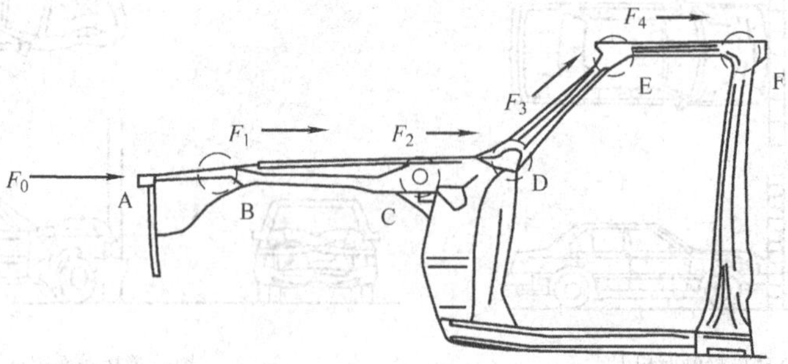

图4-38　碰撞冲击力传递原理

要想完全掌握现代汽车特别是承载式车身汽车的碰撞损坏，了解汽车的冲击力传递原理是非常重要的，否则，就不能理解轻微损坏可能会引起汽车在操纵控制和运行性能上发生严重故障。

3. 汽车碰撞损伤类型

按汽车碰撞行为分，汽车碰撞损伤可分为直接损伤（或一次损伤）和间接损伤（或二次损伤）。

1）直接损伤。直接损伤是指汽车直接碰撞部位出现的损伤。如果直接碰撞点为汽车左前方，则碰撞推压前保险杠、汽车左前翼子板、散热器栅格、发动机舱盖、左车灯等导致其变形，这种损伤就称为直接损伤。

2）间接损伤。间接损伤是指二次损伤，并离碰撞点有一段距离的损伤。间接损伤是因碰撞力传递而导致的变形，如车架横梁、行李舱底板和护板以及车轮外壳等的弯曲变形和各种钣金件的扭曲变形等。

按汽车碰撞后导致的损伤现象不同，汽车碰撞损伤可归纳为五大类，即侧弯、凹陷、折皱或压溃、菱形损伤和扭曲。

4. 人的碰撞负荷种类

交通事故涉及碰撞伤亡人员身躯受力部位，可区分为头部、颈部、胸部、脚部、腹部以及骨盆受伤。图4-39所示为1288起轿车正面碰撞事故中乘员身体不同部位受伤的累积频率。

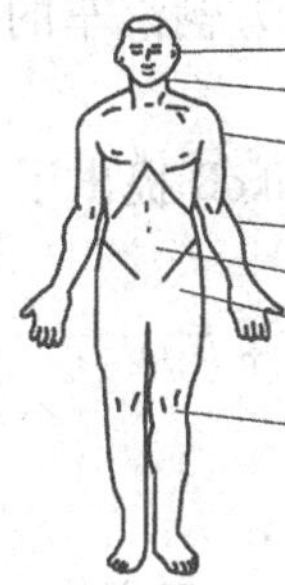

身体部位	受伤	频次(%)
头部	2033	33.4
颈部	132	2.2
胸部	875	14.4
上肢	825	13.5
腹部	199	3.3
骨盆	243	4.0
下肢	1777	29.1
不详	7	0.1
合计	6091	100

图4-39　人的碰撞负荷种类

事故中致死伤害的主要是头、胸、下腹和脊椎等部位。图4-40和图4-41分别画出了纵向撞车事故中驾驶人和轿车前排乘客的伤害形成过程。

图4-40　轿车碰撞时驾驶人的受伤过程

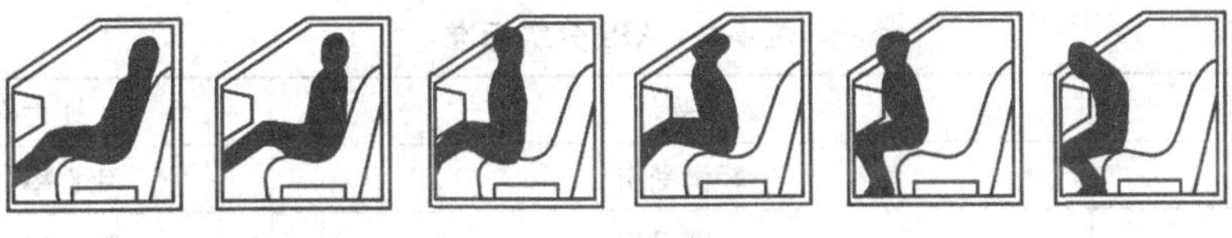

图4-41　轿车碰撞时前排乘客的受伤过程

汽车和非机动车碰撞时速度多在40～50km/h，而与摩托车碰撞速度则高得多，往往超过65km/h。

大多数行人是在十字路口和道路入口处，从侧面被汽车前部所撞。就轿车来说，平均撞车速度不超过35km/h。如果超过40km/h，则往往导致死亡事故发生。而对于载货汽车，20km/h的速度已经会使行人头部受到致命伤害。

从撞车速度来看，前面撞车速度高于侧向撞车和后部相随撞车。有一半以上的前面撞车事故的速度高于60km/h，而90%的后部相随撞车事故的速度低于30km/h。

4.4.2　被动安全性的评价方法

评价被动安全性有不少指标，其中最简单的是事故的“严重性因素”F：

$$F = N_s / N_{sh}$$

式中　N_s——事故中的死亡人数（当场死亡或事故后存活不超过 7 昼夜的）；

N_{sh}——事故中的受伤人数。

各国统计数据表明，F 一般在 1/5 ~ 1/40 范围内。

另外，还常常用每 100 万居民、每 100 万 km 行程、每 100 万辆汽车的事故死伤人数来衡量道路交通事故的程度。

考虑到事故中的伤亡情况的差异，前苏联学者 И. К. КорLIIakoB 提出了“危险系数”的概念，危险系数的计算公式如下

$$k = (k_1 N_q + k_2 N_z + k_3 N_s)/(N_q + N_z + N_s + N_o)$$

式中　N_q——轻伤人数（康复期不超过 4 周）；

N_z——重伤人数（康复期长于 4 周或丧失部分劳动能力）；

N_s——事故中的死亡人数（当场死亡或事故后存活不超过 7 昼夜的）；

N_o——未受伤人数；

k_1、k_2、k_3——加权系数，建议取：$k_1 = 0.015$，$k_2 = 0.36$，$k_3 = 1$。

为了使受伤程度规范化，世界各国经过多年的事故研究，提出 AIS（Abbreviated Injury Scale，简明受伤标准）指数评价受伤程度。

最初 AIS 标准仅顾及事故对生命的威胁程度以及规范事故伤害的评价，此外还用以评价受伤引起的丧失工作能力时间以及工作能力的降低情况。

AIS 应用后不久，人们就发现，单独用所谓的七级标准值还不能完全评价受伤的四个方面，尤其这个标准关于能量吸收和生命危险程度往往是不一致的。除此之外，因缺乏可用数据，对于事故受伤的费用方面，极少进行评价。因此，受伤的费用评价目前尚难以实行量化评价。AIS 分级仅适用于评价单一伤害的危险程度。

AIS 分级标准依据受伤严重程度分七级描述，见表 4-9。

表 4-9　AIS 分级标准

AIS0	未受伤	死亡率 = 0
AIS1	轻微受伤	死亡率 = 0.6%
AIS2	轻度受伤	死亡率 = 3.2%
AIS3	重伤，但没有生命危险	死亡率 = 9.3%
AIS4	重伤，有生命危险，但有存活的可能性	死亡率 = 28.3%
AIS5	重伤，无法肯定是否能够存活	死亡率 = 78.4%
AIS6	最大受伤，无法医治，死亡	死亡率 = 100%

4.4.3　内部被动安全性

研究表明，事故中人体内伤和脑损伤与减速度直接有关，骨折与作用力有关，组织损伤与剪切应力有关。所以研究内部被动安全性的重要内容是降低人体的减速度。

1. 减少惯性载荷

轿车发生迎面碰撞或碰到固定障碍物上时，前部出现特别大的平均减速度 j_{cp}（300 ~ 400g），并向后逐渐降低。其质心位置的平均减速度 j_{cp} 为 40 ~ 60g，瞬时值可达 80 ~ 100g（图 4-42）。

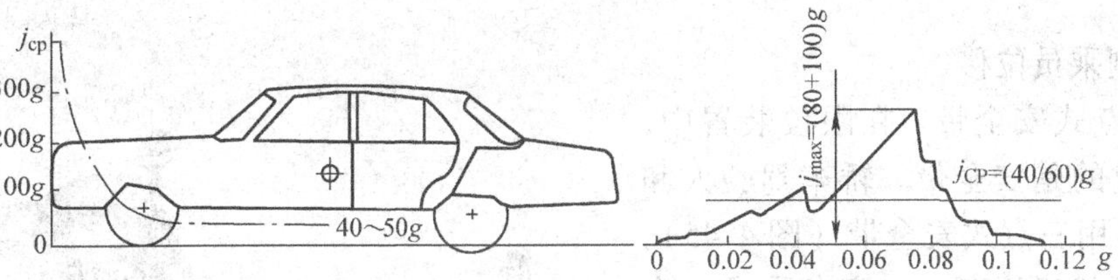

a) 平均减速度沿车长方向分布　　b) 质心处减速度随时间变化过程

图4-42 汽车与固定障碍物相碰撞时减速度的变化

为了降低迎面碰撞时的减速度，必须把轿车前部做成折叠区（图4-43）。这样，在撞车时可提供400～700mm的变形行程，通过前部折叠区的变形来吸收撞车时的动能。

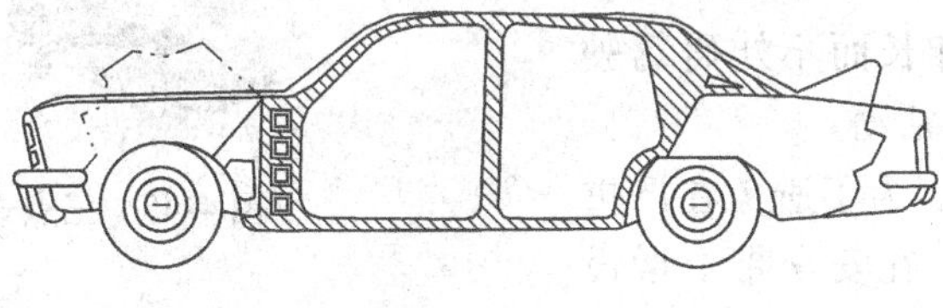

图4-43 碰撞轿车前后部的折叠区

折叠区的变形力应满足梯度特性，如图4-44所示，即可分为五个区段：行人保护、低车速保护、对事故伙伴的协调保护、自身保护（针对本车乘员）以及幸存空间。变形力从前向后逐渐增加，使得撞车力较小时，变形仅限于前部零件。

后部撞车的速度较低，轿车后部折叠区的变形过程约为300～500mm。备胎后置有助于减小冲撞加速度，而油箱位置则必须避开折叠区。行李厢盖边缘不能穿过后窗而撞入车内。

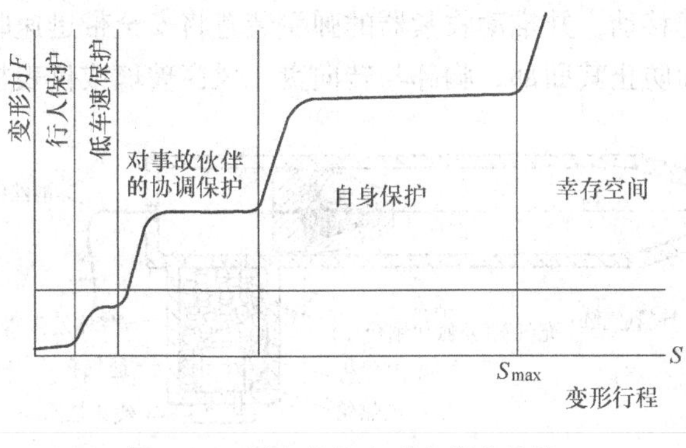

图4-44 轿车前部变形力梯度特性

当汽车受到侧面碰撞时，受到撞击的部位一般是车门或立柱，而车门和立柱所包围的是乘员乘坐空间。因此，对于绝大部分汽车而言，当其遭受侧撞时几乎没有可利用的缓冲吸能区间，也即其理想的侧撞特性应是足够大的刚性，车门和立柱不应发生大的变形。另外，考虑到侧撞时乘员很可能会撞击到车门内板，因此，车门内板应柔软，或者在车门内侧安装侧撞安全气囊。

翻车时，车门应保证不能自开。在活顶式轿车上，可装设展开式翻车保护杆，并约束乘员头部。

2. 限制乘员位移

1）三点式安全带。在限位装置中，最简单有效的是安全带。轿车驾驶人和前排乘客多用三点式安全带（图4-45），后排乘客或载货汽车、大客车乘员也有用腰部安全带的。赛车上则用四点式安全带的惯性式锁紧装置，只要拉伸速度超过设计速度就可以把安全带紧固。腰部固定点承载能力不应低于22.7kN；肩部固定点则应高于22.9kN。在正常行驶时，安全带可以随意伸长而不妨碍驾驶人的操作和乘员的基本活动。

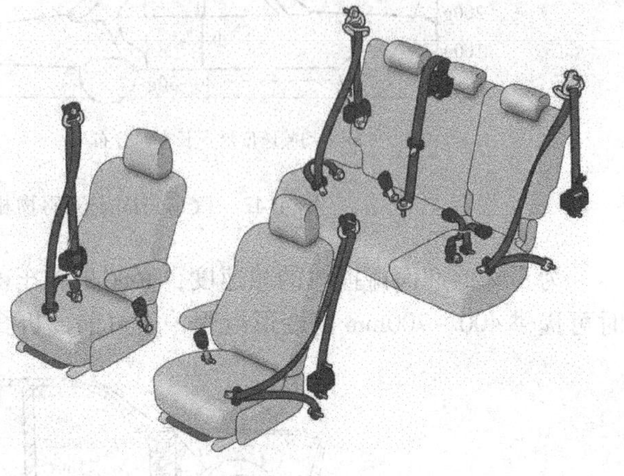

图4-45 三点式安全带

2）安全带收紧器。为了避免在严重事故时乘员过分前移，在安全带上增设了收紧器。在碰撞时，收紧器被触发，收紧作用的时间约为5ms，乘员最大前移距离约1cm，因而减小了汽车和乘员间的速度差。

安全带收紧器由气体发生器、带轮、离合器、导管、自动安全带卷筒、活塞、缆绳等组成（图4-46）。气体发生器由充气器和点火器组成，结构原理与气囊组件的气体发生器基本相同。安全带缠绕在卷筒上，活塞安装在导管内；缆绳一端缠绕在带轮上，另一端固定在活塞上。

当安全带收紧器点火器电路接通电源时，点火器引爆点火剂，充气剂受热分解，活塞在膨胀气体的作用下迅速移动，并推动收紧器的弹簧装置将安全带迅速收紧，驾驶人和乘员向前移动距离缩短，从而防止其面部、胸部与转向盘、风窗玻璃或仪表板发生碰撞。

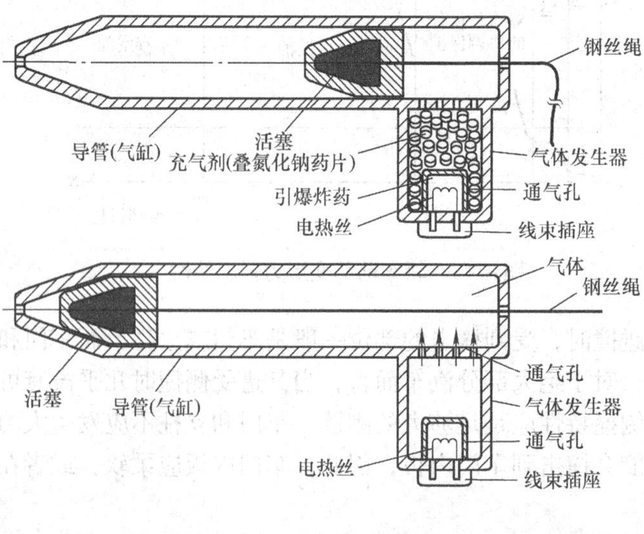

图4-46 安全带收紧器

3）安全气囊。前部安全气囊在发生碰撞时，被以突然、爆炸方式充气，在乘员与气囊接触前充满。气囊与乘员接触时，立即部分放气，并以生理上可承受的表面压力和减速力，柔和地吸收能量，这样至少在很大程度上可以减小乘员头部和胸部损伤（图4-47）。

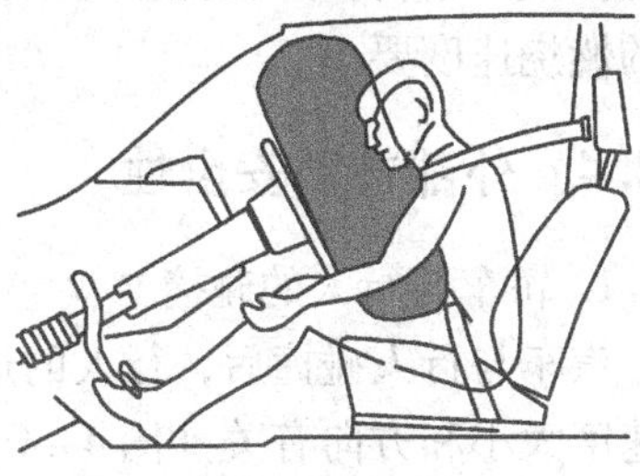
图4-47　安全气囊

驾驶人前部气囊容积50～60L，应在30～35ms时间内充满氮气；前排乘员前部气囊容积100～140L，要求在50ms内充满。驾驶人的最大前移空间通常为12.5cm，气囊放气时间大约为100ms，碰撞和能量吸收全过程大约在150ms内完成（图4-48）。

侧向安全气囊装在车门或座椅架上，由于乘员与向内移动的汽车部件之间距离很小，所以容积为12L的侧向气囊响应时间不得超过3ms，充满时间应小于10ms。

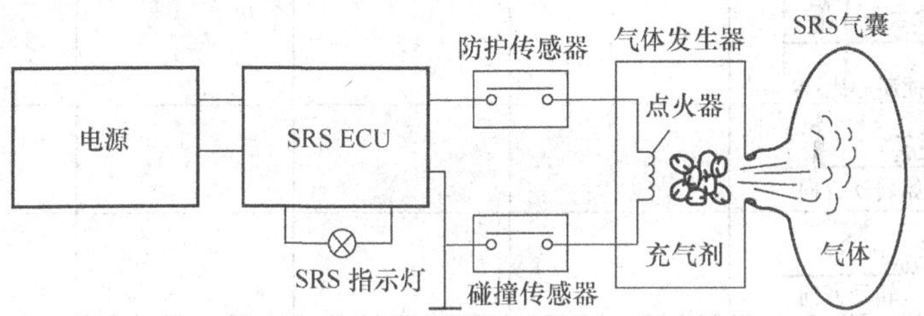

图4-48　安全气囊工作过程

3. 消除部件致伤因素

在乘坐区设计时必须保证在乘员幸存空间内没有致伤部件。在图4-49上画出了在撞车前和撞车后零件变形界限。界限1－1将引起轻伤，界限2－2导致重伤，而3－3将是致命的。由于人体尺寸的差异、乘员乘坐姿势的不同，幸存空间的形式也各不相同。

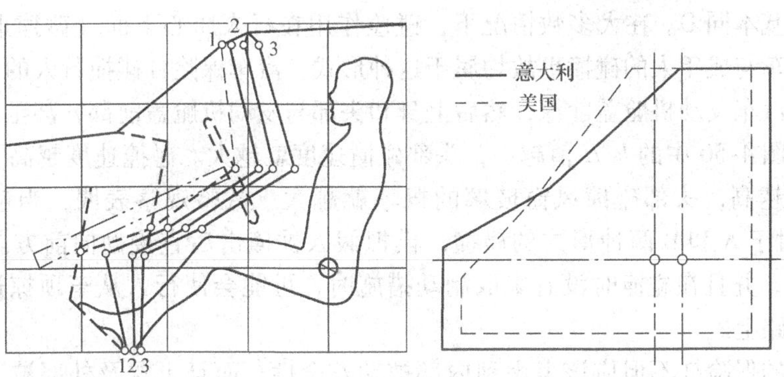

图4-49　幸存空间

1—轻伤　2—重伤　3—有生命危险

仪表板下部、转向盘和风窗玻璃引起伤害的事故频率较高。

仪表板下部应安装膝部缓冲垫。风窗玻璃应采用钢化玻璃或夹层玻璃。转向盘可采用弹性有波纹的结构，并且盘缘可以变形，转向柱能弯曲或伸缩。乘员室内各种部件应软化，材料的燃烧速度要小。

4.4.4 外部被动安全性

1. 轿车与行人的碰撞

汽车与行人碰撞后，行人的运动状态与汽车外形与尺寸、汽车速度、行人身材高矮、行人速度大小和方向有关（图4-50）。

碰撞类型	类型A	类型B	类型C	类型D
高度比h/H	$<\frac{1}{2}$	$=\frac{1}{2}$	$\geqslant 1$	>1
碰撞质心比s/S	<1	$\leqslant 1$	$=1$	>1
初始转动方向	+	+	+	+
二次转动方向	+	+	+−	−

图4-50　汽车与行人碰撞类型

接触点位于行人质心上部（碰撞形式D），如大客车、平头货车等与成年人碰撞，轿车与儿童碰撞时，碰撞可能直接作用在行人的胸部甚至头部。身体上部直接向远离汽车的方向抛向前方。如果汽车不采取制动，行人将被碾在车下。

如果碰撞接触点位于行人质心，行人整个身体几乎同时与汽车接触（碰撞形式C），行人的运动状态基本同D。在大多数情况下，碰撞作用在行人质心下面（碰撞形式A和B），一般的船形轿车与成年人的碰撞事故均属于这种形式。汽车保险杠碰撞行人的小腿，随后大腿、臀部倒向汽车发动机舱盖前缘，然后上身和头部与发动机舱盖前部，甚至与风窗玻璃发生二次碰撞。图4-50中的h/H值越小，头部碰撞速度就越大。碰撞速度越高，汽车前端越低，行人身材越高，头部碰撞风窗玻璃的概率就越大。试验观察表明，当碰撞速度小于15km/h时，对于A和B两种形式的碰撞，模拟假人被撞击后直接抛向前方。当汽车（轿车）速度很高，并且在碰撞时没有采取制动措施时，可能会使行人从车顶掠过，直接摔跌在汽车后面的路上。

设计合理的保险杠不但应该考虑到内部被动安全性，而且也顾及外部被动安全性。为此，要求一切在公路上行驶的汽车前后均应装有保险杠。从减轻事故中受伤程度看，行人与保险杠的碰撞部位在膝盖以下为好，故希望保险杠降低；但保险杠过低，会加大头部在发动机舱盖或风窗玻璃上的撞击速度，所以保险杠高度取为330～350mm是合适的，可以保证大部分行人的碰撞部位发生在膝盖以下。保险杠应该没有尖角和突出部，并且适当软化。

从安全角度看，发动机舱盖前端圆角半径应大些，高度应低些；风窗玻璃倾角应小些。

在头部撞击区要求妥善软化，并且取消突出部，如刮水器在停止状态时应位于发动机舱盖下，不设雨沿等。

2. 载货汽车的外部被动安全性

载货汽车与轿车相比，其质量、刚度和尺寸都要大得多，在与轿车迎面相撞时，轿车损坏比载货汽车严重得多。尤其是两者尺寸相差悬殊时，轿车往往“楔入”载货汽车下面，轿车的前部折叠区不能发挥作用，而导致乘坐区受到破坏。

特别是一般载货汽车后部不装保险杠，跟随行驶的轿车在事故中楔入的可能性大大增加。因此对于尾部离地高度不小于0.7m的汽车应装后保险杠，其离地高度为0.38~0.56m。现在正在研制装于载货汽车尾部的缓冲装置，以减小尾追的轿车相撞时的损坏。

载货汽车与行人相撞时造成的伤亡也远比轿车严重。这是因为一次碰撞中，无论是长头还是平头驾驶室载货汽车，都不可能存在轿车事故中的行人身体在发动机舱盖上翻转的过程，而是在很短的时间内行人被加速到货车的速度，易于造成人的伤亡。驾驶室上突出的后视镜、驾驶人踏板以及保险杠也容易使行人头部、骨盆和大腿受伤。

4.4.5　汽车被动安全性的试验

根据国家法规要求，2003年7月以后，所有七座以下的乘用车必须通过碰撞安全性试验。汽车被动安全性试验应尽量再现典型的公路撞车事故的现象。试验中需要测量汽车的变形、减速度及负荷。必要时用假人设置在车内，测定有关部位的负荷及变形情况。

1. 实车碰撞法

最常用的是对固定壁撞车，碰撞车速一般为50km/h。根据试验目的不同，也可采用可动壁撞静止汽车或以车撞车的方法。

1）固定壁碰撞试验。固定壁碰撞试验方法是把试验汽车加速到一定的碰撞速度，然后与固定壁进行碰撞。通常，汽车碰撞方向与固定壁垂直。由于固定壁的情况是不变的，可取固定试验特性，并可重复同样的撞车试验，因此可用固定壁碰撞试验评价汽车安全性。这是这种试验方法的优点。根据碰撞范围的不同可分为全宽碰撞和偏置碰撞（图4-51）。汽车碰撞方向也可与固定壁成一定角度。有时还可在固定壁前面附加各种形状的障碍物，以研究汽车在不同碰撞情况下的特征。

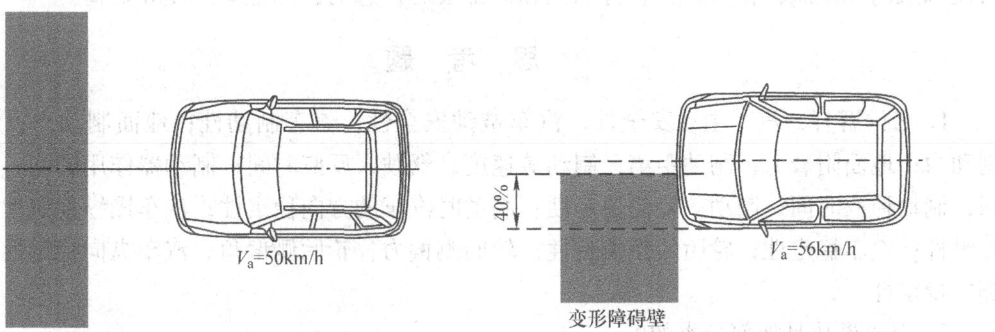

a) 正面全宽碰撞(沥青混凝土障碍壁)　　b) 40%重叠偏置碰撞(蜂窝状铝合金变形壁)

图4-51　固定壁碰撞试验的基本类型

2）移动壁碰撞试验。在能行走的台车上装备有一定撞车面积的可移动壁，加速到一定的速度后，用它来碰撞处于静止状态的试验车，这种试验方法在检查被试验车的侧撞和尾撞安全性时使用。为进行反复试验，台车的构造需要坚固耐用。在SAE J972和美国安全标准中对可移动壁碰撞试验进行了规定。欧洲试验标准和美国标准有所不同。移动壁的碰撞形式参见图4-52。试验时应该给碰撞后的试验车留出足够的滑动范围。

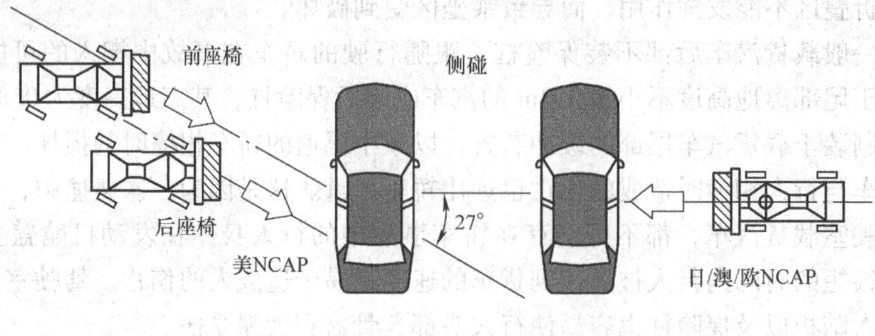

图4-52　移动壁侧面碰撞

为了检查撞车后双方汽车的外形和刚度变化情况，要进行车对车的碰撞试验。试验一般有正面撞、侧面撞和尾撞三种。

2. 模型撞车法

在新车设计阶段可以采用模型撞车法，一般用1∶2模型。这种试验方法费用较低，准备时间短，且便于多方案比较。如果仅对某些部件进行变形研究，可采用1∶1的复合试验车，即在现在生产的汽车上做一定改动，装上研究的部件所构成的试验车做撞车试验。这种方法常用于理论研究和局部改进。

3. 部件试验

常用静态加载法对车门、车顶、驾驶室后围、座椅和安全带进行强度和刚度试验。用冲击试验测定保险杠的性能，测定仪表板、转向盘等部件发生事故时对人体的伤害程度。

为了确定撞车试验中车内乘员所受伤害的严重程度，广泛采用专门制作的模拟人（假人），其各部肢体在形状、运动学和动力学性能方面都与真人严格相似，头部还附有软化材料模拟肌肉和皮肤；在头、胸、背和大腿部都装有传感器，测定减速度和负荷。

思　考　题

1. 名词解释：汽车主动安全性；汽车被动安全性；汽车制动性；地面制动力；制动器制动力；地面附着力；制动距离；制动减速度；驾驶人反应时间；制动器作用时间；制动时间；制动释放时间；制动效能的恒定性；制动时汽车的方向稳定性；汽车操纵稳定性；汽车操纵性；汽车稳定性；轮胎的侧偏特性；轮胎侧偏力；轮胎侧偏角；汽车纵向稳定性；汽车侧向稳定性。

2. 交通事故是如何分类的？

3. 汽车事故的形态有哪些？

4. 影响道路交通安全性的主要因素有哪些？

5. 汽车制动性的评价指标有哪些？

6. 试解释地面制动力、制动器制动力和地面附着力三者的关系。
7. 试分析制动过程中制动减速度变化规律。
8. 汽车制动时间通常分为哪四个时间?
9. 汽车为何会制动跑偏?
10. 道路与气候条件对汽车制动性有何影响?
11. 驾驶人因素对汽车制动性有何影响?
12. 车速对汽车制动性有何影响?
13. 轮胎对汽车制动性有何影响?
14. 汽车拖挂对汽车制动性有何影响?
15. 如何进行道路试验来测量汽车制动性?
16. 如何进行室内台架试验来测量汽车制动性?
17. 简述惯性式滚筒制动试验台的检测原理。
18. 简述反惯性式平板制动试验台的检测原理。
19. 简述反力式滚筒制动试验台的检测原理。
20. 简述我国汽车制动性的标准。
21. 何谓轮胎的侧偏现象?
22. 分析轮胎的侧偏力与侧偏角的关系。
23. 影响轮胎侧偏的因素有哪些?
24. 试分析具有中性转向特性的汽车行驶的特点。
25. 试分析具有不足转向特性的汽车行驶的特点。
26. 试分析具有过多转向特性的汽车行驶的特点。
27. 试推导汽车纵翻的条件。
28. 试推导汽车避免纵翻的条件。
29. 试推导汽车侧翻的条件。
30. 试分析车轮不发生侧滑的条件。
31. 汽车操纵稳定性的试验有哪些?
32. 如何进行汽车稳态回转试验?
33. 如何进行汽车转向回正性能试验?
34. 如何进行汽车转向轻便性试验?
35. 如何进行汽车转向瞬态响应试验(转向盘转角阶跃输入试验)?
36. 如何进行汽车转向瞬态响应试验(转向盘转角脉冲输入试验)?
37. 如何进行汽车蛇行试验?
38. 汽车碰撞事故有哪些分类?各有何特征?
39. 简述汽车碰撞安全性试验方法。

第5章

汽车通过性

汽车通过性是指汽车在一定载质量条件下能以足够高的平均车速通过各种坏路及无路地带和克服各种障碍的能力。坏路及无路地带，是指松软土壤、沙漠、雪地和沼泽等松软地面及坎坷不平地段；各种障碍，是指陡坡、侧坡、台阶和壕沟等。

汽车通过性可分为轮廓通过性和牵引支承通过性。前者是表征汽车通过坎坷不平路段和障碍（如陡坡、侧坡、台阶和壕沟等）的能力；后者是指汽车能顺利地通过松软土壤、沙漠、雪地、冰面和沼泽等地面的能力。

通过性是汽车的主要使用性能之一，它不仅影响汽车的运输生产率，有时还直接决定汽车能否进行运输工作。对军用、农用以及在矿山、建筑工地、林区等使用的汽车，因为要在坏路或无路条件下行驶，因此，要求这些汽车应具有良好的通过性。

汽车在松软地面上行驶时，驱动轮对地面施加向后的水平力，地面随之发生剪切变形，相应的剪切力便构成土壤对汽车的推力，该力比在一般硬路面上的附着力要小；而汽车遇到的土壤阻力（指轮胎对土壤的压实作用和推移作用产生的压实阻力、推土阻力及充气轮胎变形引起的弹性迟滞损耗阻力）要比在硬路面上的滚动阻力大得多。因此，该类地面通常不能满足汽车行驶的附着力条件的要求。这是松软路面限制汽车行驶的主要原因。

汽车通过性主要决定于汽车的支承——牵引参数及几何参数，也与汽车的其他性能，如动力性、平顺性、机动性、稳定性和视野性等密切相关。

5.1 汽车通过性的评价指标

5.1.1 间隙失效

汽车行驶在高低不平地段和越过障碍物时，会出现间隙失效无法通过的现象。所谓间隙失效，是指汽车与地面间的间隙不足而被地面托住。间隙失效可分下列几种情况。

（1）顶起失效　因汽车中间底部的零部件碰到地面而被顶住的现象，称为顶起失效。

（2）触头失效　因汽车前端触及地面而使汽车不能通过，称为触头失效。

（3）托尾失效　因汽车后端触及地面而不能通过，称为托尾失效。

5.1.2 汽车轮廓通过性

汽车轮廓通过性是指汽车通过坎坷不平路段障碍（陡坡、侧坡、台阶和壕沟等）的运行能力。

汽车轮廓通过性的评价指标是汽车通过性几何参数。

汽车通过性的几何参数是与防止间隙失效有关的汽车本身的几何参数。它们主要包括最小离地间隙、接近角、离去角和纵向通过角等，见图5-1。各类汽车通过性几何参数的范围见表5-1。另外，汽车的最小转弯直径和内轮差、转弯通道圆及车轮半径也是汽车通过性的重要轮廓参数。

1. 最小离地间隙

最小离地间隙 C 是汽车除车轮之外的最低点与路面之间的距离。它表征了汽车无碰撞地越过石块、树桩等低矮障碍物的能力。汽车的前桥、飞轮壳、变速器壳、消声器以及主传动器外壳等通常有较小的离地间隙。汽车前桥（轴）的离地间隙一般比飞轮壳的还要小，以便利用前桥保护较弱的飞轮壳免受冲撞。后桥内装有直径较大的主传动齿轮，一般离地间隙最小。越野汽车一般有较大的最小离地间隙。

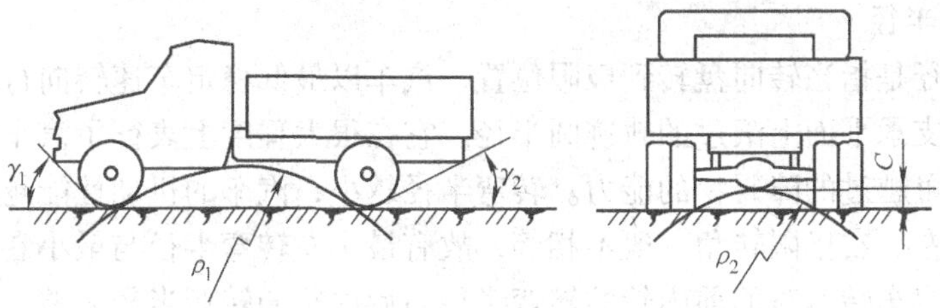

图5-1 汽车通过性的几何参数

表5-1 汽车通过性的几何参数

汽车类型	驱动形式	最小离地间隙 C/mm	接近角 γ_1 /(°)	离去角 γ_2 /(°)	纵向通过半径 ρ/m	最小转弯直径 /m
轿车	4×2	120~200	20~30	15~22	3.0~8.3	14~26
	4×4	210~370	45~50	35~40	1.7~3.6	20~30
货车	4×2	250~300	25~60	25~45	2.3~6.0	16~28
	4×6、6×6	260~350	45~60	35~45	1.9~3.6	22~42
越野车（乘用）	4×4	210~370	45~50	35~40	1.9~3.6	20~30
客车	6×4、4×2	220~370	10~40	6~20	4.0~9.0	28~44

2. 接近角

接近角 γ_1 是指汽车静载时，水平面与切于前轮胎外缘的平面之间的最大夹角。前轴前面任何固定在车轴上的刚性部件不得在此平面的下方。

接近角表征了汽车接近地面凸起物、沟洼地等障碍物时，不发生碰撞的能力，也就是不发生触头失效的能力。接近角越大，则汽车通过性就越好。

3. 离去角

离去角 γ_2 是指汽车静载时，水平面与切于最后车轮轮胎外缘的平面之间的最大夹角。

位于最后车轴后面的任何固定在汽车上的零部件不得在此平面的下方。

离去角表征了汽车离开障碍物（如地面凸起物、拱桥、沟洼地等）时，不发生碰撞的能力，也就是不发生托尾失效的能力。离去角越大，则汽车通过性就越好。

4. 纵向通过角

纵向通过角 γ_3 是指在汽车空载、静止时，在汽车侧视图上通过前、后车轮外缘做切线交于车体下部较低部位所形成的最小锐角。它表征了汽车可无碰撞地通过小丘、拱桥等障碍物的轮廓尺寸。汽车纵向通过角越大，其通过性就越好。

纵向通过性又可用纵向通过半径来表示。纵向通过半径 ρ_1 是指在汽车侧视图上，作出与前、后轮及两轮之间轮廓线相切的圆的半径。它表征汽车可无碰撞地通过小丘、拱桥等障碍物的轮廓尺寸。纵向通过半径越小，汽车通过性越好。

5. 横向通过半径

在汽车的主视图上所做与左右车轮及与两轮之间轮廓线相切的圆的半径，称为横向通过半径，用符号 ρ_2 表示。它表示了汽车通过小丘及凸起路面等横向凸起障碍物的能力。ρ_2 越小，通过性越好。

最小离地间隙不足，纵向和横向通过半径过大，都容易引起“顶起失效”。

6. 最小转弯半径

最小转弯半径是指当转向盘转到极限位置，汽车以最低稳定车速转向行驶时，外侧转向轮的中心平面在支承平面上滚过的轨迹圆半径。它在很大程度上表征了汽车能够通过狭窄弯曲地带或绕过不可越过的障碍物的能力。转弯半径越小，汽车的机动性能越好。

由于转向轮左、右极限转角一般不相等，故有最小左转弯半径与最小右转弯半径之别。

内轮差是指汽车转弯时的前内轮的转弯半径与后内轮的转弯半径之差。由于内轮差的存在，汽车转弯时，前、后车轮的运动轨迹不重合。在行车中如果只注意前轮能够通过而忘记内轮差，就可能造成后内轮驶出路面或与其他物体碰撞的事故。相应的，外侧轮的转弯半径差就是外轮差。

最小转弯半径与内轮差这两个参数共同表征了汽车在最小面积内的回转能力和通过狭窄弯曲地带或绕过障碍物的能力见图 5-2。

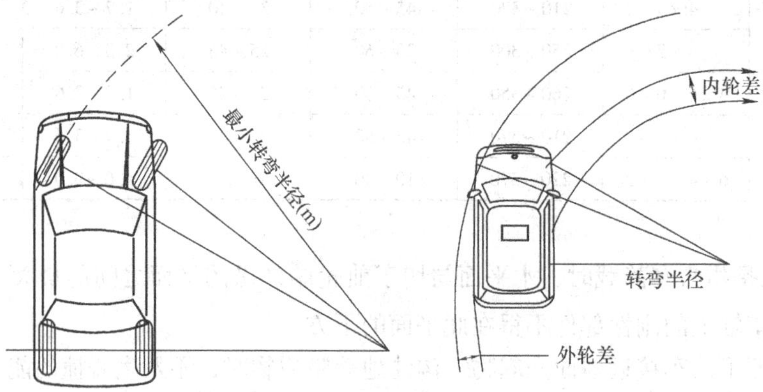

图 5-2 最小转弯半径、内轮差和外轮差

转向轮最大转角、汽车轴距、轮距等对汽车最小转弯半径均有影响。对机动性要求高的

汽车，最小转弯半径（D_{min}）应取小。

7. 转弯通道圆

转向盘转至极限位置时，下述两圆为汽车转弯通道圆：汽车所有点在汽车支承平面上的投影均位于圆外的最大内圆和包含汽车所有点在汽车支承平面上的投影均位于圆内的最小外圆。汽车有左和右转弯通道圆，见图5-3。转弯通道圆的最大内圆直径越大，最小外圆直径越小，汽车所需的通道宽度越窄，通过性越好。

GB 7258—2012《机动车运行安全技术条件》规定：汽车和汽车列车（不计具有作业功能的专用装置的突出部分）、轮式拖拉机运输机组必须能在同一个汽车通道圆内通过，汽车通道圆的外圆直径为25.00m，汽车通道圆的内圆直径为10.60m。汽车和汽车列车、轮式拖拉机运输机组由直线行驶过渡到上述圆周运动时，任何部分超出直线行驶时的汽车外侧面垂直面的值T（外摆值）不应大于0.80m（对于铰接客车和铰接式无轨电车，外摆值不允许大于1.20m）。

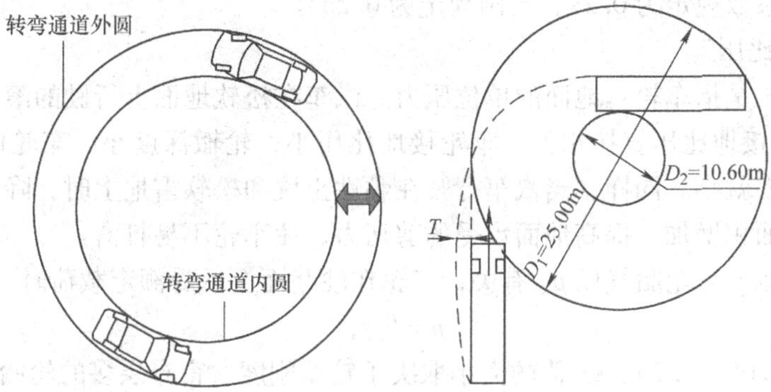

图5-3　汽车转弯通道圆

8. 车轮半径

汽车在不平路面上行驶时，经常要越过垂直障碍物。汽车克服垂直障碍物（台阶、壕沟等）的能力与车轮半径和驱动形式有关，也与路面附着条件有关。其越过台阶的能力见图5-4。

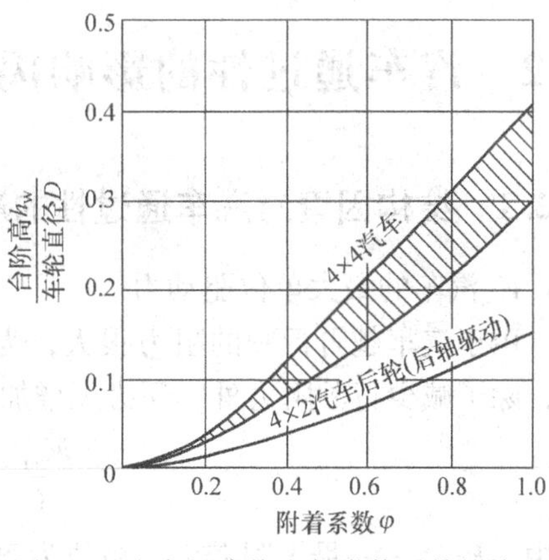

图5-4　汽车越障能力与附着系数的关系

图中纵坐标用台阶高度h_w与车轮直径D之比表示，横坐标为路面附着系数。由图5-4可以看出，全轴驱动汽车比单轴驱动汽车越过台阶能力强；路面附着条件越好，汽车能越过更高的台阶。

汽车越过壕沟的宽度l_d与其越过台阶的能力直接相关，两者只存在一个换算系数的关系。由图5-4查出汽车在某种路面的h_w/D之值，则可计算在该种路面条件的l_d/D之值（l_d为壕沟宽度，D为车轮直径）。

5.1.3　汽车支承通过性

汽车支承通过性是指汽车在松软土壤、雪地、冰面、沙漠和滑溜路面上的运行能力。评价汽车支承通过性的指标主要有附着系数和车轮接地比压。

1. 附着质量与附着质量系数

附着质量是指轮式汽车驱动轴的载质量，用 m_μ 表示。附着质量系数是指汽车附着质量与总质量之比，用 K_μ 表示。附着质量系数 K_μ 定义为汽车附着质量与总质量 m_a 之比。为了满足汽车行驶时附着条件的要求，应有

$$m_\mu g\mu_g \geqslant m_a g\Psi$$

式中 Ψ——道路阻力系数（$\Psi=f+i$，其中 f 为车轮滚动阻力系数，i 为道路坡度）；

μ_g——附着系数。

由上式可得

$$K_\mu = m_\mu/m_a \geqslant \Psi/\mu_g$$

显然，K_μ 值大，有利于汽车在坏路面上行驶，丧失通过性的可能性就小。为了保证汽车的支承通过性，对汽车附着质量有明确的要求。例如，意大利对 4×2 牵引车组成的汽车列车的附着质量系数规定为 0.27，英国规定为 0.263。

2. 车轮接地比压

车轮接地比压是指车轮对地面的单位压力。汽车在松软地面上行驶的滚动阻力系数和滑移系数 μ_g 与车轮接地比压直接相关。车轮接地比压小，轮辙深度小，车轮的行驶阻力和车轮沉陷失效的概率就小。同样，当汽车行驶在黏性土壤和松软雪地上时，降低车轮接地比压可使得车轮接地面积增加，提高地面承受的剪切力，使车轮不易打滑。

车轮接地比压 p 与轮胎气压 p_w 有关，车轮在硬路面上承受额定载荷时，其关系式为

$$p = k_w p_w$$

通常，$k_w=1.05\sim1.20$。k_w 值的大小取决于轮胎刚度。帘布层多的轮胎 k_w 值较大。

车轮接地比压与轮胎气压成正比，当汽车在松软的地面上行驶时，降低车轮接地比压，可减小轮辙深度，从而可减少行驶的滚动阻力。

5.2 汽车通过性的影响因素

5.2.1 结构因素对汽车通过性的影响

1. 汽车的最大单位驱动力

由于汽车越野行驶的阻力很大，为了充分利用地面提供的挂钩牵引力，保证汽车通过性，除了减少行驶阻力外，还必须增加汽车的最大单位驱动力。最大单位驱动力为

$$\frac{F_{xmax}}{G} = \left(\frac{T_{tq} i_g i'_R i_0 \eta_T}{Gr}\right)_{max}$$

式中 F_{xmax}——最大附着力，单位为 N；

T_{tq}——发动机转矩，单位为（N·m）；

i_g——变速器传动比；

i'_R——分动器传动比；

i_0——主减速器传动比；

η_T——传动系统传动效率（%）；

r——车轮滚动半径，单位为 m；

G——汽车总重量，单位为N。

在汽车低速行驶时，若忽略空气阻力，最大单位驱动力等于最大动力因数。为了获得足够大的单位驱动力，要求越野汽车有较大的比功率以及较大的传动比。这些要求可通过提高发动机功率，在传动系统中增加副变速器或使分动器具有低档，以增加传动系统的总传动比来实现。在困难的行驶条件下，限制越野汽车的载质量能提高单位驱动力，同时也能降低在松软地面上的滚动阻力。

2. 行驶系统结构

（1）汽车车轮　车轮对汽车通过性有着决定性的影响，为了提高汽车通过性，必须正确选择轮胎花纹、结构参数、气压等，使汽车行驶滚动阻力较小，附着力较大。

① 轮胎花纹。轮胎花纹对附着系数有很大影响，正确地选择轮胎花纹，对提高汽车在一定类型地面上的通过性有很大作用。轮胎花纹可分为三类：通用花纹、越野花纹及混合型花纹。

通用花纹有纵向肋，花纹细而浅，适用于较好路面，有较好的附着性和较小的滚动阻力系数，轿车、货车均可选用此种轮胎。通用花纹轮胎在潮湿的草地及泥泞地上行驶时，其自动脱泥性很差，当轮胎打滑时，泥土即陷入槽中不能脱出，而使轮胎胎面变成光滑的表面，使附着系数降低，通过性变坏。

越野花纹宽而深，当在松软地面上行驶时，嵌入土壤的花纹增加了土壤的剪切面积，从而提高了附着系数。当汽车在潮湿的硬路面上行驶时，由于只有花纹的凸起部分与地面接触，使轮胎对地面有较强的压强，足以挤出水层，以保持足够的附着系数。越野花纹的脱泥性也较好，因凹槽宽而深，且凸条成人字形，凸条的方向与地面成一定角度，在汽车行驶过程中因凸条变形而能将淤泥从轮胎的沟槽中压出。矿山、建筑工地以及一些在松软路面上使用的越野汽车均选用越野花纹轮胎。

混合花纹介于通用花纹与越野花纹之间，适用于在城市乡村之间路面上行驶的汽车。现代重型货车驱动轮的轮胎也采用这种花纹。

② 轮胎直径与宽度。增大轮胎直径和宽度都能降低轮胎的接地比压。用增加轮胎直径的方法来降低接地比压，增加接触面积以减少土壤阻力和减少滑转，要比增加轮胎宽度更为有效。但增大轮胎直径会使惯性增大，汽车重心升高，轮胎成本增加，还需要采用大传动比的传动系统。因此，大直径轮胎的推广使用受到了限制。

加大轮胎宽度不仅能直接降低轮胎接地比压，还允许胎体有较大的变形，既不降低使用寿命，还可降低轮胎气压。若将后轮的双胎换为一个断面比普通轮胎大2~2.5倍、气压很低、断面具有拱形的“拱形轮胎”时，接地面积将增大1.5~3倍，接地比压可大幅度减小，使汽车在沙漠、雪地、沼泽地面上行驶时，具有特别良好的通过性。但这种专用于松软地面的特种轮胎，由于花纹较大，气压过低，不宜在硬路面上工作，否则轮胎将过早损坏和迅速磨损。

③ 车轮数。实践证明，在松软的土壤上，双轮胎的滚动阻力要比单轮胎的更大，因此，在增加车桥和车轮数时，如为单轮胎，可减小行驶阻力。增加驱动桥数，不但增加了附着重力及驱动轮接地面积，发挥了更大的驱动力和减少了滑转，而且有利于提高通过垂直台阶和壕沟的能力。因此，越野汽车都采用全轮驱动，如6×6型与8×8型都具有较高的通过性。

④ 车轮防滑链。在表面泥泞而下层坚硬（如雨后的泥路）的道路上，提高通过性的最简单办法是在轮胎上套上防滑链条，这时链条能挤开表面水层直接与地面坚实部分接触，提高了附着力。

⑤ 前轮距和后轮距。当汽车在松软地面上行驶时，各车轮都需克服形成轮辙的阻力（滚动阻力）。如果汽车前轮距与后轮距相等，并有相同的轮胎宽度，则前轮辙与后轮辙重合，后轮就可沿被前轮压实的轮辙行驶，使汽车总滚动阻力减小，提高汽车通过性。所以，多数越野汽车的前轮距与后轮距相等。

⑥ 前轮和后轮对地比压。试验证明，前轮距与后轮距相等的汽车行驶在松软地面时，当前轮对地面的单位压力比后轮的小20%～30%时，汽车滚动阻力最小。为此，除在设计汽车时，可将负荷按此要求分配于前、后轴，也可以使前、后轮的轮胎气压不同，以产生不同的接地比压。

⑦ 从动车轮数和驱动车轮数。在越野行驶中，经常以很低的车速去越过某些障碍物，如台阶、壕沟等。4×2 汽车的越障能力要比 4×4 汽车差得多，后轮驱动的 4×2 汽车的越障能力比 4×4 汽车约降低一半。

驱动轮在汽车上的部位及其数目对通过性的影响还可从克服坡度能力加以论述。前驱动汽车上坡的通过性最差，全轮驱动汽车爬坡能力最强。此外，增加汽车驱动轮数，还可提高汽车附着质量，增加驱动轮与松软地面的接触面积，这是改善汽车通过性的最有效方法之一。因此，越野汽车都采用全轮驱动。

(2) 悬架　6×6 型和 8×8 型多轴驱动的越野汽车在坎坷不平的地面上行驶时，常会因非独立悬架的结构引起某驱动车轮的垂直载荷大幅度减小，乃至离开地面悬空的现象，使驱动车轮失去与地面的附着而影响通过性。独立悬架和平衡式悬架允许车轮与车架间有较大的相对位移，使驱动车轮与地面经常保持接触，以保证有较好的附着性能。同时独立悬架可显著地提高汽车的最小离地间隙，从而提高汽车通过性。

3. 传动力结构

为了保证汽车通过性，除了要减小行驶阻力外，还必须提高汽车的驱动力和附着力。采用副变速器可提高汽车的动力因数；采用液力传动能提高传动系统工作的稳定性，使汽车能长时间地以低速行驶，从而提高了附着力；采用高摩擦式差速器也可以提高汽车通过性。

(1) 副变速器和分动器　为了在驱动轮上获得足够大的驱动力，在高通过性汽车的传动系统中增设了副变速器，或使分动器具有低档，以增加传动系统的总传动比。

副变速器或分动器的低档传动比 i，往往选得比附着条件所限制的值还要大，这是为了使汽车能在极低的速度下稳定行驶。因为在低速下汽车能够克服较大的道路阻力而不发生土壤的剪切破坏，从而保证了较高的附着力。

(2) 液压传动　当汽车装有液力变矩器或液力耦合器时，能提高发动机工作的稳定性，使汽车长时间稳定地以低速（0.5～1.5km/h）行驶，可以减小滚动阻力和提高附着力，改善汽车通过性。装有普通机械式传动系统的汽车在突然起动时，驱动轮转矩急剧上升，并产生对土壤起破坏作用的振动。即使在缓慢起步时，驱动转矩也比滚动阻力矩大得多。在松软地面上起步时，这种过大的驱动转矩并不能使汽车得到较大的加速度，相反却使土壤被破坏，轮辙加深，起步困难；而液力传动能保证驱动轮转矩逐渐而平顺地增长，从而防止土壤被破坏和车轮滑移。

液力传动还能消除机械式传动系统经常发生的扭转振动现象。这种扭转振动现象会引起驱动力产生周期性冲击，减小土壤颗粒间的摩擦，增加了轮辙深度，并减小轮胎与土壤间的附着力，因而使车轮滑转的可能性大为增加。转矩脉动所引起的土壤内摩擦力的减小，还会使汽车前轮所造成的轮辙立即展平，使后轮滚动阻力增加。

装有普通机械传动系统的汽车在松软地面行驶时，由于车速低，汽车惯性不足，难以克服较大的行驶阻力，致使换档时因切断功率而停车。采用液力传动可消除因换档所引起的功率传递间断现象，使汽车通过性显著提高。

（3）差速器　对于普通齿轮差速器，由于差速器的内摩擦力矩很小，可以忽略不计，故差速器左、右半轴的转矩近似相等。如果某一驱动轮与路面的附着较差（如陷入泥泞或在冰面上），作用在此车轮上受附着力所限制的驱动力为 $F_{\varphi h}$，在另一驱动轮上所能得到的驱动力也只能是 $F_{\varphi h}$，因此，总的驱动力 F_t 的可能最大值为

$$F_{tmax}=2F_{\varphi h}$$

由于汽车驱动力的极限值受较小的附着力限制，致使汽车常因驱动力过小而失去通过性。

装有高摩擦式差速器的汽车，由于差速器的内摩擦力矩 M_r 较大，则传给差速器的转矩不是平均分配到各驱动轮上。如果一个驱动轮由于附着力不足而开始滑转，因其转速加快，则传给它的转矩就会减小$\frac{1}{2}M_r$，而另一车轮的转矩就增加$\frac{1}{2}M_r$，结果在两个驱动轮上的总驱动力可能达到的最大值为

$$F_{tmax}=2F_{\varphi h}+\frac{M_r}{r}$$

可见，允许的汽车驱动力最大值增加了$\frac{M_r}{r}$。越野汽车常采用高摩擦式差速器，如凸轮式、蜗杆式等。这时总的牵引力可增加10%～15%，因而提高了汽车通过性。

（4）驱动防滑系统（ASR）　汽车在泥泞道路或冰雪路面行驶时，因路面的附着系数小，经常出现驱动轮滑转现象。当驱动轮滑转时，产生的驱动力很小，特别是驱动轮原地空转时，产生的驱动力接近零。例如，汽车驱动轮陷入泥坑时，汽车不能前进。汽车的驱动轮一侧或两侧滑转后，汽车的总驱动力不足以克服行驶阻力，使汽车通过坏路的行驶能力受到限制。汽车驱动轮滑转，限制了汽车动力性的发挥；增加了轮胎的磨损，降低了轮胎的使用寿命；并使汽车抗侧向力的能力下降，当遇到侧风或横向斜坡时，容易发生侧滑，影响汽车行驶的横向稳定性。

ASR的主要作用是，自动调节发动机转矩到驱动轮的传递量，使驾驶人的工作强度得以减小，稳定性和操纵性得到安全的调节，驱动力的发挥得以改善。汽车行驶中若出现一侧车轮滑转超过规定值时，控制系统发出控制指令，对滑转的车轮施加制动，使得滑转的车轮减速，当其减速至规定值后，停止对其控制。若又开始滑转，则重复上述循环过程。整个过程中，一方面对滑转的车轮施加制动，另一方面又对另一侧无滑转车轮施加正常驱动力，其效果相当于差速锁的作用，汽车的方向稳定性和起步能力均可得到改善。另外，在驱动轮滑转时，ASR自动向驾驶人发出警报，提示不要猛踏加速踏板，注意转向盘操作。

随着汽车电子技术的发展，汽车制动防抱死系统（ABS）在现代汽车上的应用逐渐增

加，ASR 是 ABS 的延伸。ABS 和 ASR，分别保证汽车在制动和驱动过程中的稳定性和转向性。ASR 是保证驱动附着条件，充分发挥驱动力，保证汽车驱动稳定性的装置。一般在汽车的 ABS 中设有 ASR 的接口电路。有时，ASR 也可独立装车使用。

5.2.2 使用因素对汽车通过性的影响

1. 行驶车速

当汽车低速行驶时，土壤剪切和车轮滑转的倾向减少。因此，用低速行驶克服困难地段，可改善汽车通过性。为此，越野汽车传动系统最大总传动比一般较大。越野汽车最低稳定车速可按表 5-2 选取，其值随汽车总质量而定。也可由发动机的最低稳定转速求得汽车的最低稳定行驶速度 v_{amin}，即

$$v_{amin}=0.377\ \frac{n_{emin}r}{i_g i'_R i_0}$$

式中 n_{emin}——发动机的最低稳定转速，单位为 r/min。

表 5-2 越野汽车的最低稳定车速

汽车总重量/kN	<19.6	<63.7	<78.4	>78.4
最低稳定车速/(km/h)	≤5	≤2~3	≤1.5~2.5	≤0.5~1

2. 轮胎气压

在松软地面上行驶的汽车，轮胎应该有较低的气压，以增大轮胎与地面的接触面积，降低地面上单位面积上的压力，从而使轮辙深度减小，这样就降低了滚动阻力。

降低轮胎气压，增加接地面积，胎面凸起部分嵌入土壤的数目相应增多，因而可显著提高附着系数。

必须指出，降低轮胎气压，虽然可以改善汽车在松软地面上的通过性，但当汽车在硬路面上行驶时，由于轮胎变形过大而导致滚动阻力显著上升，并缩短轮胎使用寿命。为了提高越野汽车通过松软地面的能力，而在硬路面上行驶时又不致引起大的滚动阻力和影响轮胎寿命，可装用轮胎的中央充气系统，驾驶人根据道路情况，可随时调节轮胎气压。通常，越野汽车的超低压轮胎气压可以在 49~343kPa 范围内变化。

3. 驾驶技术

驾驶技术对汽车通过性影响很大，为提高汽车通过性，应注意以下几点。

1）在通过沙地、泥泞、雪地等松软地面时，应该用低速档，以保证汽车有较大的驱动力和较低的行驶速度。在行驶中应避免换档和加速，并保持直线行驶，因为转弯时将引起前后轮辙不重合，而增加滚动阻力。

2）后轮双胎的汽车，常会在两胎间夹杂泥石，或使车轮表面黏附一层很厚的泥，因而使滑移系数降低，增加车轮滑转趋势。遇到这种情况，驾驶人可以适当提高车速，将车轮上的泥甩掉。

3）当汽车传动系统装有差速锁时，驾驶人应该在估计有可能使车轮滑转的地区前就将差速器锁住。因为车轮一旦滑移后，土壤表面就会被破坏，滑移系数下降，再锁住差速锁不会起显著作用。当汽车离开坏路地段后，驾驶人应将差速锁脱开，避免出现由于功率循环现象使发动机、传动系统和轮胎磨损增加，燃料经济性和动力性变坏，以及通过性降低等不良

后果。

4）为了提高越野汽车的涉水能力，应注意发动机的分电器总成、火花塞、曲轴箱通气口等的密封问题，并提高空气滤清器的位置，不得浸入水中。普通汽车一般能通过深度为0.5～0.6m的硬底浅水滩。

4. 拖带挂车

汽车拖带挂车后，由于总质量增加，动力性将有所降低，即汽车列车的最大动力因数比单车的小。因而，汽车列车的通过性也随之变得差些。

为了保证汽车列车有足够高的通过性，经常拖带挂车工作的汽车应有较大的动力因数。增大传动系统的总传动比可加大动力因数，但与此同时，汽车的最大行驶速度将会降低；加大发动机功率也会增大动力因数，但汽车在一般道路上行驶时，由于功率利用率低，将使汽车燃料经济性变坏。

汽车拖带挂车后的相对附着重力随之减少。在汽车列车总重力相同的条件下，因为半挂车的部分质量作用在牵引车上，则拖带半挂车时的相对附着质量比拖带全挂车时的大，因而半挂车汽车列车的通过性较好。

将汽车列车做成全轮驱动是提高相对附着质量的最有效方法。这可通过在挂车上也装上动力装置（动力挂车），或将牵引车的动力通过传动轴或液压管路传输到挂车的车轮上（驱动力挂车）。

全轮驱动汽车列车的通过性较高，这不仅因其相对附着质量最大，同时，由于道路上各点的滑移系数一般是不同的（如道路上有积水小坑），驱动车轮数目增多后，各驱动车轮均遇到滑移系数小的支承面的可能性大为减小，因而对汽车列车的通过性有利。此外，与相同质量的重型载货汽车相比，全轮驱动汽车列车的车轮数一般较多，因而车轮对地面的比压较小。另外，还可以把各轴轮距做成相等，以减少滚动阻力，提高通过性。

设计汽车列车时，应使挂车车轮轨迹在转弯时与牵引车后轮轨迹重合。这不仅可减小汽车列车的转弯宽度，提高机动性，同时也可降低汽车列车在松软地面上转弯时的滚动阻力，而提高其通过性。

汽车列车克服障碍的能力也与挂钩和牵引架的结构参数有关。如牵引架在垂直平面内的许可摆角（$\alpha_\beta+\alpha_H$），对汽车列车所能通过的凸起高度有很大影响，见图5-5。

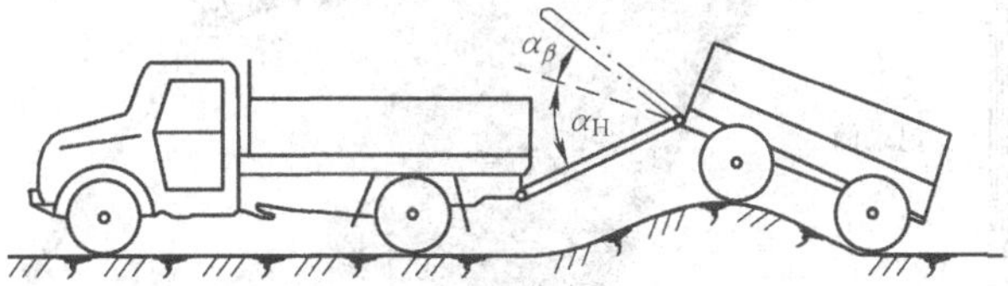

图5-5　汽车列车通过凸起

5.3　汽车通过性的试验

5.3.1　通过性试验的主要内容

由于汽车通过性主要决定于它的几何参数与挂钩牵引性能，因此通过性试验的内容应包括对这两类参数的测定。

汽车通过性的几何参数是在满载的情况下测定的。有些亦可在按比例画出并经实践校正的汽车外形图上用作图法求得。

汽车越野行驶的挂钩牵引性能应在各种典型的坏路下，尤其是应在各种典型的无路地区（例如：泥泞、沼泽、水田、松软土壤、沙漠、草原和雪地等）进行测定。所测定的参数一般包括土壤阻力、汽车的挂钩牵引力、汽车行驶的滑转率以及轮胎在给定胎压下的接地面积与接地比压、驱动车轮上的转矩等。

还应进行越障性能的试验，以检验汽车通过某些典型障碍（如陡坡、侧坡、凸岭、路沟、壕沟、弹坑、灌木丛、河流、土坎、田埂及台阶等）的能力。

试验前应详细测定地面及障碍的物理状态，如有关土壤参数（土壤内聚力或土壤黏聚系数 C、土壤内摩擦角 θ、土壤切应力 τ、土壤剪切变形 j、土壤剪切面法向压力 σ、土壤水平剪切变形模数 k、土壤沉陷量 z、土壤单位面积压力 p、土壤粘聚变形模数 k_c）和几何尺寸（如坡度、垂直障碍高、壕沟宽、泥泞及雪层的厚度、河水深度）等。

5.3.2 土壤强度的测定

土壤强度是指土壤在特定条件下抵抗外力作用的能力，也可定义为土壤承受变形或应变的能力。主要由土壤抗压强度和抗剪强度来表示，它是与汽车通过性有关的主要力学参数。

1. 土壤抗压强度

土壤抗压强度又称土壤承载能力。土壤抗压强度是表示土壤抗破坏、压缩和摩擦阻力的综合指标，它是指在垂直载荷作用下，土壤不同深度的抗压能力。土壤抗压强度直接影响到汽车的下陷及其行驶阻力。

土壤抗压强度用土壤承载能力测定仪进行研究测量，一般是把圆锥或圆柱测头垂直压入土层中，测得不同深度处土壤单位面积的压力。图 5-6 是土壤承载能力测定仪示意。

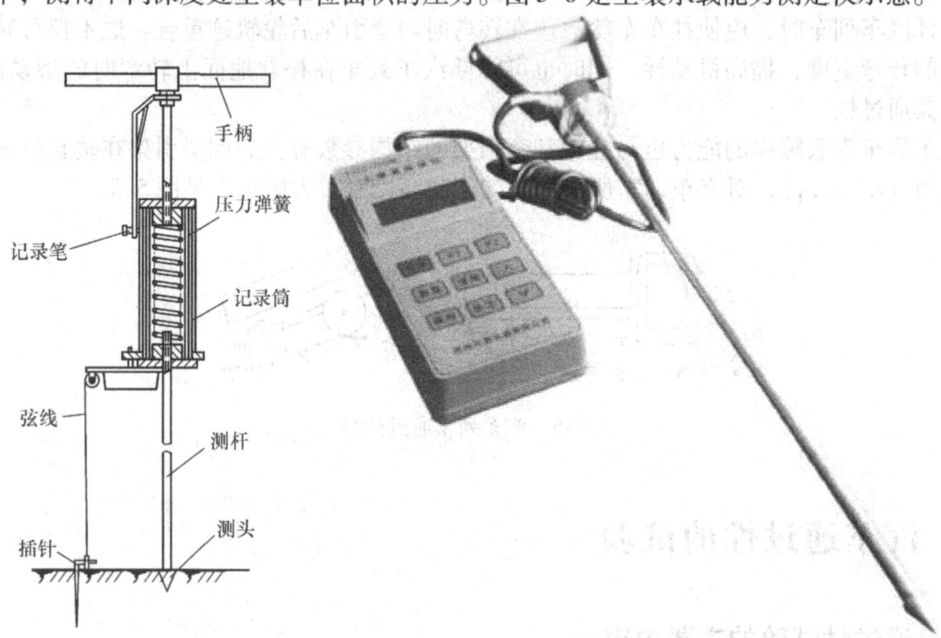

a) 记录纸记录　　b) 电子显示

图 5-6　土壤承载能力测定仪（坚实度仪或硬度仪）

Bekker首次建立了土壤抗压强度与下陷深度的数学模型，并被得到普遍的引用，其模型为

$$P=\left(K_{\varphi}+\frac{K_c}{b}\right)z^n$$

式中 P——土壤抗压强度；

K_{φ}——土壤内摩擦变形模量；

K_c——土壤内聚力变形模量；

b——矩形平板的宽度；

z——土壤下陷深度；

n——土壤变形指数。

由于K_{φ}、K_c和n是一组土壤特性的常数值，对于某一特定的测盘而言，b为一定值，则土壤承载能力与下陷深度的关系是幂函数。

2. 土壤抗剪强度

汽车在松软地面上行驶时所能产生的最大牵引力受到土壤切向抗切强度的限制，因此，土壤的剪切特性是影响汽车松软地面通过性的最重要特性。

土壤的剪切特性用土壤在一定单位压力下的切应力和土壤位移的依赖关系表示。对不同的土壤，这种变化关系是不一样的，见图5-7。

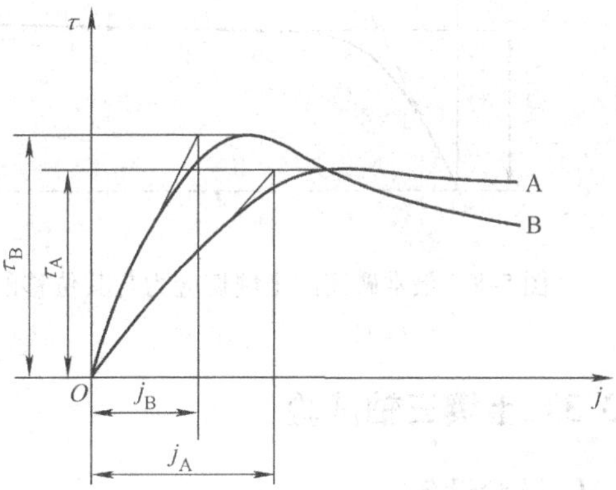

图5-7 切应力和土壤位移的关系

A—塑性土 B—脆性土

图5-7中曲线A所指的塑性土，其最大抗切强度τ_A发生在相当于土壤被压实一距离A时，此后该抗切强度实际上保持不变，即其值大小与以后的土壤位移无关。

曲线B表示脆性的土壤。对此种土壤，必需的压实程度（j_B）能较快达到，而后立刻开始剪切位移。在位移时，原始的结构发生破坏，新的结构不具有原始结构的抗切强度，因而τ_B之值迅速降低。

J. Janosi认为，在汽车地面力学中最常碰到的土壤切应力与其位移的关系曲线都类似于图5-7中的曲线A，并提出如下的切应力公式

$$\tau=\tau_{max}(1-e^{-\frac{j}{j_0}})$$

式中 τ_{max}——最大土壤剪切强度，$\tau_{max}=c+p\tan\Phi$；

c——土壤内聚力；

p——垂直于剪切面积的单位压力；

Φ——土壤内摩擦角；

j_0——土壤的切应力-位移曲线模量，其值的确定方法见图5-8；

j——剪切位移。

M. G. Bekker认为，脆性土壤的剪切特性（图5-7中的曲线B）可以用一个类似于确定非周期性的衰减振动的方程式来表示。

土壤抗剪强度通常采用土壤直剪仪进行测试，见图5-9。土壤试件在不同的垂直压力下，施加剪切力进行剪切，可测得破坏时的剪应力，根据库仑定律即可得出抗剪强度系数、内摩擦角和内聚力。

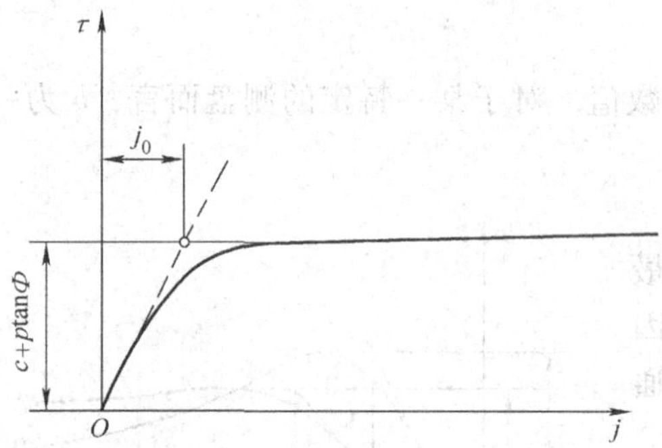

图5-8　最常碰到的土壤切应力与其位移的关系

图5-9　土壤直剪仪

5.3.3　土壤三轴试验

1. 试验设备

越野汽车在松软地面行驶时，行走机构下土壤的变形通常伴随有横向位移，土壤应变条件一般是三维的。这样，确定土壤的力学特性参数时，应由允许第三维变形的试验方法确定，因此，在室内进行土壤强度测试通常采用土壤动态三轴仪。

土壤动态三轴仪可以进行土壤性质的静态试验与动态试验，其测量原理示意图见图5-10。

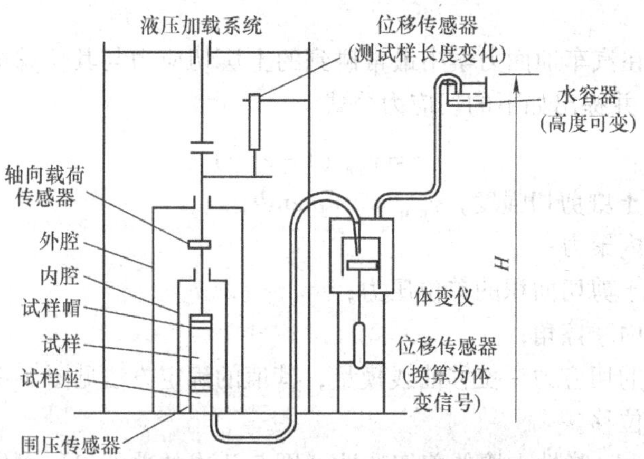

图5-10　土壤动态三轴仪测量原理

试验时，试样所受轴向载荷和围压（也称为主应力）由液压加载系统施加。轴向载荷由试样帽上方的力传感器测量，围压由三轴腔底部的精密压力传感器测得，试样体积变化由体积仪测得，轴向位移由加载头上的位移传感器测得。各测得的信号均可显示于三轴仪控制柜的显示屏上，并储存在电脑内，以进行数据分析。

2. 试验方法

（1）静载轴向压缩试验　主要为分析土壤强度参数及沙变形特性。选定不同的轴向加载速率，从加载开始，直至试样破坏为止。为考察含水量、容重等因素的影响，可换取不同的土样，重复上述过程，即可得到不同工况下的试验结果。

（2）反复加卸载试验　为研究加卸载荷对土壤应力－应变关系的影响，试验时，在某一固定围压下，加轴向载荷，待产生一定轴向应变后卸载；然后再第二次加载，再卸载，如此反复三四次后，加载至土样破坏为止。

（3）应变力路径试验　为考察应力路径不同时，对土壤应力－应变关系的影响，试验时，改变围压，加轴向载荷至试样破坏，测得结果与固定围压工况进行对比研究。

（4）动载荷试验　目的是分析土壤的动态特性，为轮胎与沙相互作用动态特性分析提供依据。动载荷分两种：一是快速加载，加载速率为静载速率的20倍；二是随机振动激励，输入的是白噪声信号。

思 考 题

1. 名词解释：汽车通过性；间隙失效；最小离地间隙；接近角；离去角；纵向通过角；横向通过半径；最小转弯半径；转弯通道圆；汽车支承通过性；汽车附着质量系数；车轮接地比压。

2. 汽车通过性的评价指标有哪些？

3. 汽车通过性的几何参数有哪些？

4. 简述汽车转弯时，产生内轮差和外轮差的原因，对汽车通过性有何影响。

5. 简述汽车转弯通道圆的形成原因，对汽车通过性有何影响。

6. 结构因素对汽车通过性有何影响？

7. 行驶车速对汽车通过性有何影响？

8. 轮胎气压对汽车通过性有何影响？

9. 驾驶技术对汽车通过性有何影响？

10. 拖带挂车对汽车通过性有何影响？

11. 简述土壤圆锥指数与汽车通过性的关系。

第6章

汽车舒适性

汽车舒适性是指为乘员提供舒适、愉快的乘坐环境和方便安全的操作条件的性能。汽车舒适性包括汽车平顺性、汽车空气调节性能、汽车乘坐环境及驾驶操作性能等。它是现代高速、高效率汽车的一个主要性能。

汽车平顺性就是保持汽车在行驶过程中乘员所处的振动环境具有一定舒适度的性能。对于载货汽车还包括保持货物完好的性能。汽车行驶时，由于路面不平等因素激起汽车的振动，振动影响人的舒适、工作效率和身体健康，并影响所运货物的完好；振动还在汽车上产生动载荷，加速零件磨损，导致疲劳失效。因此减少汽车振动是汽车平顺性研究的主要问题。

汽车空气调节性能是指对车内空气的温度、湿度、粉尘浓度实现控制调节，使车室内空气经常保持在使乘员感到舒适的性能。汽车空调是改善乘员工作条件、提高工作效率的重要手段。

汽车乘坐环境及驾驶操作性能是指乘坐空间大小、座椅及操纵件的布置、车内装饰以及仪表信号设备的易辨认性等。

随着现代文明的发展，汽车越来越多地介入了社会的各个方面，成为与人们工作和生活紧密相关的、大众化的产品，汽车作为“活动房间”的功能日趋完善。与汽车其他性能不同，汽车舒适性各方面的评价都与人体主观感觉直接相关。

6.1　汽车行驶的平顺性

汽车的行驶平顺性是指保持汽车在行驶过程中乘员所处的振动和冲击环境在一定舒适度范围内的性能。因此，行驶平顺性主要根据乘员主观感觉的舒适性来评价。对于载货汽车还包括保持货物完好的性能。行驶平顺性既是决定汽车舒适性最主要的方面，它本身也是评价汽车性能的主要指标。

6.1.1　汽车振动及其传递途径

汽车的行驶平顺性可以用汽车振动系统方框图（图6-1）来分析。行驶中的汽车是一个复杂的“振动系统”，振动主要是由行驶路面的凹凸不平、高速旋转的轮胎和传动轴以及发动机的转矩变化而引起的。这些因素引起的振动又大多与车速相关，尤其是路面凹凸不平引起的振动，随着车速的变化，振动的频率和强弱会产生相应的变化。

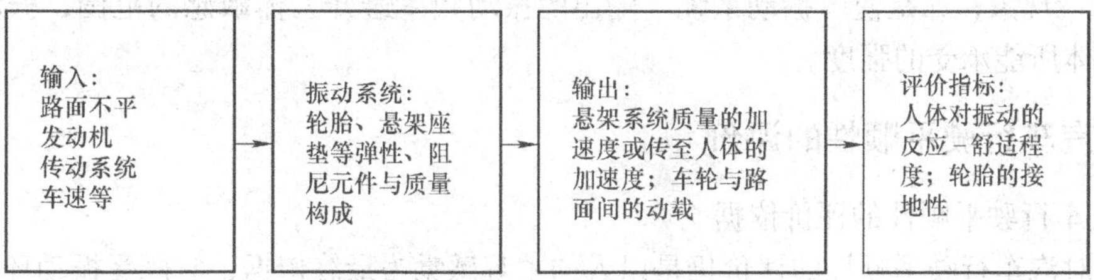

图6-1 汽车振动系统方框图

上述诸多“信号”不断地“输入”行驶中的汽车，而汽车又可以看作是由轮胎、悬架、坐垫等弹性、阻尼元件和悬架质量及非悬架质量构成的“振动系统”。各种“输入”信号沿不同的路径传至乘员人体，其主要传递路径见图6-2。

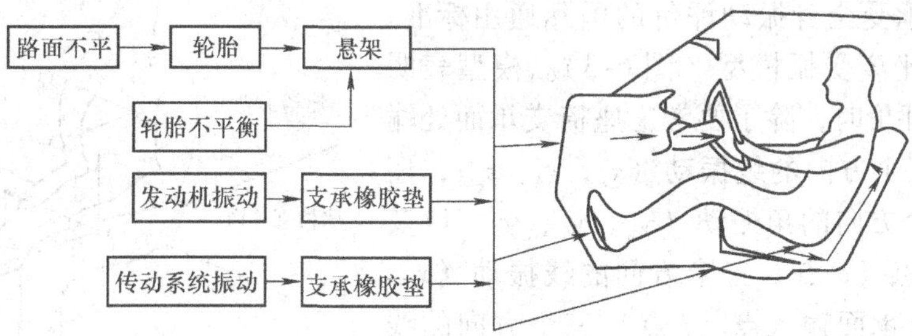

图6-2 汽车行驶振动传递路径示意图

因路面、轮胎产生的振动，先传到悬架，受悬架自身的振动特性影响后再传给车身，通过车身传到乘客的脚部，同时通过座椅传给乘客的臀部和背部，还通过转向系统，以转向盘抖动的形式传到驾驶人手部。

因发动机、传动系统产生的振动，通过支承发动机、变速器和传动轴的缓冲橡胶块，经衰减后传给车身，再经上述途径传至人体各个部位。

当振动频率超过40Hz以上，便形成噪声传进人的耳朵。

作为系统的“输出”，是人体或货物受到的振动，其中最重要的是振动的频率和振动加速度。任何一个“振动系统”均有一个“固有频率”，当外界激振频率接近或等于“固有频率”时，将出现“共振”现象，产生剧烈的振动，这既影响汽车的操纵稳定性，也影响行驶平顺性。

人体是一个复杂的机械振动系统，人体对振动的反应既与振动频率及强度、振动作用方向和暴露时间有关，也与乘员的心理、生理状态有关。

通过大量的振动试验表明，人体对不同方向的振动存在差异，对上下振动忍耐性最强，其次是前后振动，对左右振动最敏感。人体上下振动的共振点大约在4～8Hz，水平振动的共振点大约在1～2Hz。如果在共振点上加振，人的抗振能力会严重下降，氧气消耗量剧增，能量代谢加快。

所谓暴露时间是指人体处于振动环境的时间。暴露时间越长，人体所能承受的振动强度越小。

研究汽车行驶平顺性实际上要解决两方面的问题：一是如何避免汽车这个“振动系统”的“共振”现象；二是使“振动系统”输出的振动频率避开人体敏感的范围，振动加速度不超过人体所能承受的强度。

6.1.2 汽车行驶平顺性的评价

1. 汽车行驶平顺性的评价依据

目前对汽车行驶平顺性的评价仍是以人的主观感觉为最终依据，它既受振动环境特点的影响，又受人的心理、生理因素的影响，所以行驶平顺性的评价和衡量是非常困难和复杂的。

国际标准化组织（ISO）在综合了大量有关人体全身振动的研究工作和文献的基础上，制定了ISO 2631《人体承受全身振动能力的评价指南》，该标准是人体承受全身振动评价的国际通用标准。它规定了人体坐姿受振模型（图6-3）。模型表明在进行舒适性评价时，除了要考虑座椅支承面处输入点（s 点）三个方向的线振动（x_s，y_s，z_s），还要考虑 s 点三个方向的角振动（γ_x、γ_y、γ_z）以及座椅靠背输入点（b 点）三个方向的线振动（x_b，y_b，z_b）和脚支承面输入点（f 点）三个方向的线振动（x_f，y_f，z_f）；共三个输入点12个轴向的振动。

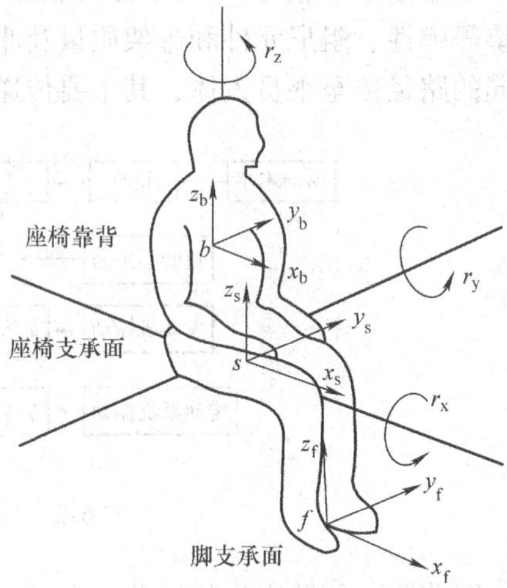

图6-3 人体坐姿受振模型

此标准认为人体对不同频率振动的敏感程度不同。座椅面输入点（s 点）x_s、y_s、z_s 三个线振动是12个轴向中人体最敏感的。座椅面垂直轴向 z_s 的频率加权函数最敏感频率范围为4～12.5Hz。试验表明，在4～8Hz这个频率范围，人的内脏器官产生共振，而8～12.5Hz频率范围的振动对人的脊椎系统影响很大。座椅面水平轴向 x_s、y_s 的频率加权系数最敏感频率范围为0.5～2Hz。大约在3Hz以下，水平振动比垂直振动更敏感，且汽车车身部分系统在此频率范围产生共振，故应对水平振动给予充分重视。

GB/T 4970—2009《汽车平顺性试验方法》规定，评价汽车平顺性主要考虑 s 点、b 点和 f 点的线振动，共九个轴向。

2. 汽车行驶平顺性的评价指标

汽车是一个复杂的振动系统，而人体对它的反应由其振动频率、强度、振动方向及振动时间的综合作用决定。我国评价人体承受全身振动的评价指标采用了国际标准化组织规定的三个评价指标，即“疲劳－降低工效界限”“舒适降低界限”及“暴露极限”。在评价货车的平顺性时，用“疲劳－降低工效界限”来评价驾驶人的工作环境，并用车厢测量部位的加速度功率谱密度函数及加速度的总均方根值来评价货厢的振动情况。对于客车及乘用车，用“舒适降低界限”来评价其测量部位的平顺性。

ISO 2631《人体承受全身振动能力的评价指南》规定：当振动波形峰值系数 <9（峰值

系数是加权加速度时间历程的峰值与加权加速度均方根值的比值）时，用总加权加速度均方根值来评价振动对人体舒适和健康的影响。这一方法对各种汽车在正常行驶工况下均适用。

（1）单轴向加权加速度均方根 $\bar{a}_\omega$ 计算各轴向加权加速度均方根 $\bar{a}_\omega$ 有频谱分析法和滤波网络法两种。

① 频谱分析法。对记录的加速度 - 时间历程 $a(t)$，进行等带宽频率分析得到的加速度自功率谱密度函数 $G_a(f)$ 计算 $\bar{a}_\omega$。1/3 倍频带加速度均方根值为

$$\bar{a}_j = \left[\int_{f_{lj}}^{f_{uj}} G_a(f)\mathrm{d}f\right]^{\frac{1}{2}}$$

式中 $\bar{a}_j$——中心频率为 f_j 的第 j（$j=1, 2, 3, \cdots, 23$）个 1/3 倍频程带宽上的加速度均方根值，单位为 m/s^2；

f_{lj}、f_{uj}——分别是 1/3 倍频程带宽的中心频率为 f_j 的上、下限频率，单位为 Hz，见表 6-1；

$G_a(f)$——等宽的加速度自功率谱密度函数，单位为 m^2/s^2。

然后，再按下式计算 $\bar{a}_\omega$：

$$\bar{a}_\omega = \left[\sum_{j=1}^{23}(\omega_j a_j)^2\right]^{\frac{1}{2}}$$

式中 $\bar{a}_\omega$——单轴向加权加速度均方根值，单位为 m/s^2；

ω_j——第 j 个 1/3 倍频程带宽的加权系数，根据测点的位置和方向不同，分别取 ω_k、ω_d、ω_c，见表 6-2。ω_k、ω_d、ω_c 的具体取值见表 6-3。

② 滤波网络法。对于记录的加速度 - 时间历程 $a(t)$，通过符合表 6-1 规定的频率加权滤波网络得到加权加速度 - 时间历程 $a_\omega(t)$，计算公式为

$$\bar{a}_\omega = \left[\frac{1}{T}\int_0^T a_\omega^2(t)\,\mathrm{d}t\right]^{\frac{1}{2}}$$

式中 $a_\omega(t)$——加权加速度时间历程，单位为 m/s^2；

T——作用时间，单位为 s，一般为 120s。

表 6-1 1/3 倍频程带宽中心频率上、下限频率

频率带数	1/3 倍频程带宽中心频率 f_j/Hz	f_j 的下限频率 f_{lj}/Hz	f_j 的上限频率 f_{uj}/Hz
1	0.50	0.45	0.57
2	0.63	0.57	0.71
3	0.80	0.71	0.9
4	1.0	0.9	1.12
5	1.25	1.12	1.4
6	1.6	1.4	1.8
7	2.0	1.8	2.24
8	2.5	2.24	2.8
9	3.15	2.8	3.55
10	4.0	3.55	4.5

（续）

频率带数	1/3 倍频程带宽中心频率 f_j/Hz	f_j 的下限频率 f_{lj}/Hz	f_j 的上限频率 f_{uj}/Hz
11	5.0	4.5	5.6
12	6.3	5.6	7.1
13	8.0	7.1	9
14	10.0	9	11.2
15	12.5	11.2	14
16	16.0	14	18
17	20.0	18	22.4
18	25.0	22.4	28
19	31.5	28	35.5
20	40.0	35.5	45
21	50.0	45	56
22	63.0	56	71
23	80.0	71	90

表 6-2　不同测点、方向的倍频程带宽的频率加权函数和轴向加权系数

位置	坐标轴名称	频率加权函数	轴向加权系数 k
座椅支承面	x_s	ω_d	1.00
	y_s	ω_d	1.00
	z_s	ω_k	1.00
	r_x	ω_e	0.63
	r_y	ω_e	0.40
	r_z	ω_e	0.20
靠背	x_b	ω_c	0.80
	x_b	ω_d	0.50
	x_b	ω_d	0.40
脚	x_f	ω_k	0.25
	x_f	ω_k	0.25
	x_f	ω_k	0.40

表 6-3　1/3 倍频程带宽的主要加权系数

频率带数 x	频率 f/Hz	ω_k		ω_d		ω_e	
		频率加权系数×1000	dB	频率加权系数×1000	dB	频率加权系数×1000	dB
1	0.5	418	−7.57	853	−1.38	843	−1.48
2	0.63	459	−6.77	944	−0.50	929	−0.64
3	0.8	477	−6.43	992	−0.07	972	−0.24
4	1	482	−6.33	1011	0.1	991	−0.08

（续）

频率带数 x	频率 f/Hz	ω_k		ω_d		ω_e	
		频率加权系数×1000	dB	频率加权系数×1000	dB	频率加权系数×1000	dB
5	1.25	484	-6.29	1008	0.07	1000	0.00
6	1.6	494	-6.12	968	-0.28	1007	0.06
7	2	531	-5.49	890	-1.01	1012	0.10
8	2.5	631	-4.01	776	-2.20	1017	0.15
9	3.15	804	-1.90	642	-3.85	1022	0.19
10	4	967	-0.29	512	-5.82	1024	0.20
11	5	1039	0.33	409	-7.76	1013	0.11
12	6.3	1054	0.46	323	-9.81	974	-0.23
13	8	1036	0.31	253	-11.93	891	-1.00
14	10	988	-0.1	212	-13.91	776	-2.20
15	12.5	902	-0.89	161	-15.87	647	-3.79
16	16	768	-2.28	125	-18.03	512	-5.82
17	20	636	-3.93	100	-19.99	409	-7.77
18	25	513	-5.80	80.0	-21.94	325	-9.76
19	31.5	405	-7.86	63.2	-23.98	256	-11.84
20	40	314	-10.05	49.4	-26.13	199	-14.02
21	50	246	-12.19	38.8	-28.22	156	-16.13
22	63	186	-14.61	29.5	-30.60	118	-18.53
23	80	132	-17.56	21.1	-33.53	84.4	-21.47

（2）各测量点的加权加速度均方根值 $\bar{a}_{vj}$　座椅座垫上方、座椅靠背及驾驶室地板处各测量点的加权加速度均方根值计算公式为

$$\bar{a}_{vj}=\sqrt{k_x^2\bar{a}_{\omega x}^2+k_y^2\bar{a}_{\omega y}^2+k_z^2\bar{a}_{\omega z}^2}$$

式中　$\bar{a}_{vj}$——某点加权加速度均方根值（m/s^2），$j=1$、2、3 分别代表座椅座垫上方、座椅靠背及驾驶室地板三个位置；

$\bar{a}_{\omega x}$——前后方向（即 x 轴向）加权加速度均方根值，单位为 m/s^2；

$\bar{a}_{\omega y}$——左右方向（即 y 轴向）加权加速度均方根值，单位为 m/s^2；

$\bar{a}_{\omega z}$——垂直方向（即 z 轴向）加权加速度均方根值，单位为 m/s^2；

k_x、k_y、k_z——各轴向加权系数，见表6-3。

（3）总加权加速度均方根值 $\bar{a}_v$　研究振动对人体舒适性感觉的影响时，应用座椅坐垫上方、座椅靠背处和脚支撑面处总加权加速度均方根值 $\bar{a}_v$ 来评价，其计算公式为

$$\bar{a}_v=\sqrt{\sum_{j=1}^{3}\bar{a}_{vj}^2}$$

（4）总加权加速度均方根值 $\bar{a}_v$ 与加权振级 $L_{a\omega}$ 的关系　在评价汽车平顺性时，还采用

加权振级 $L_{a\omega}$ 作为评价指标。加权振级表明振动的量级，可以理解为用分贝值表示的加权加速度均方根值。它与总加权加速度均方根值 $\bar{a}_v$ 的换算式为

$$L_{a\omega}=20\lg\left(\frac{\bar{a}_v}{a_0}\right)$$

式中　a_0——参考加速度均方根值，$a_0=10^{-6}m/s^2$；

$L_{a\omega}$——加权振级，单位为 dB。

（5）总加权加速度均方根值 $\bar{a}_v$ 与人的主观感觉之间的关系　ISO 2631 和 GB/T 4970—2009《汽车平顺性试验方法》给出了在 1～80Hz 振动频率范围内人体对振动的主观感觉（表 6-4）；即不同的加权加速度均方根值 $\bar{a}_v$、加权振级 $L_{a\omega}$，可得知人的主观感觉程度，从而可评价汽车平顺性的优劣。

表 6-4　$L_{a\omega}$ 和 $\bar{a}_v$ 与人的主观感觉之间的关系

加权加速度均方根值 $\bar{a}_v/(m/s^2)$	加权振级 $L_{a\omega}$/dB	人的主观感觉
<0.315	110	没有不舒适
0.315～0.63	110～116	有一些不舒适
1.5～1.0	114～120	相当不舒适
0.8～1.6	118～124	不舒适
1.25～2.5	112～128	很平舒适
>2.0	126	极不舒适

6.1.3　改善汽车行驶平顺性的途径

汽车行驶平顺性主要与悬架、轮胎、座椅的结构和特性有关，同时还受簧载质量与非簧载质量、汽车使用技术和汽车道路条件等因素的影响。

1. 悬架结构

减小悬架刚度，降低固有频率，可以减少由于不平路面而引起乘员承受的加速度值，这是改善平顺性的基本措施。为此，需要采用软弹簧及低的轮胎气压。但悬架刚度也不宜过小，否则会引起悬架下质量高频振动幅值加大，影响操纵稳定性；还会引起紧急制动时汽车“点头”现象严重，转弯时车身容易产生较大的侧倾角等不良现象。

对于载荷变化较大的公共汽车和载货汽车，为满足不同载荷对悬架刚度的不同需要，常采用非线性悬架，即变刚度悬架。载荷较小时，悬架刚度较小，以避免振动频率过高，平顺性变差；当载荷较大时，刚度急剧增大，使汽车的侧倾和纵向角振动减轻。

例如，某货车在满载时，后悬架的载荷约为空车的 4 倍，假定悬架刚度不变，若满载时的静挠度等于 100mm 时，则空车时的静挠度将不到 25mm。不难算出，满载时的振动频率为 1.6Hz，而空车时的频率则为 3.2Hz。显然，空车时的振动频率过高，平顺性很差。如果采用变刚度悬架，使空车时的刚度比满载时的低，就会降低空车的振动频率而改善汽车行驶的平顺性。

为避免出现“共振”，前、后悬架的固有频率应避开激振频率。另外，由于来自路面的激振先作用于前轮，然后才作用到后轮，为减轻由此引起的纵向角振动，前悬架的固有频率应略低于后悬架，亦即前悬架刚度略低于后悬架。

2. 悬架阻尼

悬架系统的阻尼主要来自减振器、钢板弹簧叶片之间的摩擦以及轮胎变形时橡胶分子间的摩擦。其作用是使车身的振动迅速衰减，减小传递给乘员和货物的振动加速度，缩短振动时间，改善行驶平顺性，还能改善车轮与道路的接触状况，防止车轮跳离地面，提高操纵稳定性。在使用中，应防止减振器失效及弹簧片生锈锁住，影响行驶平顺性。

3. 轮胎

轮胎对行驶平顺性的影响主要取决于轮胎的径向刚度，适当减小轮胎径向刚度，可以改善行驶平顺性。比如采用子午线轮胎，其径向刚度减小，轮胎的静挠度增加40%以上，行驶平顺性得到改善。但轮胎刚度过低，会引起侧向偏离加大，影响汽车的操纵稳定性。在使用中，通过动平衡试验消除轮胎的动不平衡现象，也是保证行驶平顺性的必要措施。

4. 座椅

座椅的布置对平顺性有较大的影响。接近车身中部的座位振幅较小，前、后两端的座位振幅较大，在相同频率下，乘员感受到的振动加速度就不一致，所以轿车的座位应均匀布置在前后轴轴距之内。载货汽车和公共汽车，为了减少水平方向的振幅，座位在高度方向上应尽量缩小与重心间的距离。

坐垫也有一定减振作用。坐垫的刚度和阻尼要做适当选择，以使人－座椅系统的固有频率避开人体最敏感的4～8Hz范围，同时应使阻尼系数达到0.2以上。

5. 非簧载质量

非簧载质量对汽车的平顺性有较大的影响，其质量的大小直接影响到传递到车身上的冲击力。质量越小，冲击力越小，反之将加大。非簧载质量对行驶平顺性的影响，常用非簧载质量与簧载质量之比 m/M 来评价，此比值轿车一般在10.5%～14.5%之间，以小些为好。

6. 汽车使用方面

车速对行驶平顺性影响很大，车速越高，车身在不平路面行驶时受到的动载荷越大，乘员的舒适性就会下降。因此，应保持适当的车速。路面条件越恶劣，车速越不能过高。特别应注意的是，对具有一定不平度的路面，必然有一个共振车速，驾驶时必须使所用车速远离共振车速。悬架系统技术状况不佳，会导致行驶平顺性变差。因此，应加强减振器及钢板弹簧的维护，以防减振器失效及弹簧片生锈降低弹性元件的作用，影响行驶平顺性。对车轮进行动平衡。通过动平衡消除轮胎的动不平衡现象，从而提高汽车的行驶平顺性。

7. 道路方面

路面不平是汽车行驶振动的主要原因。因此，提高道路级别、改善路面质量、减少路面不平度，可以减少对汽车的冲击，使汽车的振动强度降低，从而改善乘坐舒适性，为汽车的高速行驶创造条件。

6.1.4 汽车行驶平顺性的试验

1. 汽车悬架系统的刚度、阻尼和惯性参数的测定

通过测定轮胎、悬架、坐垫的弹性特性（载荷与变形的关系曲线），可以求出在规定载荷下轮胎、悬架、坐垫的刚度。由加、卸载曲线包围的面积，可以确定这些元件的阻尼。另外，还要测量簧载（车身）质量、非簧载（车轮）质量、车身质量分配系数等。

2. 悬架系统部分固有频率（偏频）和阻尼比的测定

将汽车前轮、后轮分别从一定高度抛下，记录车身和车轮质量的衰减振动曲线，见图6-4。由图上曲线可以得到车身质量振动周期 T_r 和车轮质量振动周期 T'，然后按下式算出各部分固有频率。

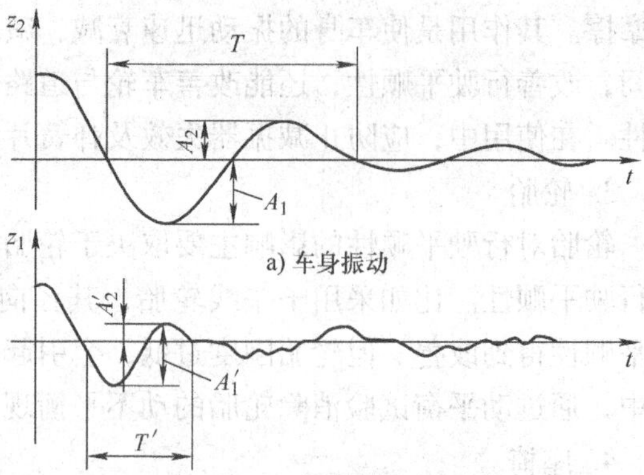

a) 车身振动

b) 车轮振动

图 6-4　悬架系统衰减振动曲线

车身部分固有频率

$$f_0 = \frac{\omega}{2\pi} = \frac{1}{T}$$

车轮部分固有频率

$$f_1 = \frac{\omega_1}{2\pi} = \frac{1}{T'}$$

由车身和车轮部分的衰减率 $\tau = A_1/A_2$、$\tau' = A'_1/A'_2$，阻尼比 ζ、ζ' 为

$$\zeta = \frac{1}{\sqrt{1+\frac{4\pi^2}{\ln^2\tau}}} \quad \zeta' = \frac{1}{\sqrt{1+\frac{4\pi^2}{\ln^2\tau'}}}$$

用同样的方法也可以求出“人体－座椅”系统的部分固有频率 f_0 和阻尼比 ζ。

3. 汽车振动系统频率响应函数的测定

在实际随机输入的路面或在电液振动台上，给车轮0.5～30Hz 范围的振动输入，记录车轴、车身、座垫上各测点的振动响应；然后由数据统计分析仪处理，按车轴/输入、车身/车轴、座垫/车身可相应得到车轮、悬架、座垫各环节的频率响应函数。其幅频特性的峰值所在频率即为各环节的固有频率，峰值幅值可用于近似求出各环节的阻尼比 $\zeta\left(\zeta = \frac{1}{2\sqrt{A^2-1}}\right)$。

4. 实际路面随机输入行驶试验

在整个汽车运输中，使用最多的工况是汽车在接近平稳随机的路面上行驶。此工况下激起的振动是随机振动，一般可以用研究平稳随机振动的方法进行研究。随机输入行驶试验就是采用平稳随机振动的研究方法评价汽车在一般路面上行驶平顺性的一种试验方法。

试验按 GB/T 4970—2009《汽车平顺性试验方法》进行，试验车速、装载情况、乘员姿势和测量位置等均在 GB/T 4970—2009 中做了规定。

试验时汽车在额定载荷（乘用车取 1/3～1/2 额定载荷）下，以一定车速在一定等级的公路或专门试验路上匀速驶过试验路段。

座椅位置上的传感器应置于传感器安装架内，然后在其安装架上坐人或摆放配重物。试验用传感器安装支架可参考图 6-5 形式制作。

进行试验时，在各测量部位安装的加速度传感器应使用能测三个方向振动的传感器。试验时的车速应保持稳定，尽可能以匀速驶过试验路段，同时记录加速度—时间历程，每个样本的记录长度不应少于 3min。

根据试验中记录的振动加速度—时间历程，通过数据处理设备得到加速度功率谱密度，并可计算各 1/3 倍频程带宽中心频率的加速度均方根，可求得各测试点的加权加速度均方根值，进而求得 3 个测量点的总加权加速度均方根值。这些评价指标随车速的变化曲线称为

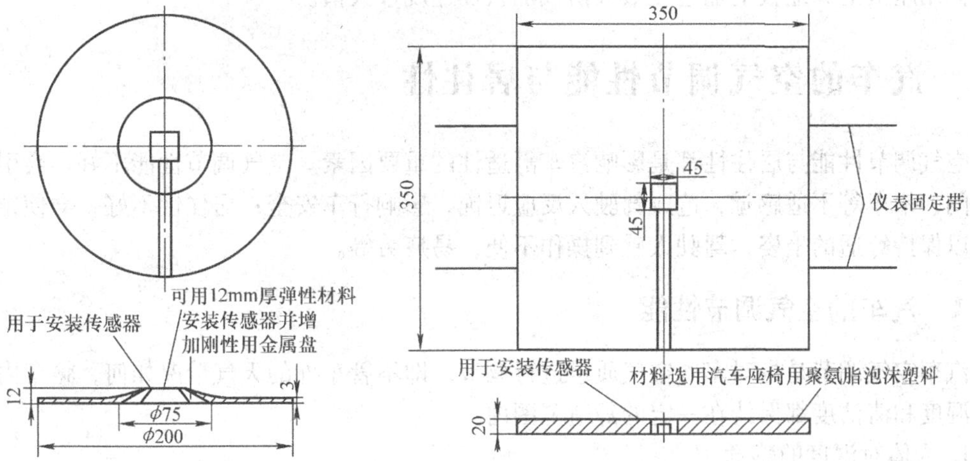

a) 座椅支承面(座垫)处　　b) 靠背处

图6-5　试验用传感器支架

“车速特性”，可用于在整个使用车速范围内全面地评价汽车平顺性。

5. 汽车驶过凸块或凹坑的脉冲输入行驶试验

汽车在公路上行驶时，有时会遇到突出的障碍物，如石块、土堆、凹坑、铺装在路面上的管道及横穿公路的铁轨等，这些障碍物使路面对汽车的振动输入突然增大很多，通常称这种输入为脉冲输入。脉冲输入虽然出现次数少，作用时间极短，但会使乘员立刻感到不舒服，严重时会损害乘员的健康（或者使运输的货物遭到破坏）。

试验用障碍物要具有足够的脉冲强度，具有相当的频带宽度，能够模拟路面形状，并且容易实现。三角形凸块频率成分丰富，能激起汽车较强的振动，而且实际路面的许多障碍物都可以简化为三角形凸块。GB/T 4970—2009《汽车平顺性试验方法》中规定的凸块就是三角形凸块（图6-6）。图中尺寸 h，根据车型可以分别取为60、90、120mm，凸块宽度 B 视车轮宽度而定。

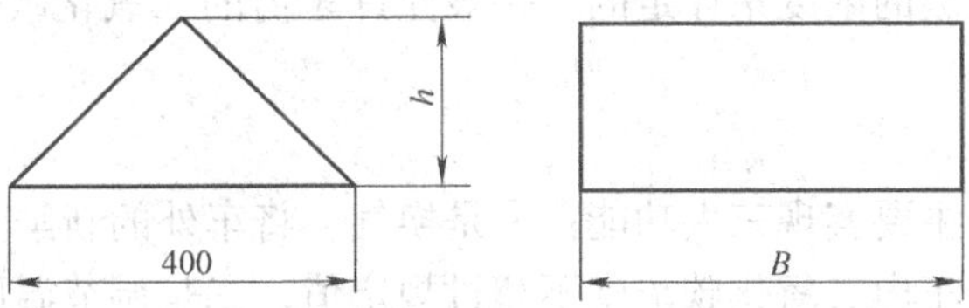

图6-6　脉冲输入行驶试验用三角形凸块

汽车在道路上行驶，当驾驶人发现障碍物时，一般是降低车速后驶过。但有时发现障碍物时已来不及减速，只好以较高的车速通过。为了能模拟实际使用工况，进行脉冲输入行驶试验时，从低速（10km/h）做起，以后每次递增10km/h，一直做到60km/h车速为止。

试验时，将加速度传感器安装在测量部位，连接仪器并预热。试验用两个障碍物摆放在与汽车行驶方向垂直的同一条直线上，当汽车驶至距离障碍物50m处，车速应稳定在试验车速上，然后以此速度通过障碍物，同时记录全过程。每种车速下至少应进行8次试验。评价指标用座垫上和地板上加速度最大值或加权加速度最大值。

6.2 汽车的空气调节性能与居住性

空气调节性能与居住性都是影响汽车舒适性的重要因素。空气调节性能不好，会引起乘员胸闷、晕车等不适感觉，造成驾驶人反应迟钝，影响行车安全；居住性不好，会使乘员感到难以保持舒适的坐姿，驾驶人感到操作不便，易疲劳等。

6.2.1 汽车的空气调节性能

汽车空气调节是指对车内空气质量进行调节，即不管车外的天气情况如何，将车内的温度、湿度和清洁度都保持在一定的舒适范围内。

1. 人体对温度的感觉

人体在不断地产生和散发热量，当两者取得平衡而维持体温36℃时人就会感到舒适。若散热过多，人会感觉“冷”；多余的热量不能及时散发，人会感到“热”。试验表明，人体对温度的感觉主要受环境温度、湿度和风速三项因素的影响。

当环境温度一定时，若降低空气湿度，会使皮肤表面的汗加快蒸发，人便感觉到凉快。增大风速也有同样的效果。在1m/s的风速下，人会感觉比无风状态温度下降约1℃，若风速达到3m/s，会觉得温度下降约3℃。

2. 舒适的温度范围

人体感到舒适的环境温度随其工作内容、体质状况、性别、年龄和衣着等方面变化，还要受季节、昼夜等自然环境变化的影响。综合这些因素，冬季人体感到舒适的温度范围为16~20℃，湿度为55%~70%；夏季温度范围为19~23℃，湿度为60%~75%。

3. 对空气清洁度要求

车厢内空气的洁净程度对舒适性产生重要影响。由于车厢内乘员所拥有的空间有限，人所吸入的氧气的80%变成二氧化碳排出，另外人体散发出的气味、燃油蒸气、汽车废气以及道路尘埃的渗入等，都会导致车内空气质量恶化，影响乘员健康。对车内空气清洁度的指标是按照车厢内二氧化碳的浓度来评定的，一般允许车内的二氧化碳体积分数为0.5%，最好控制在0.1%以下。

4. 空气调节

汽车空气调节系统主要实现三大功能：一是换气，将车外的新鲜空气引入车内，将车内气体排到车外，以保持车内二氧化碳浓度不超过规定值；二是调节温度和湿度，包括冬季的加温除湿，夏季的降温除湿，使车内保持适宜的温度和湿度；三是净化空气，除去车内存在的灰尘和难闻的气味，使空气得到净化。汽车空气调节系统由四大装置构成，即通风装置、暖气装置、冷气装置和空气净化装置。

换气是空气调节的最基本功能。要保持每个乘员应有0.3~0.5m^3/min的换气量，使车内二氧化碳浓度在正常的范围内。要合理布置空气的出、人口，提高换气质量和效率。汽车外部的空气人口设置在正压力大的部位，车内气体的出口设置在负压大的部位。轿车的进气口一般开在前风窗玻璃下的机罩上，排气口开在后排座位的车侧。在使用中应注意对空气进、出口及通道进行清洁维护，以免堵塞而影响换气质量。

除了适宜的温度外，温度的分布情况对人体是否感到舒适也有很大的影响。冬季要求脚下左右部位的温差尽可能小；头部的温度比脚部低2~5℃，即所谓“头寒足热”；前后座位温差要小，特别是后排座位脚部，应有充足的热风流通。夏季制冷时则要求尽可能保持上下身相同的温度。

6.2.2 汽车居住性

汽车居住性主要是指合理分配车内空间，布置适应各种人体特征的要求，使驾驶人和乘员经过长时间行驶而不感到疲劳。

1. 乘员的居住性

要使乘员长时间乘坐而不感到疲劳，就必须给乘员提供能够随意选择乘坐姿势的宽敞车内空间和舒适可靠的座椅。

由于汽车的外形尺寸有限，要给乘员提供宽敞的车内空间，一方面要在有限的外形尺寸内，制造出必要的居住空间；另一方面要合理安排居住空间的形状，以更有效地发挥有限居住空间的功效。

车室内容积的确定，应考虑人体尺寸的参差不齐。以被测对象的尾椎点为基准，首先考虑适于各种情况下的坐姿以及供身体转动的足够空间，还要考虑不致因振动而令乘客触及车内装备件而受伤等，由这些因素决定车室空间的长、宽、高度尺寸。在汽车横截面积不变的情况下，采用发动机前置、前轮驱动以及减少轮胎装置空间等可以扩大室内有效空间；采用曲面玻璃可以扩大乘员肩部空间。

要使座椅舒适可靠，首先是座椅的长、宽、高基本尺寸要与人体尺寸相适应，能按照乘员的体型进行尺寸调整。对于大量生产的汽车，一般能做到的是座椅靠背的倾角可在一定范围内调整（一般为3°~8°）。长途客车的座椅靠背要求可以倾斜到25°以上，以便乘客休息。座椅背的结构采用头枕式，可以提高其舒适性。要进一步提高座椅的舒适性，还需对座椅的振动特性进行测试，使其共振频率避开人体和悬架的共振频率。

另外，座椅蒙皮的触感、室内装饰的色彩、乘员的视野等也影响其居住性。

2. 驾驶人的居住性

要使驾驶人长时间驾驶而不感到过分疲劳，除上述因素之外，还应满足下列条件。

1）各类操纵机构布置应合理，便于操作。

2）各类操纵机构的操作力要适度。

3）驾驶人座椅高度、前后位置能适度调整，以便使驾驶人能获得与各操纵机构相协调的位置和舒适的坐姿。

4）良好的视野，以便于获取道路状况、各种信号标志和周围汽车情况等必需的外部信息。

5）易于辨认的仪表和警告灯等，以便及时获取汽车各装置工作状况和行驶状况的信息等。

6.2.3 汽车空气调节的性能试验

1. 制冷系统的性能试验

（1）试验条件　主要包括试验汽车、装载条件、气候条件和仪器设备等内容。

① 试验汽车。应处于良好的技术状态，空调设备应能正常工作。

② 装载条件。在用车可以空车进行试验，但汽车必须在日光下停车，门窗全开，使车内外温度平衡后方可进行试验。新车应乘坐不小于额定乘客数80%的乘客。

③ 气候条件。晴天少云，有日光直射，气温不低于30℃，风速小于5m/s。

④ 仪器设备。太阳辐射仪、多点温度计、压力表、风速风向仪、干湿球温度计、声级计、发动机转速表、坡度仪、微风测速仪、检漏仪、秒表和风速仪。所有仪器均应符合计量检定要求，并在有效检定期内。

（2）测量方法　测量项目包括风量、风速、噪声和保温能力等。

① 量、风速的测量。关闭客车所有门窗，对于独立式空调装置，制冷装置开至最高档，风机开到最高档；对于非独立式空调装置，将压缩机转速稳定在（1800±100）r/min，风机开到最高档，所有可调风口处于最大出风位置。开机10min后在5min内记录所有风口的平均山风口风速并计算总出风量，可用带集风罩的风速仪或采用小的风速仪进行多点测量，取其平均值，所有出风口的风速及各出风口的风速差须在规定范围内。

② 噪声的测量。测量地应在无顶棚的空旷场地进行，在测量中心点25m半径范围内不应有较大的反射物，测量场地本底噪声不得大于65dB（A）。关闭客车所有门窗，制冷装置开至最高档，非独立式空调装置的压缩机转速稳定在最高（1800±100）r/min，车外噪声测量中心点距压缩机组中心点5m，距车厢地板高度1m，测点与机组间除本车车身外应无其他遮挡物。

车内噪声测量点：在压缩机组中心位置，地板上方1.2m处；回风口中心，车厢地板上方1.2m处；以及客车纵向对称中心平面内，地板上方1.2m处。少于17座的客车选两点，大于17座的客车选3点。车内外各测点重复测量两次，记录每次测量的结果，取其平均值。

③ 保温能力的测量。测点位置：在用车进行降温试验时在汽车纵向轴线上距地面1.2m处设置前、中、后三点，前位置点距汽车前风窗玻璃1.5m处，中间位置点在汽车中部，尾部设在距后风窗玻璃（后舱板）1.5m处。

全部关闭汽车门窗，开启空调，并全部打开各出风口，独立式空调制冷装置开至最高档，非独立式空调装置的压缩机转速稳定在最高（1800±100）r/min，风机开至最高档，前10min，每隔2min记录一次，以后每隔5min记录一次车内各点及回风口温度，直至30min结束。

2. 采暖系统的性能试验

（1）试验条件　主要包括试验汽车、装载条件、气候条件等内容。

① 试验汽车：试验汽车应处于良好的技术状态，采暖设备应能正常工作。

② 装载条件：新车乘客不少于额定乘客数的80%，在用车可以空车进行试验。汽车必须露天停放，并且门窗全开，使车内外温度平衡。

③ 气候条件：环境温度为-15～-5℃，风速不得大于5m/s，晴天或阴天。

（2）测量方法　测量项目包括风量、风速、噪声和升温能力等。

① 风量、风速的测量。关闭客车所有门窗，暖风装置开最高档（对于余热式暖风装置，发动机在额定转速下），开机10min后在5min内记录所有出风口的平均速度，并计算总出风量。

② 噪声的测量。客车停驶，关闭所有门窗，暖风装置开最高档（余热式暖风装置，发

动机在额定转速下），在暖风装置中心位置，地板上方1.2mm处，及客车纵向对称中心平面内，地板上方1.2mm处，少于17座的客车选两点，大于17座的客车选三点。重复测量两次，记录平均值。

③ 升温能力的测量。测量点布置及记录时间与制冷系统性能试验的相同，仅将测点高度位置设为距车厢地板高度400m处。

全关门窗，怠速，独立式暖风装置开至最高档，非独立式暖风装置将发动机转速处于1800r/min稳定状态，关闭除霜风口，暖风开最高风速档。车内除测试人员外基本无人。

3. 通风换气装置性能的测定

（1）通风换气量测定

① 测点位置。将换气扇风口划分为三个面积相等的同心圆环，每个圆环测四个点，这四点必须位于相互垂直的两条直径线与各圆环面积等分线的交点上。

② 测量方法及数据处理。在紧贴换气扇出风口的平面上，或有条件时在换气扇出风口临时安装的断面尺寸与风口相同，且长度为500～1000mm的短管出口平面上，用风速仪测出各测点的风速。

取各测点测试数据的算术平均值作为换气扇的出口风速，单台换气扇的送风量为

$$V = 3600\pi R^2 V_p$$

式中　V——单台换气扇的送风量，单位为m^3/h；

R——换气扇出风口半径，单位为m；

V_p——各测点风速的算术平均值，单位为m/s。

（2）车内气流速度的测量　关闭车门窗，测量点与制冷系统性能试验的相同，但不要直接受换气扇出风影响。在第10min时开始测量各点风速。

（3）通风换气装置处的车内噪声　测点在距离换气装置中心500mm处，换气装置开至最高速档。

4. 除霜系统性能测试

除霜系统性能测试方法如下：

1）试验前后分别用综合气象仪测试大气温度、湿度、气压和风速、风向，取算术平均值作为外界环境平均气候参数，数据记录于测试表中。

2）用含甲醇的酒精或其他类似去污剂清除前风窗玻璃内外表面上的油污，待干后用清洗剂进一步擦拭，最后再用干棉布擦净。

3）打开客车所有门窗，使车内外温度平衡。

4）造霜。在规定的环境温度下，关闭所有门窗，用喷枪以（350±20）kPa的工作压力，使前风窗玻璃整个外表面生成0.044g/cm^2的均匀冰霜层。喷射时，喷嘴距玻璃表面距离为200～250mm。

5）开动除霜装置，当前风窗玻璃上的冰霜融化至最低能见度时，客车开始行驶，随着除霜面积的增大，逐步提高行驶速度。

行驶中每隔5min在风窗内表面描绘一次除霜面积踪迹图或拍摄照片，记录驾驶区上、中、下部温度及驾驶人对视野的反应。同时，测量各除霜喷口的风速。

6）试验40min或除霜面积达到稳定状态即可宣告试验结束。

7）试验结果记录于表中，并将描绘的各次除霜面积描绘在方格纸上，计算其占前风窗

玻璃除霜性能要求面积的百分比。

8）对利用发动机余热进行除霜的客车，应测试发动机进、出水口温度，绘制发动机冷却液温度变化曲线。

思 考 题

1. 名词解释：汽车舒适性；汽车平顺性；汽车空气调节性能；汽车居住性。
2. 汽车行驶平顺性的评价指标有哪些？
3. 汽车振动源有哪些？
4. 悬架对汽车平顺性有何影响？
5. 轮胎对汽车平顺性有何影响？
6. 路面不平度对汽车平顺性有何影响？
7. 如何测定汽车悬架系统的刚度、阻尼和惯性参数？
8. 如何测定悬架系统部分固有频率（偏频）和阻尼比？
9. 如何测定汽车振动系统的频率响应函数？
10. 如何进行实际路面随机输入行驶试验？

第7章

汽车环保性

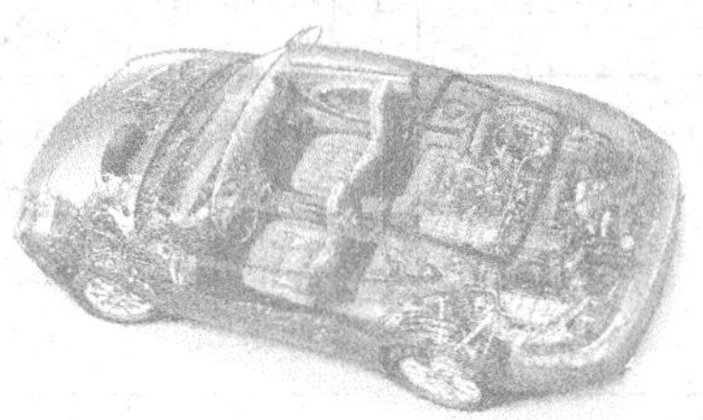

汽车环保性是指汽车排放、汽车噪声和汽车电磁干扰方面的性能。随着汽车工业的迅速发展，汽车保有量急剧增加，汽车排放对大气的污染、汽车噪声对环境的危害和电磁干扰对环境的影响已构成汽车三大公害。目前，世界许多国家都制定了汽车排放、噪声和电磁干扰标准，这对汽车生产和使用维修部门都提出了新的要求。由于低公害新结构汽车的生产和控制排气污染的各种自控系统的出现，原有的知识与技术已不能适应汽车检测和维修工作的需要。因此，了解汽车公害的形成机理和掌握其检测技术已成为正确运用和维修汽车的必要条件。

7.1 汽车排气公害

7.1.1 汽车污染源

汽车的有害气体主要通过汽车尾气排放、曲轴箱窜气和汽油蒸气三个途径进入大气中，造成对大气的污染。

1. 汽车尾气排放

尾气排放是汽车最主要的大气污染源。排放物包含有许多种成分，并且随发动机类型及运行条件的改变而变化。若燃料和空气完全燃烧时，发动机排气的基本成分是二氧化碳（CO_2）、水蒸气（H_2O），过剩的氧（O_2）及残余的氮（N_2）等，这些物质均是无毒的。

排气中除了上述基本成分外，还有不完全燃烧和燃烧反应的中间产物，包括一氧化碳（CO）、碳氢化合物（HC）、氮氧化物（NO_x）、颗粒物（炭烟、油雾等）、二氧化硫（SO_2）以及臭气（甲醛、丙烯醛）等。这些污染物基本上都是有毒的，而且它们的排放量随汽车运行工况的不同变化较大。其排放总量，在柴油机排气中占废气总量的不到1%，而在汽油机中所占的比例最高可达5%以上。表7-1给出汽车在不同运行工况下排气中有害成分的含量值。

在有害成分中，CO、HC、NO_x和炭烟是造成大气污染的主要物质，汽车和内燃机的净化措施就是研究如何控制汽车排气中这些物质的含量。

表 7-1　不同工况下汽车排气有害成分的含量

汽车类型	工况/（km/h）	CO 的体积分数（%）	HC 的体积分数（10^{-6}）	NO_x的体积分数（10^{-6}）	炭烟浓度/（g/m^3）	排气量
汽油车	怠速 0	3.0 ~ 10	300 ~ 2000	50 ~ 100	0.005 以下	少
	加速 0→40	0.7 ~ 5.0	300 ~ 600	1000 ~ 4000		增多
	等速 40	0.5 ~ 1.0	200 ~ 400	1000 ~ 3000		高速最多
	减速 40→0	1.5 ~ 4.5	1000 ~ 3000	5 ~ 50		减少
柴油车	怠速 0	0 ~ 0.01	300 ~ 500	50 ~ 70	0.1 ~ 0.3	少
	加速 0→40	0 ~ 0.50	200 ~ 300	800 ~ 1500		增多
	等速 40	0 ~ 0.10	90 ~ 150	200 ~ 1000		高速最多
	减速 40→0	0 ~ 0.05	300 ~ 400	30 ~ 35		减少

2. 曲轴箱窜气

在发动机工作的压缩行程和做功行程，燃烧室的气体由活塞与气缸之间的间隙窜入曲轴箱后，由于曲轴箱内必须有新鲜空气不断循环，早期的方法是将曲轴箱与空气滤清器连通，外界新鲜空气从加机油口盖的空气滤清器进入曲轴箱，和窜气混合后，由进气歧管真空度吸入空气滤清器，过滤后进入气缸烧掉。这种方法，在发动机高负荷运转时，窜气量增加，但由于进气歧管真空度减弱，反而不能全部吸走窜气，因此窜气会从加机油口盖处逸出，造成污染。其主要污染物是HC，也有部分 CO、NO_x等。自从有了封闭式带PCV 阀的曲轴箱强制通风装置后，这部分污染得到了有效的控制。图 7-1 是目前汽车上普遍采用的封闭式曲轴箱强制通风装置。从空气滤清器引入新鲜空气，经 C 管和闭式呼吸器进入曲轴箱，与窜气混合后，从气缸盖罩经 A 管，由 PCV 阀计量后吸入进气歧管进入气缸内烧掉。高速、高负荷时进气歧管真空度减弱，一旦窜气量过多而不能完全吸尽时，窜气会从曲轴箱倒流入空气滤清器，吸入进气管进入气缸烧掉。

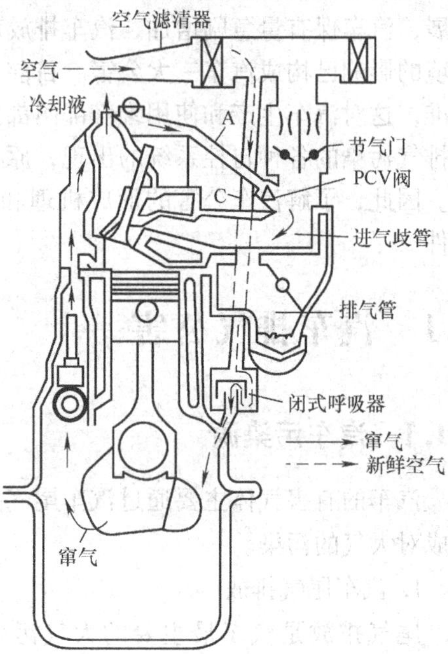

图 7-1　封闭式曲轴箱强制通风装置

3. 汽油蒸气

由于温度升降产生呼吸作用，使油箱中的油蒸气 HC 向大气中排放；油管接头处的渗漏蒸发也会向大气中排放 HC。目前采用活性炭罐吸附使油箱的 HC，使汽油蒸气排放得到了一定的控制，但并未从根本上解决这一污染源的污染问题。

7.1.2　汽车主要污染物的产生与危害

汽车排放是目前增长最快的大气污染源，在发达国家城市区域，汽车是 CO、HC、NO_x

和 O_3 等空气污染物的主要来源，柴油车排放的细微颗粒物在城市区域往往也占到很大的比重。

1. 一氧化碳

一氧化碳是燃料不完全燃烧产物，是汽车及内燃机排气中有害物浓度最大的。现代发达国家城市空气中的 CO 有 80% 是汽车排放的。

一氧化碳是无色、无味、无臭的窒息性易燃有毒气体。一般城市中的 CO 水平对植物及有关的微生物均无害，但对人体则有害，因为它能与血红素作用生成羧基血红素。试验证明，血红素与一氧化碳的结合能力较与氧的结合能力大 200 ~ 300 倍，因此，使血液输送氧的能力降低而引起缺氧。一氧化碳被人体大量吸入后会使人发生恶心、头晕、疲劳症状，严重时会使人窒息死亡。表 7-2 是不同含量 CO 对人体健康的影响。

表 7-2 不同含量 CO 对人体健康的影响

CO 含量（体积分数）(10^{-6})	对人体健康的影响
5 ~ 10	对呼吸道患者有影响
30	人滞留 8 天，视力及神经机能出现障碍，血液中碳氧血红蛋白（CO-Hb）=5%
40	人滞留 8h，出现气喘
120	1h 接触，中毒，血液中碳氧血红蛋白（COHb）>10%
250	2h 接触，头痛，血液中 COHb = 40%
500	2h 接触，剧烈心痛、眼花、虚脱
3000	30min 即死亡

2. 碳氢化合物

碳氢化合物主要是未燃和未完全燃烧的燃油、润滑油及其裂解产物。汽车排放的碳氢化合物主要有烷烃或饱和烃 C_nH_{2n+2}、环烷烃 C_nH_{2n}、烯烃、芳香族化合物和含氧化合物醛、醇、醚类和酮类。烷烃有 100 多种，其中直链烃最多，其碳原子数为 1 ~ 37，带有支链的异构烷烃，其碳原子数在 6 以下；多环芳香烃有 200 多种；醚、醇、酮和醛的数量在十几种到几十种不等。通常含有 1 ~ 10 个碳原子的挥发性碳氢化合物在大气中以气相存在。含有较多碳原子的不易挥发的碳氢化合物经常形成气溶胶或吸附在微粒物上。

饱和烃危害不大，不饱和烃危害性很大。甲烷气体无毒性。当甲醛、丙烯醛等醛类气体含量（体积分数）超过 1×10^{-6} 时，就会对眼、呼吸道和皮肤有强刺激作用；含量（体积分数）超过 25×10^{-6} 时，会引起头晕、恶心、红/白细胞减少、贫血；超过 1000×10^{-6} 时，会急性中毒。苯是无色气体，但有特殊气味。应当引起特别注意的是带更多环的多环芳香烃，如苯并芘及硝基烯，是强致癌物质。烃类成分还是引起光化学烟雾的重要物质。

3. 氮氧化物

氮氧化物是燃料高温燃烧过程中剩余的氧与氮化合形成的产物，其主要成分有 NO、NO_2、N_2O_3 和 N_2O_5 等，总称为 NO_x。在汽车排放中主要是 NO，约占 95%，其次是 NO_2，约占 5%。

NO 是无色无味气体，稍溶于水，只有轻度刺激性，毒性不大，高浓度时会造成中枢神经轻度障碍，NO 可被氧化成 NO_2。NO_2 是一种棕红色强生理刺激性的有毒气体，是引起急性呼吸道疾病的主要物质，在含量（体积分数）为（0.063～0.083）$\times 10^{-6}$下，持续6个月，儿童的支气管炎发病率就会增加，含量（体积分数）为0.1×10^{-6}时即可嗅到，$1\times 10^{-6}\sim 4\times 10^{-6}$就感到恶臭，其对人体健康的影响见表7-3。$NO_2$吸入人体后，和血液中血红素蛋白Hb结合，使血液输氧能力下降，对心脏、肝、肾都会有影响。NO_2会使植物枯黄，但NO_2较易扩散，遇水易溶解：$3NO_2 + H_2O \longrightarrow 2HNO_3 + NO$。故其累积含量不会过高。$NO_2$是地面附近大气中形成光化学烟雾产生臭氧的主要物质。

表7-3 不同含量的NO对人体健康的影响

NO_2含量（体积分数）（10^{-6}）	对人体健康的影响
1	闻到臭味
5	闻到强臭味
10～15	10min眼、鼻、呼吸道受到刺激
50	1min内人呼吸困难
80	3min感到胸痛、恶心
100～150	在30～60min因肺气肿而死亡
250	很快死亡

4. 光化学烟雾

光化学烟雾是汽车排放到大气中的HC和NO_x在太阳光能（$3000\sim 4000\times 10^{-10}$m紫外线）作用下进行光化学反应生成臭氧、醛类和过氧化酰基硝酸盐等形成的一种浅蓝色烟雾。它是一种强刺激性有害气体的二次污染物。

空气中的HC和NO_x在特殊的地理环境，即大气对流不畅的河谷、盆地等工业交通发达地区；特定的气象条件，即夏秋晴朗季节，日照充足，无风，大气处于稳定状态下，产生一系列光化学反应生成光化学烟雾。

光化学烟雾各成分含量的变化规律见图7-2。HC和NO_2在上午上班时间（8点左右）含量达到最高值；经3～4h照射后，臭氧和醛类的含量达到最高值。到了晚上，臭氧和醛类等的含量便显著降低。

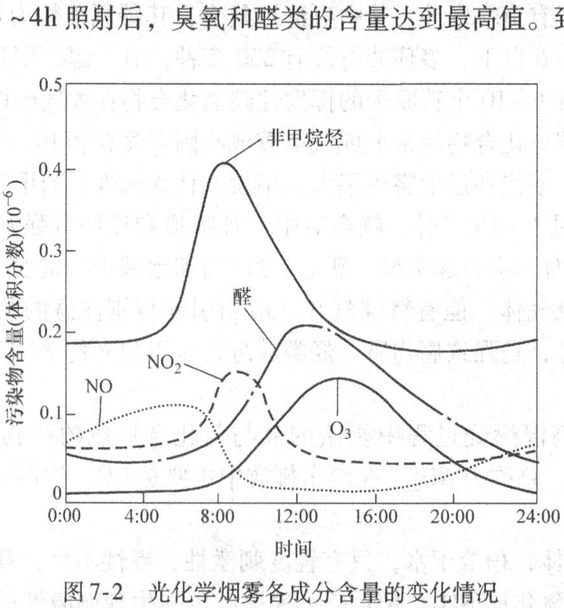

图7-2 光化学烟雾各成分含量的变化情况

光化学烟雾的主要危害可归纳为四个方面。第一是光化学烟雾中的甲醛、过氧化苯甲醛酰硝酸酯和丙烯醛对眼睛的刺激。第二是光化学烟雾中的臭氧是强氧化剂，引起胸部压缩、刺激黏膜、头痛、咳嗽和疲倦等症状，空气中臭氧的含量对人体健康的影响见表7-4。第三是光化学烟雾中的臭氧对有机物质（如橡胶、棉布、尼龙和聚酯等）的损害。第四是使哮喘病增多，植物毁坏。

表7-4 臭氧的含量对人体健康的影响

臭氧含量（体积分数）(10^{-6})	人体中毒后的症状
0.02	5min内多数人能觉察，1h内胶片脆化
0.2~0.3	胸机能降低、胸部有压迫感
0.1~1.0	1h内呼吸紧张
0.2~0.5	3~6h内视力降低
1~2	2h内头疼、胸痛、肺活量减少
5~10	全身疼痛，开始出现麻痹，得肺气肿

5. 微粒

汽车排放到大气中的微粒绝大多数是直径小于1μm以下的固态和液态物质，属于PM2.5范畴之内，以气溶胶、烟雾、尘埃等状态存在于大气中。汽油机和柴油机所排放的微粒是不同的，汽油机主要是铅化物、硫酸盐以及一些低分子物质，只有当技术状况变坏，烧机油时，才有大量炭烟排出；柴油机微粒排放要比汽油机高30~60倍，成分也更复杂，它是一种类似石墨形式的含碳物质（炭烟），并凝聚和吸附了相当数量的高分子可溶性有机物和SO_2等，这些有机物包括未燃的燃油、润滑油及其不同程度的氧化和裂解产物。

（1）铅化物　铅化物是发动机燃用含铅汽油时，抗爆剂四乙基铅的燃烧产物，其微粒直径小于0.2μm。排放到大气中的铅化物除燃烧直接排出的小颗粒外，多数是附着于排气道及消声器而逐渐长大的颗粒，大部分散落在地面上。

铅化物主要影响人的神经系统，可导致智力低下。由于儿童摄入的铅剂量相对其体重更高，而神经系统又正处于发育阶段，因此儿童是铅污染的主要受害者。它可通过肺部、消化器官和皮肤等途径进入人体，并在体内逐渐蓄积起来，妨碍红细胞的生长和发育。儿童的血铅水平与儿童智能发育障碍、神经系统发育等问题都有显著的相关关系，据上海市调查，当铅含量提高0.01mg/100mL，儿童智力将下降7%。高血铅儿童成年以后高血压、心肌梗死和慢性肾衰竭的发病率都将明显提高。

血液中含铅量超过0.01~0.06mg/100mL时，将引起贫血、牙齿变黑、肝功能不正常等慢性中毒症状，提高心血管、肾炎的发病率；含铅量超过0.08mg/100mL时，会出现四肢麻痹、腹痛直至死亡等典型铅中毒症状。铅还会使催化转化器中的催化剂“中毒”失效，影响其使用寿命。我国于2000年7月1日开始全面禁止使用有铅汽油。

（2）炭烟　炭烟是柴油在高温（2000~2200℃）、局部缺氧的条件下，经过热裂解、脱氢，再经聚合、环构化和进一步脱氢形成的具有多环结构的不溶性炭烟晶核，然后经不断聚集、长大成为大的、甚至肉眼能见的炭烟微粒。其形成过程见图7-3。

炭烟微粒表面往往黏附有SO_2和致癌物质苯并芘等有机化合物和臭气，对人体和生物都

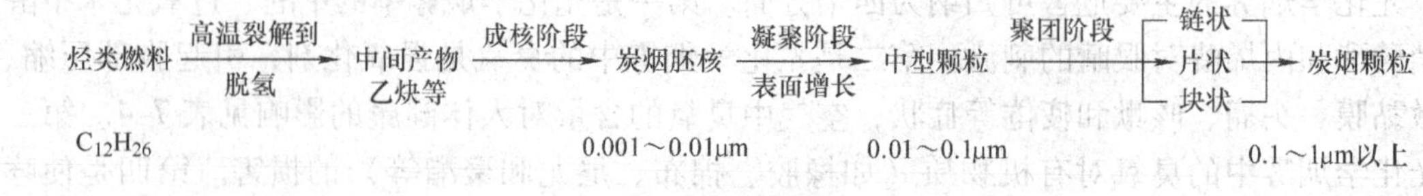

图7-3　炭烟颗粒形成过程

有危害，且微粒越小，悬浮在空气中的时间越长，吸入人体后滞留在肺部和支气管中的比例越大，危害也就越大。小于0.1μm的炭烟微粒能在空气中做随机运动，进入肺部并附在肺细胞的组织中，有些还会被血液吸收。0.1～0.5μm的微粒能深入肺部并黏附在肺叶表面的黏液中，随后会被绒毛所清除。炭烟微粒除对人体呼吸系统有害外，由于微粒的孔隙内黏附着SO_2、未燃HC、NO_2等有毒物质或苯并芘等致癌物，因而会对人体健康造成更大危害。

6. 二氧化硫

二氧化硫是含硫燃料燃烧后的产物，由于柴油的含硫量高于汽油，因此，柴油机排放的SO_2高于汽油机。

SO_2对人类健康有重要影响，它能刺激人的呼吸系统，尤以有肺部慢性病和心脏病的人最易受害，使呼吸道疾病等加重。当空气中SO_2年平均含量（体积分数）大于0.04×10^{-6}、日平均含量（体积分数）大于0.11×10^{-6}时即对人体产生危害。值得指出的是，当SO_2与微粒物质在空气中共存时，其危害可增大3～4倍，因而空气标准中对SO_2的含量和微粒含量的乘积做了限制。当含量（体积分数）为3×10^{-6}时，则可闻到刺激性臭味，SO_2还能与水反应生成亚硫酸。SO_2的腐蚀性较大，软钢板在体积分数为0.02×10^{-6}的SO_2中腐蚀一年失重约16%。SO_2能使室外高压线硬化和拉索钢绳的使用寿命减短，它还能使皮革失去强度，建筑材料变色损坏，塑像艺术品损坏；能损害植物的叶片，影响植物的生长，减少产量。SO_2还会使三元催化转化器的催化剂产生“中毒”损害，因此，应控制燃油中含硫量。

7.1.3　汽车排放标准

1. 国外汽车排放标准

汽车排放控制最早起源于美国的加利福尼亚州。1960年，美国加利福尼亚州颁布了世界上第一部汽车排放法规。1963年，美国政府制定了《大气清洁法》，其后进行了多次修订和补充，逐步严格化，但在1968年以前美国一直采用加利福尼亚州汽车排放标准。从1968年起，美国才有了联邦汽车排放标准，之后几乎是逐年严格化。但是直到现在加利福尼亚州汽车排放标准仍然是世界上最严格的汽车排放标准。继美国之后，日本和欧洲经济委员会分别于1966年和1970年相继制定了机动车排放法规和标准。

随着欧洲一体化进程以及汽车保有量的增长，欧洲国家从1993年开始推行了日趋严格的排放标准，而且从1996年起，除日本外，欧共体和大部分汽车工业发达国家都相继采用了联合国欧洲经济委员会（ECE）的排放标准，这是由于此排放标准有了实质性的变化：ECE扩大了限制有害排放物的种类；试验运转循环更加接近实际使用条件；规定了汽车尾气排放物能够满足环保指标的行程；确立了按汽车环保参数认证的汽车生产稳定性和质量监督统计方法等。汽车排放欧洲Ⅰ号标准（简称欧Ⅰ）于1993年生效。汽车排放欧洲Ⅱ号标准（简称欧Ⅱ）于1996年开始在欧洲实施，该标准对使用无铅汽油和柴油汽车的排放限值更加严格，它既规定电喷汽油机和使用气体燃料以及双燃料汽车排放的测定方法，又对生产一致性采用了新的检查方法。2000 年起开始实施欧Ⅲ标准。2005 年起开始实施欧Ⅳ标准。2008 年起开始实施欧Ⅴ标准。2013 年起开始实施欧Ⅵ标准。各阶段的排放标准见表 7-5。

表 7-5 欧洲汽车排放标准

年份	汽油机				柴油机			
	CO	NO_x	HC	PM	CO	NO_x	$HC+NO_x$	PM
1992 年（欧Ⅰ）	2.720	1.0			2.720		0.970	0.140
1996 年（欧Ⅱ）	2.200	0.3			1.000		0.700	0.080
2000 年（欧Ⅲ）	2.300	0.150	0.200		0.640	0.500	0.560	0.050
2005 年（欧Ⅳ）	1.000	0.080	0.100		0.500	0.250	0.300	0.025
2009 年（欧Ⅴ）	1.000	0.060	0.100	0.0050	0.500	0.180	0.230	0.005
2013 年（欧Ⅵ）	1.000	0.060	0.100	0.0045	0.500	0.080	0.170	0.0045

2. 我国汽车排放标准

自 1983 年开始，国家环境保护总局开始对机动车排放污染物进行控制，1989 年，《中华人民共和国环境保护法》颁布，我国的机动车排放污染物监控法规日益完善，防治污染的工作也取得了很大的进展。为了更科学和有效地管理，我国基本等效地采用了欧盟的排放标准，并于 1999—2014 年间先后出台了一系列排放标准，如：

- GB 18352.1—2001《轻型汽车污染物排放限值及测量方法（Ⅰ）》。
- GB 18352.2—2001《轻型汽车污染物排放限值及测量方法（Ⅱ）》。
- GB 18352.3—2005《轻型汽车污染物排放限值及测量方法（中国Ⅲ、Ⅳ阶段）》。
- GB 17691—2005《车用压燃式、气体燃料点燃式发动机与汽车排气污染物排放限值及测量方法（中国Ⅲ、Ⅳ、Ⅴ阶段）》。
- GB 18352.5—2013《轻型汽车污染物排放限值及测量方法（中国第五阶段）》等。

这些标准缩短了我国和世界先进国家的差距。对于排放标准的管理和实施也逐步完善和规范，从新车型和在用车两方面控制排放污染。新生产机动车环保达标车型核准制度从 2000 年开始全面实施。我国对轻型汽车排放污染控制法规在全国范围内的执行时间如下：

第Ⅰ阶段（国Ⅰ）：2000 年 1 月 1 日开始执行。

第Ⅱ阶段（国Ⅱ）：2004 年 7 月 1 日开始执行。

第Ⅲ阶段（国Ⅲ）：2007 年 7 月 1 日开始执行。

第Ⅳ阶段（国Ⅳ）：2010 年 7 月 1 日开始执行。

第Ⅴ阶段（国Ⅴ）：2018 年 1 月 1 日开始执行。

新的排放标准已与国际接轨，目前汽车排放标准执行的是 GB 18285—2005，部分城市

（如北京、上海等）执行 GB 18352.5—2013 标准。

新生产轻型汽车的排气污染物排放限值见表 7-6 和表 7-7。在用汽车的排气污染物排放限值见表 7-8 和表 7-9。

表 7-6　新生产轻型汽车的排气污染物排放限值（GB 18352.5—2013）

			限值													
		基准质量 RM/kg	CO		THC		NMHC		NO_x		THC + NO_x		PM		PN	
			L_1/（g/km）		L_2/（g/km）		L_3/（g/km）		L_4/（g/km）		L_2+L_4/（g/km）		L_5/（g/km）		L_6/（个/km）	
类别	级别		PI	CI	PI	CI	PI	CI	PI	CI	PI	CI	PI①	CI	PI	CI
第一类车	—	全部	1.00	0.50	0.100	—	0.068	—	0.060	0.180	—	0.230	0.0045	0.0045	—	6.0×10^{11}
第二类车	Ⅰ	$RM\leqslant1305$	1.00	0.50	0.100	—	0.068	—	0.060	0.180	—	0.230	0.0045	0.0045	—	6.0×10^{11}
	Ⅱ	$1305<RM\leqslant1760$	1.81	0.63	0.130	—	0.090	—	0.075	0.235	—	0.295	0.0045	0.0045	—	6.0×10^{11}
	Ⅲ	$1760<RM$	2.27	0.74	0.160	—	0.108	—	0.082	0.280	—	0.350	0.0045	0.0045	—	6.0×10^{11}

注：PI = 点燃式 CI = 压燃式。

① 仅适用于装缸内直喷发动机的汽车。

表 7-7　新生产汽车排气污染物排放限值（GB 18285—2005，体积分数）

车　型	类　别			
	怠　速		高怠速	
	CO（%）	HC（10^{-6}）	CO（%）	HC（10^{-6}）
2005 年 7 月 1 日起新生产的第一类轻型汽车	0.5	100	0.3	100
2005 年 7 月 1 日起新生产的第二类轻型汽车	0.8	150	0.5	150
2005 年 7 月 1 日起新生产的重型汽车	1.0	200	0.7	200

注：1. 第一类轻型汽车是指设计乘员数不超过 6 人（包括贺驶人），且最大总质量≤25000kg 的 M_1 类车。

2. 第二类轻型汽车是指除第一类轻型汽车以外的其他所有轻型汽车。

3. 重型汽车是指最大总质量 > 3500kg 的汽车。

4. 轻型汽车是指最大质量≤3500kg 的 M_1 类、M_2 类和 N_1 类汽车。

表 7-8　在用点燃式汽车的排气污染物排放限值（体积分数）

车　型	类　别			
	怠　速		高怠速	
	CO（%）	HC（10^{-6}）	CO（%）	HC（10^{-6}）
1995 年 7 月 1 日前生产的轻型汽车	4.5	1200	3.0	900
1995 年 7 月 1 日起生产的轻型汽车	4.5	900	3.0	900
2000 年 7 月 1 日起生产的第一类轻型汽车①	0.8	150	0.3	100
2001 年 10 月 1 日起生产的第二类轻型汽车	1.0	200	0.5	150
1995 年 7 月 1 日前生产的重型汽车	5.0	2000	3.5	1200

（续）

车　型	类　别			
	怠　速		高怠速	
	CO（%）	HC（10^{-6}）	CO（%）	HC（10^{-6}）
1995 年 7 月 1 日起生产的重型汽车	4.5	1200	3.0	900
2004 年 9 月 1 日起生产的重型汽车	1.5	250	0.7	200

① 对于 2001 年 5 月 31 日以后生产的 5 座以下（含 5 座）微型面包车，执行此类在用车排放限值。

表 7-9　在用压燃式汽车的排气烟度限值

汽车类型			检测类型	限值
2005 年 7 月 1 日以后生产的在用汽车	名义流量/（L/s）	42	光吸收系数/m^{-1}	2.26
		45		2.19
		50		2.08
		55		1.98
		60		1.90
		…		…
		200		1.06
2001 年 10 月 1 日—2005 年 6 月 30 日期间生产的在用汽车	自然吸气式		光吸收系数/m^{-1}	2.5
	涡轮增压式			3.0
1995 年 7 月 1 日—2001 年 9 月 30 日期间生产的在用汽车			波许烟度值/Rb	4.5
1995 年 6 月 30 日以前生产的在用汽车			波许烟度值/Rb	5.0

7.1.4 汽车排放试验规范

目前，我国在用汽车采用怠速法、双怠速法、稳态工况法（ASM）、瞬态工况法和简易瞬态工况法等方法检测汽油汽车的排气污染物，用自由加速法检测柴油发动机的可见污染物。

1. 怠速法

这种方法对汽油车在怠速运行时排气中 CO 和 HC 浓度进行监测。按照我国国家标准的规定，测量时，首先使汽车离合器处于接合位置，加速踏板松开，变速杆位于空档位置，待发动机达到规定的热状态（四冲程水冷发动机的冷却液温度在 60℃以上，风冷发动机的油温在 40℃以上）后，再按制造厂使用说明书规定的调整法将发动机转速调至规定的怠速转速和点火正时；在确定排气系统无泄漏情况下，从排气管直接采样，用不分光红外分析仪进行测量。测量时：

① 发动机由怠速加速到 0.77 倍的额定转速，维持 60s 后，再降至怠速状态。

② 将取样管插入排气管中，深度为 400mm，并固定于排气管上。

③ 发动机怠速状态维持 15s 开始读数，读取 30s 内的最低及最高值，其平均值即为测量结果。

④ 若为多排气管时，则取各管最大测量值的算术平均值。

2. 双怠速法

我国在用汽车排放标准 GB 18285—2005《点燃式发动机汽车排气污染物排放限值及测量方法（双怠速法及简易工况法）》规定采用的双怠速排放测量法是参照国际标准化组织 ISO 3929 中制定的双怠速排放测量程序进行的。双怠速排放测量法的程序为：

① 应保证被检测汽车处于制造厂规定的正常状态，发动机进气系统应装有空气滤清器，排气系统应装有排气消声器，并不得有泄漏。

② 应在发动机上安装转速计、点火正时仪、冷却液和润滑油测温计等测量仪器。测量时，发动机冷却液和润滑油温度应不低于 80℃，或者达到汽车使用说明书规定的热车状态。

③ 发动机从怠速状态加速至 70% 额定转速，运转 30s 后降至高怠速状态。将取样探头插入排气管中，深度不少于 400mm，并固定在排气管上。维持 15s 后，由具有平均值功能的仪器读取 30s 内的平均值，或者人工读取 30s 内的最高值和最低值，其平均值即为高怠速污染物测量结果。对于使用闭环控制电子燃油喷射系统和三元催化转化器技术的汽车，还应同时读取过量空气系数（λ）的数值。

④ 发动机从高怠速降至怠速状态 15s 后，由具有平均值功能的仪器读取 30s 内的平均值，或者人工读取 30s 内的最高值和最低值，其平均值即为怠速污染物测量结果。

⑤ 若为多排气管时，取各排气管测量结果的算术平均值作为测量结果。

⑥ 若汽车排气管长度小于测量深度时，应使用排气加长管。

注意：

① 对于单一燃料汽车，仅按燃用气体燃料进行排放检测；对于两用燃料汽车，要求对两种燃料分别进行排放检测。

② 对于使用闭环控制电子燃油喷射系统和三元催化转化器技术的汽车进行过量空气系数（λ）的测定。发动机转速为高怠速转速时，λ 应在 1.00 ±0.03 或制造厂规定的范围内。进行 λ 测试前，应按照制造厂使用说明书的规定预热发动机。

3. 稳态工况法（ASM）

将汽车置于底盘测功机上，按照汽车的基准质量（RW）和试验工况，通过测功机对汽车加载，使汽车在等效于最大加速度的 50%（ASM5025）和 25%（ASM2540）的负荷条件下等速运转，直接采样测量排放浓度。试验规范的运转循环见表 7-10 和图 7-4。

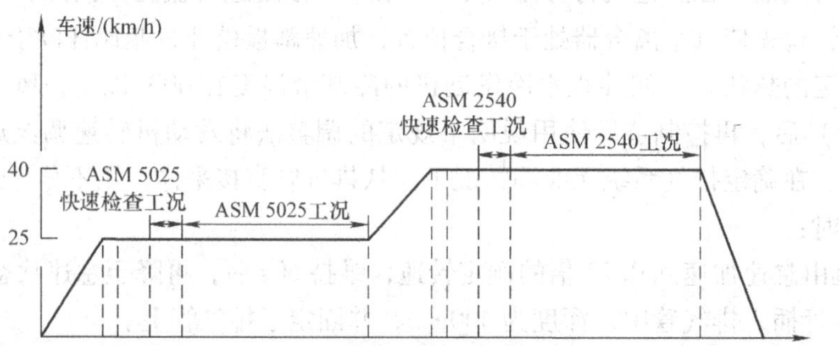

图 7-4　稳态工况法（ASM）试验运转循环

表 7-10 稳态工况法（ASM）试验运转循环表

工况	运转次序	速度/（km/h）	操作时间/s	测试时间/s
5025	1	25	5	/
	2	25	15	
	3	25	25	10
	4	25	90	65
2540	5	40	5	/
	6	40	15	
	7	40	25	10
	8	40	90	65

（1）ASM5025 工况　经预热后的汽车加速至 25.0km/h，测功机以汽车速度为 25.0km/h、加速度为 1.475m/s^{2}时的输出功率的 50% 作为设定功率对汽车加载，工况计时器开始计时（t=0s）。汽车以（25.0±1.5）km/h 的速度持续运转 5s，如果底盘测功机模拟的惯量值在计时开始后持续 3s 超出所规定误差范围，工况计时器将重新开始计时（t=0s）。如果再次出现该情况，检测将被停止。系统将根据分析仪最长响应时间进行预置（如果分析仪响应时间为 10s，则预置时间为 10s，t=15s），然后系统开始取样，持续运行 10s（t=25s）即为 ASM5025 快速检查工况。ASM5025 快速检查工况结束后继续运行至 90s（t=90s）即为 ASM5025 工况。

（2）ASM2540 工况　ASM5025 工况检测结束后，汽车立即加速至 40.0km/h，测功机以汽车速度为 40.0km/h，加速度为 1.475m/s^{2}时的输出功率的 25% 作为设定功率对汽车加载。工况计时器开始计时（t=0s）。汽车以（40.0 ±1.5）km/h 的速度持续运转 5s，如果底盘测功机模拟的惯量值在计时开始后持续 3s 超出所规定误差范围，工况计时器将重新开始计时（t=0s）。如果再次出现该情况，检测将被停止。系统将根据分析仪最长响应时间进行预制（如果分析仪响应时间为 10s，则预置时间为 10s，t=15s），然后系统开始取样，持续运行 10s（t=25s）即为 ASM2540 快速检查工况。ASM2540 快速检查工况结束后继续运行至 90s（t=90s）即为 ASM2540 工况。

将测试结果填入测试报告中。

4. 柴油车自由加速烟度试验规范

（1）不透光烟度法　对于 2001 年 10 月 1 日以后生产的在用汽车用透光式烟度计进行自由加速可见污染物试验，测量尾气的光吸收系数。

① 试验条件。试验应在汽车上进行。试验前不应长时间怠速，以免燃烧室温度降低或积污。使用规定的、用于连续测量汽车排气的光吸收系数的仪器。试验采用符合国家标准的商品燃料。

② 汽车准备。汽车在不进行预处理的情况下也可以进行试验。出于安全考虑，必须确保发动机处于热状态，并且机械状态良好。

发动机应充分预热，例如：在发动机机油标尺孔位置测得的机油温度应至少为 80℃；如果温度低于 80℃，发动机也应处于正常运转温度。因汽车结构，无法进行温度测量时可以通过其他方法使发动机处于正常运转温度，例如，通过控制发动机冷却风扇。

采用至少三次自由加速过程或其他等效方法对排气系统进行吹净。

③ 试验方法。目测检测汽车排气系统的相关部件是否泄漏。发动机（包括装有废气涡轮增压的发动机）在每个自由加速循环的起点均处于怠速状态。对于重型发动机，将加速踏板放开后至少等待10s。

在进行自由加速测量时，必须在1s内将加速踏板快速、连续地完全踩到底，使喷油泵在最短时间内供给最大油量。

对每一个自由加速测量，在松开加速踏板前，发动机必须达到断油点转速。对于带自动变速器的汽车，则应达到制造厂声明的转速（如果没有该数据值，则应达到断油转速的2/3）。

计算结果取最后三次自由加速测量结果的算术平均值。在计算均值时可以忽略与测量均值相差很大的测量值。

（2）波许烟度法　对于2001年9月30日以前生产的在用汽车用波许烟度法进行烟度测试。

① 测量仪器的要求。规定采用滤纸式烟度计（以下简称烟度计）。该烟度计由取样系统和测量系统组成。取样系统由取样探头、抽气装置、清洗装置和取样用连接管组成。测量系统由光电反射头、指示器和试样台组成。其技术参数和要求应符合HJ/T 4—1993的规定。

② 测试汽车的要求。进气系统应装有空气滤清器，排气系统应装有消声器并且不得有泄漏。柴油应符合国家标准的规定，不得另外使用燃油添加剂。测量时发动机的冷却液和润滑油温度应达到汽车使用说明书所规定的热状态。自1995年7月1日起，新生产柴油车装用的柴油机，应保证起动加浓装置在非起动工况不再起作用。

③ 测量循环。测前准备：用压力为300～400kPa的压缩空气清洗取样管路，把抽气泵置于待抽气位置，将洁白的滤纸置于待取样位置，将滤纸夹紧。

循环组成：抽气泵抽气——由抽气泵开关控制，抽气动作应和自由加速工况同步。滤纸走位——每次抽气完毕后应松开滤纸夹紧机构，把烟样送至试样台。抽气泵回位——可以手动也可以自动，以准备下一次抽气。滤纸夹紧——抽气泵回位后手动或自动将滤纸夹紧。指示器读数——烟样送至试样台后由指示器读出烟度值。

循环时间：应于20s内完成一次循环。

清洗管路：完成四个测量循环后，用压力为300～400kPa的压缩空气清洗取样管路。

④ 测量程序。

第一步：安装取样探头。将取样探头固定于排气管内，插深等于300mm，并使其中心线与排气管轴线平行。

第二步：吹除积存物。在发动机怠速下，迅速但不猛烈地踏下加速踏板，使喷油泵供给最大油量。在发动机达到调速器允许的最大转速前，保持此位置。一旦达到最大转速，立即松开加速踏板，使发动机恢复至怠速。重复三次，以清除排气系统中的积存物。

第三步：测量取样：将抽气泵开关置于加速踏板上，按自由加速工况及规定的循环测量四次，取后三次读数的算术平均值即为所测烟度值。

当汽车发动机出现黑烟冒出排气管的时间和抽气泵开始抽气的时间不同步的现象时，应取最大烟度值。测试规范见图7-5。

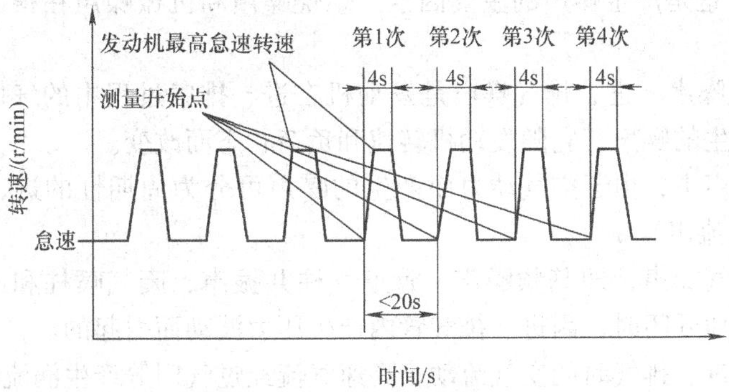

图 7-5 自由加速烟度测试规范

7.2 汽车噪声公害

7.2.1 汽车噪声的来源

噪声是汽车的第二大公害。按照噪声产生的过程，汽车噪声源大致可分为与发动机转速有关的声源和与车速有关的声源。图 7-6 说明了这些基本噪声源。

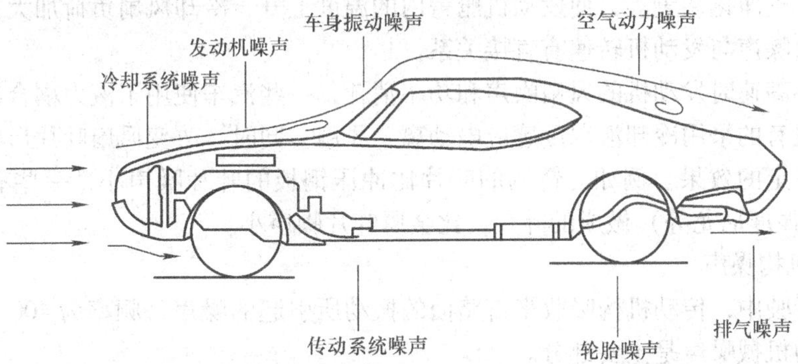

图 7-6 主要噪声源示意图

与发动机转速有关的噪声源主要有进气噪声、排气噪声、冷却系统风扇噪声和发动机表面辐射噪声。用发动机带动旋转的各种发动机附件（如空气压缩机、发电机等）的噪声，也属此类。

与车速有关的噪声源包括传动噪声（变速器、传动轴等）、轮胎噪声、车体产生的空气动力噪声。

1. 发动机噪声

发动机噪声包括燃烧、机械、进气、排气、冷却风扇等及其他部位发出的噪声。

(1) 燃烧噪声和机械噪声 燃烧噪声是在可燃混合气燃烧时气缸压力急剧上升而产生的，它是柴油发动机噪声的主要来源。

机械噪声是指气门的冲击和活塞与气缸之间的敲击声等，在汽油发动机的变速范围内

(300r/min 以上)，这是产生噪声的主要因素。燃烧噪声和机械噪声在很大程度上取决于发动机转速。

(2) 进、排气噪声　进、排气噪声是发动机在进、排气过程中的气体流动和气体压力波动导致振动而产生的噪声，它随发动机转速和负荷状态而改变。

在进、排气噪声中，由于空气动力而产生的噪声可分为周期性的进、排气噪声（脉动声）和涡流声（气流声）。

周期性进、排气噪声，即基频噪声、管道气柱共振声、废气喷柱和冲击噪声。它是在进、排气门周期性地开闭时，因进、排气管内产生压力波动而引起的。

同时，伴随着进、排气时的空气流动，高速气流经过气门等产生涡流的部位会形成二次噪声，即涡流声。这种气流声随着流速增大，噪声提高，噪声的频率成分也变宽。排气的漏气声就是典型的气流声。此外，由于排气温度高、流速大，排气的气流声要比进气的气流声所占的比例大。

除了周期性的进、排气噪声和涡流声外，还有表面辐射声。它是由构成进、排气系统的零件表面辐射出的噪声。进、排气系统薄壁管道及壳体的振动是产生表面辐射噪声的根本原因，这种振动是由于发动机进、排气管传来的机械振动和进、排气压力波所激发的。

降低进、排气噪声的主要措施是使用消声效果好的消声器。此外，在使用过程中，要注意进、排气装置的紧固作业和接头的密封状况，以减小表面辐射噪声。

(3) 风扇噪声　风扇噪声是汽车最大噪声之一。特别是近年来，由于车内普遍安装了空调系统和排气净化装置等，使发动机舱盖内的温度上升，冷却风扇负荷加大，噪声变得更为严重。风扇噪声与发动机转速有直接关系。

为了减小高速时发动机的风扇噪声和功率消耗，一些汽车使用了液力耦合器或变叶片扭角的风扇，也有的采用冷却液温度感应电动离合风扇。同时，改变风扇叶片形状和材料对降低噪声也有一定的效果。例如，铸铝的叶片比冲压钢板的叶片噪声小，一些有机合成材料（玻璃钢、高强度尼龙等）做成的叶片，比金属叶片噪声小。

2. 传动机构噪声

在汽车行驶中，传动机构吸收来自路面的振动所引起的噪声，频率为 400 ~ 2000Hz，其中齿轮传动的机械噪声是主要部分。

产生齿轮噪声的原因包括齿轮啮合时产生的撞击声、随着轮齿之间滑动的变化和由于摩擦力造成的摩擦声以及因齿轮误差与刚度的变化而引起的撞击声等。

齿轮噪声以声波形式向空间传出的仅是一小部分，而大部分则成了变速器、后桥的激振并经轴、轴承、外壳使各部分产生振动变成噪声而传播。齿轮噪声将随汽车行驶状态（如速度、负荷）的变化而变化。

为了减少齿轮噪声，不仅要从设计、制造、加工方法等方面入手，把因啮合而引起的撞击声和激振声降低到最低限度，还应在使用过程中注意齿轮的安装精度和啮合印痕的调整。

3. 轮胎噪声

产生轮胎噪声最主要的原因是轮胎的胎面花纹。汽车在行驶时，轮胎胎面花纹槽内的空气在接地时会被挤压并有规则地排出，引起周围压力变化而产生噪声。轮胎花纹不同，压缩、排气的难易程度不同，产生的噪声也不同，如烟斗花纹轮胎就比普通花纹轮胎的噪声大。

此外，车速、负荷、路面状况等使用因素对轮胎噪声的影响也很大。

汽车的噪声除上述原因外，还有高速行驶时产生的车身干扰空气噪声、制动噪声、储气筒放气声、喇叭声以及各种专用汽车上的动力装置噪声等。

7.2.2 汽车噪声限值

随着机动车拥有量的增加，交通噪声已成为影响城市环境的主要公害之一。为了提高我国汽车的设计、制造水平和控制城市环境交通噪声污染，国家颁布了汽车噪声标准 GB 1495—2002《汽车加速行驶车外噪声限值及测量方法》（表 7-11），GB 3096—2008《声环境质量标准》（表 7-12）。

表 7-11 汽车加速行驶车外噪声限值（GB 1495—2002）

汽车分类		噪声限值 dB（A）	
		第一阶段	第二阶段
		2012.10.1—2004.12.30 期间生产的汽车	2005.1.1 以后生产的汽车
M_1		77	74
M_2（$M \leqslant 3.5t$），或 N_1（$M \leqslant 3.5t$）	$M \leqslant 2t$	78	76
	$2t < M \leqslant 3.5t$	79	77
M_1（$3.5t < M \leqslant 5t$），或 M_1（$M > 5t$）	$P < 150kW$	82	80
	$P \geqslant 150kW$	85	83
N_1（$3.5t < M \leqslant 12t$），或 N_1（$M > 12t$）	$P < 75kW$	83	81
	$75kW \leqslant P < 150kW$	86	83
	$P \geqslant 150kW$	88	84

注：1. M_1、M_2（$M \leqslant 3.5t$）和 N_1 类汽车装用直喷式柴油机时，其限值增加 1dB（A）。

2. 对于越野汽车，其 $M > 2t$ 时：

如果 $P < 150kW$，其限值增加 1dB（A）。

如果 $P \geqslant 150kW$，其限值增加 2dB（A）。

3. M_1 类汽车。若其变速器前进档多于四个，$P > 140kW$，P/M 之比大于 75kW/t，并且用第 3 档测试时，其尾端出线的速度大于 61km/h，则其限值增加 1dB（A）。

4. M 为最大总质量（t）。

5. P 为发动机额定功率（kW）。

表 7-12 声环境质量标准（GB 3096—2008）

适用区域	昼间/dB（A）	夜间/dB（A）
特殊住宅区	45	35
居民、文教区	50	40
一类混合区	55	45
二类混合区、商业中心区	60	50
工业集中区	65	55
交通干线道路两侧	70	55

注：特殊住宅区指特别需要安静的住宅区；居民文教区指纯居民区和文教区；一类混合区指一般商业与居民混合区；二类混合区指工业、商业、少量交通与居民混合区；商业中心指商业集中的繁华地区。

GB 7258—2012《机动车运行安全技术条件》规定：汽车（低速汽车除外）驾驶人耳旁噪声声级应小于等于 90dB（A）。

7.2.3 噪声测量仪器

GB 1495—2002《汽车加速行驶车外噪声限值及测量方法》中规定，测量噪声应使用精密声级计或普通声级计。

声级计是用传声器把声音信号转变为电信号，再把电信号经放大处理后，由仪表把噪声级指示出来。图 7-7 为声级计外形。声级计由传声器、放大器、衰减器、计权网络、检波器、指示表头和电源等组成。

图 7-7 声级计

1. 传声器

又称话筒，是把声压信号转变为电压信号的装置，有电容式、动圈式、压电式等几种，电容式传声器应用较为广泛。

2. 放大器

即放大电路，把传声器产生的微弱电压信号放大，以满足指示仪表的需要，电容式声级计中一般有前置放大器、中间放大器和输出放大器三部分。

3. 计权网络

因为人耳对高频声音较为敏感，而对低频声音不太敏感，同样声压级但不同频率的声音在人耳听觉上是不同的。声级计内设置了能够模拟人耳的听觉特性，把声音的电信号修正为与听感近似的网络电路，称为计权网络。

通过计权网络修正的声压级，已不再是物理量中的线性声压级，而是与人耳听觉近似的声压级。计权网络有 A、B、C、D 四种，目前使用最多的是 A 计权网络，是模拟人耳对频率为 1000Hz、声压级为 40dB 的纯声的响度感觉。噪声测量中，以计权声级读出的噪声值，称为噪声级。不加说明，一般噪声级均指 A 计权网络修正后的 A 计权声级，以 dB（A）为单位，也可直接写成 dB。

4. 检波器和指示表头

检波器即检波电路，它把传声器输出的迅速变化的电压信号转变为变化较慢的直流电压信号，并经一定的处理后在表头上显示出来。为使声音随时间变动与人耳的听觉基本一致，声级计表头还设置了“快”“慢”两档，“快”档时间常数为 0.125s，接近于人耳听觉，适用于进行稳态噪声测量；“慢”档时间常数为 1s，适用于波动较大时的噪声测量。

声级计表头有数字式和指针式两种。数字式表头直接显示噪声级值，指针式表头显示出的数字（如 +5）应加上衰减器档位数字（如 60）才是测量出的噪声级。

7.2.4 噪声试验

1. 测量条件

（1）测量场地　测量场地（图 7-8）应达到的声场条件是，在该场地的中心（*O* 点）放置一个无指向小声源时，半球面上各方向的声级偏差不超过 ±1dB。如果下列条件满足，则可以认为该场地达到了这种声场条件。

① 以测量场地中心（O 点）为基点、半径为50m 的范围内没有大的声反射物，如围栏、岩石、桥梁或建筑物等。

② 试验路面和其余场地表面干燥，没有积雪、高草、松土或炉渣之类的吸声材料。

③ 传声器附近没有任何影响声场的障碍物，并且声源与传声器之间没有任何人阻挡。进行测量的观察者也应站在不致影响仪器测量值的位置。

测量场地应基本上水平、坚实、平整，并且试验路面不应产生过大的轮胎噪声。

（2）气象条件　测量应在良好天气中进行。测量时传声器高度的风速不应超过5m/s。必须注意测量结果不受阵风的影响。可以采用合适的风罩，但应考虑到它对传声器灵敏度和方向性的影响。

气象参数的测量仪器应置于测量场地附近，高度为1.2m。

（3）背景噪声　背景噪声（A 计权声级）至少应比被测汽车噪声低10dB。

（4）汽车要求

① 被测汽车应空载，不带挂车或半挂车（不可分解的汽车除外）。

② 被测汽车装用的轮胎由汽车制造厂选定，必须是为该车型指定选用的形式之一，不得使用任一部分花纹深度低于1.6mm 的轮胎。必须将轮胎充至厂定的空载状态气压。

③ 在开始测量之前，被测汽车的技术状况应符合该车型的技术条件（特别是该车的加速性能）和 GB/T 12534—1990 的有关规定（包括发动机温度、调整、燃油和火花塞等）。

④ 如果汽车有两个或更多的驱动轴，测量时应采用道路上行驶常用的驱动方式。

⑤ 如果汽车装有带自动驱动机构的风扇，在测量期间应保持其自动工作状态。如果该车装有诸如水泥搅拌器、空气压缩机（非制动系统用）等设备，测量期间不要起动。

2. 测量方法

（1）测量区和传声器的布置　加速行驶测量区域按图7-8 确定。加速段长度为2 ×

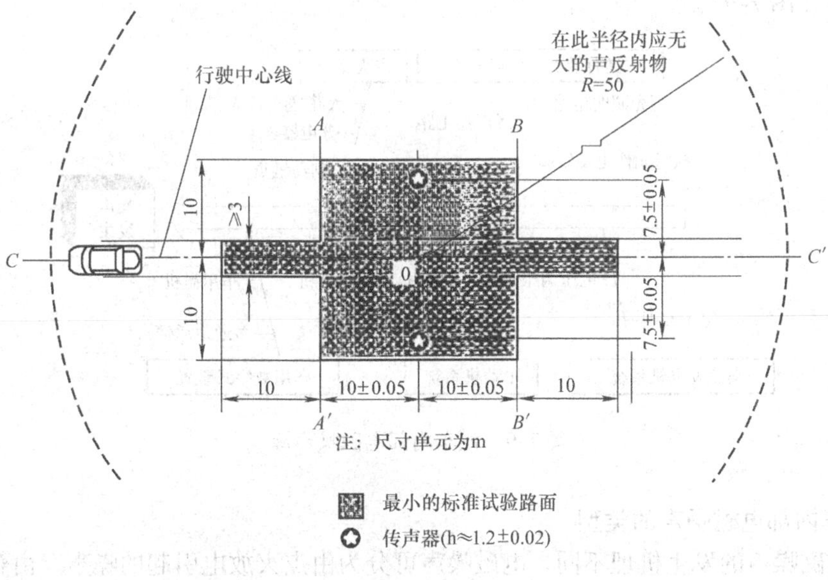

图7-8　测量场地和测量区及传声器的布置

(10m ±0.05m)，AA'线为加速始端线，BB'线为加速终端线，CC'为行驶中心线。

传声器应布置在离地面高 1.2m ±0.02m，距行驶中心线 CC' 7.5m ±0.05m 处。其参考轴线必须水平并垂直指向行驶中心线 CC'。

（2）加速行驶操作　汽车分别以 30、40、50km/h 的稳定速度接近 AA'线，其速度变化应控制在 ±1km/h 之内。当汽车前端到达 AA'线时，必须尽可能地迅速将加速踏板踩到底（即节气门或油门全开），并保持不变，直到汽车尾端通过 BB'线时再尽快地松开踏板（即节气门或油门关闭）。汽车应直线加速行驶通过测量区，其纵向中心平面应尽可能接近中心线 CC'。如果该车由牵引车和不易分开的挂车组成，确定尾端通过 BB'线时不考虑挂车。

（3）声级测量　在汽车每一侧至少应测量四次。应测量汽车加速驶过测量区的最大声级。每一次测得的读数值应减去 1dB（A）作为测量结果。如果在汽车同侧连续四次测量结果相差不大于 2dB（A），则认为测量结果有效。将每一档位（或接近速度）条件下每一侧的四次测量结果进行算术平均，然后取两侧平均值中较大的作为中间结果。

7.3　汽车电磁干扰公害

汽车电磁噪声分为汽车内部的电磁噪声和汽车外部的电磁噪声。汽车内部的电磁噪声是指车用发电机、继电器、开关等部件工作时及开关触点断开瞬间所发出的噪声；外部噪声是指人为的各种电气设备，如高压输电线、铁轨、广播电台设备所辐射出来的对汽车引起干扰的电磁辐射和雷电、静电等自然现象引起的噪声。

7.3.1　汽车内部的电磁噪声

1. 汽车内部电磁噪声的来源

汽车内部电磁噪声主要来源于具有触点的负荷装置、点火系统、发电机、电动机和电子控制系统等（图 7-9）。

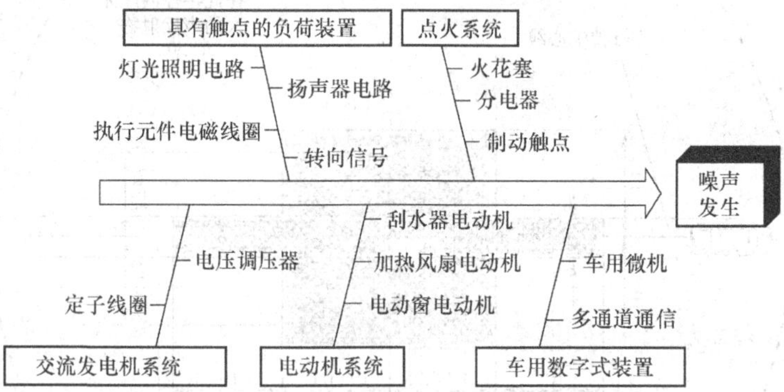

图 7-9　汽车内部电磁噪声源

2. 汽车内部电磁噪声的类型

根据电磁噪声的发生机理不同，电磁噪声可分为由点火放电引起的噪声、由触点开关引起的噪声和微机时钟引起的噪声三种，各种噪声的机理见表 7-13。

表7-13 按噪声的发生机理分类

种类	发生机理	实例	特征
由点火放电引起的噪声	直流电流由于机械式触点的闭合与断开，产生电弧，形成高频电波；或者摩擦静电火花引起的火花放电	点火系统、电动机系统、开关、继电器、制动蹄和刮水器面板等	高压强电流
由触点开关引起的噪声	由于直流电的闭合与断开，引起电压急速上下波动，形成高频电流	灯光控制、风扇控制、交流发电机的直流/直流转换器等	低压强电流
由微机时钟引起的噪声	高速电磁开关引起的高频电压	发动机控制、自动变速器控制、防抱死制动系统（ABS）、汽车局域网（LAN）等	低压弱电流

根据电磁噪声的产生条件不同可分为传导电磁噪声和辐射噪声两大类型。

（1）传导电磁噪声　图7-10是由车上所有的电气电子装置所产生的传导电磁噪声，在汽车电子系统开发时就必须考虑到。

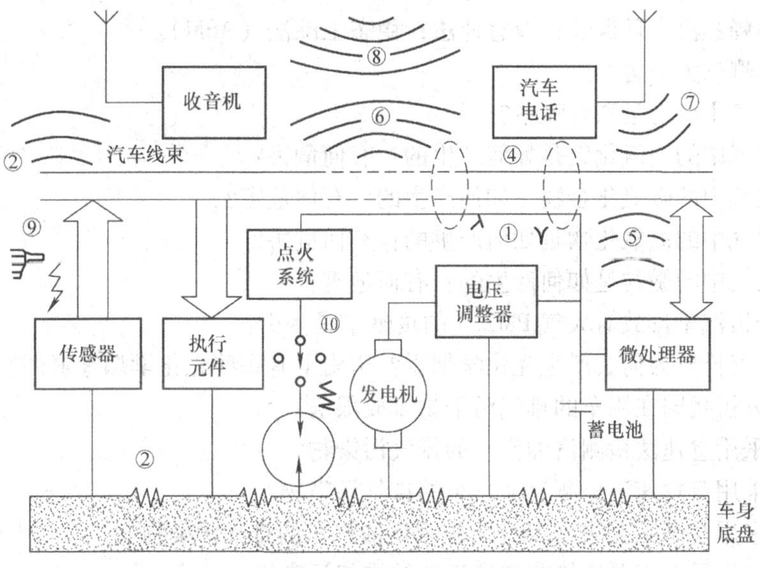

图7-10 汽车的电磁环境

（2）辐射噪声　汽车辐射噪声源有很多，从电场强度来分析，车用无线装置发送时电磁辐射噪声对电子系统干扰最为严重。通信系统（如车用声频装置、车用电视机、汽车电话等）、点火装置、刮水器电动机以及灯光控制开关等均产生辐射电磁噪声。

7.3.2 汽车外部的电磁噪声

在汽车外部的电磁噪声中，对电子系统有较大影响的是静电及社会环境中的电车、高压输电线与通信设备（包括广播电台设备）。

1. 由静电引起的电磁噪声

在汽车的电子系统中，所使用的元件经历了晶体管→集成电路→大规模集成电路的飞速发展过程，静电现象也日益为人们重视。在汽车中，在下车时或在车椅上滑动时，以及在工厂组装车间检测、维修调整时，由静电引起的电磁噪声都必须加以考虑。静电的产生，与湿度、衣服材质等相关，而且，人体所具有的等价静电容量及人体电阻也因人而异，其评价模式现在还未出现。

2. 社会环境中的电磁噪声

在社会电磁环境中必须考虑的是，在超高压输电线下的电磁噪声、电车轨道近旁的电磁噪声及广播电台发射的各种电波、通信设备的发射天线近旁的电磁噪声。

输电线为了减少输电损耗通常采用高压输电形式。不仅要考虑空气中电晕放电，还必须考虑高压输电线下的电磁噪声。在500kV输电线下进行测量的实例是，离地高2m，1kV/m（60Hz）。此外，在这种地点汽车内部的电场强度与车种有直接关系，而且在车窗玻璃面附近最为严重。电台发射塔近旁的电磁噪声的特性，与电场、磁场的特性有关。在中波、短波频带中磁场比电场所占的因素更大，在短波频带中以电场为主体。

思 考 题

1. 名词解释：汽车环保性；双怠速法；稳态工况法（ASM）。
2. 汽车有哪三大公害？
3. 汽车排气主要污染物有哪些？
4. 汽车尾气中的一氧化碳是如何产生的？有何危害？
5. 汽车尾气中的碳氢化合物是如何产生的？有何危害？
6. 汽车尾气中的氮氧化物是如何产生的？有何危害？
7. 汽车尾气中的微粒是如何产生的？有何危害？
8. 调查分析汽车排放对大气PM2.5的贡献率是多少？
9. 汽车尾气排放为何会产生光化学烟雾？历史上有哪些光化学烟雾事件？
10. 调查分析我国在用车的排气污染物排放限值。
11. 如何采用怠速法检测汽油汽车的排气污染物？
12. 如何采用双怠速法检测汽油汽车的排气污染物？
13. 如何采用稳态工况法（ASM）检测汽油汽车的排气污染物？
14. 如何采用瞬态工况法检测汽油汽车的排气污染物？
15. 如何采用简易瞬态工况法检测汽油汽车的排气污染物？
16. 试分析汽车噪声的来源。
17. 汽车噪声限值是多少？
18. 简述声级计测量噪声的原理。
19. 如何用声级计进行汽车噪声测量试验？
20. 汽车电磁噪声的来源有哪些？

第8章

汽车户籍管理与税费

8.1 汽车户籍管理

汽车管理是公安机关车辆管理部门依据道路交通法规、规章以及国家有关的政策和技术标准，运用行政和技术手段对汽车进行监督和管理，包括对汽车进行注册登记、核发牌照和安全技术检验等几个方面，是公安机关交通管理部门的一项行政执法工作。

8.1.1 汽车注册登记

未取得机动车号牌、机动车行驶证和机动车登记证书的机动车辆，车辆管理所按照国家规定对其进行审核、检验，核发机动车号牌，进行机动车行驶证和机动车登记证书的登记。

1. 汽车注册登记的程序

机动车所有人或代理人到机动车所有人住所所在地的车辆管理所办理注册登记，办理注册登记需提交以下手续。

1）《机动车注册、转移、注销登记/转入申请表》。

2）机动车所有人身份证明原件和复印件。

3）由代理人代理的，还需提交代理人身份证明原件和复印件（代理人为单位的，还需提交经办人身份证明原件和复印件），以及机动车所有人的书面委托。

4）机动车来历证明。

5）国产机动车的整车出厂合格证（属于用进口底盘改装的机动车，提交机动车底盘进口凭证）。

6）进口机动车的进口凭证。

7）机动车车辆购置税的完税证明或者免税凭证。

8）机动车交通事故责任强制保险凭证。

9）车船税纳税或者免税证明。

10）属于小、微载客机动车的，还需要提交本市小客车配置或更新指标确认通知书。

11）机动车技术资料档案袋。

12）法律、行政法规规定的应当在机动车注册登记时提交的其他证明、凭证。

《中华人民共和国道路交通安全法》（2014 版）规定：公安机关交通管理部门应当自受理申请之日起五个工作日内完成机动车登记审查工作，对符合前款规定条件的，应当发放机动车登记证书、号牌和行驶证；对不符合前款规定条件的，应当向申请人说明不予登记的理由。

2. 不予办理注册登记的车辆

车辆管理所应当使用计算机登记系统办理机动车登记，不使用计算机登记系统登记的，登记无效。

有下列情形之一的，不予办理注册登记。

1）机动车所有人提交的证明、凭证无效的。

2）机动车来历证明被涂改或者机动车来历证明记载的机动车所有人与身份证明不符的。

3）机动车所有人提交的证明、凭证与机动车不符的。

4）机动车未经国务院机动车产品主管部门许可生产或者未经国家进口机动车主管部门许可进口的。

5）机动车的有关技术数据与国务院机动车产品主管部门公告的数据不符的。

6）机动车的型号、发动机号码、车辆识别代号或者有关技术数据不符合国家安全技术标准的。

7）机动车达到国家规定的强制报废标准的。

8）机动车被人民法院、人民检察院、行政执法部门依法查封、扣押的。

9）机动车属于被盗抢的。

10）机动车所有人有应当办理注销登记的报废机动车的。

11）其他不符合法律、行政法规规定的情形。

8.1.2 汽车核发证件

汽车注册登记后，应核发机动车号牌、机动车行驶证、机动车行驶证书等。

1. 机动车号牌

机动车号牌是由公安机关车辆管理部门依法对机动车进行注册登记核发的号牌，它和机动车行驶证一同核发，是机动车取得合法行驶权的标志。《中华人民共和国道路交通管理条例》第十一条规定：驾驶机动车上道路行驶，应当悬挂机动车号牌。机动车号牌应当按照规定悬挂并保持清晰、完整，不得故意遮挡、污损。任何单位和个人不得收缴、扣留机动车号牌。

机动车号牌有两种类型，即“九二”式和“二〇〇二”式号牌。“二〇〇二”式号牌仅在北京等几个城市应用，且数量少，已不核发。目前广泛采用的是“九二”式号牌。

（1）机动车号牌的规格　机动车号牌是按中华人民共和国公共安全行业标准 GA 36—1992《中华人民共和国机动车号牌》制作，现已被 GA 36—2014 更新，规格见表 8-1。

机动车号牌是准予机动车在中华人民共和国境内道路上行驶的法定标志，其号码是机动车登记编号。

按照不同类型的机动车号牌，机动车登记编号包含省、自治区、直辖市的汉字简称、用英文字母表示发牌机关的代号、由阿拉伯数字和英文字母组成的序号以及有特殊性质的机动车使用的号牌分类用汉字简称。

根据机动车号牌的颜色不同，机动车号牌有蓝底白字白框线的小型汽车号牌、黄底黑字黑框线的大型汽车和挂车号牌、黄底黑字黑框线的普通摩托车号牌以及蓝底白字白框线的轻便摩托车号牌等。

对于特殊汽车，其号牌有其特殊规定，如白底黑字红“警”字黑框线为警用号牌、黑底白字红“使”或“领”字白框线为驻华使（领）馆号牌、黄底黑字黑“学”字黑框线的教练汽车号牌等。

还有地方政府为重大比赛或重大外事活动所特别制作的专用号牌。例如：绿底白字的十运会专用号牌。

机动车号牌，除临时行驶车的号牌为纸质，其余均为铝质反光。号牌上的字的尺寸大小也都有明确的规定，可查阅 GA 36—2014 附件。

表 8-1 机动车号牌的分类、规格、颜色及适用范围（GA 36—2014）

<table>
<tr><th>序号</th><th>分类</th><th>外廓尺寸/mm</th><th>颜色</th><th>每副号牌面数</th><th>适用范围</th></tr>
<tr><td>1</td><td>大型汽车</td><td>前：440×140
后：440×220</td><td rowspan="2">黄底黑字，黑框线</td><td>2</td><td>中型（含）以上载客、载货汽车和专项作业车；半挂牵引车；电车</td></tr>
<tr><td>2</td><td>挂车</td><td>440×220</td><td>1</td><td>全挂车和不与牵引车固定使用的半挂车</td></tr>
<tr><td>3</td><td>小型汽车</td><td rowspan="6">440×140</td><td>蓝底白字，白框线</td><td rowspan="6">2</td><td>中型以下的载客、载货汽车和专项作业车</td></tr>
<tr><td>4</td><td>使馆汽车</td><td rowspan="2">黑底白字，红“使”“领”字白框线</td><td>驻华使馆的汽车</td></tr>
<tr><td>5</td><td>领馆汽车</td><td>驻华领事馆的汽车</td></tr>
<tr><td>6</td><td>港澳入出境车</td><td>黑底白字，白“港”“澳”字白框线</td><td>港澳地区入出内地的汽车</td></tr>
<tr><td>7</td><td>教练汽车</td><td>黄底黑字，黑“学”字黑框线</td><td>教练用汽车</td></tr>
<tr><td>8</td><td>警用汽车</td><td>白底黑字，红“警”字黑框线</td><td>汽车类警车</td></tr>
<tr><td>9</td><td>普通摩托车</td><td rowspan="6">前：220×95
后：220×140</td><td>黄底黑字，黑框线</td><td>2</td><td>普通两轮摩托车和普通三轮摩托车</td></tr>
<tr><td></td><td>轻便摩托车</td><td>蓝底白字，白框线</td><td>2</td><td>轻便摩托车</td></tr>
<tr><td></td><td>使馆摩托车</td><td rowspan="2">黑底白字，红“使”“领”字白框线</td><td>2</td><td>驻华使馆的摩托车</td></tr>
<tr><td></td><td>领馆摩托车</td><td>2</td><td>驻华领事馆的摩托车</td></tr>
<tr><td></td><td>教练摩托车</td><td>黄底黑字，黑“学”字黑框线</td><td>2</td><td>教练用摩托车</td></tr>
<tr><td></td><td>警用摩托车</td><td>白底黑字，红“警”字黑框线</td><td>1</td><td>教练用摩托车</td></tr>
</table>

（续）

序号	分类	外廓尺寸/mm	颜色	每副号牌面数	适用范围
	低速车号牌	300×165	黄底黑字，黑框线	2	低速载货汽车、三轮汽车和轮式自行机械车
	临时行驶车号牌	220×140	天（酞）蓝底纹，黑字黑框线	1	行政辖区内临时行驶的机动车
			棕黄底纹，黑字黑框线		跨行政辖区临时移动的机动车
			棕黄底纹，黑字黑框线，黑"试"字		试验用机动车
			棕黄底纹，黑字黑框线，黑"超"字		特型机动车，指轴荷和总质量超限的工程专项作业车和超长、超宽、超高的运输大型不可解物品的机动车
	临时入境汽车	220×140	白底棕蓝色专用底纹，黑字黑边框	1	临时入境汽车
	临时入境摩托车	88×60		1	临时入境摩托车
	拖拉机	按 NY 341.1—2005 执行			上道路行驶的拖拉机

几种汽车的号牌试样见图 8-1。

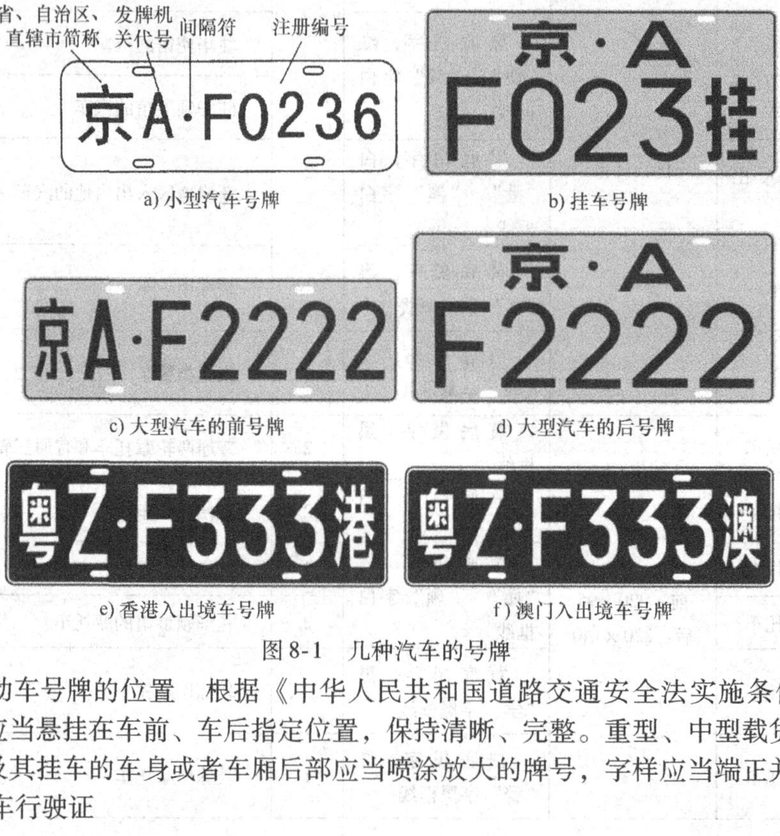

a) 小型汽车号牌　b) 挂车号牌

c) 大型汽车的前号牌　d) 大型汽车的后号牌

e) 香港入出境车号牌　f) 澳门入出境车号牌

图 8-1　几种汽车的号牌

（2）机动车号牌的位置　根据《中华人民共和国道路交通安全法实施条例》的规定，机动车号牌应当悬挂在车前、车后指定位置，保持清晰、完整。重型、中型载货汽车及其挂车、拖拉机及其挂车的车身或者车厢后部应当喷涂放大的牌号，字样应当端正并保持清晰。

2. 机动车行驶证

机动车行驶证是由公安机关车辆管理部门依法对车辆进行注册登记核发的证件，它是机动车取得合法行驶权的凭证。《中华人民共和国道路交通管理条例》第十七条规定，机动车行驶证是车辆上路行驶必需的证件。

机动车行驶证是准予机动车上道路行驶的法定证件。

机动车行驶证由证夹、主页、副页三部分组成。其中，主页正面是已签注的证芯，背面是机动车相片，并用塑封套塑封。副页是已签注的证芯。

主页正面文字颜色为黑色，“中华人民共和国机动车行驶证”字体为12磅黑体，位置居中；上有“号牌号码”“车辆类型”“所有人”“住址”“使用性质”“品牌型号”“车辆识别代号”“发动机号码”“注册日期”和“发证日期”等文字。

副页正面文字颜色为黑色，上有“号牌号码”“档案编号”“核定载人数”“总质量”“整备质量”“核定载质量”“外廓尺寸”“准牵引总质量”“备注”和“检验记录”等文字。

机动车行驶证样式见图8-2。

中华人民共和国机动车行驶证

号牌号码________ 车辆类型________

所 有 人________

住　　址________

品牌型号________ 使用性质________

发动机号码________

发证机关章　　车辆识别代号________

注册登记日期________ 发证日期________

a) 正页

中华人民共和国机动车行驶证副页

档案编号

号牌号码________ 车辆类型________

总质量________ 整备质量________

核定载质量________ 准牵引总质量________

核定载客________ 驾驶室共乘________

货箱内部尺寸________ 后轴钢板弹射片数________

外廓尺寸________

检验记录________

b) 副页

图8-2　机动车行驶证

3. 机动车登记证书

《中华人民共和国机动车登记办法》规定，在我国境内道路上行驶的机动车，应当按规定经机动车登记机构办理登记，核发机动车号牌、机动车行驶证和机动车登记证书。

机动车所有人申请办理机动车各项登记业务时均应出具机动车登记证书；当登记信息发生变动时，机动车所有人应当及时到车辆管理所办理相关手续；当机动车所有权转移时，原机动车所有人应当将机动车登记证书随车交给现机动车所有人。目前，机动车登记证书还可以作为有效资产证明，到银行办理抵押贷款。

机动车登记证书同时也是机动车的“户口本”，所有机动车的详细信息及机动车所有人的资料都记载在上面，证书上所记载的原始信息发生变化时，机动车所有人应携机动车登记证书到车管所做变更登记。这样，“户口本”上就有机动车从“生”到“死”的一套完整记录。

公安机关车辆管理部门是机动车登记证书的核发单位。机动车登记证书与机动车行驶证相比它的内容更详细。机动车登记证书的样示见图 8-3。

4. 道路运输证

道路运输证是交通部统一制定的经营道路运输的合法凭证。凡在我国境内从事道路运输经营活动和非经营性道路危险货物运输的机动车辆，均须持有道路运输证，并随车携带，以备查验。

道路运输证（图 8-4）由主证和副证两部分组成，采用防伪标志，封面为墨绿色。

道路运输证主证正面是车辆有关内容，背面是车辆 45°角彩色照片，然后塑封。为推动道路运输证电子证件工作，道路运输证 IC 卡和在纸质道路运输证主证中间夹着的电子标签与纸质道路运输证同样有效。

道路运输证主证的内容为业户名称、地址、经营许可证号、车辆号牌、车辆类型、吨（座）位、车辆尺寸、经营范围和核发机关等。“经营许可证号”填写经营许可证上后 12 位阿拉伯数字，“车辆号牌”填写车辆号牌号码加上号牌颜色，“车辆类型”填写车辆厂牌型号，“吨（座）位”填写行驶证上核定的载质量或者载客数，“车辆尺寸”填写车辆外廓长宽高尺寸，以车辆出厂合格证书数据为准。

副证除了与主证同样内容外，还有经济类型、备注、车辆审验及技术等级记录、违章记录等内容。“经济类型”按国有，集体，私营，个体，联营，股份制，外商投资，港、澳、台以及其他经济分类，“备注”填写危险货物和其他需要填写的内容，“车辆审验及技术等级记录”填写车辆技术等级和审验结果，“违章记录”填写车辆违章的情况。

8.1.3 汽车异动登记

1. 转籍登记

领有正式号牌和行驶证的汽车由本辖区迁移至外省市或由外省市调入本辖区内时须进行登记，称之为转籍登记，包括转出登记和转入登记。

转籍登记须在规定的时间内到车辆管理机关申办转籍手续，填写《机动车变更、过改装、停驶、复驶、报废审批申请表》。

（1）转出登记　转出登记含过户转出登记和转籍转出登记。过户转出登记是指已注册登记的机动车所有权发生转移并转出本车辆管理所的登记。转籍转出登记是指已注册登记机

编号：*420008715672+

注册登记摘要信息栏

Ⅰ	1.机动车所有人/身份证明名称/号码				
	2.登记机关		3.登记日期		4.机动车登记编号	

转移登记摘要信息栏

Ⅱ	机动车所有人/身份证明名称/号码					
	登记机关		登记日期		机动车登记编号	
Ⅲ	机动车所有人/身份证明名称/号码					
	登记机关		登记日期		机动车登记编号	
Ⅳ	机动车所有人/身份证明名称/号码					
	登记机关		登记日期		机动车登记编号	
Ⅴ	机动车所有人/身份证明名称/号码					
	登记机关		登记日期		机动车登记编号	
Ⅵ	机动车所有人/身份证明名称/号码					
	登记机关		登记日期		机动车登记编号	
Ⅶ	机动车所有人/身份证明名称/号码					
	登记机关		登记日期		机动车登记编号	

第1页

注册登记机动车信息栏

5. 车辆类型		6. 车辆品牌	
7. 车辆型号		8. 车身颜色	
9. 车辆识别代号/车架号		10. 国产/进口	
11. 发动机号		12. 发动机型号	
13. 燃料种类		14. 排量/功率	mL/　　kW
15. 制造厂名称		16. 转向形式	
17. 轮距	前　　后　　mm	18. 轮胎数	
19. 轮胎规格		20. 钢板弹簧片数	后轴　　片
21. 轴距	mm	22. 轴数	
23. 外廓尺寸	长　　宽　　高　　mm		33. 发证机关章
24. 货厢内部尺寸	长　　宽　　高　　mm		
25. 总质量	kg	26. 核定载质量　　kg	
27. 核定载客	人	28. 准牵引总质量　　kg	
39. 驾驶室载客	人	30. 使用性质	
31. 车辆获得方式		32. 车辆出厂日期	34. 发证日期

图8-3　机动车登记证书

动车，其所有人住所迁出本车辆管理所管辖区域时进行的登记。

（2）转入登记　转入登记包含过户转入登记和转籍转入登记。过户转入登记是指已注册登记机动车因所有权转移，由异地车辆管理所转入现机动车人所在地车辆管理所时进行的登记。

转籍转入登记是指已注册登记机动车因所有人住所迁移，由异地车辆管理所转入现所在地车辆管理所时进行的登记。

办理转籍手续的车辆，须当年年度检验合格，年检不合格的车辆或未进行年检的车辆，一律不办理转籍手续。一年内达到报废期限或经批准延期报废的车辆，则不受理转籍申请。

中华人民共和国道路运输证

运管　字　号

业户名称：

地　　址：

车辆号牌：

经营许可证号：

车辆类型：

吨（座）位：

车辆（毫米）：

经营范围：

发证日期

图 8-4　道路运输证

2. 过户登记

过户登记是指车辆管理所对已注册登记机动车在其所有权发生转移（且原机动车所有人和现机动车所有人的住所在同一车辆管理所管辖区）后所进行的只改变机动车所有人但不转出本车辆管理所的登记。

3. 变更登记

变更登记是指机动车所有人因变更姓名或者单位名称，在车辆管理所管辖区内变更住所的地址，身份证明的名称、号码，变更车身颜色、发动机、燃料种类，因故损坏无法修复更换同型号车身或者车架，以及因质量问题更换整车或者同型号发动机、车身、车架时进行的登记。

4. 抵押、注销抵押登记

抵押登记，是指车辆管理所根据机动车抵押权人和抵押人的申请，将机动车所有人（即抵押人）的机动车作为抵押物所进行的登记。

5. 停驶、复驶登记

停驶登记是指车辆管理所对因维修、闲置等原因而申请暂时停止使用的机动车辆进行的登记。

复驶登记是指车辆管理所对已做停驶登记的机动车做恢复行驶的登记。

6. 临时入境登记

临时入境登记是指车辆管理所对经国家主管部门批准，临时（不超过 3 个月）入境参加有组织的旅游、比赛以及其他交往活动的外国机动车辆进行审核、检验，核发中华人民共和国临时专用号牌和中华人民共和国机动车临时行驶证的登记。

7. 注销登记

注销登记是指车辆管理所对已注册登记的机动车，因达到国家规定的报废标准、灭失或者因故不在我国境内道路上使用后所进行的登记。

8. 补、换领牌照及行车证

车辆号牌遗失或损坏的应持车主证明，说明丢失及损坏的原因及经过，号牌损坏的应连同损坏的号牌一起到车辆管理机关填写《补领牌照申请表》申请补换。经审核，先领取与原牌照相同的“补牌证”，按预约时间凭“补牌证”领取补制的号牌。

遗失行驶证的，应持车主证明，到车辆管理机关填写《补领牌照申请表》申请补领，公告挂失后，经审核开具一个月待理证，到期凭待理证领取补发的行驶证。行驶证损坏或记录填写满后，可凭损坏的或原行驶证直接换领新证。

因违章、肇事被扣行驶证而假冒遗失补证的，将酌情予以教育和处罚。

8.1.4　汽车登记的工作程序

1. 直接交易、中介交易类登记的工作程序

直接交易、中介交易类登记的工作程序见图8-5。

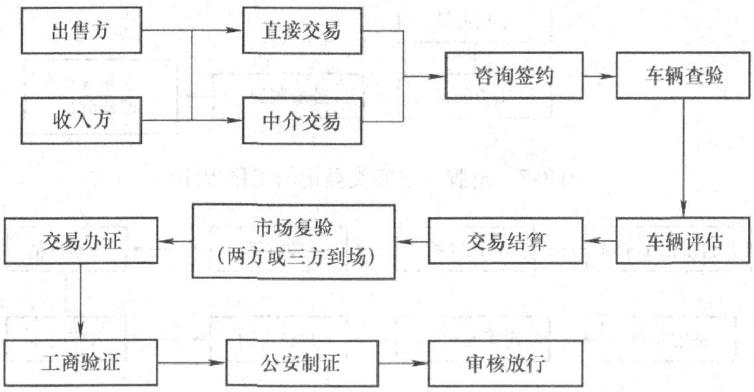

图8-5　直接交易、中介交易类登记的工作程序

2. 经销类的工作程序

经销类登记的工作程序见图8-6。

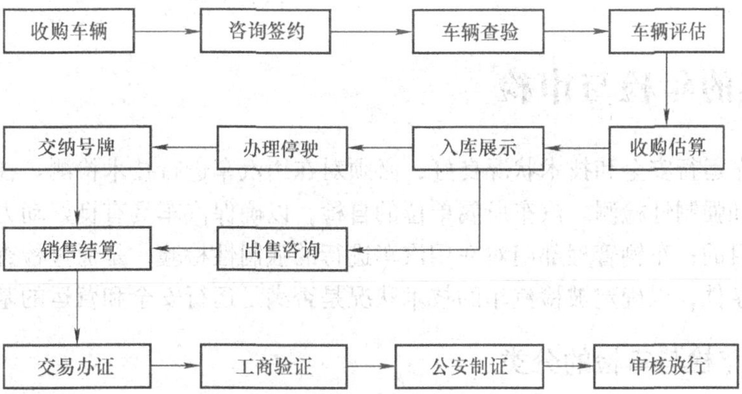

图8-6　经销类登记的工作程序

3. 退牌、上牌类登记的工作程序

退牌、上牌类登记的工作程序见图8-7。

4. 寄售或拍卖类登记的工作程序

寄售或拍卖类登记的工作程序见图8-8。

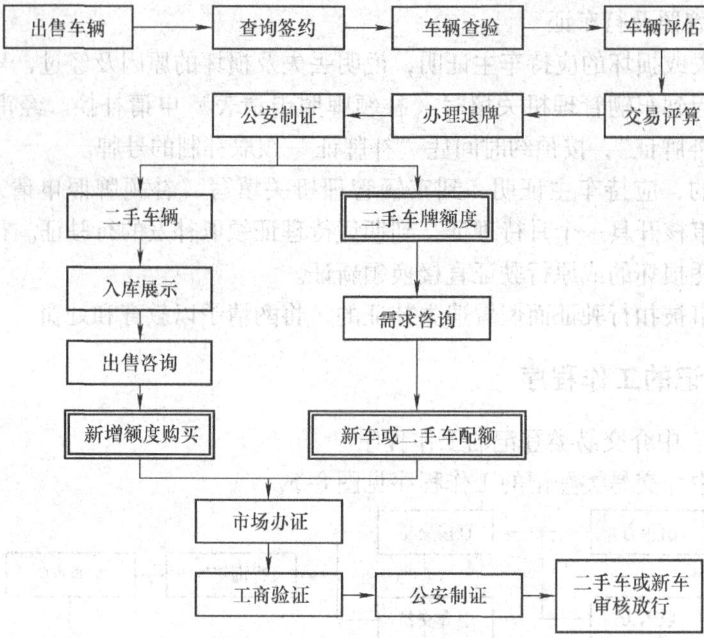

图 8-7　退牌、上牌类登记的工作程序

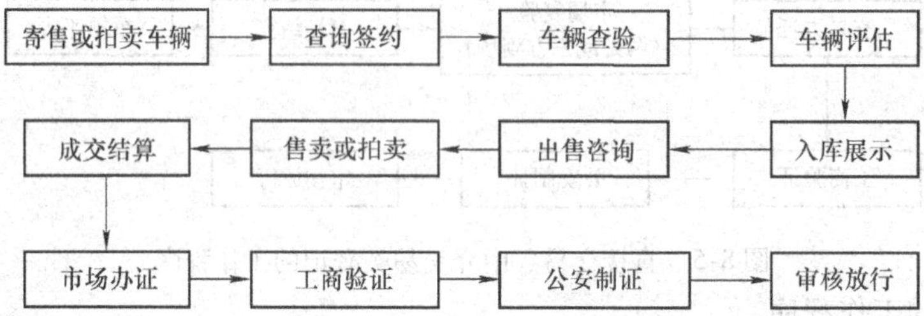

图 8-8　寄售或拍卖类登记的工作程序

8.2　汽车的年检与审检

为确保汽车运行安全和技术状况良好，必须对在用汽车进行技术检测。在用汽车的技术检测分为自检和强制性检测。汽车所属单位的自检，以确保汽车具有良好动力性、经济性和安全性为主要目的；车辆管理部门对在用汽车进行的强制性检验，是通过检查其是否符合国家规定的技术条件，以确定被检汽车的技术状况是否满足运行安全和营运的基本要求。

8.2.1　汽车年检与审检的分类

1. 按参加检验的时间分

根据汽车参加检验的时间要求，可分为年度检验和临时性检验两类。

（1）年检　年检是指按照车辆管理部门规定的期限对在用汽车进行的定期检验，或根据交通运输管理部门制定的汽车检测制度对营运汽车进行的定期检测。

汽车年检的目的是检验汽车的主要技术性能是否满足 GB 7258—2012《机动车运行安全

技术条件》的规定，督促车属单位对汽车进行维修和更新，确保汽车具有良好的技术状况，消除事故隐患，确保行车安全；同时，使汽车管理部门全面掌握汽车分类和技术状况的变化情况，以便加强管理。

图8-9　机动车检验合格标志

机动车必须进行年检，检验合格后，公安机关发放合格标志。根据《中华人民共和国道路交通安全法实施管理条例》的规定，机动车检验合格标志应贴在机动车前窗右上角（图8-9）。若无合格标志或标志无效，则不能交易。

机动车安全技术检验由机动车安全技术检验机构实施。机动车安全技术检验机构应当按照国家机动车安全技术检验标准对机动车进行检验，对检验结果承担法律责任。汽车年检的流程见图8-10。

机动车应当从注册登记之日起，按照下列期限进行安全技术检验。

① 营运载客汽车5年以内每年检验1次；超过5年的，每6个月检验1次。

② 载货汽车和大型、中型非营运载客汽车10年以内每年检验1次；超过10年的，每6个月检验1次。

③ 小型、微型非营运载客汽车6年以内免检（但每2年需向公安交管部门申领检验标志），详见图8-11图解2014年机动车检验新政；超过6年的，每年检验1次；超过15年的，每6个月检验1次；超过20年的，每3个月检验1次。

④ 摩托车4年以内每2年检验1次；超过4年的，每年检验1次。

⑤ 拖拉机和其他机动车每年检验1次。

营运机动车在规定检验期限内经安全技术检验合格的，不再重复进行安全技术检验。

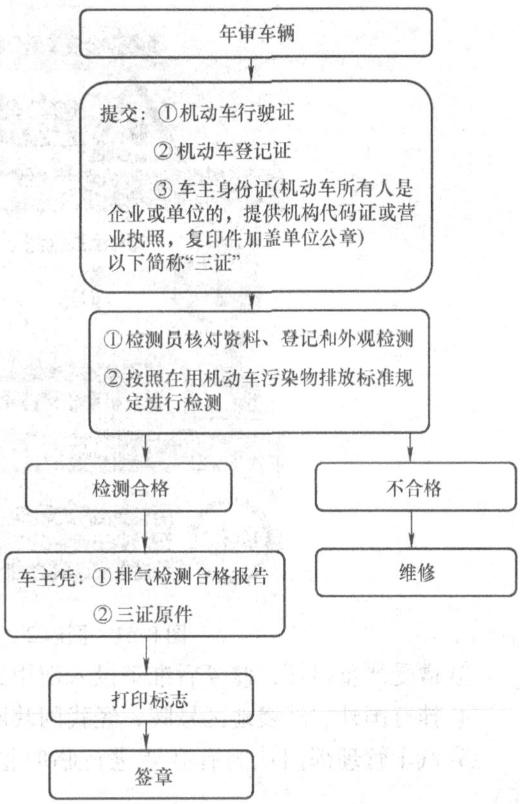

图8-10　机动车安全技术检验的流程

(2) 临时性检验　临时性检验是指除对汽车年检和正常检验之外的汽车检验。汽车临时性检验的内容与年检基本相同，其目的是评价汽车性能是否满足GB 7258—2012《机动车运行安全技术条件》的要求，以确定其能否在道路上行驶，或汽车技术状况是否满足参加营运的基本要求。在用汽车参加临时性检验的范围包括以下内容。

① 申请领取临时号牌（如新车出厂、改装车出厂）的汽车。

② 放置很长时间，要求复驶的汽车。

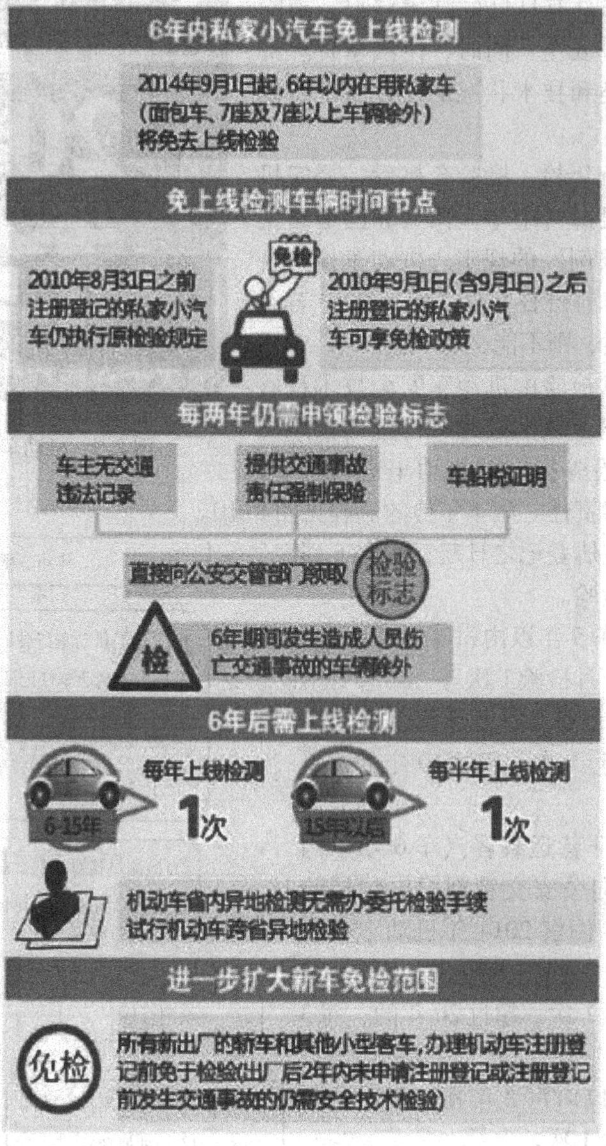

图 8-11　图解 2014 年机动车检验新政

③ 遭受严重损坏，修复后准备投入使用的汽车。

④ 挂有国外、港澳地区号牌，经我国政府允许，可进入我国境内短期行驶的汽车。

⑤ 汽车管理部门认为有必要进行临时检验的汽车（如春运期间、交通安全大检查期间）。

营运汽车在下述情况下，应按交通运输管理部门的规定，参加临时性检测。

① 申请领取营运证的汽车。

② 经批准停驶的汽车恢复行驶前。

③ 经批准封存的汽车启封使用时。

④ 改装和主要总成改造后的汽车。

⑤ 申请报废的汽车。

2. 按年检与审检的目的分

按检测目的不同，汽车年检与审检一般分为安全检测、综合性能检测、维修检测和特殊检测等。

（1）安全检测　安全检测以涉及汽车安全与环保的项目为主要检测内容，其目的是确定汽车性能是否满足有关汽车运行安全和公害等法规的规定，是对全社会民用汽车的安全性检查。

（2）综合性能检测　综合性能检测是指对汽车的安全性、动力性、经济性、可靠性、噪声和废气排放状况等进行的全面检测，其目的是对在用运输汽车的技术状况进行检测诊断，对汽车维修行业的维修汽车进行质量检测，以确保运输汽车安全运行，提高运输效率和降低运行消耗。

（3）维修检测　维修检测以汽车性能检测和故障诊断为主要内容，其目的是对汽车维修前进行技术状况检测和故障诊断，据此确定附加作业和小修项目以及是否需要大修，同时对汽车维修后的质量进行检测。

（4）特殊检测　特殊检测是指为了不同的目的和要求对在用汽车进行的检验。在检验的内容和重点上与上述各类检验有所不同，故称为特殊检测。主要包括以下内容。

① 改装或改造汽车的检测。为了不同的使用目的，在原车型底盘的基础上改制成其他用途的汽车后，因其结构和使用性能变更较大，车辆管理部门在核发号牌及行车执照时应对其进行特殊检验。包括汽车主要总成改造后的检验，有关新工艺、新技术、新产品以及节能、科研项目等的检测、鉴定。

② 事故汽车的检测。对发生交通事故并有损伤的汽车进行检测，一是为了分析事故原因，分清事故责任；另一方面是为了查找汽车的故障，确定汽车的技术状况，以保证行车安全。

③ 外事汽车的检验。为保证参加外事活动汽车的技术状况，防止意外事故发生，必须对汽车的安全性能和其他有关性能进行检验。

④ 其他检测。接受公安、商检、计量和保险等部门的委托，进行有关项目的检测。

8.2.2　汽车年检与审检的主要内容

1. 汽车安全检验

汽车安全检测以涉及汽车行驶安全及环保的项目为主要检测内容。根据检测手段不同，汽车安全检验一般分为外检和有关性能的检测。

外检通过目检和实际操作来完成，其主要内容有：

1）检查汽车号牌、行车执照有无损坏、涂改、字迹不清等情况，校对行车执照与汽车的各种数据是否一致。

2）检查汽车是否经过改装、改型、更换总成，其更改是否经过审批及办理过有关手续。

3）检查汽车外观是否完好，连接件是否紧固，是否有漏水、漏油、漏气和漏电等现象。

4）检查汽车整车及各系统是否满足 GB 7258—2012《机动车运行安全技术条件》所规

定的基本要求。

对汽车有关性能的检测，应利用专用汽车检测设备对汽车进行规定项目的检测。根据中华人民共和国公安部《机动车安全技术检测站管理办法》对检测设备配备的要求，检测项目包括6项：①转向轮侧滑；②制动性能；③车速表误差；④前照灯性能；⑤废气排放；⑥喇叭声级和噪声。

2. 汽车综合性能检测

根据中华人民共和国交通部《汽车运输业车辆技术管理规定》，汽车综合性能检测的主要内容包括：

1）汽车的安全性（制动、侧滑、转向和前照灯等）。

2）可靠性（异响、磨损、变形和裂纹等）。

3）动力性（车速、加速能力、底盘输出功率、发动机功率、转矩、供给系统和点火系统状况等）。

4）经济性（燃油消耗）。

5）噪声和废气排放状况。

3. 汽车维修检测

汽车维修检测包括汽车二级维护前的检测和汽车维修质量检测。

（1）汽车二级维护前的检测　汽车进行二级维护前，应进行技术状况检测和故障诊断，据此确定二级维护附加作业和小修项目以及是否需要大修。其主要检测内容有：

① 汽车基本性能，如最高车速、加速性能、燃油消耗量、制动性能、转向轮侧滑量和滑行能力等。

② 发动机技术状况，如气缸压力、机油压力、工作温度、点火系统技术状况、机油质量和发动机异响等。

③ 底盘技术状况，如离合器工作状况，变速器、主减速器、传动轴技术状况（密封、工作温度、异响等），车轮、悬架技术状况，车架有无裂伤及各部件铆接状况等。

④ 汽车外观状况检查，如汽车装备是否齐全，车身有无损伤，车轴及车架有无断裂、变形及有无“四漏”现象等。

（2）维修质量检测　维修质量检测指汽车维修竣工后进行的汽车二级维护质量检测、汽车或发动机大修质量检测。汽车二级维护质量检测的主要内容有：

① 外观。检查车容是否整齐，装备是否齐全，有无“四漏”现象等。

② 动力性能。检测发动机功率或气缸压力、汽车的加速性能、滑行能力。

③ 经济性能。检测燃油消耗量。

④ 安全性能。检测转向轮定位和侧滑量、转向盘自由转动量、制动性能、前照灯发光强度及光束照射位置、车速表误差、喇叭声级及噪声等。

⑤ 废气排放。检测汽油车怠速污染物（CO、HC）排放、柴油车自由加速烟度排放。

⑥ 异响。检测发动机和底盘各总成有无异常声响。

8.3 汽车税费

汽车主要税费包括车辆购置税、车船税、通行费、过渡费、管理费和保险费等。

8.3.1 车辆购置税

车辆购置税是由车辆购置附加费演变而来的。国务院于1985年4月2日发文，决定对所有购置车辆的单位和个人，包括国家机关和单位一律征收车辆购置附加费，其目的是切实解决发展公路运输事业与国家财力紧张的突出矛盾，将车辆购置附加费作为我国公路建设的一项长期稳定的资金来源。车辆购置附加费由交通部门负责征收。

中华人民共和国国务院令（第294号）《中华人民共和国车辆购置税暂行条例》规定，从2001年1月1日起，我国将开征车辆购置税。对交纳车辆购置税的纳税人开具“车辆购置税完税证明”，其作用主要是：

1）既是纳税人交纳车辆购置税的完税依据，也是作为车辆管理部门办理车辆牌照的主要依据。根据政策规定，纳税人应当持主管税务机关出具的完税证明，向公安机关车辆管理机构办理车辆登记注册手续；没有完税证明的，公安机关车辆管理机构不得办理车辆登记注册手续。

2）便于携带，是车辆通行公路的合法证明之一，便于车辆通行公路和税务机关稽查车辆缴（免）税时查验。

3）有利于强化管理，有效地防止偷税、漏税现象。

4）有利于车辆管理部门加强对车辆的分类管理和年检查验。

“车辆购置税完税证明”分为正本和副本，正、副本为单页上下版面设计。主要内容有编号、纳税人（车主）名称、车辆厂牌型号、发动机号、车架（或车辆识别代码）、牌照号码、完税（免税）、征收机关名称和经办人签章等。

车辆购置税完税证明的式样（2012版）见图8-12。

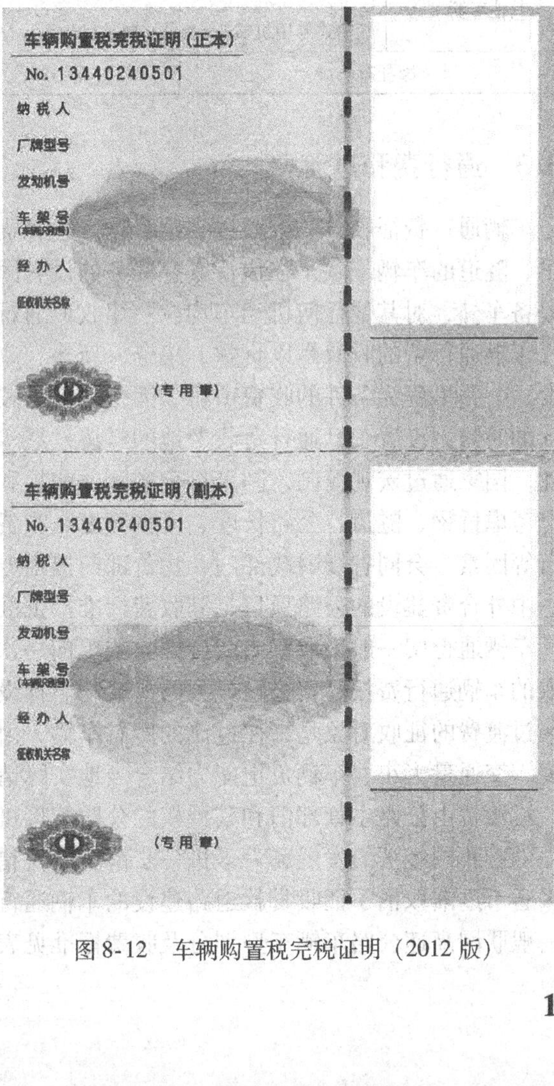

图8-12 车辆购置税完税证明（2012版）

8.3.2 车船税

《中华人民共和国车船税法》（2012年1月1日起施行）规定：在中华人民共和国境内属于本法所附《车船税税目税额表》规定的车辆、船舶的所有人或者管理人，为车船税的纳税人，应当依照本法缴纳车船税。

从事机动车第三者责任强制保险业务的保险机构为机动车车船税的扣缴义务人，应当在收取保险费时依法代收车船税，并出具代收税款凭证。各种车辆的车船税税目税额见表 8-2。

表 8-2　各种车辆的车船税税目税额

车型		年基准税额	备注
乘用车（V：发动机排量，单位为 L）	$V \leq 1.0$	60 ~ 360 元/辆	核定载客人数 9 人（含）以下
	$1.0 < V \leq 1.6$	300 ~ 540 元/辆	
	$1.6 < V \leq 2.0$	360 ~ 660 元/辆	
	$2.0 < V \leq 2.5$	660 ~ 1200 元/辆	
	$2.5 < V \leq 3.0$	1200 ~ 2400 元/辆	
	$3.0 < V \leq 4.0$	2400 ~ 3600 元/辆	
	$4.0 < V$	3600 ~ 5400 元/辆	
商用车	客车	480 ~ 1440 元/辆	核定载客人数 9 人以上，包括电车
	货车	16 ~ 120 元/t（整备质量）	包括半挂牵引车、三轮汽车和低速载货汽车等
	挂车	按照货车税额的 50% 计算	
其他车辆	专用作业车	16 ~ 120 元/t（整备质量）	不包括拖拉机
	轮式专用机械车	16 ~ 120 元/t（整备质量）	不包括拖拉机
摩托车		36 ~ 180 元/辆	—

8.3.3　通行费和过渡费

车辆通行费征收对象是通过利用贷款（包括需归还的集资）新建、改建的高等级公路、桥梁、隧道的车辆。除正在执行紧急任务的设有固定装置的消防车、医院救护车、公安部门的警备车外，对其他任何机动车均应一律收取通行费。

车辆通行费的收取是以贷款、集资，新建、改建公路桥梁、隧道为前提，桥梁、隧道的长度、公路里程为条件的收费项目。因受限因素较多，诸如公路、桥梁、隧道的长度，偿还贷款的时间，设置车辆通行费收费地的经济发展等条件，国家还很难做出具体的收费标准。因此，国家通过宏观控制，制订符合实际的前提和条件，具体征收标准由省级公路主管部门综合考虑桥梁、隧道、公路长度、还款额度、收费期限、交通量大小、车辆负担能力和便利通行等因素，会同省级财政部门、物价部门提出方案，报经省级人民政府批准后组织实施。

中外合资建设的公路项目，其收费标准按批准的协议或合作条款办理。

车辆通行费一般采取双向两次征收或单向一次征收的方法收取，昼夜 24h 不间断收费，收取的车辆通行费按收费公路或公路构造物名称设立专户存储。

过渡费的征收对象是来往过渡的所有车辆，由省级公路主管部门、物价部门根据过渡的长度、交通量大小、车辆负担能力结合当地实际情况，综合考虑核定收费标准。

过渡费由公路主管部门和其授权的公路管理机构征收。

随着我国经济的发展，为了进一步落实惠民措施，切实降低交通运输和公众出行成本，许多省市逐渐取消了征收贷款道路建设的车辆通行费。只有高速公路收取车辆通行费。江苏省一般联网高速公路车辆车型划分及收费标准见表 8-3。

表 8-3　江苏省一般联网高速公路车辆车型划分及收费标准

<table>
<tr><th colspan="2">车型及规格</th><th>收费系数</th><th>收费费率
/(元/km)</th><th>最低收费
/元</th></tr>
<tr><td rowspan="4">客车</td><td>≤7 座</td><td>1</td><td>0.45</td><td>15</td></tr>
<tr><td>8 ~ 19 座</td><td>1.5</td><td>0.675</td><td>15</td></tr>
<tr><td>20 ~ 39 座</td><td>2</td><td>0.90</td><td>20</td></tr>
<tr><td>≥40 座</td><td>2</td><td>0.90</td><td>20</td></tr>
<tr><td rowspan="5">货车</td><td>≤2t</td><td>1.5</td><td>0.675</td><td>15</td></tr>
<tr><td>2 ~ 5t（含 5t）</td><td>2</td><td>0.90</td><td>20</td></tr>
<tr><td>5 ~ 10t（含 10t）</td><td>2.5</td><td>1.125</td><td>20</td></tr>
<tr><td>10 ~ 15t（含 15t），20ft 集装箱车</td><td>3</td><td>1.35</td><td>30</td></tr>
<tr><td>>15t，40ft 集装箱车</td><td>3.5</td><td>1.575</td><td>30</td></tr>
<tr><td rowspan="3">货车计重费率（不超限车辆）</td><td>车货总质量≤10t</td><td colspan="2">0.09 元/t · km</td><td rowspan="3">1. 基本费率 0.09 元/t · km；2. 不足 5t 按 5t 计费；3. 不足 20 元时，按 20 元计费</td></tr>
<tr><td>10t < 车货总质量≤40t</td><td colspan="2">0.09 元/t · km 线性递减到 0.05 元/t · km</td></tr>
<tr><td>车货总质量 >40t</td><td colspan="2">0.05 元/t · km</td></tr>
<tr><td rowspan="3">货车计重费率（超限车辆）</td><td>30% 以内（含 30%）</td><td colspan="3">正常质量部分按照正常车辆的计重费率计收通行费；超限质量部分按正常车辆的基本费率计收通行费</td></tr>
<tr><td>30% ~ 100% 以内（含 100%）</td><td colspan="3">正常质量部分按照正常车辆的计重费率计收通行费；超限 30% 以内的质量部分按正常车辆的基本费率计收通行费；其余部分按基本费率的 3 ~ 6 倍线性递增计收通行费</td></tr>
<tr><td>100% 以上</td><td colspan="3">正常质量部分按照正常车辆的计重费率计收通行费，超限 30% 以内的质量部分按正常车辆的基本费率计收通行费，其余部分按基本费率的 6 倍计收通行费</td></tr>
</table>

注：

1. 通行费的收费总额实行 2.50 元以下舍，2.51 ~ 7.50 元归 5 元，7.51 ~ 9.99 元进 10 元。
2. 收费标准文号：苏价服【2004】364 号、苏价服【2009】4 号、苏价服【2009】128 号。

8.3.4　公路运输管理费

公路运输管理费（以下简称“运管费”）是根据国家规定向应征者征收用于公路运输行业管理的事业费。

凡从事营业性公路客货运输、搬运装卸、运输服务的单位和个人，以及部队车辆参加地方营业性运输的，均须缴纳运管费。运管费由公路运输管理部门（以下简称“运管部门”）征收，其他任何单位及个人均不得收取。

国务院决定自 2009 年 1 月 1 日起实施成品油税费改革，取消原在成品油价外征收的公路养路费、航道养护费、公路运输管理费、公路客货运附加费、水路运输管理费和水运客货运附加费六项收费。

8.3.5　汽车保险费

汽车保险就是保险人通过收取保险费的形式建立保险基金，并将它用于补偿因自然灾害或意外事故所造成的汽车的经济损失，或在人身保险事故发生时赔偿损失，负担责任赔偿的一种经济补偿制度。

机动车保险险种分为交强险和商业险两种。

1. 交强险

交强险的全称是“机动车交通事故责任强制保险”，是由保险公司对被保险机动车发生道路交通事故造成受害人（不包括本车人员和被保险人）的人身伤亡、财产损失，在责任限额内予以赔偿的强制性责任保险。

实行交强险制度就是通过国家法律强制机动车所有人或管理人购买相应的责任保险，以提高三者险的投保面，在最大程度上为交通事故受害人提供及时和基本的保障。未按规定投保交强险或未携带交强险标志的机动车不得上路。

交强险是我国首个由国家法律规定实行的强制保险制度。其保费实行全国统一收费标准，由国家统一规定，不同汽车型号的交强险价格也不同，主要影响因素是“汽车座位数”。例如，家庭自用汽车6座以下，交强险的保费为950元/年；6座及以上为1100元/年。

交强险费率实行浮动标准，以鼓励人们安全驾驶和遵守交通安全法。影响交强险费率浮动主要有道路交通事故、道路交通安全违法行为两大因素。每年的交强险费率浮动标准有所不同，即有时考虑两个因素，有时仅考虑一个因素。2014 年的交强险费率浮动仅考虑与道路交通事故相联系的因素。2014 年交强险费率浮动因素及浮动比率见表 8-4。

表 8-4　2014 年交强险费率浮动因素及浮动比率

浮动因素			浮动比率
与道路交通事故相联系的浮动	A1	上一个年度未发生有责任道路交通事故	-10%
	A2	上两个年度未发生有责任道路交通事故	-15%
	A3	上三个及以上年度未发生有责任道路交通事故	-20%
	A4	上一个年度发生一次有责任不涉及死亡的道路交通事故	0%
	A5	上一个年度发生两次及两次以上有责任道路交通事故	+15%
	A6	上一个年度发生有责任道路交通死亡事故	+30%

交强险最终保险费计算方法为

$$交强险最终保险费=交强险基础保险费\times(1+浮动比率A)$$

例如，正常情况下未出险的私家车，第一年的交强险费是950元，第二年855元，第三年760元，第四年665元，即每年递减10%。出险涉及双方责任的，恢复到950元，涉及重大伤亡或者多次出险将上浮至15%～30%（即1092.5～1235元）。

2. 商业险

机动车商业险险种分为主险和附加险两大类种。

（1）主险　主要包括第三者责任险和车辆损失险。

① 第三者责任险。第三者责任险（简称“三责险”）全称商业第三者责任保险，是指被保险人允许的合格驾驶人在使用被保险车辆过程中发生的意外事故，致使第三者遭受人身伤亡或财产的直接损失，依法应当由被保险人支付的赔偿金额，保险人会按照保险合同中的有关规定给予赔偿。同时，若经保险公司书面同意，被保险人因此发生仲裁或诉讼费用的，

由保险公司承担。也就是说，第三者责任是被保险人对他人因保险车辆使用过程中发生意外事故而导致的民事赔偿责任。

第三者责任险主要是保障道路交通事故中第三方受害人获得及时有效赔偿的险种。但因事故产生的善后工作，需要由被保险人负责处理。保险公司会在责任限额以外赔偿，但最高不超过责任限额的30%。

每次事故的责任限额，由投保人和保险人在签订保险合同时按5万元、10万元、20万元、30万元、50万元、100万元和100万元以上不超过1000万元的档次协商确定。第三者责任险的每次事故的最高赔偿限额应根据不同车辆种类选择确定。

② 车辆损失险。车辆损失险是指保险车辆遭受保险责任范围内的自然灾害（不包括地震）或意外事故，造成保险车辆本身损失。

车辆损失保险一般保障的是因雷击、暴风、暴雨、洪水等自然灾害和碰撞、倾覆等意外事故造成保险车辆的损失以及相关的施救费用。

车辆损失险的投保费用一般为车价的1.2%，保险价值根据新车购置价格确定。车辆损失险的计算公式是基本保费+新车购置价×费率。

（2）附加险　车辆附加险简称附加险，属于机动车辆保险（汽车保险）的范畴，是车主自愿投保的项目。附加险包括全车盗抢险（盗抢险）、车上责任险、无过失责任险、车载货物掉落责任险、玻璃单独破碎险、车辆停驶损失险、自燃损失险、新增设备损失险和不计免赔特约险等。

① 全车盗抢险。机动车辆全车盗抢险的保险责任为全车被盗窃、被抢劫、被抢夺造成的车辆损失以及在被盗窃、被抢劫、被抢夺期间受到损坏或车上零部件、附属设备丢失需要修复的合理费用。它的投保费用一般为车价的1%。保险公司主要承担保险车辆在被盗、被抢期间受到损坏所需修复的费用。若经查证整车丢失，保险公司赔偿80%的保险金额。

② 车上人员责任险。车上座位责任险又叫车上人员责任险或车上责任险，负责赔偿保险车辆发生交通意外造成的本车人员伤亡。包括驾驶人责任险和乘客责任险。

驾驶人责任险：车辆发生意外事故，驾驶人伤亡造成的费用损失，保险公司按合同赔偿。对于新手或经常开车的人，出险概率大，建议购买，更好保障自身的安全。

乘客责任险：车辆发生意外事故，车上乘坐的客户或家人遭受人身伤亡，保险公司按合同赔偿。建议经常开车带上家人或朋友的驾驶人购买，以保障家人和朋友的人身安全。

③ 无过失责任险。投保车辆在使用过程中，因与非机动车辆、行人发生交通事故，造成对方人员伤亡和直接财产损毁，保险车辆一方不承担赔偿责任。如被保险人拒绝赔偿未果，对被保险人已经支付给对方而无法追回的费用，保险公司按《道路交通事故处理办法》和出险当地的道路交通事故处理规定标准在保险单所载明的本保险赔偿限额内计算赔偿。每次赔偿均实行20%的绝对免赔率。

④ 车载货物掉落责任险。承担保险车辆在使用过程中，所载货物从车上掉下来造成第三者遭受人身伤亡或财产直接损毁而产生的经济赔偿责任。赔偿责任在保险单所载明的保险赔偿限额内计算。每次赔偿均实行20%的绝对免赔率。

⑤ 玻璃单独破碎险。被保险车辆在停放或使用过程中，因玻璃意外破碎而造成损失，由保险人负责赔偿的附加险种。它的投保费用为车价的0.15%。保险公司需按实际损失赔偿。

⑥ 车辆停驶损失险。保险车辆发生车辆损失险范围内的保险事故，造成车身损毁，致使车辆停驶而产生的损失。保险公司按规定进行以下赔偿。

- 部分损失的，保险人在双方约定的修复时间内按保险单约定的日赔偿金额乘以从送修之日起至修复竣工之日止的实际天数计算赔偿。
- 全车损毁的，按保险单约定的赔偿限额计算赔偿。
- 在保险期限内，上述赔款累计计算，最高以保险单约定的赔偿天数为限。本保险的最高约定赔偿天数为90天。

车辆停驶损失险最大的特点是费率很高，达10%。

⑦ 自燃损失险。自燃损失险指负责赔偿因本车电器、线路、供油系统发生故障及运载货物自身原因起火造成车辆本身的损失。该保险为车辆损失险的附加险，投保了车辆损失险的车辆方可投保该保险。它的投保费用一般为赔偿限额的0.4%。保险公司承担80%的赔偿金额。

⑧ 新增加设备损失险。车辆发生车辆损失险范围内的保险事故，造成车上新增设备的直接损毁，由保险公司按实际损失计算赔偿。未投保该险种，新增加设备的损失，保险公司不负赔偿责任。

⑨ 不计免赔特约险。只有在同时投保了车辆损失险和第三者责任险的基础上方可投保该保险。办理了该项特约保险的机动车辆发生保险事故造成赔偿，对其在符合赔偿规定的金额内按基本险条款规定计算的免赔金额，保险人负责赔偿。也就是说，办了该保险后，车辆发生车辆损失险及第三者责任险方面的损失，全部由保险公司赔偿。

⑩ 划痕险。划痕险即车辆划痕险，它属于附加险中的一项，主要是作为车损险的补充，能够为意外原因造成的车身划痕提供有效的保障。划痕险针对的是车身漆面的划痕，若碰撞痕迹明显，并有凹陷，就不属于划痕，属于车损险的理赔范围。

汽车投保后，保险人要发给被保险人保险凭证，俗称机动车辆保险证（图8-13）。它是保险合同已经订立或保险单已正式签发的一种凭据。它与保险单具有同样的作用和效力，可以用来证明被保险人已遵照政府有关法令或规定参加了保险。

保险单号＿＿＿＿＿＿＿＿＿＿＿＿＿＿＿＿

被保险人＿＿＿＿＿＿＿＿＿＿＿＿＿＿＿＿

号牌号码＿＿＿＿＿＿＿＿　厂牌型号＿＿＿＿＿＿＿＿

发动机号＿＿＿＿＿＿＿＿　使用性质＿＿＿＿＿＿＿＿

车架号＿＿＿＿＿＿＿＿　人/千克＿＿＿＿＿＿＿＿

承保险种＿＿＿＿＿＿＿＿　使用性质＿＿＿＿＿＿＿＿

保险期限　自＿＿＿年＿＿＿月＿＿＿日　零时起

至＿＿＿年＿＿＿月＿＿＿日　零时止　保险公司签章

图8-13　机动车辆保险证

思 考 题

1. 名词解释：汽车年检；交强险；第三者责任险；车辆损失险；全车盗抢险；车上人员责任险；无过失责任险；不计免赔特约险。

2. 汽车注册登记需要提供哪些材料？

3. 不予办理注册登记车辆的情形有哪些？

4. 汽车核发证件有哪些？

5. 汽车异动登记有哪些类型？

6. 汽车安全技术检验的周期是多少？

7. 汽车税费有哪些？

8. 交强险的费率为何实行浮动费率？

第 9 章

汽车运行材料的合理使用

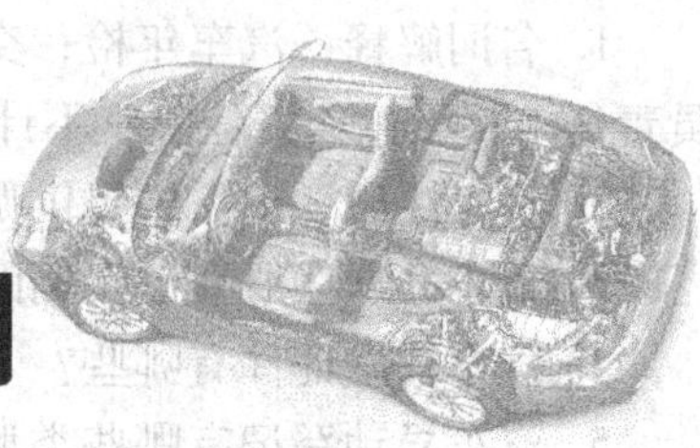

汽车运行材料是指在汽车运行过程中，使用周期较短、消耗费用较大，对汽车使用性能有较大影响的一些非金属材料。按照其对汽车运行的作用和消耗方式的不同，汽车运行材料可分为以下四类。

（1）车用燃料　车用燃料主要包括车用汽油、车用柴油、车用替代燃料等。车用燃料的消耗费用约占汽车运输成本的1/3，直接影响汽车使用的经济性。

（2）车用润滑油料　车用润滑油料主要包括发动机油、汽车齿轮油、车用润滑脂等。车用润滑油料的选用直接影响汽车的传递效率，如选用不当，会使汽车起步困难，并缩短汽车的使用寿命。

（3）车用工作液　车用工作液主要包括汽车制动液、转向助力油、发动机冷却液等。车用工作液的消耗费用和其他运行材料相比，虽然不是很多，但其对汽车性能有显著的影响，其选用的合理与否，对节约汽车燃料和车用润滑油料，发挥汽车动力性，延长汽车使用寿命，有直接关系。

（4）汽车轮胎　轮胎是汽车行驶系统的主要组成部分之一，其使用的合理与否，直接关系到汽车行驶安全性和使用经济性。

9.1　汽车燃料的合理使用

9.1.1　车用汽油的合理使用

1. 车用汽油的使用性能要求

车用汽油作为汽油机的主要燃料，应满足汽油机的工作需要，即在短时间内由液体状态蒸发成气体状态，并与空气均匀混合，形成良好的可燃混合气，平稳快速地燃烧，完成对外做功。同时，不能发生气阻、爆燃、腐蚀机件等现象。汽油性能的好坏对发动机的动力性、经济性、可靠性和使用寿命有很大的影响。为满足汽油机的工作特点，车用汽油应具备以下使用性能。

1）适宜的蒸发性。

2）良好的抗爆性。

3）良好的氧化安定性。

4）无腐蚀、无污染性。

5）油本身的清洁性。

2. 车用汽油的性能指标

车用汽油的主要性能是指汽油的抗爆性、蒸发性、氧化安定性、腐蚀性、无害性及清洁性等。

（1）抗爆性　汽油的抗爆性是指汽油在发动机气缸内燃烧时抵抗产生爆燃的能力。

爆燃是发动机的一种不正常燃烧现象，即在混合气被点燃后的火焰传播过程中，位于火焰前锋未燃烧的混合气发生自燃，形成压力冲击波，产生金属敲击声并消耗有效能量。爆燃的产生受多种因素影响，其中汽油抗爆性影响最大。高压缩比发动机的经济性好，但产生爆燃的倾向大。因此，爆燃限制了发动机压缩比的提高，使发动机经济性的提高受到限制。长时间爆燃还会使发动机过热，甚至使零部件损坏。由此可见，汽油的抗爆性越好，发动机的动力性和经济性就越能得以体现。

汽车抗爆性的评价指标是辛烷值和抗爆指数。

① 辛烷值。辛烷值是代表点燃式发动机燃料抗爆性的一个约定数值，采用在规定条件下的标准发动机试验中与标准燃料进行比较的方法测定。测定的方法有马达法（MON）和研究法（RON）两种。试验方法不同时，测得的辛烷值也不同。汽油的辛烷值越高，其抗爆性越好。

② 抗爆指数。抗爆指数是汽油研究法辛烷值与马达法辛烷值之和的二分之一，即

$$抗爆指数=\frac{RON+MON}{2}$$

抗爆指数能全面反映汽油的抗爆性，即抗爆指数越大，汽油的抗爆性越好。

（2）蒸发性　汽油由液态转化为气态的性质称为汽油的蒸发性。汽油的蒸发性越好，越容易汽化，与空气混合均匀，燃烧速度快，燃烧完全，可保证发动机在各种使用条件下（特别是寒冷冬季）易于起动、加速及正常运转，但形成气阻的倾向性也越大。若蒸发性不好，则混合气形成困难，起动、加速性能变差，燃烧不完全，油耗增加。

汽油蒸发性的评价指标是馏程和饱和蒸气压。

① 馏程。用石油产品馏程测定仪对100mL油品蒸馏时，从初馏点到终馏点的温度范围和残留量，称为该油品的馏程。对汽油、轻柴油，以一定馏出量（百分比）的回收温度表示其馏程。汽油的馏程用10%、50%、90%馏出温度、终馏点和残留量表示。

② 饱和蒸气压。在规定条件下，油品在要求的试验仪器中气液两相达到平衡时，液面蒸气所产生的最大压力称为饱和蒸气压。汽油常用雷德饱和蒸气压（RVP）表示，其物理含义是，在38℃测得的汽油与其蒸气的体积比为1∶4时的汽油最大蒸气压力。

（3）氧化安定性　汽油的氧化安定性即汽油的热稳定性，是指防止生成高温沉积物的能力。影响汽油氧化安定性的因素就汽油本身而言，主要是汽油的烃组成和性质，沉积物一般随烯烃含量、芳烃含量、胶质和90%回收温度的升高而增加。

汽油氧化安定性的评价指标是实际胶质和诱导期。

① 实际胶质。实际胶质是在规定条件下，对汽油进行快速蒸发后所测得的汽油蒸发残渣中的正庚烷不溶物，以mg/100mL表示。

② 诱导期。诱导期是在规定条件下，油品处于稳定状态所经历的时间，以 min 表示。

提高汽油的氧化安定性的主要措施是在汽油中添加聚烯胺（PB－A 型）清净剂。

（4）腐蚀性　汽油中引起腐蚀的物质主要是硫分、硫化物、有机酸、水溶性酸和碱等。这些成分对发动机燃料供给系统中的许多金属零件会产生直接或间接的腐蚀作用，因此，国家标准中对汽油的腐蚀性有严格的要求，即汽油应对储油容器和零件无腐蚀性。

评定汽油腐蚀性的指标主要是含硫量、酸度、硫醇硫含量、铜片腐蚀和水溶性酸或碱。

（5）无害性　汽油的成分一方面直接影响汽车的排放，同时还关系到汽车排放污染控制装置的效果。所以，在生产无铅汽油的过程中，对无铅汽油的其他有害物的含量也应严格控制。车用汽油无害性的评价指标主要有苯、烯烃、芳烃、锰、铁、铜、铅、磷和硫含量的控制限量。

（6）清洁性　汽油中不应含有机械杂质和水分。水混入汽油中，会加速汽油的氧化，能与汽油中的低分子酸生成酸性水溶液，腐蚀零件。水直接对金属零件有腐蚀作用。汽油中含有水，低温时易结冰成为冰粒堵塞油路。机械杂质会使化油器量孔、喷嘴和汽油喷射系统的喷油器堵塞。机械杂质进入燃烧室会使燃烧室沉积物增加，加速气缸活塞环的磨损。

3. 汽油的牌号

按照 GB 17930—2013《车用汽油》的规定，车用汽油（Ⅲ）和车用汽油（Ⅳ）按研究法辛烷值（RON）分为 90、93 和 97 三个牌号，以满足国Ⅲ和国Ⅳ排放标准。车用汽油（Ⅴ）按研究法辛烷值分为 89、92、95 和 98 四个牌号，以满足国Ⅴ排放标准。不同牌号汽油的规定见表 9-1。

表 9-1　车用汽油（Ⅲ）、车用汽车（Ⅳ）和车用汽油（Ⅴ）的质量指标（GB 17930—2013）

项目			车用汽油（Ⅲ）			车用汽油（Ⅳ）			车用汽油（Ⅴ）			
			90	93	97	90	93	97	89	92	95	98
抗爆性	研究法辛烷值/RON	不小于	90	93	97	90	93	97	89	92	95	98
	抗爆指数/(RON + MON)/2	不小于	85	88	报告	85	88	报告	84	87	90	93
铅含量/(g/L)		不大于	0.005			0.005			0.005			
馏程	10%蒸发温度/℃	不高于	70			70			70			
	50%蒸发温度/℃	不高于	120			120			120			
	90%蒸发温度/℃	不高于	190			190			190			
	终馏点/℃	不高于	205			205			205			
	残留量（体积分数）(%)	不大于	2			2			2			
蒸气压/kPa	11 月 1 日至 4 月 30 日	不大于	88			42～85			45～85			
	5 月 1 日至 10 月 31 日	不大于	74			40～68			40～65			
胶质含量/(mg/100mL)	未洗胶质含量（加入清净剂前）	不大于	30			30			30			
	溶剂洗胶质含量	不大于	5			5			5			
诱导期/min		不小于	480			480			480			
硫含量/(mg/kg)		不大于	150			50			10			
硫醇（需满足之一）	博士实验	—	通过			通过			通过			
	硫醇硫含量（质量分数）(%)	不大于	0.001			0.001			0.001			

（续）

项目		车用汽油（Ⅲ）			车用汽油（Ⅳ）			车用汽油（Ⅴ）			
		90	93	97	90	93	97	89	92	95	98
铜片腐蚀（50℃，3h）/级	不大于	1			1			1			
水溶性酸或碱	—	无			无			无			
机械杂质及水分	—	无			无			无			
苯含量（体积分数）（%）	不大于	1.0			1.0			1.0			
芳烃含量（体积分数）（%）	不大于	40			40			40			
烯烃含量（体积分数）（%）	不大于	30			28			24			
氧含量（质量分数）（%）	不大于	2.7			2.7			2.7			
甲醇含量（质量分数）（%）	不大于	0.3			0.3			0.3			
锰含量/(g/L)	不大于	0.016			0.008			0.002			
铁含量/(g/L)	不大于	0.01			0.01			0.01			
密度/(20℃)/(kg/m^3)	—	—			—			720～775			

注：1. 车用汽油（Ⅲ）的质量指标已于2014年1月1日废止。

2. 车用汽油（Ⅳ）的质量指标是过渡指标，只适用于2014年1月1日—2017年12月31日，于2018年1月1日废止。

3. 车用汽油（Ⅳ）的质量指标的过渡期至2017年12月31日，从2018年1月1日正式执行。

4. 车用汽油的合理选用原则

为了充分发挥车用汽油能量的作用，延长汽油发动机零件的使用寿命，降低生产成本，节约能源，应正确、合理地选择汽油。车用汽油的选择一般应遵循以下原则。

1）按汽车的使用说明书规定或国家相关权威部门的推荐选用汽油牌号。压缩比越大，使用的汽油牌号一般也越高，但应避免“汽油牌号越高，对汽车越有利。汽油牌号越高，汽车排放越能达标”的误区。使用者可以按照中国汽车工程学会和中国环境保护产业协会推荐的轿车用油标号来选择。

2）在汽油的供应上，若一时不能满足需要，可以暂时用牌号相近的汽油代替，但必须对汽油机进行适当的调整。用牌号较低的汽油代替牌号较高的汽油时，应适当推迟点火提前角，反之亦然。

3）注意季节变化、汽车使用地区变化等外界条件改变对汽油选择的影响。如冬季选择蒸气压较大的汽油，夏季选择蒸气压小的汽油；高原地区选择蒸气压较小的汽油，平原地区应选择蒸气压稍大的汽油。

4）在装有三元催化转化器和氧传感器的汽车上应尽量选择含铅量低的汽油，同时推广使用加入有效的汽油清洁剂的汽油。

5）为了使燃油系统长期地保持清洁状态，建议适当使用保洁型添加剂，并且每行驶5000km，应及时选购清洗型燃油添加剂，以在较短的时间内把汽车发动机燃油系统聚集的积物清洗掉，让发动机保持最佳状态，同时降低PM2.5排放，保护环境。

9.1.2　车用柴油的合理使用

1. 车用柴油的使用性能要求

柴油发动机与汽油发动机相比较，具有耗油量低、能量利用率高、废气排放量小和工作可靠性好等优点。由于柴油机的可燃混合气形成方式、着火方式、燃烧过程等与汽油机不同，所以在使用柴油过程中，要求有以下性能。

1）良好的低温流动性。

2）良好的雾化和蒸发性。

3）良好的燃烧性。

4）良好的安定性。

5）对机件等无腐蚀性。

6）柴油本身的清洁性。

2. 车用柴油的性能指标

柴油的主要指标包括燃烧性、低温流动性、蒸发性、安定性、腐蚀性和清洁性等。

（1）燃烧性　柴油良好的燃烧性包括发火性与抗爆能力。其评价指标是柴油自燃点与十六烷值。

① 自燃点。自燃点是指在规定条件下升高柴油的温度，当没有火源靠近而自行着火燃烧时的温度。自燃点越低，在着火延迟期，燃烧室的局部越易形成高密度的过氧化物，形成着火中心，故着火延迟期短，整个燃烧过程均匀，气体压力升高平缓，最高压力较低。

② 十六烷值。十六烷值是压燃式发动机燃料抗爆性的一个约定值，在规定条件下的标准发动机试验中，通过和标准燃料进行比较来测定，采用和被测定燃料具有相同着火延迟期的标准燃料中正十六烷的体积百分数表示。

（2）低温流动性　柴油的低温流动性是指柴油在低温条件下所具有的一定流动状态的性能。评价柴油的低温流动性的指标有凝点、浊点和冷滤点，我国采用凝点和冷滤点作为评价指标。

① 凝点。石油产品在试验条件下，冷却到液面不能移动的最高温度即为凝点。我国柴油的牌号按凝点命名。

② 冷滤点。石油产品在试验条件下，试油不能以20mL/min的流量通过一定规格过滤器的最高温度即为冷滤点。

（3）蒸发性　柴油蒸发性的评价指标是闪点、馏程、运动黏度和密度。

① 闪点。闪点有开口闪点和闭口闪点之分。柴油采用闭口闪点评定，发动机油、汽车齿轮油则采用开口闪点评定。柴油的闪点既是柴油雾化和蒸发性的评价指标，也是柴油安定性的评价指标。闪点越低，柴油的雾化、蒸发性越强，柴油机工作越粗暴，储存、运输中越不安全。油品的危险等级就是按闪点划分的，闪点小于45℃的为易燃品，闪点大于等于45℃为可燃品。

② 馏程。柴油的馏程以50%回收温度、90%回收温度、95%回收温度表示。50%回收温度表示柴油的平均蒸发性，90%和95%回收温度表示柴油重质馏分的含量。

③ 黏度。黏度是液体流动时的内摩擦力的量度，黏度大小说明液体流动的难易程度。柴油的黏度是指20℃时的运动黏度，单位是mm^2/s。20℃时柴油的运动黏度约为$2mm^2/s$。

（4）腐蚀性　柴油中含有硫及硫化物、水分及酸性物质会对零件产生腐蚀作用，促进柴油机沉积物的生成，所以要求柴油应具有无腐蚀性。

柴油腐蚀性的评价指标是硫含量、硫醇硫含量、酸度和铜片腐蚀性等。

（5）安定性　安定性是指柴油的储存安定性和热安定性。柴油的储存安定性是指柴油在储存、运输过程中保持其外观颜色、组成和性能不变的能力。柴油热安定性是指柴油在高温及溶解氧的作用下，不发生变质的能力。

柴油安定性的评价指标有实际胶质和10%蒸余物残炭。

① 实际胶质。实际胶质是指一定量的过滤试油，在规定条件下氧化后所测得的不溶物的总量。

② 10%蒸余物残炭。10%蒸余物残炭是将测定馏程中馏出90%以后的蒸余物作为试样，所测得的试样在裂解中所形成的残留物。

（6）清洁性　机械杂质和水分是柴油清洁性的主要指标。轻柴油要求不含机械杂质，水分含量应不大于痕迹。

3. 车用柴油的牌号

按照柴油的凝点，车用柴油分为5号、0号、－10号、－20号、－35号和－50号6个牌号。车用柴油（Ⅳ）和车用柴油（Ⅴ）的规格与质量指标分别见表9-2和表9-3。

表9-2　车用柴油（Ⅳ）的规格与质量指标（GB 19147—2013）

项目		5号	0号	－10号	－20号	－30号	－50号
氧化安定性(以总不溶物计)/(mg/100mL)	不大于	2.5	2.5	2.5	2.5	2.5	2.5
硫含量/(mg/kg)	不大于	50	50	50	50	50	50
酸度(以KOH计)/(mg/100mL)	不大于	7	7	7	7	7	7
10%蒸余物残炭(质量分数)(%)	不大于	0.3	0.3	0.3	0.3	0.3	0.3
灰分(质量分数)(%)	不大于	0.01	0.01	0.01	0.01	0.01	0.01
铜片腐蚀(50℃,3h)/级	不大于	1	1	1	1	1	1
水分(体积分数)(%)	不大于	痕迹	痕迹	痕迹	痕迹	痕迹	痕迹
机械杂质	—	无	无	无	无	无	无
润滑性 校正磨痕直径(60℃)/μm	不大于	460	460	460	460	460	460
多环芳烃含量(质量分数)(%)	不大于	11	11	11	11	11	11
运动黏度(20℃)/(mm^2/s)	—	3.0~8.0	3.0~8.0	2.5~8.0	2.5~8.0	1.8~7.0	1.8~7.0
凝点/℃	不高于	5	0	－10	－20	－35	－50
冷凝点/℃	不高于	8	4	－5	－14	－29	－44
闪点(闭口)/℃	不低于	55	55	55	50	45	45
着火性(需满足下列要求之一)							
十六烷值	不小于	49	49	49	46	45	45
十六烷指数	不小于	46	46	46	46	43	43
馏程							
50%回收温度/℃	不高于	300	300	300	300	300	300
90%回收温度/℃	不高于	355	355	355	355	355	355
95%回收温度/℃	不高于	365	365	365	365	365	365
密度(20℃)/(kg/m^3)	—	810~850	810~850	810~850	790~840	790~840	790~840
脂肪酸甲酯（体积分数）(%)	不大于	1.0	1.0	1.0	1.0	1.0	1.0

表 9-3　车用柴油（V）的规格质量指标（GB 19147—2013）

项目		5 号	0 号	-10 号	-20 号	-30 号	-50 号
氧化安定性（以总不溶物计）/(mg/100mL)	不大于	2.5	2.5	2.5	2.5	2.5	2.5
硫含量/(mg/kg)	不大于	10	10	10	10	10	10
酸度(以 KOH 计)/(mg/100mL)	不大于	7	7	7	7	7	7
10%蒸余物残炭(质量分数)(%)	不大于	0.3	0.3	0.3	0.3	0.3	0.3
灰分(质量分数)(%)	不大于	0.01	0.01	0.01	0.01	0.01	0.01
铜片腐蚀(50℃,3h)/级	不大于	1	1	1	1	1	1
水分(体积分数)(%)	不大于	痕迹	痕迹	痕迹	痕迹	痕迹	痕迹
机械杂质	—	无	无	无	无	无	无
润滑性 校正磨痕直径(60℃)/μm	不大于	460	460	460	460	460	460
多环芳烃含量(质量分数)(%)	不大于	11	11	11	11	11	11
运动黏度(20℃)/(mm^2/s)	—	3.0~8.0	3.0~8.0	2.5~8.0	2.5~8.0	1.8~7.0	1.8~7.0
凝点/℃	不高于	5	0	-10	-20	-35	-50
冷凝点/℃	不高于	8	4	-5	-14	-29	-44
闪点(闭口)/℃	不低于	55	55	55	50	45	45
着火性(需满足下列要求之一) 十六烷值 十六烷指数	不小于 不小于	51 46	51 46	51 46	49 46	47 43	47 43
馏程 50%回收温度/℃ 90%回收温度/℃ 95%回收温度/℃	不高于 不高于 不高于	300 355 365	300 355 365	300 355 365	300 355 365	300 355 365	300 355 365
密度(20℃)/(kg/m^3)	—	810~850	810~850	810~850	790~840	790~840	790~840
脂肪酸甲酯（体积分数）(%)	不大于	1.0	1.0	1.0	1.0	1.0	1.0

4. 车用柴油的合理选用原则

车用柴油的选用主要考虑环境温度，并应遵循以下原则。

1）根据柴油使用地区风险率10%的最低气温选用柴油牌号。风险率10%的最低气温值表示该月中最低气温低于该值的概率为0.1，或者说该月中最低气温高于该值的概率为0.9。风险率10%的最低气温在数值上应高于柴油牌号3~6个数即可满足选用要求。

主要用途用作对排放有严格要求的城市柴油汽车的燃料一般可参照如下条件选用。

- 5号车用柴油：适用于风险率为10%，最低温度在8℃以上的地区使用。
- 0号车用柴油：适用于风险率为10%，最低温度在4℃以上的地区使用。
- -10号车用柴油：适用于风险率为10%，最低温度在-5℃以上的地区使用。
- -35号车用柴油：适用于风险率为10%，最低温度在-29℃以上的地区使用。
- -50号车用柴油：适用于风险率为10%，最低温度在-44℃以上的地区使用。

2）在气温允许的情况下尽量选用高牌号柴油。选用的牌号不是越低越好。这是因为低牌号柴油凝点低，其生产成本高，价格较高牌号柴油贵；另外由于柴油中凝点越低的成分燃烧性越差，使用时燃烧滞后期长，越容易发生工作粗暴，所以在气温允许的情况下应尽量使用高牌号柴油，真正做到既经济又实用。

3）注意季节气温变化对柴油的影响。对于那些季节气温变化较大的地区，如黑龙江、内蒙古、新疆等，应特别注意季节气温变化对柴油的影响，及时改变柴油牌号。

9.1.3　汽车新能源

汽车新能源是指非常规车用燃料。主要有乙醇燃料、生物质燃料、液化石油气、压缩天然气、液化天然气、燃料电池、氢能源和太阳能等。

至2014年我国汽车保有量为1.4亿辆，预计到2020达到2.5亿辆，将超过美国（2.4亿辆）。不久的将来，我国的汽车保有量会成为全球第一。

2013年我国原油表观消费量达到4.87亿t，其中，我国原油产量2.05亿t，进口原油2.82亿t，60%以上原油依赖进口，石油供给将出现巨大缺口。所以，开发新能源已成为解决能源危机的根本出路。就我国当前情况而言，短时期之内来自石油的汽、柴油仍将是车用燃料的主流，其他代用燃料仅是一种补充和替代。中长期车用替代燃料的主体将是燃料电池、太阳能、煤基燃料、生物燃料和天然气燃料。

1. 乙醇燃料

燃料乙醇作为再生能源，对替代和缓解我国石油供应紧张状况具有重要意义，发展燃料乙醇是加快新能源开发利用、实现能源消费结构多元化的有效措施。如在汽车产业中，在汽油组分油中按比例加入10%的变性燃料乙醇，可调配成新型清洁车用燃料。掺烧燃料乙醇不仅可替代部分车用汽油的消耗，还有两个额外收益：一是乙醇辛烷值高达115，可以取代污染环境的含铅添加剂，改善汽油的防爆性能；二是乙醇含氧量高，可以改善燃烧，减少发动机内的炭沉淀和一氧化碳等不完全燃烧污染物排放。经测试显示，合理使用乙醇汽油可以使汽车尾气中一氧化碳等污染物的排放减少40%，降低对空气的污染，而且不需要改造发动机就可以使用。乙醇汽油与普通汽油同质同价，使用这种汽油，汽车动力不受影响，并能提高汽车运行平稳性和延长汽车主要部件的使用寿命。

2. 生物质燃料

生物质燃料包含燃料乙醇、生物柴油及生物质合成燃料。

生物柴油是以含油植物、动物油脂及废食用油为原料制成的可再生清洁能源，可以20%混配柴油B20，达到0号优质柴油标准。生物柴油是可再生能源，对于各种汽车具有良好的适用性，同时其环境污染物质释放量少，使用安全，使用范围广，可进行生物降解，因此生物柴油为各国作为新型替代燃料予以重视。目前产业化的生物柴油生产方法为化学催化酯交换法，但投资高、成本高，每吨油耗植物油1010kg，有酸性物质和碱性物质排放，能耗也较高。

目前生物柴油成本尚高，应配套种子基因改良、盐碱地利用、现代酶技术等一系列研究项目，其技术还有较大改进的余地，推广将会晚一些。

3. 石油液化气（LPG）

LPG是指经高压或低温液化的石油气，简称“液化石油气”或“液化气”。其组成是丙烷、正丁烷、异丁烷及少量的乙烷、大于碳 5 的有机化合物和不饱和烃等。LPG 比空气重，有较高的辛烷值，具有混合均匀、燃烧充分、不积炭和不稀释润滑油等优点，能够延长发动机使用寿命，而且一次载气量大、行驶里程长。

车用液化石油气是原油加工过程中产生的气体馏分，经加工精制提取出以碳 3、碳 4 为主的馏分而生产出的石油液化气。GB 19159—2012《车用液化石油气》规定了车用液化石油气的要求、试验方法、储存、标志、运输、安全及健康要求。

据了解，在目前全国液化气市场供应总体构成中，有 1/3 来自中国石化，1/3 来自中国石油、中国海洋石油和社会炼厂，另有 1/3 依靠进口。然而，与成品油供应不同的是，液化气和润滑油一样，作为我国较早放开的石油石化产品，其供应主体已经实现市场化，价格难以控制。而且由于 LPG 汽车尾气排放不理想，对其的推广大受影响。

4. 压缩天然气（CNG）、液化天然气（LNG）

按照所使用天然气燃料状态的不同，天然气汽车可以分为压缩天然气（CNG）汽车和液化天然气（LNG）汽车。

压缩天然气（CNG）是指压缩到 20.7 ~ 24.8MPa 的天然气，储存在车载高压气瓶中。压缩天然气（CNG）是一种无色透明、无味、高热量及比空气轻的气体，主要成分是甲烷。由于其组分简单，易于完全燃烧，加上燃料含碳少，抗爆性好，不稀释润滑油，能够延长发动机使用寿命。CNG 汽车最大的缺点是高压钢瓶过重，体积大且储气量小，占去了汽车较多的有效重量，限制了汽车携带燃料的体积，导致汽车连续行驶里程短，另外因钢瓶的存储压力高，也具有一定的危险性。

液化天然气（LNG）是指天然气在常压下冷却至 −162℃后进行液化的天然气。其燃点为 650℃，爆炸极限为 5% ~ 15%，安全性较高。LNG 汽车可以明显压缩天然气的体积，一次充气，可以行驶 500km 甚至 1000km 以上，非常适合长途运输使用。与 CNG 汽车相比，LNG 汽车在安全、环保、整车轻量化和整车续驶里程方面都具有优势。

天然气汽车的推广与天然气与汽油的价格差很有关系。随着天然气价格及汽油价格的调整，其发展前途很难估计。2013 年天然气进口量达 530 亿 m^3，天然气对外依存度已超 30%，这也是值得注意的。

5. 燃料电池

燃料电池按电化学原理等温地直接将化学能转化为电能，它不通过热机过程，因此不受卡诺循环的限制，在理论上它的热电转化效率可达 85% ~ 90%，在实际上也可达到 40% ~ 60%。采用燃料电池的汽车运动部件少，安静、噪声很低，而且运行可靠。

燃料电池汽车与传统汽车相比，具有零排放或近似零排放，减少了机油泄漏带来的水污染，降低了温室气体的排放，提高了燃油经济性，提高了发动机燃烧效率和运行平稳、无噪声等优点。

与纯电动汽车相比，燃料电池汽车具有续驶里程长、低温冷起动性能好和能量补充快等优点。

电池技术、电机技术和控制器技术是燃料电池汽车（电动汽车）所特有的技术，这三项技术也是一直制约燃料电池汽车（电动汽车）大规模进入市场的关键因素。目前，全球能源科技资金大量投向氢能燃料电池，很多关键技术得以突破。随着新型非铂催化剂的研制成功和应用，燃料电池汽车成本将进一步降低，燃料电池汽车市场化进程将大幅提速。

9.2 润滑材料的合理使用

在汽车的实际使用中，虽然润滑材料本身的消耗量不大，但它对于减少摩擦阻力和零件磨损，延长机件的使用寿命和工作可靠性，进而减少维修工作量及时间，以及提高汽车利用率有很大影响。因而，它间接地影响运输生产率和运输成本，所以对其合理使用也极为重要。

汽车润滑材料主要有发动机油、齿轮油、润滑脂等。

9.2.1 发动机油的合理使用

1. 发动机油的作用和对其性能的要求

发动机油又称润滑油，其主要作用是润滑、冷却、清洗、密封、防锈、防腐和消除冲击载荷等。

由于发动机的工作条件恶劣，要完成上述作用，发动机油应具有良好的使用性能，其要求是：一定的黏度和黏度-温度特性，适当的润滑性（油性）；一定的热稳定性；良好的抗氧化安定性；较低的凝点；在氧化燃烧和分解时无胶质沉淀；不含有引起发动机零件腐蚀和磨损的物质；不含机械杂质和水分。

2. 发动机油的等级

发动机油可分为汽油机机油（汽油机油）和柴油机机油（柴油机油）。

发动机油的质量等级在国外广泛采用美国汽车工程师学会（SAE）黏度分类法和美国石油学会（API）的使用条件分类法。

（1）发动机油的黏度等级　根据发动机油的黏度，美国汽车工程师学会（SAE）将黏度等级分为0W、5W、10W、15W、20W、25W、20、30、40和50。其中，字母W代表冬季机油品种，W前的数字越小，其低温黏度越小，低温流动性越好，适用的最低气温越低。无W的表示夏季用油，数字越大，其黏度越大，适用的最高气温越高。

此外，还有一种全气候机油（又称多级机油），是用低黏度的基础油加入稠化剂制成的。它用低黏度级号与高温黏度级号组合来表示，如SAE 5W-30。这种机油在高温时符合SAE 30的黏度级，而在低温时符合SAE 5W的黏度级，可以四季通用。主要等级有5W-20、5W-30、5W-40、5W-50、10W-20、10W-30、10W-40、10W-50、15W-20、15W-30、15W-40、15W-50、20W-20、20W-30、20W-40和20W-50等。代表冬用部分的数字越小（适用最低气温越低），代表夏季部分的数字越大（适用的最高气温越大），适用的气温范围越大。

（2）发动机油的质量等级　美国石油学会（API）制订了发动机油的质量等级，用API来表示。API等级是采用简单的代码来描述发动机油的工作能力。

API发动机油分为两类：“S”开头系列代表汽油发动机用油，规格有API SA、SB、SC、SD、SE、SF、SG、SH、SJ、SL、SM和SN。“C”开头系列代表柴油发动机用油，规格有API CA、CB、CC、CD、CE、CF、CF-2、CF-4、CG-4、CH-4和CI-4。当“S”和“C”两个字母同时存在，则表示此机油为汽柴通用型。在S或C后面的字母表示的意义是，从“SA”一直到“SM”，每递增一个字母，机油的性能都会优于前一种，机油中会有更多用来保护发动机的添加剂。字母越靠后，质量等级越高，国际品牌中机油级别多是 SF 级别以上的。例如，壳牌非凡喜力（Shell Helix Plus）是 API SM 级，而壳牌红色喜力（Shell Helix Red Motor）则是 API SG 级，这说明非凡喜力的质量等级要高于红喜力。

（3）我国发动机油的分类　根据 GB/T 28772—2012《内燃机油分类》的规定，内燃机油的分类是根据产品特性、使用场合和使用对象进行划分的。我国采用美国石油学会的 API 质量等级。

每一机油品种的代号由两个大写英文字母及数字组成。第一个字母为“S”的代表汽油机油，“C”代表柴油机油。第二个字母表示质量等级。“GF”代表以汽油为燃料的、具有燃料经济性要求的乘用车发动机油，字母后的数字表示等级。柴油机油的数字 2 或 4 分别代表二冲程或四冲程柴油发动机。

汽油机油分 8 个等级，分别是 SE、SF、SG、SH（GF-1）、SJ（GF-2）、SL（GF-3）、SM（GF-4）和 SN（GF-5）。

柴油机油分 9 个等级，分别是 CC、CD、CF、CF-2、CF-4、CG-4、CH-4、CI-4 和 CJ-4。

3. 发动机油的选用原则

在选用发动机油时，应做到既熟悉各类牌号机油的规格性能，又要熟悉发动机的结构特点、强化程度、使用条件和制造年代，才能做到正确选用。通常发动机油的选择应从使用性能级别和黏度级别两个方面考虑。

发动机油的选用原则可参考表 9-4 进行。

表 9-4　我国发动机油的品种代号、特性和使用场合（GB/T 28772—2012）

应用范围	品种代号	特性和使用场合
汽油机油	SE	用于轿车和某些货车的汽油机以及要求使用 API SE、SD① 级油的汽油机。此种油品的抗氧化性能及控制汽油机高温沉积物、锈蚀和腐蚀的性能优于 SD① 或 SC①
	SF	用于轿车和某些货车的汽油机以及要求使用 API SF、SE 级油的汽油机。此种油品的抗氧化和抗磨损性能优于 SE，同时还具有控制汽油机沉积、锈蚀和腐蚀的性能，并可代替 SE
	SG	用于轿车、货车和轻型货车的汽油机以及要求使用 API SG 级油的汽油机。SG 质量还包括 CC 或 CD 的使用性能。此种油品改进了 SF 级油控制发动机沉积物、磨损和油的氧化性能，同时还具有抗锈蚀和腐蚀的性能，并可代替 SF、SF/CD、SE 或 SE/CC
	SH、GF-1	用于轿车、货车和轻型货车的汽油机以及要求使用 API SH 级油的汽油机。此种油品在控制发动机沉积物、油的氧化、磨损、锈蚀和腐蚀等方面的性能优于 SG，并可代替 SG GF-1 与 SH 相比，增加了对燃料经济性的要求
	SJ、GF-2	用于轿车、运动型多用途汽车、货车和轻型货车的汽油机以及要求使用 API SJ 级油的汽油机。此种油品在挥发性、过滤性、高温泡沫性和高温沉积物控制等方面的性能优于 SH。可代替 SH，并可在 SH 以前的“S”系列等级中使用 GF-2 与 SJ 相比，增加了对燃料经济性的要求，GF-2 可代替 GF-1
	SL、GF-3	用于轿车、运动型多用途汽车、货车和轻型货车的汽油机以及要求使用 API SL 级油的汽油机。此种油品在挥发性、过滤性、高温泡沫性和高温沉积物控制等方面的性能优于 SJ。可代替 SJ，并可在 SJ 以前的“S”系列等级中使用 GF-3 与 SL 相比，增加了对燃料经济性的要求，GF-3 可代替 GF-2

（续）

应用范围	品种代号	特性和使用场合
汽油机油	SM、GF－4	用于轿车、运动型多用途汽车、货车和轻型货车的汽油机以及要求使用API SM级油的汽油机。此种油品在高温氧化和清净性能、高温磨损性能以及高温沉积物控制等方面的性能优于SL。可代替SL，并可在SL以前的“S”系列等级中使用 GF－4与SM相比，增加了对燃料经济性的要求，GF－4可代替GF－3
	SN、GF－5	用于轿车、运动型多用途汽车、货车和轻型货车的汽油机以及要求使用API SN级油的汽油机。此种油品在高温氧化和清净性能、低温油泥以及高温沉积物控制等方面的性能优于SM。可代替SM，并可在SM以前的“S”系列等级中使用 对于资源节约型SN油品，除具有上述性能外，强调燃料经济性、对排放系统和涡轮增压器的保护以及与含乙醇最高达85%的燃料的兼容性能 GF－5与资源节约型SN相比，性能基本一致，GF－5可代替GF－4
柴油机油	CC	用于中负荷及重负荷下运行的自然吸气、涡轮增压和机械增压式柴油机以及一些重负荷汽油机。对于柴油机具有控制高温沉积物和轴瓦腐蚀的性能，对于汽油机具有控制锈蚀、腐蚀和高温沉积物的性能
	CD	用于需要高效控制磨损及沉积物或使用包括高硫燃料自然吸气、涡轮增压和机械增压式柴油机以及要求使用API CD级油的柴油机。具有控制轴瓦腐蚀和高温沉积物的性能，并可代替CC
	CF	用于非道路间接喷射式柴油发动机和其他柴油发动机，也可用于需有效控制活塞沉积物、磨损和含铜轴瓦腐蚀的自然吸气、涡轮增压和机械增压式柴油机。能够使用硫的质量分数大于0.5%的高硫柴油燃料，并可代替CD
	CF－2	用于需高效控制气缸、环表面胶合和沉积物的二冲程柴油发动机，并可代替CD－Ⅱ①
	CF－4	用于高速、四冲程柴油发动机以及要求使用API CF－4级油的柴油机，特别适用于高速公路行驶的重负荷货车。此种油品在机油消耗和活塞沉积物控制等方面的性能优于CE①，并可代替CE①、CD和CC
	CG－4	用于可在高速公路和非道路使用的高速、四冲程柴油发动机。能够使用硫的质量分数小于0.05%～0.5%的柴油燃料。此种油品可有效控制高温活塞沉积物、磨损、腐蚀、泡沫、氧化和烟炱的累积，并可代替CF－4、CE①、CD和CC
	CH－4	用于高速、四冲程柴油发动机。能够使用硫的质量分数不大于0.5%的柴油燃料。即使在不利的应用场合，此种油品可凭借其在磨损控制、高温稳定性和烟炱控制方面的特性有效地保持发动机的耐久性；对于非铁金属的腐蚀、氧化和不溶物的增稠、泡沫性以及由于剪切所造成的黏度损失可提供最佳的保护。其性能优于CG－4，并可代替CG－4、CF－4、CE①、CD和CC
	CI－4	用于高速、四冲程柴油发动机。能够使用硫的质量分数不大于0.5%的柴油燃料。此种油品在装有废气再循环装置的系统里使用可保持发动机的耐久性。对于腐蚀性和与烟炱有关的磨损倾向、活塞沉积物以及由于烟炱累积所引起的黏温性变差、氧化增稠、机油消耗、泡沫性、密封材料的适应性降低和由于剪切所造成的黏度损失可提供最佳的保护。其性能优于CH－4，并可代替CH－4、CG－4、CF－4、CE①、CD和CC
	CJ－4	用于高速、四冲程柴油发动机。能够使用硫的质量分数不大于0.05%的柴油燃料。对于使用废气后处理系统的发动机，如使用硫的质量分数大于0.0015%的燃料，可能会影响废气后处理系统的耐久性和/或机油的换油期。此种油品在装有微粒过滤器和其他后处理系统里使用可特别有效地保持排放控制系统的耐久性。对于催化剂中毒的控制、微粒过滤器的堵塞、发动机磨损、活塞沉积物、高低温稳定性、烟炱处理特性、氧化增稠、泡沫性和由于剪切所造成的黏度损失可提供最佳的保护。其性能优于CI－4，并可代替CI－4、CH－4、CG－4、CF－4、CE①、CD和CC
农用柴油机油	—	用于以单缸柴油机为动力的三轮汽车（原三轮农用运输车）、手扶变型运输机、小型拖拉机，还可用于其他以单缸柴油机为动力的小型农机具，如抽水机、发电机等。具有一定的抗氧、抗磨性能和清净分散性能

① 我国已废止了API的SA、SB、SC、SD、CA、CB、CD－Ⅱ和CE机油品种代号。

对发动机油做出合理选择后，必须依据规定对其加以正确使用。为此，在使用中应注意以下几个方面。

1）不能用专用的汽油机油代替柴油机油，以免加速柴油机的损坏。

2）机油黏度应尽可能小些。在保证发动机可靠润滑的前提下，机油黏度尽可能小些。高黏度的机油会使发动机运转时阻力增加，从而使燃料消耗量增加；黏度太低的机油，又可能使机油压力过低，机油膜强度不够，密封不严。严重磨损的发动机可选用黏度大的机油。所以要根据季节和车况正确选用机油。

3）应尽量使用多级油。多级油的黏温性能好，在发动机中使用的时间长，节省燃料，而且四季通用，便于管理。使用多级油时，油色容易变黑，机油压力也比普通机油小些，这些都是正常现象，不影响使用。

4）应优先选用国产名牌机油。国产机油质优价廉（为进口机油的50%～60%），而且国内的大型炼油厂均能生产符合国际标准的高级机油，可以放心地使用。

5）关于机油的混合使用。单级机油和多级机油不要混用，不同牌号机油必要时可临时混用，但不要长期混用。不要将机床的机械油或其他非发动机用机油加在汽车发动机上使用，它们不含任何添加剂，会引起发动机的早期磨损或损坏。

6）保持适当的油量。必须保持曲轴箱有足够的油量。油量过小，会引起机件烧坏并加速机油变质；油面过高，会从气缸活塞的间隙中窜进燃烧室，使燃烧室积炭增多。

7）发动机油的更换一般根据行驶里程定期更换，国内外发动机油更换里程为5000～8000km（或半年），以7500km居多。确定机油更换里程应综合考虑机油使用性能等级、发动机技术状况和运行条件。

8）为了延长机油使用寿命，在更换机油时，应将旧油放尽；加强曲轴箱通风和保持发动机温度正常，防止油气、水气冷凝污染；机油温度不可过高，以免机油变得过稀和加速氧化变质；加强对润滑系统的维护等。

9.2.2 汽车齿轮油的合理使用

1. 汽车齿轮油工作条件和主要要求

齿轮油润滑汽车传动系统，如变速器、分动器、驱动桥及转向器等传动机件。

齿轮油工作时，由于齿轮工作面不断变换，温度升高不剧烈，所以它的工作温度一般为10～80℃；其次，齿轮油承受很高的压力作用。齿轮在传动时，齿之间啮合部分的单位压力高达（196～245）$\times 10^4$kPa，而准双曲面齿轮单位压力可达（294～392）$\times 10^4$kPa。此外，齿轮油在速度变化大、回转次数多的条件下工作，因而齿轮油易于由齿间的间隙中被挤出，产生半液体摩擦。

2. 汽车齿轮油的主要要求

对齿轮油的主要要求是：在齿与齿之间的接触面上，能形成连续坚韧的油膜，即具有高的油性，使传动机件之间维持有韧性的边界油层，保证传动机件磨损小和预防其磨伤；此外，齿轮油还应具有良好的黏温特性，以保证动力传动机构的摩擦损耗较小，提高传动效率，保证汽车易于起步（尤其是冬季的起动）。

3. 汽车齿轮油的分级

（1）国外的汽车齿轮油分级　国外汽车齿轮油大都按SAE黏度分类和API使用性能分

类。SAE黏度分类把齿轮油分为70W、75W、80W、85W、90、140和250，共7个牌号。含有字母W的是冬用齿轮油，不带W的是夏用齿轮油。按API使性能分类，则分为GL－1～GL－6共6个质量等级。其分类使用说明及用途见表9-5。

表9-5　汽车齿轮油按API使用性能分类

分类	使用说明	用途
GL－1	在低齿面压力、低滑动速度下的汽车弧齿锥齿轮、蜗轮式驱动桥以及各种手动变速器规定用GL－1级齿轮油。直馏矿物油能满足这类情况的要求，可以加入抗氧剂、防锈剂和消泡剂改善其性能，但不加摩擦改进剂和极压剂	汽车手动变速器，包括拖拉机和载货汽车手动变速器
GL－2	汽车蜗轮式驱动桥，由于其负荷、温度和滑动速度的状况，用GL－1齿轮油不能满足要求，规定用GL－2级齿轮油。通常都加有脂肪类物质	蜗杆传动装置
GL－3	滑动速度和负荷条件比较苛刻的汽车手动变速器和弧齿锥齿轮的驱动桥规定用GL－3级油。这种使用条件要求润滑油的负荷能力比GL－1和GL－2级油高，但比GL－4级油要低	苛刻条件的手动变速器和弧齿锥齿轮的驱动桥
GL－4	在低速高转矩、高速低转矩下操作的各种齿轮，特别是客车和其他各种车用的准双曲面齿轮，规定用GL－4级齿轮油。适用于其抗擦性能等于或优于CRC RGO－05参考油	手动变速器、弧齿锥齿轮和使用条件不太苛刻的准双曲面齿轮
GL－5	在高速冲击负荷、高速低转矩、低速条件下操作的各种齿轮，特别是客车和其他车用的准双曲面齿轮，规定用GL－5级齿轮油。适用于其抗擦性能等于或优于CRC RGO－110参考油	适用于操作条件缓和或苛刻的准双曲面齿轮及其他各种齿轮，也可用于手动变速器
GL－6	在高速冲击条件下运转的轿车和其他汽车的各种齿轮，特别是大偏移距的准双曲面齿轮，偏移距大于50nm或接近大齿轮直径的25%，规定用GL－6级齿轮油，其抗擦性能应等于或优于参考油L－1000	用于极高速小型偏心齿轮

（2）国内的汽车齿轮油分级　我国汽车齿轮油，按黏度等级和质量等级分类。GB/T 28767—2012《车辆齿轮油分类》将汽车用齿轮油划分为GL－3、GL－4、GL－5和MT－1四个等级。

每个汽车齿轮油品种代号后应附黏度等级。齿轮油的黏度，根据齿轮油低温黏度达150Pa·s（超过该黏度，容易引起齿轮损伤）时的最高温度和100℃时的运动黏度（mm^2/s），分为70W、75W、80W、85W、90、140和250黏度标号。

例如，GL－4 90表示运动黏度为90mm^2/s的GL－4号齿轮油。

4. 汽车齿轮油的合理使用

（1）选用原则　通常按汽车使用说明书的规定选择与该车型相适应的齿轮油品种和标号。也可以参照下列原则选油。

① 根据季节选择齿轮油的标号（黏度级），齿轮油的标号75W、80W、85W、90和140号分别适用于最低气温为－40℃、－20℃、－12℃、－10℃和10℃的地区。

② 根据使用性能选择。对于一般工作条件下的弧齿锥齿轮主减速器（驱动桥）、变速器和转向器可选用普通汽车齿轮油；主减速器是准双曲面齿轮的，必须根据工作条件选用中负荷汽车齿轮油或重负荷汽车齿轮油。具体选用原则见表9-6。

表 9-6　汽车齿轮油的选择（GB/T 28767—2012）

品种代号	使用范围
GL－3	适用于速度和负荷比较苛刻的汽车手动档变速器，以及较缓和的弧齿锥齿轮驱动桥
GL－4	适用于速度和负荷比较苛刻的弧齿锥齿轮，较缓和的准双曲面齿轮，也可用于手动档变速器和驱动桥
GL－5	适用于高速冲击负荷、高速低转矩下操作的各种齿轮，特别是准双曲面齿轮
MT－1	适用于在大型客车和重型货车上使用的非同步手动变速器

（2）齿轮油更换　汽车齿轮油在使用中性能会逐渐劣化，应当定期更换。一般，载货汽车行驶50000km、乘用车80000～100000km应更换一次齿轮油。

（3）使用注意事项　必须严格按汽车使用说明书的规定，正确选用齿轮油；齿轮油加注要适量。加注量不足，润滑不良，磨损增加；加注过多，增加动力损失和造成密封漏油。

注意：准双曲面齿轮的驱动桥必须选用准双曲面齿轮油（GL－5），否则会造成齿轮的早期严重磨损；不可掺兑柴油将齿轮油兑稀，否则会造成齿轮咬伤。

9.2.3　汽车润滑脂的合理使用

润滑脂（俗称黄油）是介于液体与固体之间的半流动的塑性物质，因而它既有固体的特性，也有液体的特性。相比纯液体润滑油，它具有许多优点。

我国采用国际标准（ISO）的分类方法对润滑脂进行了分类，这个分类标准适用于润滑各种设备、机械部件、汽车等所有种类的润滑脂，不适用于特殊用途的润滑脂。

汽车常用润滑脂有钙基润滑脂、钠基润滑脂、钙钠基润滑脂、石墨钙基润滑脂、工业凡士林/二硫化钼润滑脂、复合钙基润滑脂和锂基润滑脂等。各种润滑脂按针入度分为几种牌号，号数越大，脂质越硬，滴点也越高。各种润滑脂的特性及使用范围，详见表9-7。

表 9-7　润滑脂的特性和使用范围

品种	特性	使用范围
钙基润滑脂	抗水性好，耐热性差，使用寿命短	最高使用温度范围为－10～60℃，适用于汽车轮毂轴承、底盘拉杆球节、水泵轴承等部位
钠基润滑脂	耐热性好，抗水性差，有较好的极压减磨性能	使用温度可达120℃，只适用于低速高负荷轴承，不能用在潮湿环境或与水接触部位
钙钠基润滑脂	耐热性、抗水性介于钙基和钠基脂之间	使用温度不高于100℃，不宜于低温下使用，适用于不太潮湿条件下的滚动轴承，如底盘、轮毂等处的轴承
复合钙基润滑脂	较好的机械安定性和胶体安定性，耐热性好	适用于较高温度及潮湿条件下润滑大负荷工作的部件，如汽车轮毂轴承等处的润滑，使用温度可达150℃左右
通用锂基润滑脂	具有良好的抗水性、机械安定性、防锈性和氧化安定性	适用于－20～120℃宽温度范围内各种机械设备的滚动和滑动轴承及其他摩擦部位的润滑，是一种长寿命通用润滑脂
汽车通用锂基润滑脂	良好的机械安定性、胶体安定性、防锈性、氧化安定性和抗水性	适用于－30～120℃下汽车轮毂轴承、水泵、发电机等各摩擦部位润滑，国产和进口汽车普遍推荐用此油脂
极压锂基润滑脂	有极高极压抗磨性	适用于－20～120℃下高负荷机械设备的齿轮和轴承的润滑，部分国产和进口汽车推荐使用
石墨钙基润滑脂	具有良好的抗水性和抗碾压性能	适用于重负荷、低转速和粗糙的机械润滑，可用于汽车钢板弹簧、起重机齿轮转盘等承压部位

在实际使用中应注意如下事项。

① 工作温度。被润滑部位的最低工作温度应高于润滑脂的低温界限，否则会加大阻力；最高温度应低于高温界限，否则会因润滑脂流失而失去润滑能力。

② 保持清洁。涂脂前零件要清洗干净，不同种类的润滑脂不能混用，新旧润滑脂不能混用，在换润滑脂时，一定要把废旧润滑脂清洗干净，才能加入新润滑脂。

③ 用量适当。更换轮毂轴承润滑脂时，只要在轴承的滚珠（或滚柱）之间塞满润滑脂，而轮毂内腔采用“空毂润滑”，即在轮毂内腔仅薄薄地涂上一层润滑脂，起防锈作用即可。不应采用“满毂润滑”，即把润滑脂装满轮毂内腔。这样即不科学，又很浪费，还可能会因轮毂过热而使润滑脂流到制动摩擦片表面，造成制动失灵，影响行车安全。

④ 合理选用润滑脂的品种、稠度牌号。合理选用润滑脂是一项重要的节能措施。合理润滑可充分发挥机械效率，减轻磨损，延长机械寿命，减低润滑脂消耗，提高汽车运输效率。在保证润滑的条件下，选用低号牌的润滑脂。

⑤ 推荐使用多效锂基润滑脂。实践证明，用多效锂基脂取代钙基脂，汽车轮毂轴承的维护周期将从6000km 延长至12000km 以上，润滑脂的消耗量可节省50% 以上。冬季应选用低温润滑脂，在 -30 ~ 120℃的范围内使用锂基润滑脂。在冬季严寒地区应选用酰胺润滑脂和无水钙基润滑脂。

9.3　车用工作液

汽车上有多种工作油，主要有制动液、冷却液、液压油、风窗玻璃清洗液和空调制冷剂等。

9.3.1　汽车制动液的合理使用

制动液主要用于液压制动系统和液压离合器操纵系统的能量传递。制动液的好坏，关系着行车安全。

1. 对制动液的使用要求

（1）优良的高温抗气阻性　汽车制动液的工作温度范围相当宽。低温时制动液黏度增大，低温流动性变差，导致制动滞后。现代汽车行驶速度越来越高，制动时的温度达 150℃或更高。若制动液沸点太低，制动液在制动系管路中会产生气阻，导致制动失灵。为保证行车安全，要求制动液具有高沸点、低挥发性，高温时不易产生气阻。

制动液的高温抗气阻性的评价指标主要有平衡回流沸点、湿平衡回流沸点和蒸发性。

平衡回流沸点是指在冷凝回流系统内与大气压平衡条件下试样沸腾的温度。

湿平衡回流沸点是指在制动液试样中，按一定方法增湿后所测得的平衡沸点。

（2）良好的运动黏度和黏温性　制动液应在使用温度范围内具有良好的流动性，使系统内的压力能随制动踏板的动作迅速上升和下降，橡胶皮碗能在制动缸内顺利滑动。因此，要求制动液在很宽的温度范围内保持适当的黏度。在制动液中都规定了 -40 ~ 100℃对应的最大运动黏度和最小运动黏度。

（3）与橡胶良好的配伍性　即要求制动液对液压制动系统中的橡胶皮碗及密封件不产生明显的溶胀、软化或硬化等不良影响。

(4) 对金属的腐蚀性要小　即要求制动液对液压制动系统中的主缸、轮缸、活塞等金属元件不产生腐蚀。

(5) 良好的稳定性　制动液的稳定性包括高温稳定性和化学稳定性，即制动液在高温和相溶液体混合后平衡回流沸点的变化。

(6) 良好的溶水性　要求制动液吸水后能与水相互溶，不产生分离和沉淀，以免在高温时形成水蒸气产生气阻，在低温时形成冰栓，堵塞制动管路。

此外，制动液还必须有良好的抗泡性等一般液压油应具备的性能。

2. 制动液的分类

按原料、工艺和使用要求的不同，我国目前生产的制动液主要有醇型、矿油型、合成型三种。

(1) 醇型制动液　醇型制动液由精制蓖麻油和醇配制而成，又称蓖麻油－酒精制动液。

醇型制动液凝点较低，润滑性能好，橡胶皮碗膨胀率小。醇型制动液的主要缺点是，沸点较低，高温行车时易产生气阻，低温性能差，不能满足严寒地区的使用要求（不宜在－25℃以下的气温环境下使用），气温适用覆盖范围小。

(2) 矿油型制动液　矿油型制动液用凝点低，初馏点大于210℃的馏分油经深度脱蜡后加入稠化剂、抗氧防锈剂和染色剂等调和而成。

(3) 合成型制动液　合成型制动液用醚、醇、酯等掺入润滑、抗氧化、防锈和抗橡胶溶胀等添加剂制成。合成型制动液沸点高，凝点低，低温流动性好，高温下使用时不产生气阻，低温下使用时能顺利供油，这种制动液性能优良，对橡胶不产生侵蚀溶胀。

我国汽车制动液均采用合成型制动液，用HZY表示，其中H、Z、Y三个大写字母分别为“合成”“制动”“液体”三个汉语词组第一个汉字的汉语拼音首字母。《机动车辆制动液》(GB 12981—2012) 将制动液分为HZY3、HZY4、HZY5和HZY6四个质量等级，分别对应国际标准ISO 4925：2005中的Class3、Class4、Class5.1、Class6，其中HZY3、HZY4、HZY5对应美国交通运输部制动液类型的DOT3、DOT4、DOT5.1。

我国现行的制动液标准（GB 12981—2012）为强制性标准，共有14项技术指标要求，分别是外观、平衡回流沸点、湿平衡回流沸点、运动黏度（100℃、－40℃）、pH值、液体稳定性、腐蚀性、低温流动性和外观、蒸发性能、溶水性、液体相容性、抗氧化性、橡胶相容性和行程模拟性能。我国汽车制动液的主要质量指标见表9-8。

表9-8　我国汽车制动液的主要质量指标（GB 12981—2012）

项目			HZY3	HZY4	HZY5	HZY6
外观			清亮透明、无悬浮物、杂质和沉淀物			
高温抗气阻性	平衡回流沸点/℃	不低于	205	230	260	250
	湿平衡回流沸点/℃	不低于	140	155	180	165
运动黏度/($mm^2 \cdot s^{-1}$)	－40℃	不大于	1500	1500	900	750
	100℃	不小于	1.5	1.5	1.5	1.5
pH值			7.0～11.5			
液体稳定性	高温稳定性（185℃、120min）		±5℃			
	化学稳定性		±5℃			

（续）

<table>
<tr><th colspan="3">项目</th><th>HZY3</th><th>HZY4</th><th>HZY5</th><th>HZY6</th></tr>
<tr><td rowspan="13">腐蚀性
（100℃，120h）</td><td rowspan="7">金属腐蚀性
试验质量变化</td><td>镀锡片</td><td colspan="4">±0.2mg/cm²</td></tr>
<tr><td>钢</td><td colspan="4">±0.2mg/cm²</td></tr>
<tr><td>铝</td><td colspan="4">±0.1mg/cm²</td></tr>
<tr><td>铸铁</td><td colspan="4">±0.2mg/cm²</td></tr>
<tr><td>黄铜</td><td colspan="4">±0.4mg/cm²</td></tr>
<tr><td>铜</td><td colspan="4">±0.4mg/cm²</td></tr>
<tr><td>锌</td><td colspan="4">±0.4mg/cm²</td></tr>
<tr><td colspan="2">金属试片</td><td colspan="4">均无变色、无坑点</td></tr>
<tr><td rowspan="3">SBR 标准
皮碗试验</td><td>皮碗外观</td><td colspan="4">无发黏、无鼓泡、不析出炭黑</td></tr>
<tr><td>体积增加值</td><td colspan="4">不大于16%</td></tr>
<tr><td>根径增值</td><td colspan="4">不大于1.4mm</td></tr>
<tr><td colspan="2">试后 pH 值</td><td colspan="4">7.0～11.5</td></tr>
<tr><td colspan="2">沉淀物（体积分数）</td><td colspan="4">不大于0.1%</td></tr>
<tr><td rowspan="2">低温流动性
（-40℃，144h）</td><td colspan="2">外观</td><td colspan="4">清亮透明均匀</td></tr>
<tr><td colspan="2">气泡上浮至液面的时间</td><td colspan="4">不大于10s</td></tr>
<tr><td rowspan="3">蒸发性（100℃，168h）</td><td colspan="2">蒸发损失</td><td colspan="4">不大于80%</td></tr>
<tr><td colspan="2">残余物性质</td><td colspan="4">用指尖摩擦时，沉淀中不含有
颗粒性砂粒和磨蚀物</td></tr>
<tr><td colspan="2">残余物倾点</td><td colspan="4">不高于-5℃</td></tr>
<tr><td rowspan="2">溶水性（60℃，
22h）</td><td colspan="2">外观</td><td colspan="4">清亮透明均匀</td></tr>
<tr><td colspan="2">沉淀物（体积分数）</td><td colspan="4">不大于0.05%</td></tr>
<tr><td rowspan="2">液体相容性
（60℃，22h）</td><td colspan="2">外观</td><td colspan="4">清亮透明均匀</td></tr>
<tr><td colspan="2">沉淀物（体积分数）</td><td colspan="4">不大于0.05%</td></tr>
<tr><td rowspan="3">抗氧化性
（70℃，168h）</td><td colspan="2">金属片外观</td><td colspan="4">无可见坑蚀和点蚀，允许痕量
胶质沉积，允许试片脱色</td></tr>
<tr><td colspan="2">铝试片质量变化</td><td colspan="4">±0.05mg/cm²</td></tr>
<tr><td colspan="2">铸铁试片质量变化</td><td colspan="4">±0.3mg/cm²</td></tr>
<tr><td rowspan="4">与橡胶皮碗
的适应性
（120℃，70h）</td><td colspan="2">根径增值</td><td colspan="4">0.15～1.40mm</td></tr>
<tr><td colspan="2">硬度降低值</td><td colspan="4">不大于15%</td></tr>
<tr><td colspan="2">体积增加值</td><td colspan="4">1%～15%</td></tr>
<tr><td colspan="2">外观</td><td colspan="4">无发黏、无鼓泡、不析出炭黑</td></tr>
</table>

3. 制动液的选用

不同性能指标和不同类型汽车制动系统所要求使用的制动液产品质量等级不同，这也为用户正确选择使用制动液产品造成一定困难。但汽车制造厂家在汽车使用说明书中一般都明确规定或推荐了该汽车制动系统应该使用的制动液产品质量等级。有的生产厂家还指明了具体的制动液产品品牌和型号。因此，汽车使用和维修人员首先应该按照汽车使用说明书上的规定选择使用相应的制动液产品。

但当汽车使用和维修人员由于某些原因不愿意使用汽车制造厂家推荐的制动液产品时，或该产品不易获得需要重新选用制动液产品时，一般应遵循以下原则。

① 选用的制动液产品质量等级应等于或高于汽车制造厂家规定的制动液质量等级。

② 所选用的制动液产品类型应与汽车制造厂家规定的制动液产品类型相同。

③ 尽量选择正规厂家生产的、性能稳定、质量有保证的制动液产品。

④ 选择合成制动液。

按照 GB 12981—2012《机动车辆制动液》，各级制动液主要特性和推荐使用范围见表 9-9。

表 9-9 HZY 系列汽车制动液的主要特性和推荐使用范围

级别	制动液的主要特性	推荐使用范围
HZY3	具有良好的高温抗气阻性能和优良的低温性能	相当于 ISO 4925：2005 中的 Class3 和 DOT3 的水平，我国广大地区均可使用
HZY4	具有优良的高温抗气阻性能和良好的低温性能	相当于 ISO 4925：2005 中的 Class4 和 DOT4 的水平，我国广大地区均可使用
HZY5	具有优异的高温抗气阻性能和低温性能	相当于 ISO 4925：2005 中的 Class5.1 和 DOT5.1 的水平，供特殊要求的汽车使用
HZY6	具有优良的高温抗气阻性能和优异的低温性能	用于配备 ESP/EBD + ABS 的商用车

4. 制动液使用注意事项

① 制动液不能混用。各种制动液绝对不能混用，否则会因分层而失去制动作用。

② 保持清洁。加注或更换制动液时要注意清洁，制动液须经过过滤，不允许细微杂质混入制动系统。

③ 注意防潮。存放制动液的容器应当密封，防止水分混入和吸收水汽使沸点降低；更换下来和装在未密封容器内的制动液不能继续使用。

④ 定期更换。应定期更换制动液，由于制动液有一定吸水性，因此在一般情况下，制动液应使用一两年（或 300 ~ 500km）时进行更换，以防制动液吸湿后影响制动性能。更换制动液应在每年雨季过后进行。

⑤ 注意制动液的温度。在山区下坡连续使用液压制动或在高温地区长期频繁制动时，制动蹄片温度可达 350 ~ 400℃，使制动液温度随之升至 150 ~ 170℃，这已超过一般合成制动液的潮湿沸点，因此，要注意检查制动液温度，以防因气阻发生交通事故。

⑥ 注意个人安全。制动液产品一般有一定的毒性，因此在更换时不能用嘴去吸取制动液。

9.3.2 冷却液的合理使用

1. 冷却液的使用性能

（1）低温黏度小，流动性好　汽车发动机冷却液的低温黏度越小，越有利于冷却液在冷却系统中流动，这样冷却系统散热的效果就越好。

（2）冰点低 冰点是指在没有过冷情况下冷却液开始结晶时的温度；或者在有过冷情况下结晶开始，短时间内停留不变的最高温度。若汽车在低温条件下停放时间过长，而发动机冷却液的冰点又达不到应有温度时，则发动机冷却液就会结冰，同时体积膨胀变大，而造成散热器、发动机缸体胀裂，因此，要求冷却液的冰点应低于该地区最低温度10℃左右，以应对天气突变。

（3）沸点高 沸点是发动机冷却系统的压力与外界大气压力相平衡的条件下，冷却液开始沸腾时的温度。发动机冷却液沸点通常都超过105℃，比起水的沸点100℃，可在较高温度下不沸腾，保证汽车在满载、高负荷、高速或在山区、热带夏季正常行车，同时沸点高则冷却液蒸发损失也少。因此，要求发动机冷却液应具有较高的沸点。

（4）防腐性好 冷却系统中散热器、水泵、缸体及缸盖、分水管等部件是由钢、铸铁、黄铜、纯铜、铝或焊锡等金属组成，由于不同金属的电极电位不同，在电解质的作用下容易发生电化学腐蚀；同时冷却液中的二元醇类物质分解后形成的酸性产物、燃料燃烧后形成的酸性废气也可能渗入到冷却系统中，造成冷却系统腐蚀。冷却系统腐蚀会使散热器的下水室、喷油器隔套、冷却管道、接头以及散热器排水管发生故障，同时腐蚀产物堵塞管道，引起发动机过热甚至瘫痪；若腐蚀穿孔，冷却液渗入燃烧室或曲轴箱会产生严重的破坏，因为当冷却液或水与机油混合时，会产生油污和胶质，削弱润滑性能，使得阀、液压阀推杆和活塞环黏结。

为了使发动机冷却液具有良好的防腐性能，要保持冷却液呈碱性状态，pH值在7.5～11.0之间。因而冷却液中都加入一定量的防腐蚀添加剂，防止冷却系统产生腐蚀。

（5）不易产生水垢，抗泡性好 汽车散热器内水垢如不定期清洗，沉积水垢后，会造成冷却液温度过高，输出功率下降，严重时导致发动机损坏等后果，甚至引发事故。因此，要求冷却液在工作中应不产生水垢。

冷却液在工作时由于是在水泵的高速推动下强制循环的，通常会产生泡沫。发动机冷却液如果产生过多的泡沫，不仅会降低传热系数，加剧气蚀，还会使冷却液溢流。因此要求冷却液的抗泡性要好。

另外，汽车冷却液还应有传热效果好、蒸发损失少、不易损坏橡胶制品、热化学安定性好和热容量大等性能。

所以冷却液应具有防冻、防腐蚀、防水垢和防开锅等功能，这是普通冷却水不能达到的，因此，汽车上均采用冷却液，而不采用冷却水。

2. 冷却液的类型

冷却液由水、防冻剂、添加剂三部分组成。按防冻剂成分不同，可分为酒精型、甘油型、乙二醇型等类型。

酒精（乙醇）与水可按任意比例混合配成不同冰点的冷却液。酒精型冷却液的优点是流动性好、散热快、乙醇来源广和配制简单；缺点是易燃、易挥发。

甘油即丙二醇，其沸点较高，不易蒸发和着火，对金属腐蚀较小，但降低冰点的效率低，所需甘油多，成本也较高。

乙二醇也叫甘醇，乙二醇型冷却液的优点是沸点高、挥发损失小、冰点低、热容量大、冷却效率高和流动性好；缺点是有毒性，对金属有腐蚀作用，并对橡胶有轻度侵蚀。

冷却液可以制成浓缩液，由用户加清洁水稀释后使用；也可以制成一定冰点的产品直接加注使用。冷却液的冰点与乙醇、甘油或乙二醇所占的比例有关，改变冷却液的成分和所占比例，可得到不同冰点的冷却液。

我国汽车发动机冷却液现行标准是 GB 29743—2013《机动车发动机冷却液》，该标准规定了冷却液的类型。

按发动机使用负荷大小不同，分为轻负荷冷却液（LPC）和重负荷冷却液（HPC）。轻负荷发动机是指长期在比额定功率低得多的条件下运转的发动机。重负荷发动机是指长期在额定功率或接近额定功率的条件下运转的发动机，一般采用湿式缸套。

按主要原料不同，分为乙二醇型、丙二醇型和其他类型 3 类冷却液。每种产品分为浓缩液和稀释液两大类，其中将冷却液按其冰点分为 -15 号、-20 号、-25 号、-30 号、-35 号、-40 号、-45 号和 -50 号 8 个牌号。

轻负荷冷却液的分类代号及型号见表 9-10，重负荷冷却液的分类代号及型号见表 9-11。

表 9-10　轻负荷冷却液的分类代号及型号（GB 29743—2013）

产品分类		代号	型号
乙二醇型	浓缩液	LEC - Ⅰ	-
	稀释液	LEC - Ⅱ	LEC - Ⅱ -15、LEC - Ⅱ -20、LEC - Ⅱ -25、LEC - Ⅱ -30、LEC - Ⅱ -35、LEC - Ⅱ -40、LEC - Ⅱ -45、LEC - Ⅱ -50
丙二醇型	浓缩液	LPC - Ⅰ	-
	稀释液	LPC - Ⅱ	LPC - Ⅱ -15、LPC - Ⅱ -20、LPC - Ⅱ -25、LPC - Ⅱ -30、LPC - Ⅱ -35、LPC - Ⅱ -40、LPC - Ⅱ -45、LPC - Ⅱ -50
其他类型		LOC	依据冰点标注值

表 9-11　重负荷冷却液的分类代号及型号（GB 29743—2013）

产品分类		代号	型号
乙二醇型	浓缩液	HEC - Ⅰ	-
	稀释液	HEC - Ⅱ	HEC - Ⅱ -15、HEC - Ⅱ -20、HEC - Ⅱ -25、HEC - Ⅱ -30、HEC - Ⅱ -35、HEC - Ⅱ -40、HEC - Ⅱ -45、HEC - Ⅱ -50
丙二醇型	浓缩液	HPC - Ⅰ	-
	稀释液	HPC - Ⅱ	HPC - Ⅱ -15、HPC - Ⅱ -20、HPC - Ⅱ -25、HPC - Ⅱ -30、HPC - Ⅱ -35、HPC - Ⅱ -40、HPC - Ⅱ -45、HPC - Ⅱ -50

3. 冷却液的使用注意事项

① 根据气温选择冷却液。根据当地冬季最低气温选用冰点牌号的冷却液。冰点至少应低于最低气温 5℃。如果是浓缩液，应按产品说明书规定的比例加清水稀释。

② 验证后再使用。当冷却液存放时间过长，或发现其有异常，如锈渣等沉淀物，应经过质量检验（放到冰箱里试验）后再确定能否使用。

③ 不同品牌的冷却液不能相互勾兑。因为不同的厂家会使用不同的冷却液配方，添加剂的添加比例也会不同，如果把这些不同的冷却液相互混用，则有可能出现一些不可预知的化学反应，进而腐蚀管路接口处的密封橡胶圈，造成密封不严，导致漏水现象的发生。

④ 冷却液要定时更换。在冷却液中含有添加剂和抗泡沫添加剂，这些添加剂会在使用

过程中逐渐地丧失应有的功能，以至于无法对冷却系统内部进行很好的保护。也就是说，在冷却系统不发生泄漏的前提下，冷却液对于温度的控制基本不会变，但由于添加剂失效，特别是抗泡沫添加剂，在水泵叶轮的搅动下，会使冷却液产生气泡，这些气泡会大大削弱冷却液的效果。所以，冷却液最好能按期更换。

⑤ 要坚持常年使用冷却液。对于传统发动机，能够保证发动机正常工作的冷却液温度值为80~90℃，但对于电控发动机，由于其高转速、高压缩比和高功率的工作特点，其机械负荷及热负荷较大，摩擦热较高，因而对冷却液正常工作温度的要求已提高到95~105℃。这与人们形成的传统发动机冷却水“正常水温”观点不同，需要人们转变认识观念。而且要注意冷却液使用的连续性，那种只想在冬季使用冷却液的观点是错误的，只知道冷却液的防冻功能，而忽视了冷却液的防腐、防沸、防垢等作用，所以，应全年使用冷却液。

⑥ 正确加注冷却液。在加注新的冷却液前，应将冷却液完全排放净后，用清水将冷却系统洗净，水垢和铁锈较为严重的，要将散热器认真洗涤干净。加注时不要过量，一般只能加到冷却系统总容量的95%。以免升温膨胀后溢出。停车后不要立即打开散热器盖。

9.3.3　汽车液压油的合理使用

1. 液压油的使用性能要求

现代汽车上的许多系统都采用液压、液力传动，如液压传动系统、液力助力转向系统、离合器液压操纵系统、减振器及自卸车的自动倾斜机构等。液压系统工作的可靠性和使用寿命，在很大程度上取决于液压油的性能和正确使用。

为了保证液压系统工作的可靠性和使用寿命，保证其正常工作，对液压油使用性能有两个基本要求：即工作中能保持其不可压缩性和良好的流体状态。为了保证实现上述两个基本要求，液压油必须具有良好的抗乳化性、良好的抗泡沫性、好的清洁性、适宜的黏度、良好的黏温性能和较好的抗氧化安定性。

2. 液压油的分类、品种和牌号

根据GB 11118.1—2011《液压油》的规定，属于L类（润滑油和有关产品）中的H组（液压系统）液压油共分为L-HL抗氧防锈液压油、L-HM抗磨液压油（高压、普通）、L-HV低温液压油、L-HS超低温液压油和L-HG液压导轨液压油5个品种。其产品标记采用统一命名方法，一般形式是L-H（字母）（数字），其中L为类别，H后缀的字母表示液压系统的用油品种，数字表示牌号，即黏度等级。标记方式如下：

液压油标记为：品种代号　黏度等级　产品名称　标准号

示例：L-HL 46　抗氧防锈液压油　GB 11118.1—2011

L-HM 46　抗磨液压油（高压）　GB 11118.1—2011

L-HM 46　抗磨液压油（普通）　GB 11118.1—2011

L-HV 46　低温液压油　GB 11118.1—2011

L-HS 46　超低温液压油　GB 11118.1—2011

L-HG 46　液压导轨油　GB 11118.1—2011

3. 液压油的选择与使用

（1）液压油的选择　一般根据液压设备的工作环境和运转工况选择液压油的品种，液压设备在不同工作环境和运转工况下，可参照表9-12选择合适的液压油品种。

表9-12 按环境和工况选择液压油的品种

运转工况	压力/MPa	<7	7~14	7~14	>14
	温度/℃	<50	<50	50~80	>80
工作环境	温度变化不大的环境	HL	HL、HM	HM	HM
	寒区和严寒地区	HR	HV	HV、HS	HV、HS

汽车运输和维修企业常根据液压系统中液压泵的类型、压力和工作温度选择液压油的牌号。

L-HL液压油为一种通用工业机床润滑油，适用于机床和其他设备有抗氧防锈要求的低压系统和传动装置，在0℃以上环境下使用。

L-HM液压油为抗磨型液压油，可用于低、中、高液压系统，也可用于中等负荷机械设备的润滑部位，适应的环境温度为-5~60℃。

L-HV液压油为工程液压油或称为低温抗磨液压油，被广泛应用于野外和恶劣环境下工作的液压设备，如自卸车和装载机等。

L-HS液压油在低温性能上优于L-HV油，适用于严寒地区（环境温度为-40℃以上）野外作业的工程机械。

L-HG液压油可用于液压系统和导轨润滑系统合用的机床。它不适用于高压液压系统。一些维修机具推荐用L-HG液压油。

（2）液压油使用注意事项

① 注意保持液压油的清洁，严防沙尘等固体污染物侵入，否则将显著缩短液压系统的寿命。

② 应按液压油的换油指标换油。为此，正常情况下应1~2个月定期对在用液压油进行取样化验。若不具备分析条件，应按使用说明书的规定定期换油。

③ 不同品种、不同牌号的液压油不得混合使用。新油在加入前和使用后，均应进行取样化验，以确保油液质量。

④ 换油时，应清洗干净液压系统的油箱及油管等。

各类装载机械和工程机械液压油的选择和使用，应按说明书中的规定进行。

9.3.4 汽车风窗玻璃清洗液的合理使用

1. 汽车风窗玻璃清洗液的性能

汽车风窗玻璃清洗液要求对附着在风窗上的各种物质具有浸透、乳化分散、可溶解的性能，以便将其清洗干净。其性能要求主要有：

1）汽车风窗玻璃清洗液对汽车刮水器的材料，如铝、锌、橡胶、塑料和涂料等不应产生腐蚀或其他影响。

2）在冬季使用的汽车风窗玻璃清洗液，应具有较低的凝点，以防在低温时结冰而不可使用。一般要求风窗玻璃清洗液的凝点为-20℃，对于特别严寒地区可特殊配制。

3）要求风窗玻璃清洗液在低温和高温交变时应没有分离和沉淀。汽车风窗玻璃清洗液多用于雨天，平时存放于发动机舱内，时而加热，时而冷却，如果易发生分离、沉淀，则容易造成机构内部堵塞，影响其正常喷射。

所以，一种优质的汽车风窗玻璃清洗液应在一定浓度范围内对金属不腐蚀，对非金属的性能不产生影响，又能有效地去除各种污垢，确保风窗玻璃保持良好的视野，在冷热交变下稳定性好，还要对人皮肤和嗅觉无刺激及不适反应。

2. 汽车风窗玻璃清洗液的类型

根据GB/T 23436—2009《汽车风窗玻璃清洗液》，汽车风窗玻璃清洗液有水基型清洗液和疏水型清洗液两大类。水基型清洗液是指以醇类物质、水和表面活性剂为主要组分的清洗液。水基型清洗液按冰点不同，分为普通型和低温型两种。普通型水基型清洗液的冰点≤0℃，低温型水基型清洗液的冰点≤－20℃。

疏水型清洗液是指以硅树脂物质为主要组分的清洗液。疏水型清洗液的冰点≤－20℃。

汽车风窗玻璃清洗液的主要性能有相溶性、金属腐蚀性、橡胶腐蚀性、塑料腐蚀性、汽车有机涂膜的腐蚀性、热稳定性、低温稳定性和抗水性等。

3. 汽车风窗玻璃清洗液的配方

为了满足汽车风窗玻璃清洗液的性能要求，在汽车风窗玻璃清洗液中常常添加表面活性剂、防雾剂、阻凝剂、无机助洗剂和有机助洗剂等。汽车风窗玻璃清洗液配方见表9-13。

表9-13　汽车风窗玻璃清洗液的组成

组成	表面活性剂	防雾剂	阻凝剂	无机助洗剂	有机助洗剂	水分
配方1（%）	4.0	1.0	3.5	6.0	1.5	余量
配方2（%）	5.0	0.0	0.0	0.0	22.0	余量

将表9-13所述溶液，根据不同季节需要，按5%～10%稀释，即可获得不同凝点的汽车风窗玻璃清洗液。该清洗液去污性好，不损坏金属、非金属表面。

4. 汽车风窗玻璃清洗液的选用

尽量选用正规品牌的汽车风窗玻璃清洗液来清洗汽车风窗玻璃。优质的汽车风窗玻璃清洗剂主要由水、酒精、润滑剂、缓蚀剂及多种表面活性剂组成，配合风窗玻璃刮水器清洗风窗玻璃表面的污垢、虫胶。汽车风窗玻璃清洗液的表面活性剂通常具有润湿、渗透和增加相溶性等功能，从而起到清洗、去污的作用。

夏季选用普通型水基型清洗液，冬季选用低温型水基型清洗液。在北方寒冷地区，应选用疏水型清洗液。

不同牌号风窗玻璃清洗液不能相互勾兑。

9.4　轮胎的合理使用

9.4.1　轮胎胎侧标记

轮胎的标志，内容包括轮胎规格、速度级别符号、负荷能力、标准轮辋、胎面磨耗标志、平衡标志和生产编号等信息（图9-1），规定要求用凸字标识于胎侧醒目位置。

1. 轮胎规格

轮胎的尺寸规格可以用外胎直径D、轮辋直径d、断面宽度B和断面高H的名义尺寸代

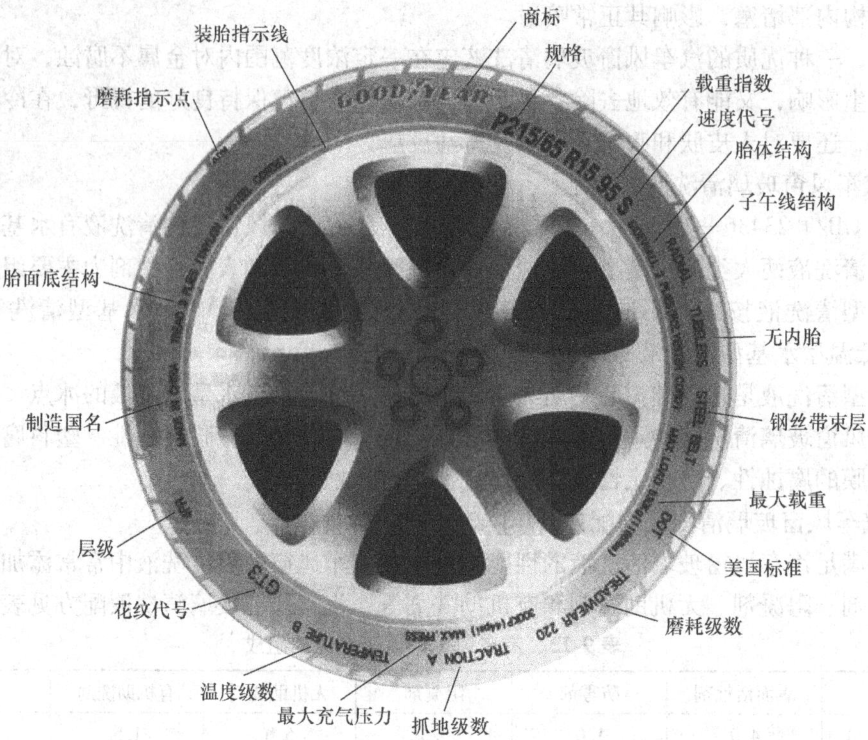

图 9-1　轮胎胎侧标记

号表示。

（1）轿车轮胎规格表示方法

示例：　205 / 60 R 15 89 H

- H：速度级别符号(最高行驶速度为210km/h)
- 89：负荷指数(最大负荷为580kg)
- 15：轮辋名义直径(15in)
- R：子午线轮胎代号(英语单词Radial的缩写)
- 60：轮胎名义高宽比(60%)
- 205：轮胎名义断面宽度(205mm)

（2）微型载货汽车普通断面斜交轮胎

示例：　5.00 － 12 ULT

- ULT：微型载货汽车轮胎代号
- 12：轮辋名义直径(12in)
- 5.00：轮辋名义断面宽度(205mm)

（3）轻型载货汽车普通断面子午线轮胎

示例：　7.00　R　16　LT

- LT：轻型载货汽车轮胎代号
- 16：轮辋名义直径(12in)
- R：轮辋名义断面宽度(205mm)
- 7.00：轮辋名义断面宽度(205mm)

2. 层级

层级是指轮胎橡胶层内帘布的公称层数，与实际帘布层数不完全一致，是轮胎强度的重要指标。层级用中文标志，如12层级；用英文标志，如“14P. R”，即14层级。

3. 帘线材料

帘线材料可单独标在层级之后，如“尼龙”（NYLON）；或在规格之后，用帘线材料的第一个汉语拼音字母表示，如9. 00. 20N、7. 50－20G等，N表示尼龙，G表示钢丝，M表示棉线，R表示人造丝。

4. 负荷及气压

一般标示最大负荷及相应气压，负荷以N为单位。气压即轮胎胎压，单位为kPa。

5. 轮辋规格

轮辋俗称轮圈，是车轮周边安装轮胎的部件。我国轮辋规格代号基本上与国际接轨。其名义宽度和名义直径用英寸表示。中间的联结符号（＊或－）表示是否整体轮辋。

例如：4. 50E＊16表示名义宽度为4. 5in，名义直径为16in，轮缘代号为E的整体轮辋。

6. 5－20表示名义宽度为6. 5in，名义直径为20in的多件式平底宽轮辋。

轮辋规格表示与轮胎相匹配的轮辋型号、尺寸必须符合轮胎的标志要求，否则无法安装。

6. 平衡标志

在正对气门嘴的胎侧上印有用彩色平衡标记形状，表示轮胎此处最轻，组装时将平衡组件按平衡标记安装，即可保证轮胎的整体平衡性。

7. 滚动方向

花纹不对称的轮胎常用箭头标志装配滚动方向，以保证汽车行驶时的附着力和防滑等性能。

8. 磨损极限标志

在轮胎一侧模制有用橡胶条、块表示的轮胎磨损极限。一般轿车轮胎花纹沟内一周都会有六个“磨耗标识”，俗称“小疙瘩”，比轮胎花纹沟高出1. 6mm。轮胎磨损达到标志位置，即花纹剩余1. 6mm时，应及时更换，否则会因强度不够发生中途爆胎事故。

9. 生产日期

在轮胎外面，一边的轮胎壁上，有一组数字，从该标志的最后四位数可以得知生产日期的信息，前两位“AA”表示一年中的第几周，后两位“BB”表示年份。

如DOT 7V 3V H6VX 0812，表示是在2012年第8周生产的，也就是2012年2月底生产的。

如 DOT 7V 3V H6VX 3913，生产日期是 2013 年第 39 周，也就是 2013 年 9 月下旬生产的。

如 DOT 7V 3V H6VX 1614，生产日期是 2014 年第 16 周，也就是 2014 年 4 月中旬生产的。

10. 商标

商标是轮胎生产厂家的标志，一般用简明文字及图案标示在醒目位置，易于识别。

11. 产品等级

依据美国交通部（U. S. Department of Transportation，DOT）规定的安全标准，除雪地胎外，要求轮胎制造厂依据胎面磨耗率、抓地等级及温度等级三个性能指标对轮胎产品进行分级。

12. 胎面等级

磨耗等级是根据在美国政府指定的试验场地，按标准条件测试的磨耗率换算得出的。如某轮胎磨耗等级为 200，则表示它在政府指定的试验场地上比等级为 100 的轮胎可以多跑一倍的时间。而实际上轮胎的磨耗率与使用条件有关，如驾驶习惯、路面状况、气候和定位等。

注：磨耗率只适用于对同一制造商的产品进行比较，不同品牌不能比较。

13. 抓地级数

抓地级数是指轮胎按标准条件在特定的测试场地，在湿滑沥青、水泥路面所具有的直线行驶和制动性能，不包括转弯性能。抓地级数代表这条轮胎的抓地能力的等级，共分为 4 个级别：AA、A、B、C，其中，AA 级别最高。

14. 温度级数

温度级数是指轮胎的散热能力的等级，共有 3 个级别：A、B、C，其中，A 级别最高。温度级数是指按标准条件在指定室内实验室的试验车轮上测试。美国 DOT 标准规定：所有轮胎至少必须通过 C 级温度等级试验。

9.4.2 轮胎的选择

选择轮胎时，主要考虑速度级别、轮胎负荷能力、轮胎花纹、轮胎“三 T”标志、车型和轮胎类型等因素。

1. 注意轮胎的速度级别

由于现代汽车的速度越来越快，对汽车轮胎也提出了相应的速度要求。国际标准化组织（ISO）制定了轮胎的速度代号（表 9-14）。其中，对于轿车轮胎（P－S），是指不允许超过的最高车速；对于货车轮胎（F－N），是指在额定负荷下允许用的最高速度，也作为负荷降低时可以超过的参考车速。选用轮胎时一定要注意轮胎的速度等级，根据汽车的使用要求和性能进行选配。一般来说，经常在高速公路行驶的汽车，应该选择速度级别较高的轮胎（T、U、H），如果轮胎速度级别选得较低，车速长时间超过或接近轮胎的最高限速，容易使得轮胎性能下降以致爆胎；对于没有速度等级标志的轮胎，则不宜上高速公路行驶，以免引发交通事故。

表9-14　轮胎速度级别符号与最高行驶速度

轮胎速度级别符号	最高行驶速度/(km·h^{-1})	轮胎速度级别符号	最高行驶速度/(km·h^{-1})	轮胎速度级别符号	最高行驶速度/(km·h^{-1})
A1	5	D	65	Q	160
A2	10	E	70	R	170
A3	15	F	80	S	180
A4	20	G	90	T	190
A5	25	J	100	U	200
A6	30	K	110	H	210
A7	35	L	120	V	240
A8	40	M	130	W	270
B	50	N	140	Y	300
C	60	P	150		

2. 注意轮胎的负荷能力

轮胎的负荷能力的表示方法有3种：层级、负荷指数和负荷级别。

层级有时并不代表实际棉帘线的层数，它代表近似于棉帘线层数的载质量，层级数和轮胎的载质量相对应。

负荷指数是目前国际上普遍采用的子午线轮胎的表示方法，以数字标记在轮胎的侧面。轮胎负荷指数目前有280个，从0直到279，有关情况见表9-15。

表9-15　轮胎负荷指数与负荷能力对应关系（部分）

指数	71	72	73	74	75	76	77	78	79	80
负荷/kg	345	355	365	375	387	400	412	425	437	450
指数	81	82	83	84	85	86	87	88	89	90
负荷/kg	462	475	487	500	515	530	545	560	580	600
指数	91	92	93	94	95	96	97	98	99	100
负荷/kg	615	630	650	670	690	710	730	750	775	800
指数	101	102	103	104	105	106	107	108	109	110
负荷/kg	825	850	875	900	925	950	975	1000	1030	1060
指数	111	112	113	114	115	116	117	118	119	120
负荷/kg	1090	1120	1150	1180	1215	1250	1285	1320	1360	1400
指数	121	122	123	124	125	126	127	128	129	130
负荷/kg	1450	1500	1550	1600	1650	1700	1750	1800	1850	1900
指数	131	132	133	134	135	136	137	138	139	140
负荷/kg	1950	2000	2060	2120	2180	2240	2300	2360	2430	2500

负荷级别是美国为了避免“层级”这种表示方法与实际帘线层数混淆而采用的替代方法，以拉丁字母表示（对应关系见表9-16）。

表 9-16　负荷级别与层级对应关系

负荷级别	对应层级	负荷级别	对应层级	负荷级别	对应层级
A	2	E	10	J	18
B	4	F	12	L	20
C	6	G	14	M	22
D	8	H	16	N	24

轮胎的负荷能力要与汽车总质量相适应，汽车制造商对所用轮胎的负荷能力做出的规定在更换轮胎时应严格遵守。需要改装、改造的汽车，应经汽车所在地的车辆管理部门重新核定质量，并经过重新计算负荷后再确定轮胎的规格。

3. 注意轮胎的花纹

轮胎的花纹可以增加胎面与路面之间的附着能力、抓地力和排水性，以最大限度地传递汽车的驱动力和制动力。常用的花纹有直沟花纹、横沟花纹、越野花纹和综合花纹等。直沟花纹既适用于轿车轮胎，也适用于货车轮胎。横沟花纹仅适用于货车轮胎，一般来说轿车都安装直沟花纹轮胎。越野花纹凹部深而粗，附着性好，越野能力强，适用于矿山、建筑工地以及一些松软路面。越野花纹不适用于较好的硬路面或者高速公路，会造成行驶阻力加大，磨损严重。综合花纹介于越野花纹和直沟、横沟花纹之间，兼顾了它们的特点，适用于经常在城市和乡村之间行驶的汽车。轮胎花纹主要根据道路条件、行车速度、道路远近来选择，同一辆车上，轮胎花纹要尽量一致。高速汽车不宜采用加深花纹和横沟花纹，否则会因为过热损坏；低速汽车可采用加深花纹或超深花纹，可提高轮胎使用寿命。

4. 注意轮胎的“三 T”标志

“三 T”是指轿车轮胎上标明的［Tread wear（磨耗）、Traction（牵引）、Temperature（温度）］。磨耗指标衡量轮胎的耐磨性能和使用寿命，其级别用数值表示；牵引性能指标衡量轮胎的附着性能，分为 A、B、C 三级，A 级最高；温度指标衡量轮胎在行驶中的升温程度，也分为 A、B、C 三级，A 级最佳。

5. 注意区别轿车和轻型载货车轮胎

规格相同的轿车和轻型载货车轮胎，区别仅在于货车标志有字母“C”，而轮胎性能相差很大，不能混用。

6. 尽量选用子午线轮胎

特别是轿车和高速汽车，应该尽量选用无内胎的子午线轮胎。无内胎的子午线轮胎在外观上与普通轮胎相似，但胎圈外侧上有若干道同心环形槽纹，在轮胎内空气压力作用下，槽纹能使胎圈紧贴在轮辋边缘上，使之与轮辋保持良好气密性。

9.4.3　轮胎合理使用的措施

合理使用轮胎，可降低轮胎磨损，防止不正常的磨损损坏，延长轮胎的使用寿命。

1. 合理搭配与换位

轮胎应按照规定车型配装，并根据行驶地区道路条件选择适当的胎面花纹。要求在同一轴上装用厂牌、尺寸、帘线层数、花纹相同和磨耗程度相同的轮胎。同一名义尺寸的不同厂牌的轮胎，其实际尺寸有所差别，轮胎尺寸大小不一致，会造成高低不一，使承受负荷不均衡、附着力不一样、磨耗不均匀。胎面花纹不同，与地面附着系数也不同，同样会造成磨耗程度的差别。因此，不能将外周尺寸大小悬殊，花纹不相同的轮胎混装使用。

轮胎换位是对受负荷、驱动形式和道路条件的影响而使磨损部位和磨损程度不同的汽车各轮胎进行的位置调换，目的是避免同一条轮胎上的偏磨现象，使全车轮胎磨损均匀，进而延长轮胎的使用寿命。

GB/T 9768—2008《轮胎使用与保养规程》规定：轿车或载重汽车采用子午线轮胎，每行驶 12000～15000km 应进行研究换位一次，并检测轮胎动平衡；轿车或载重汽车采用斜交线轮胎，每行驶 8000～10000km 应进行研究换位一次，并检测轮胎动平衡。

轮胎换位的方法有交叉换位法、循环换位法、混合换位法和同轴换位法等。图 9-2 为交叉换位法，其特点是经过一次轮胎位置更换，就能使所有轮胎从汽车的一侧完全换到另一侧。图 9-3 为循环换位法，其特点是经过一次轮胎位置更换，不能使所有轮胎从汽车一侧换到另一侧。图 9-4 为混合换位法，具有交叉换位法和循环换位法的共同特点。

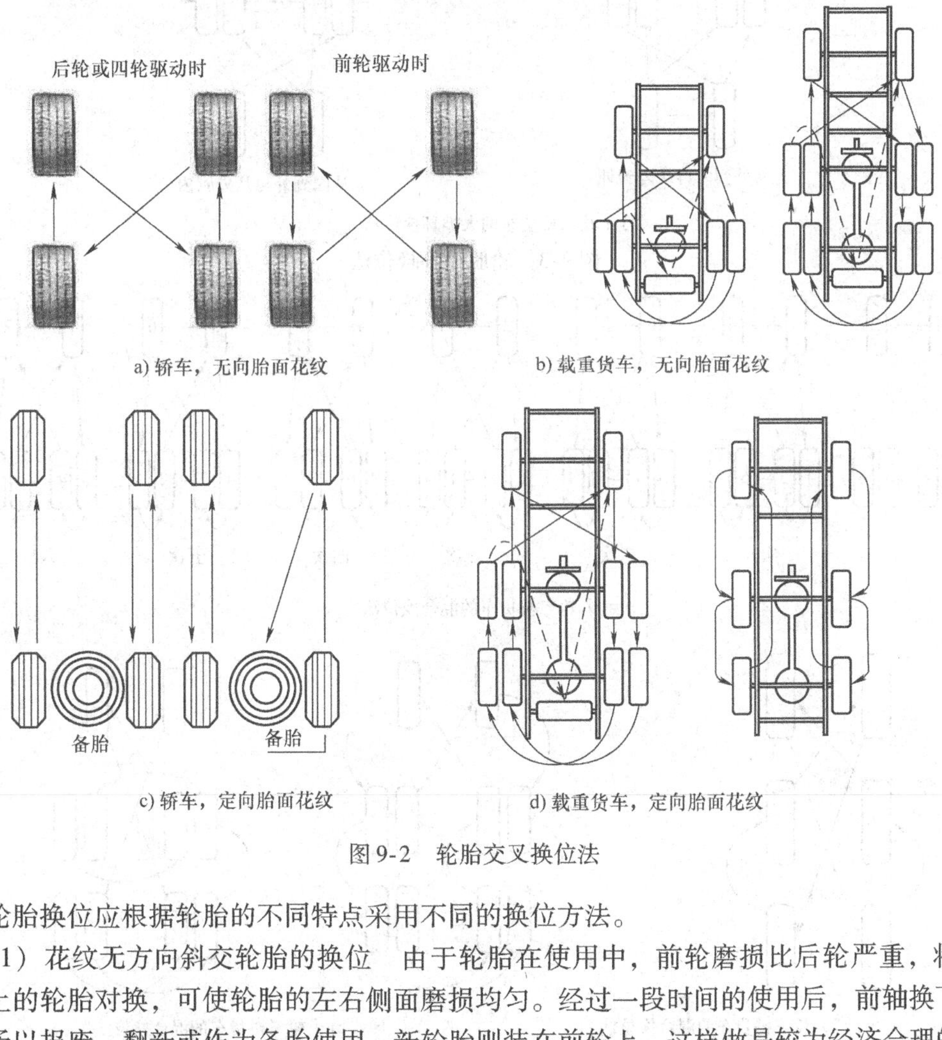

图 9-2　轮胎交叉换位法

轮胎换位应根据轮胎的不同特点采用不同的换位方法。

（1）花纹无方向斜交轮胎的换位　由于轮胎在使用中，前轮磨损比后轮严重，将同一车桥上的轮胎对换，可使轮胎的左右侧面磨损均匀。经过一段时间的使用后，前轴换下的轮胎可予以报废、翻新或作为备胎使用，新轮胎则装在前轮上。这样做是较为经济合理的。

（2）子午线轮胎的换位　子午线轮胎应保持在汽车的同一侧使用，即保持相同的旋转

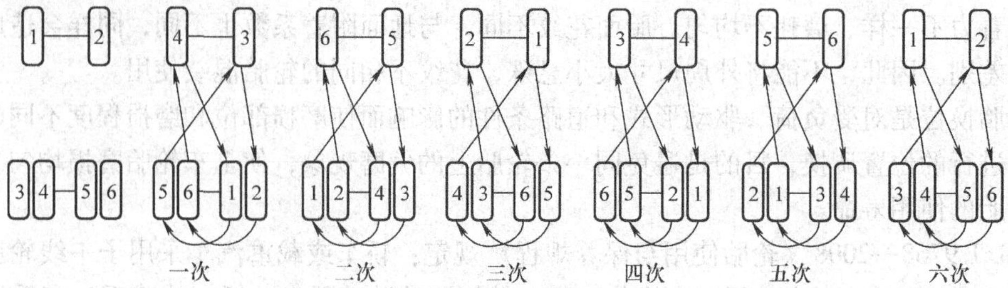

a) 六轮二桥货车的循环换位法

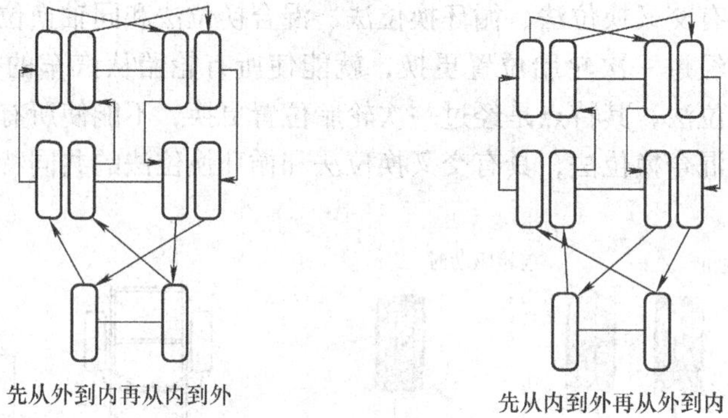

b) 十轮三桥货车的大循环换位法

图 9-3　轮胎循环换位法

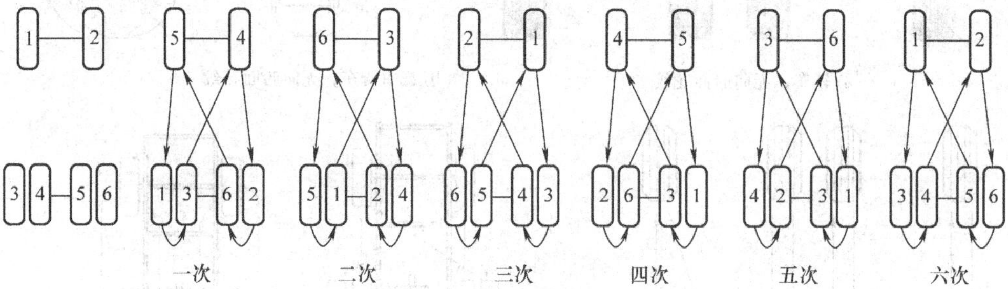

a) 六轮二桥货车的混合换位法

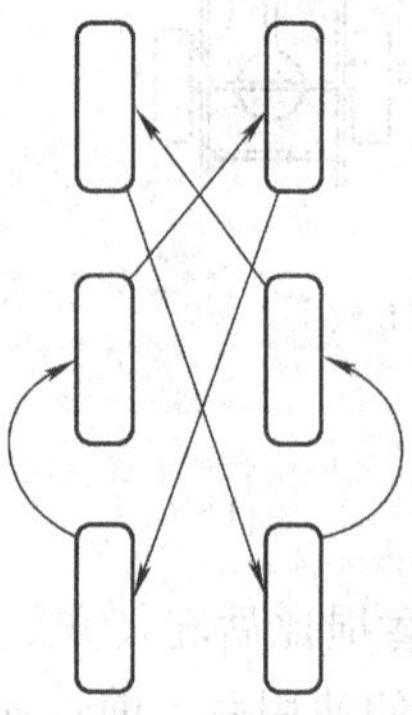

b) 六轮三桥货车的混合换位法

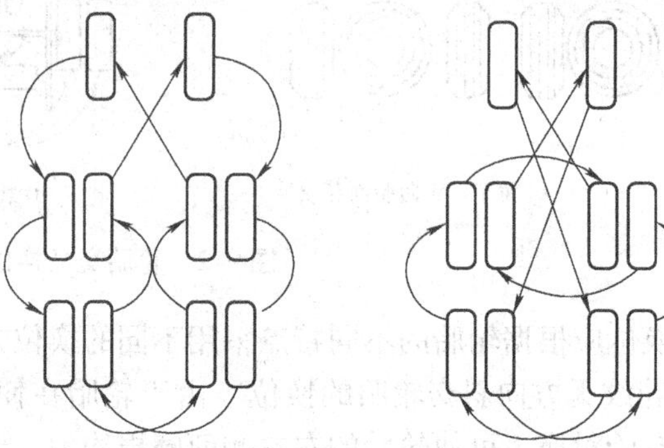

c) 十轮三桥货车的混合换位法

图 9-4　轮胎混合换位法

方向。子午线轮胎的旋转走向是固定的，如果旋转方向弄反了，会使汽车失去操纵稳定性，使汽车行驶不顺并产生振动。

另外在使用雪地轮胎或带防滑钉的轮胎时，不应换位。储存该类轮胎时，应在轮胎上标明轮胎使用时旋转的方向，以确保该类轮胎以同一旋转方向重新装用。

2. 保持轮胎标准胎压

轮胎工作气压直接关系到汽车行驶的安全性和经济性。

轮胎制造厂在设计各种规格的轮胎时，都规定了其最大负荷量和相应的充气压力，使用时应按轮胎规定的气压标准进行充气，否则，将造成轮胎早期磨损和损坏。

轮胎气压低于标准值行驶时，其径向变形增大，轮胎两侧将发生过度挠曲，胎侧内壁受压，胎侧外壁受拉，胎体内的帘线产生较大的变形和交变应力。周期性的压缩变形，会加速帘线的疲劳损坏。变形也使轮胎帘布层和轮胎与地面间相对滑移增大，摩擦产生的热量多，轮胎温度急剧上升。轮胎的应力增大和温度升高，降低了橡胶的抗拉强度，使帘线松散和局部脱层，在遇有障碍受到冲击时，极易爆破。轮胎气压过低，轮胎在接触面上的压力不均匀，轮胎向里弯曲，胎面的中部负荷要小一些，因而胎面的边缘负荷急剧增大，使材料的应力增大，有时称这种现象为“桥式效应”。产生“桥式效应”时，胎面磨耗不均匀，行驶面的中部几乎保持不变，而胎肩部分严重磨损，通常形成齿状或波浪状，这是胎压过低时轮胎磨损的特征。

在胎压过低时，轮胎花纹凹部最易嵌入道路上的钉子和石块，引起机械性损伤。并装的双胎在低压下行驶时，由于胎侧屈挠变形特别大，两个相近的轮胎侧壁易接触，相互摩擦而磨损，然后磨坏胎体；若并装双胎中有一只轮胎气压过低时，行驶中轮胎负荷将由另一只轮胎承担而超载，加剧轮胎的损坏。

轮胎气压过低，还将使滚动阻力加大，降低行车速度，增加燃料的消耗。试验表明，当汽车各轮胎的气压均较标准降低49kPa时，则会增加5%的油耗；而仅一侧两个轮胎较标准降低49kPa时，则增加2.5%油耗；前轮一只轮胎较标准降低49kPa时，则增加1.5%的油耗。当轮胎气压低于标准的20%~25%时，就会减少20%的轮胎行驶里程，相应增加10%的油耗。

轮胎气压高于标准行驶时，将使轮胎的帘线受到过度伸张，胎体帘线的应力增大，帘线疲劳过程加快，引起帘线拉断，造成轮胎早期爆破。胎压过高时，轮胎与路面的接触面积减小，增加了单位面积上的负荷，将加速胎冠中部的磨耗，这是胎压过高时轮胎磨损的特点。并装双胎中的一只胎压过高，特别是内侧轮胎气压过高，受道路拱形路面的影响，更易造成超载而过早损坏。胎压过高还使汽车平顺性降低，加速汽车部件的磨损和损坏；在不平路面上行驶时，胎压过高，汽车振动加剧，汽车垂直位移增加而消耗能量，使汽车的燃料消耗增加。

试验表明，轮胎气压过低或过高，轮胎的使用寿命都会缩短，轮胎气压降低20%，轮胎的使用寿命会缩短15%。

3. 严禁超载

当汽车超载或装载不均衡时，便引起轮胎超载。

超载时轮胎损坏的特点和胎压过低行驶时的损坏相似。但是，超载时轮胎损坏更严重。因为，在这种情况下，胎体帘线的应力加大，轮胎材料的疲劳强度下降，产生热量大（特别是在轮胎胎肩部位)，而且轮胎与路面接触面积上的压强增大，分布更不均匀。

轮胎超载不许用提高胎压的方法进行补偿。因为这会引起胎体帘线的应力显著增大，造成轮胎的早期报废。

超载的轮胎碰上障碍物时，常发生对角线形、十字形、直线形及Y形胎冠爆破。超载还能引起胎体脱层，胎面和胎侧脱空。当悬架的弹簧变形时，超载可能使轮胎与车身相接触，引起轮胎损坏。

4. 合理控制车速

随着车速的增加，轮胎的变形频率、胎体的振动以及轮胎的圆周和侧向扭曲变形（即形成静止波）也随之增加。当车速达到某一速度时，此能量大部分转换成热量，使轮胎的工作温度和气压升高，加速老化。此外，车速过高，胎体受力增加，还容易产生帘布层破裂和胎面剥落现象，严重时造成轮胎爆裂，这在高速公路行驶时是非常危险的。据统计，我国高速公路交通事故30%以上（甚至80%）都是因爆胎引起的。车速过高，轮胎所受动载荷增大，在不平路面时更为严重。因此，控制车速是非常必要的。

5. 注意胎温

轮胎的工作气压应与胎温相适应。汽车在行驶时，其轮胎断面产生变形，而形成挠曲变形，轮胎产生内部摩擦，引起轮胎发热，胎温升高，胎内气体受热膨胀，致使胎压升高。

胎温升高，对轮胎的使用寿命有很大影响。它会使橡胶老化，降低物理性能，产生龟裂，同时还会发生胎体帘布层脱层以致破坏。当胎温超过95℃，就有爆破危险。试验表明，轮胎内部的温度与轮胎的负荷和速度的乘积成正比，与外胎的厚度平方成反比。在负荷和胎压正常的情况下，轮胎升温的主要原因是天气炎热，散热条件差。

大气温度每上升10℃，行驶时轮胎温升控制系数应下降10℃。我国北方地区冬季时间长，气温较低，每年从11月中旬至次年3月上旬，大气温度大都低于13℃，从而有利于充分发挥轮胎的最佳性能，可适当增加轮胎气压29~49kPa。短途运输也可参考这个数值。但在炎热的夏季，轮胎内摩擦产生的热量不易散发出去，应适当降低轮胎的充气压力。所以，夏季行车时，要特别注意爆胎问题。在行驶中如果发现胎温过高，应将汽车停在阴凉地点，待胎温降低后再继续行驶，不得采用泼冷水或放气降压。

6. 保持车况良好

保持车况完好，尤其汽车底盘技术状况良好，是防止轮胎早期损坏的有效措施。当底盘机件装配不当或出现故障时，轮胎不能平稳滚动，产生滑移、拖曳或摆振，使轮胎遭到损坏；漏油故障，使油类滴落到轮胎上侵蚀橡胶，也会造成轮胎早期损坏。

7. 正确驾驶

汽车驾驶方法，涉及轮胎与路面相互作用的所有受力情况。不正确或不经心地驾驶汽车，都能使轮胎使用寿命急剧缩短。与驾驶人操作直接有关的缩短轮胎使用寿命的主要问题有急加速、紧急制动、超速行驶和急剧转弯等，以及碾压和碰撞障碍物等。

8. 及时送厂翻新

轮胎的翻新是将胎面花纹已经磨损严重而胎体尚好的轮胎，在可能范围内进行翻修，使其行驶里程接近或等于新胎的一种轮胎再造技术。

一条轮胎的花纹磨耗到极限尺寸时，其消耗费用仅占整条轮胎经济价值的30%。在胎体完好的情况下，进行轮胎翻修所消耗的原材料和费用，一般仅占新胎的15%~30%，这样，在恢复了旧胎使用性能的情况下，又充分利用了旧胎的价值。所以，轮胎翻新是节约橡胶原料和降低汽车使用成本的重要措施。

我国已连续多年成为全球第一大橡胶消费国，同时我国又是一个橡胶资源十分匮乏的国家，国内70%以上的天然橡胶和40%以上的合成橡胶依赖进口，供需矛盾十分突出。所以，将废旧轮胎回收、拆解、再生的轮胎翻新使可再生资源得到循环利用，在我国将得到广泛发展。

思考题

1. 名词解释：汽车运行材料；汽油的抗爆性；辛烷值；抗爆指数；自燃点；十六烷值；汽车新能源。
2. 汽车运行材料有哪些类型？
3. 车用汽油的主要性能有哪些？
4. 我国汽油牌号有哪些？是如何分类的？
5. 应遵循哪些原则来合理选用车用汽油？
6. 车用柴油的性能指标有哪些？
7. 我国车用柴油的牌号有哪些？
8. 应遵循哪些原则来合理选用车用柴油？
9. 汽车润滑材料有哪些？
10. 发动机油的黏度等级有哪些？有何特性？
11. 我国发动机油分哪几个等级？
12. 我国柴油机油分哪几个等级？
13. 发动机油的选用遵循哪些原则？
14. 汽车齿轮油是如何分级的？
15. 如何合理选用汽车齿轮油？
16. 汽车润滑脂有哪些类型？
17. 汽车制动液有哪些类型？
18. 如何合理选用汽车制动液？
19. 如何合理选用汽车冷却液？
20. 如何合理选用汽车液压油？
21. 如何合理选用汽车风窗玻璃清洗液？
22. 试解释某轮胎胎侧标记：205/60 R 15 89 H 各数字和字母的含义。
23. 如何合理选用轮胎？
24. 如何采用交叉换位法进行轮胎换位？
25. 如何采用循环换位法进行轮胎换位？
26. 如何采用混合换位法进行轮胎换位？
27. 如何采用同轴换位法进行轮胎换位？
28. 行车中为何会发生轮胎爆胎现象？
29. 当行车中，若发生轮胎爆胎，如何采取正确的驾驶方法？

第 10 章

汽车在特殊条件下的使用

我国幅员辽阔，地形复杂，气候多样，有寒冷地带、亚热带、高原、山区及沙漠等。汽车在这些特殊条件下使用，各部件或总成的工作状况常有显著变化，使汽车的使用性能变坏。因而必须针对使用上的某些特殊情况，掌握其特点和采取相应的措施，保证汽车合理使用。

10.1 汽车在走合期的使用

10.1.1 汽车的走合期

汽车运行的最初使用阶段——走合期，较之汽车的整个使用期限，虽然时间较短，但走合期的合理使用意义重大。

新车或大修竣工汽车投入使用的初期称为汽车走合期。

新车或大修竣工汽车，尽管在生产过程中经过了生产磨合，但零件的加工表面仍存在微观和宏观的几何形状偏差（粗糙度、圆度、圆柱度和直线度等），总成和部件也存在一定的装配误差。这些误差使新配合件表面的实际接触面积比计算面积小得多，因而表面的实际单位压力较计算值大得多。此时，汽车若以全负荷运行，由于零件表面的单位压力过大，将导致润滑油膜破坏和局部温度升高，使零件迅速磨损和破坏。汽车走合期实际上是为了使汽车向正常使用阶段过渡，而在使用中对相互配合的摩擦表面进行磨合加工的工艺过程。经过汽车走合期的使用后，零件表面不平部分被磨去，从而形成光滑而耐磨的工作表面，以承受正常工作载荷；同时，由于走合期内所暴露出的生产、修理缺陷得以排除，减小了汽车正常使用阶段的故障率，从而提高了汽车的使用可靠性。

通常汽车制造厂对所生产车型均规定有走合里程，一般为 1000 ~ 3000km。

10.1.2 走合期的使用特点

1. 零件表面摩擦剧烈，磨损速度快

两个相配合零件的磨损量与汽车行驶里程的变化规律称为磨损特性，两者的关系曲线称为磨损特性曲线，见图 10-1。配合件的磨损规律可分为三个阶段：第一阶段是零件的走合期（一般为1000~3000km），其特征是在较短的时间内，零件的磨损量增长较快，当配合件配合良好后，磨损量增长速度开始减慢；第二阶段为零件的正常工作期（K_1，K_2），其特征是零件的磨损随汽车行驶里程的增加而缓慢增长；第三阶段是零件的加速磨损期，其特征是相配合零件的间隙已达到最大允许使用极限，磨损量急剧增加。

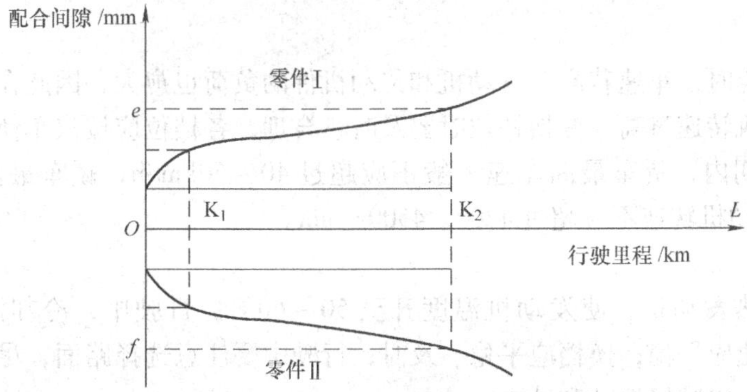

图10-1　配合件的磨损特性曲线

走合期内磨损量增加较快的主要原因：新车或大修竣工的汽车尽管在制造和装配中进行了磨合，但零件的加工表面总是存在着微观和宏观的几何形状偏差，尤其是受力间隙，配合零件间的表面粗糙度尚不适应工作要求，在总成及部件装配过程中也有一定的允许误差。经过走合期后，可使相互配合件的摩擦表面进行一次走合加工，磨去表面不平部分，逐渐形成比较光滑而又耐磨的工作表面，使之较好地承受正常工作负荷。

2. 润滑油变质快

走合期内的零件表面比较粗糙，加工后的形状和装配位置都存在一定的偏差，配合间隙较小。由于走合期内机件配合间隙较小，油膜质量差，温升大，机油易氧化变质。加上较多的金属粒混入机油，使机油质量下降。此时，零件表面和润滑油的温度都很高，同时有较多的金属屑被磨落进入配合零件间隙中，然后被润滑油带进下曲轴箱中，这些金属屑起着催化作用，很容易使润滑油氧化变质。因此，走合期对润滑油的更换有较严格的规定，通常是行驶到300km、1000km、3000km时分别更换发动机油底壳润滑油，如发现润滑油杂质过多或变质严重，应缩短更换里程。

3. 行驶故障多

零件表面的几何形状偏差、装配误差、紧固件松动和使用不当等均会使汽车走合期的故障增多。例如：汽车走合时，工作表面摩擦剧烈，润滑条件差，发动机易过热，常出现拉缸、烧瓦、制动不灵等故障。

4. 油耗量高，经济性差

在走合期内，车速不宜过高，发动机负荷不宜过大，因此汽车难以达到经济运行速度，经常在中低负荷下工作，致使油耗量增加，经济性降低。

10.1.3　汽车走合期应采取的技术措施

根据汽车在走合期的使用特点，汽车在走合期应采取的主要措施如下。

1. 减载

汽车载质量的大小直接影响机件寿命，载质量越大，发动机和底盘各部分受力也愈大，还会引起润滑条件变坏，影响走合质量。所以，在走合期内必须适当地减载。各型汽车均有减载的具体规定，一般载质量不应超过额定载荷的75%。走合期内汽车不允许拖挂或牵引其他机械和汽车。

2. 限速

当载质量一定时，车速若高，发动机和传动机件的负荷也愈大，因此在走合期内起步和行驶不允许发动机转速过高。变换档位时要及时、合理，各档位应按汽车使用说明书的规定控制车速。走合期内，货车最高车速一般不应超过40～50km/h，轿车最高车速不应超过90km/h，轿车发动机转速不应超过4200～4500r/min。

3. 正确驾驶

起动时，预热发动机，使发动机温度升至50～60℃；行驶中，冷却液温度不应低于80℃；起步、加速应平稳；换档应平稳、及时；行驶中要注意选择路面，尽量减少在凹凸不平的路面上行驶，以减轻振动和冲击。

4. 选择优质燃料和润滑油

选择抗爆性好的优质燃油，以防汽油机爆燃；选择黏度较低的优质润滑油或加有添加剂的专用润滑油，润滑油加注数量应略多于规定量，并应按走合期维护的规定及时更换。

5. 加强维护

（1）走合前期　清洁全车；紧固外露的螺栓、螺母；添加燃油、机油；补充冷却液；检查变速器、轮胎的气压；检查灯光仪表；检查蓄电池；检查制动。

（2）30～50km时　检查变速器、前后驱动桥、轮毂和传动轴等是否有杂声或有无发热现象；检查制动系统的制动能力及紧固性、密封效果。

（3）150km时　检查全车外露螺栓、螺母的紧固情况。

（4）500km时　更换发动机油，并用煤油清洗油底壳；更换机油滤芯；将前、后轮毂螺母进行紧固。

（5）1000km　国产车需更换变速器、主减速器和转向机内的齿轮油；检查调整离合器踏板自由行程。

（6）走合结束　到指定维修站进行全车走合保养；换机油、换机滤、清洗并测气缸压力，清除燃烧室积炭，拆除限速装置，调整发动机怠速，检查制动系统，调整离合器踏板自由行程，紧固前悬架转向机构。

10.2　汽车在低温条件下的使用

10.2.1　低温条件对汽车使用的影响

1. 汽车在低温条件下的工作状况

低温条件系指气温在0～-5℃的汽车使用条件。

在寒冷季节，我国大部分地区的最低气温在0℃以下，北方地区的最低气温一般可达-25～-15℃，而西北、东北及边疆严寒地区最低气温可降至-40～-35℃。汽车在低温条件下使用的主要问题是发动机起动困难，总成磨损严重，耗油量增大，零件材料的性能变差，机件易损坏等。

当气温在－10～－15℃的时候，起动发动机问题不大。但气温再低，冷车起动就有一定的困难。而当气温在－40℃时，如不经预热则很难起动发动机。

低温起动困难的主要原因是发动机油和齿轮润滑油的黏度变大，曲轴转动阻力变大；燃料的挥发性能变差；可燃混合气的质量变差；蓄电池工作能力降低等。

（1）发动机曲轴旋转阻力大　随着温度的降低，发动机油的黏度增大，润滑油内摩擦阻力增大，从而增加了曲轴的旋转阻力，使发动机的起动转速下降。如图10-2所示，曲线1与曲线2的交点对应的温度为－22℃，这个温度是发动机起动的最低温度，随着温度的下降，发动机起动的最低转速会上升。

（2）燃料蒸发性能变差　随着温度的降低，汽油的蒸发性变差，汽油的黏度和相对密度均增大。如图10-3所示，温度从40℃降到－10℃时汽油的运动黏度提高约76%，密度提高6%，这就使汽油的流动性变差，导致汽化不良。试验可知：气温为0℃，进气流速为10m/s时，有31%的汽油蒸发。同时由于低温时发动机机件吸热量大，对燃料蒸发也不利，使大部分燃料以液态进入气缸，此时燃料燃烧释放的能量不足，难以维持发动机顺利起动的必要转速，这是导致发动机起动困难的主要原因。

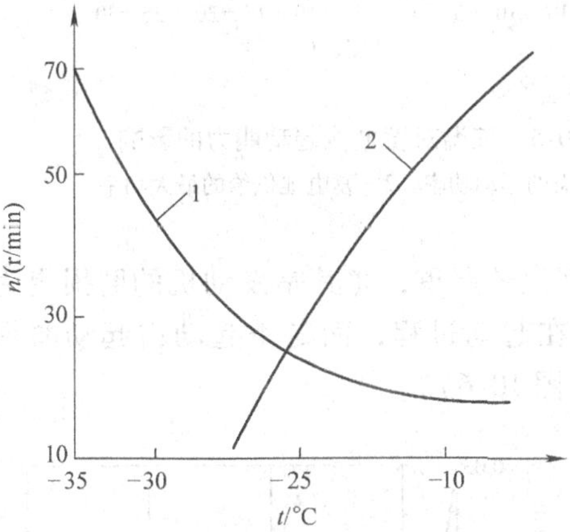

图10-2　发动机起动的最低转速

1—发动机起动的最低起动转速

2—起动系统能带动发动机旋转的转速

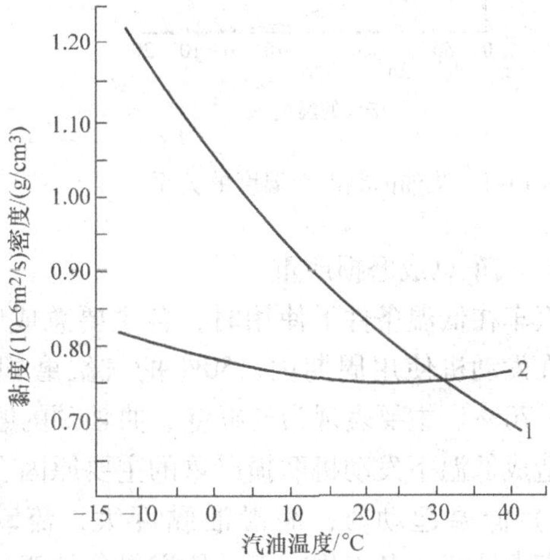

图10-3　汽油黏度、密度与温度的关系

1—黏度曲线　2—密度曲线

柴油在低温条件下使用受影响更大，随温度降低，柴油黏度增大（图10-4），引起柴油雾化不良，压缩终了的压力和温度变低，燃烧过程变坏，导致发动机起动困难。当温度进一步降低时，因燃料含蜡的沉淀物析出，使燃料的流动性逐渐丧失，最终无法起动。所以在低温条件下使用柴油，要求其具有很好的流动性和较低的黏度。

（3）蓄电池工作能力下降　蓄电池在低温条件下输出的功率下降，不能满足起动机的工作要求，影响发动机正常起动的主要因素是起动机的起动转矩和火花塞的跳火能量。

目前，常用铅酸蓄电池的低温使用性能主要受电解液的影响。随着温度的降低，电解液黏度增大，渗透能力下降，内阻增加，使蓄电池起动时容量和端电压下降。在低温起动时，需要的起动功率大，而蓄电池输出功率反而下降（图10-5），当气温降到一定程度时，起动系统便拖动不了发动机，达不到最低起动转速。图10-5中两曲线交点即是蓄电池低温起动的极限。

低温起动时，由于蓄电池端电压低，火花塞的跳火能量小，使发动机不易起动。火花弱的其他原因还有冷的可燃混合气密度大，使电极间电阻增大；火花塞有汽油、水及氧化物等。

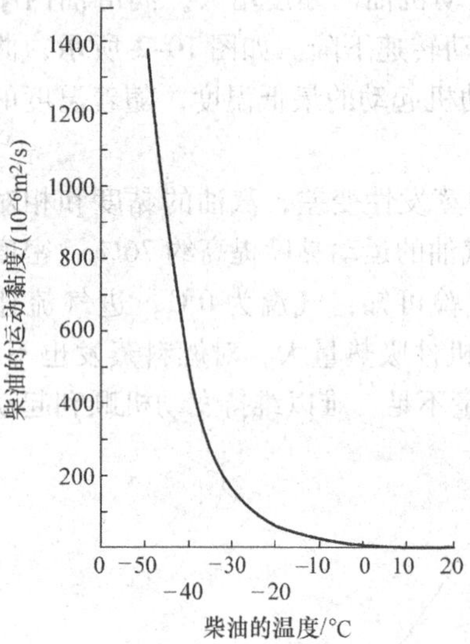

图10-4 柴油的黏度与温度的关系

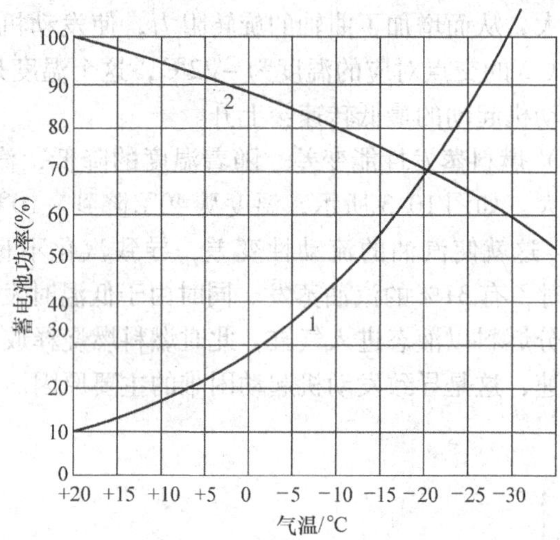

图10-5 气温对蓄电池起动能力的影响

1—必需的起动功率 2—蓄电池供给的最大功率

2. 汽车总成磨损严重

汽车在低温条件下使用时，各主要总成磨损都比较严重，尤其是发动机的磨损更为明显。在发动机使用周期内，50%的气缸磨损发生在起动过程，而冬季起动占起动磨损的60%~70%。主要表现为气缸壁、曲轴颈的磨损（图10-6）。

造成低温下发动机磨损严重的主要原因有：

1）低温起动时，润滑油黏度大，流动性差，润滑油压入各工作表面，使润滑条件恶化。

2）冷起动时由于燃料的雾化不良，大部分燃料以液态进入气缸，冲刷了气缸壁的油膜，并沿缸壁流入曲轴箱稀释润滑油，使其润滑性能减退。

3）汽油的含硫量对气缸壁磨损的影响也很大，这是由于汽油在燃烧过程中产生的硫化物与凝结在气缸壁上的水蒸气化合成酸，引起缸壁腐蚀，加剧缸壁磨损。为此要严格控制燃料中的硫分。

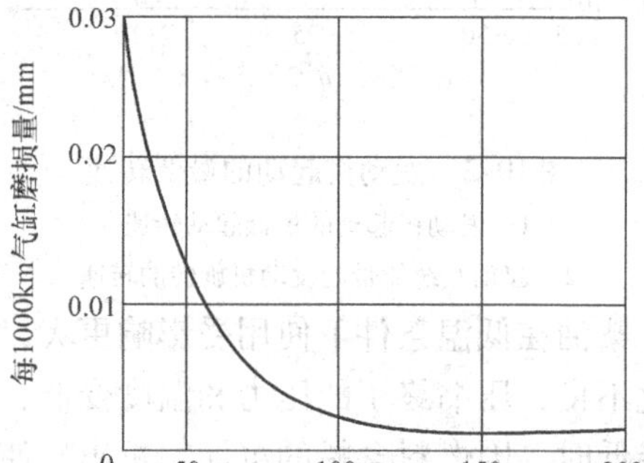

图10-6 发动机气缸壁磨损与缸壁温度的关系

4）燃料不完全燃烧而形成的碳化物也会同废气一起窜入曲轴箱，污染润滑油，使润滑条件进一步恶化。

5）在低温条件下，由于曲轴及连杆轴瓦的合金、瓦背与轴颈的膨胀系数不同，使配合间隙变小，而且很不均匀，加速了轴颈与轴瓦的磨损。

汽车在低温条件下工作时，传动系统各总成的正常工作温度是靠零件摩擦和搅油产生的热量来保证的。如果升温速度缓慢，润滑油黏度大，齿轮和轴承得不到充分润滑，必然使零件的磨损增大。此外，传动系统润滑油的黏度增大，运动阻力相应增加，传动系统总成在很长的工作时间内大负荷运行，使各总成中传动零件的磨损也进一步加剧。

3. 燃料消耗量增加

在低温使用中，由于发动机升温过程长，工作温度低，摩擦损失大，使发动机输出功率下降，燃料消耗量增加。当发动机冷却液温度自80℃降到60℃时，耗油量增加约3%；降到40℃时增加约12%；降到30℃时增加约25%。为了尽快提高发动机的工作温度，要求冷却系统中的节温器必须完好有效。低温起动时应尽量缩短冷发动机升温到40~50℃的时间，且愈短愈好。

4. 零部件材料强度减弱

金属材料在低温条件下的物理和力学性能将会变差。例如：-30~-40℃或更低时，碳钢的冲击韧度急剧下降；硅钢、锰钢制的零件（钢板弹簧）和铸件（气缸盖、飞轮壳、变速器壳和主传动器壳）变脆；锡铝合金焊剂在-45℃或更低时，容易产生裂纹或成粉末状，从接头的地方脱落；汽车上的塑料、橡胶制品将变硬易裂，并可能从机体上脱落。

5. 行车条件变坏

在低温条件下道路常被冰雪覆盖，致使轮胎与地面间的附着系数显著下降，在行车中使制动距离延长且汽车极易发生侧滑。同等条件下，冰雪路面的制动距离比干燥路面的制动距离长2~3倍。

在特别严寒的情况下，橡胶轮胎逐渐变脆，受到冲击载荷时容易发生破裂。因此，在冬季行车时，应在汽车起步后的几公里以低速行驶，并要平稳起步和越过障碍物。

此外，在低温条件下，冷却液容易结冰而导致散热器和缸体冻裂，电解液也易冰冻而无法正常工作。

10.2.2　改善汽车低温使用性能的主要措施

根据汽车在低温条件下的使用特点，主要采用加强技术维护、预热、保温、合理选择燃润料、改善混合气形成及防冻等措施来保证汽车在低温下的正常使用。

1. 加强技术维护

汽车运行季节转换之前，应结合汽车的定期维护作业附加作业项目，使汽车适应气候变化了的运行条件。

换入冬季的维护是为了提高汽车在低温、寒冷条件下的适应能力，避免发生意外事故。定期维护以外的附加维护作业项目主要有安装或维护发动机保温及起动预热装置（如将排气预热调到“冬”字位置），检查调整冷却散热装置（节温器、风扇传动带等）是否有效，更换冬季用润滑油（脂）及防冻液，检查调整供油系统、点火系统，做好防滑保护措施的准备等。

2. 预热

在寒冷的地区对发动机进行预热是改善混合气形成，提高燃料蒸发性和雾化性，降低起动阻力并减小起动过程中的零件磨损的最好办法，也是提高发动机在低温条件下起动性能的一项重要措施。

汽车预热方法分为进气预热和发动机预热。汽车采用进气预热装置起动，称为“冷态起动”；采用发动机预热装置起动，称为“热态起动”。一般说来，在环境气温低于－25℃时，推荐汽车采用“热态起动”；在高于－25℃的低温环境时，推荐采用“冷态起动”。

（1）进气预热　进气预热装置是在起动时，加热进气气流的一种低温起动附加装置。按照加热进气热源不同，可分为电热进气预热装置与火焰进气预热装置两大类。电热进气预热装置采用广泛，它是利用装在进气系统中的电热塞对进气气流进行加热，以改善发动机的低温起动性能。电热塞的工作由计算机控制，计算机根据进气温度和冷却液温度来控制电热塞是否通电以及通电持续时间，并能在起动后自动切断电源。火焰进气预热装置是应用于柴油机低温起动的辅助方式（汽油机一般不采用），它是在进气管内利用火焰来加热进气流，能将起动温度下降20℃左右，明显提高柴油机的低温起动性能。

（2）发动机预热　进气预热装置虽然冷态起动效果明显，但由于发动机机体温度很低，起动过程中润滑条件差，发动机总成（曲轴轴承、连杆轴承及气缸壁）磨损严重，因此采用发动机预热方式进行热态起动，能更好地解决低温起动所遇到的这些问题。这种预热方式能够保证汽车在－40℃的低温条件下顺利起动，气温越低，热态起动比冷态起动的优势越明显。发动机被加热后，气缸、活塞、活塞环及各轴承的温度升高，存在于这些摩擦副机油的温度也随着升高，黏度下降，从而降低了曲轴旋转阻力，由于机体温度升高，润滑条件变好，明显减小发动机总成的磨损。

发动机预热装置按加热热源不同，可分为热空气预热、红外线辐射预热、电加热预热和燃油加热器预热。

3. 保温

在低温条件下使用汽车应特别注意发动机和蓄电池保温，其次是驾驶室保温。汽车发动机保温的目的是使发动机在正常状况下工作及随时可以出车。目前，严寒地区发动机保温主要是在汽车发动机和散热器罩上安装保温套，在－30℃下行驶时，发动机舱内温度可以保持为20～30℃。停车后，发动机的冷却速度是无保温套的1/6。发动机的油底壳除了采用双油底壳保温外，有的还在油底壳外表面封上一层玻璃纤维。

蓄电池在低温使用时，不但电压低，而且有可能出现电解液结冰现象，而损坏蓄电池。蓄电池的保温，一般将蓄电池放入木质的保温箱。保温箱做成夹层，在夹层中装有保温材料，使蓄电池处于温暖状态。

驾驶室或车身内部保温的目的主要是提高乘坐舒适性。驾驶室和车内的保温方法根据热源不同可分为独立燃烧式、发动机尾气余热式和发动机冷却液余热式三种形式。

4. 合理使用燃料和润滑油

为便于发动机起动并减轻磨损，低温条件下使用的燃油应具有良好的挥发性、流动性和低含硫量。

发动机、变速器、主传动器等总成应换用冬季润滑油，因其具有良好的黏温特性，黏度随温度下降而提高不显著，可使零件的润滑条件得以改善，并降低起动阻力。

5. 使用起动液

为保证发动机在低温条件下不经预热直接起动，可采用专门的起动燃料——起动液。

起动液的加注方法应根据发动机进气系统的结构，尽可能将其呈雾状均匀地分配到各气缸中。一般不采用将起动液渗入燃油通过供油系统进入气缸的方法，而是另设一套起动装置，将其呈雾状喷入进气管，与从空气滤清器进来的空气（柴油机）或可燃混合气（汽油机）混合后进入各个气缸。对没有起动装置的汽车，可使用起动液压力喷射罐，直接把起动液喷入进气管，但应注意控制喷入量。喷入量过大时，会引起发动机起动粗暴。

6. 使用防冻液

在寒冷季节，发动机冷却系统使用防冻液，可防止缸体冻裂，减轻驾驶人劳动强度。常用防冻液有酒精型（或乙醇型）、甘油型、乙二醇型三种。防冻液在使用过程中应注意以下各点。

1）防冻液的冰点应比使用地区的最低温度低5℃。

2）防冻液表面张力小，因而易泄漏，加注前应检查冷却系统的密封性。

3）防冻液膨胀系数大，一般只应加到冷却系统总容量的95%，以免升温膨胀后溢出。

4）经常用密度计检查防冻液成分。使用乙醇型防冻液时，乙醇蒸发快，应及时添加适量乙醇和少量水；对乙二醇型和甘油型防冻液，只需添加适量的水。

10.3 汽车在高温条件下的使用

10.3.1 高温条件对汽车使用的影响

炎热的夏季，由于气温高、雨量多、灰尘多和辐射热强，使发动机技术状况发生变化。高温条件对汽车性能的影响主要有发动机充气系数下降、燃烧不正常（爆燃、早燃）、机油变质、磨损加快、供油系统产生气阻和轮胎易爆。

1. 发动机充气系数下降

充气系数 η_V 和每循环充气量 Δm 是评价发动机进气过程完善程度的重要指标。

$$\eta_V = \frac{\Delta m}{\Delta m_0}$$

$$\Delta m = \eta_V V_h \rho_0$$

式中 Δm——实际进入气缸新鲜充气量的质量，单位为kg；

Δm_0——进气状态下充满气缸工作容积的新鲜充量的质量，单位为kg；

V_h——气缸工作容积，单位为m^3；

ρ_0——进气状态下空气密度，单位为kg/m^3。

试验表明：进气温度提高后，其与缸壁的温差减小，尽管可使充气系数略有提高（图10-7），但由于高温条件下发动机舱内温度高，空气密度大大下降而使发动机充气量减小，从而导致发动机功率的降低。当外界气温为32～35℃时，若冷却液沸腾，发动机最大功率仅为所能发出最大功率的34%～48%；当气温为25℃时，由发动机舱外吸气可使发动机最大功率提高10%。

2. 燃烧不正常

由于发动机温度高，进气终了的温度也高，使燃烧过程中产生的过氧化物活动能量增

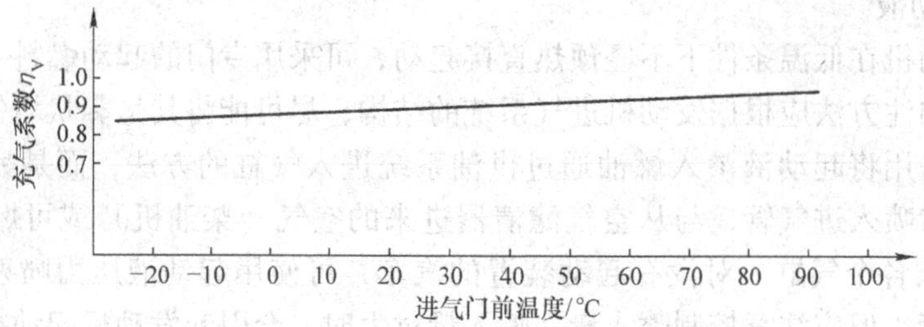

图 10-7　充气系数与进气门前温度的关系

注：气门正时，进气提前角 8°、排气提前角 8°、进气迟闭角 48°、排气迟闭角 8°。

强，容易产生爆燃。温度过高还使窜入气缸中的润滑油在高温缺氧条件下生成积炭胶质和沉积物。胶质与沉积物黏附在活塞顶、气缸壁和其他零件的表面上，使导热性变差。

积炭形成“炽热点”，容易引起早燃或爆燃，导致缸体、缸盖和曲轴产生变形，甚至产生裂纹，还容易冲坏气缸盖衬垫，造成气缸压力下降，使发动机的功率降低。

3. 润滑油易氧化变质，发动机磨损加剧

在高温条件下，发动机的燃烧室、活塞和活塞环区域以及油底壳是引起机油性质发生变化的主要区域。因为这些区域的温度很高，加剧了润滑油的热分解、氧化和聚合过程。燃烧的废气窜入曲轴箱，不但使油底壳的温度升高，还污染了润滑油。而且温度越高，润滑油的变质越快。

发动机在高温条件下工作时，燃料不完全燃烧时的产物，空气中的水蒸气、灰尘，会通过进气系统或曲轴箱通风口进入发动机与润滑油接触，使润滑油的物理、化学性质发生变化，并在润滑油中聚集各种污垢，从而破坏了发动机润滑条件，引起发动机早期磨损。

在高温条件下运行的汽车，虽然起动过程中磨损减少了，但行驶时间过长，尤其是超载爬坡或高速行驶时，润滑油温度更高。随着黏度的下降，润滑油的润滑性能变差，机油压力降低，也加速了零件的磨损。

4. 供油系统易产生气阻

汽车在炎热的夏天或在高原山区行驶时发动机舱内温度升高，有时会出现供油不足，甚至完全中断，致使汽车行驶无力甚至熄火。这种现象称为气阻。

供油系统的气阻现象是由于供油系统受热后，汽油中的部分轻馏分挥发变成气体，存在于汽油管路及汽油泵中，增加了汽油流动阻力。同时，由于气体的可压缩性，使存在于汽油管路中的油蒸气随着汽油泵的脉动压力不断压缩膨胀，破坏了汽油管道中的真空度，造成发动机供油不足或供油中断，致使汽车不能行驶或难于起动。这种现象在炎热地区，特别是当汽车满载上坡或以低速长时间行驶时会常常出现。

影响产生气阻的因素如下。

（1）汽油的品质　主要是汽油的挥发性。汽油的汽化性愈好，形成的气体愈多，愈易产生气阻（辛烷值高的汽油易产生气阻）。

（2）供油系统在发动机上的布置　汽油管道布置和汽油泵的安装位置，对产生气阻有很大关系，越靠近热源（如排气管）越易产生气阻。

（3）发动机舱内的温度及大气压力　发动机舱内的温度高低与发动机通风良好程度有

关，汽车车头设计不合理，机舱内温度增高，容易产生气阻。另外，大气压愈低（行驶在高原山区），也容易产生气阻。

（4）汽油泵在高温条件下的工作能力　结构不同的汽油泵，尽管泵油量相同，但是，抗气阻的能力不一样。泵油压力高的汽油泵，抗气阻能力就较强。

5. 轮胎易爆

在高温下，橡胶老化速度加快，强度减弱；行驶中散热不良，轮胎内温度升高，气压增大，容易出现爆胎。

在炎热的夏季，地面温度高，轮胎因升温而使胎体强度下降。如果汽车超载行驶，容易产生胎面脱胶和胎体爆破。轮胎的负荷能力以速度为基础，行驶速度越高，负荷能力相应减小。

轮胎的最高工作速度有统一规定，一般在子午线轮胎的胎侧都注有速度符号。同一规格轮胎可能有不同的速度标志，使用中应正确选用，不可超速行驶。

10.3.2　改善汽车高温条件使用性能的主要措施

1. 加强季节维护

根据夏季气温高的特点，为了适应汽车正常运行的需要，在夏季来临以前，应结合二级维护对全车进行一次必要的季节检查与调整。

（1）加强对冷却系统的维护，确保其冷却强度

① 认真做好冷却系统的全面检查，重点检查的项目是冷却系统的密封情况、风扇运转是否正常及传动带的松紧度、节温器的工作状况。

② 清除冷却系统（散热器、水套）中的水垢。试验表明，水垢的导热率为铸铁的十几分之一，为铝的1/30~1/10倍。加强冷却系统水垢的清除对提高散热能力有重要作用。

③ 当发动机过热，散热器“开锅”时，应及时停车，怠速降温，但注意不要熄火，防止因发动机内部过热而发生拉缸等机械事故。

（2）加强润滑系统的维护　高温条件下，发动机应采用高牌号的润滑油并适当缩短换油周期。在炎热的夏季，发动机油的温度往往超过120℃。大型载货（客）汽车变速器和差速器在高负荷连续行驶的条件下的齿轮油的温度也很高，为防止润滑油的早期变质，故应换用夏季齿轮油，并适当缩短换油周期。轮毂轴承换用滴点较高的润滑脂，并应按规定周期进行检查与维护。

（3）加强对制动系统的维护　汽车制动液在高温下也可能产生气阻。在经常使用制动的情况下，制动液温度可达80~90℃，甚至到110℃。为了保证行车安全，应选用沸点较高的（不低于115~120℃）制动液。

（4）加强供油系统的维护　采用电子控制汽油喷射发动机，可适当调整发动机的匹配参数，用以提高发动机的充气效率，保证混合气的质量和正常燃烧。在高温条件下，由于空气密度低，可适当减少供油量，而混合气易点燃，可适当推迟点火时间。

（5）加强电源系统的维护　夏季行车时，会出现蓄电池过充电、电解液蒸发快、极板损坏等故障，需检查电解液密度和液面高度。电解液的密度应比冬季使用时小些。由于外界气温较高，对于普通铅酸蓄电池需要经常加注蒸馏水，并保持通气孔畅通。另外，应适当调整发电机调节器，减小发电机的充电电流。

2. 防止爆燃

为了防止爆燃，应根据发动机压缩比选用相应辛烷值的汽油。要保持发动机的正常工作温度，适当推迟点火提前角和加浓混合气，调整点火系统，增强火花塞的跳火能量，并应及时清除积炭。也可根据需要安装爆燃限制器。

3. 防止气阻

防止气阻的主要措施是在原车的基础上改善发动机的散热和通风状况，以及隔开供油系统的受热部分。具体措施有：

1）行车中发生气阻，可将汽车开到阴凉处，降温排除。

2）采用性能良好的电动油泵。由于电动油泵不需要发动机驱动，因此可安装在不易受热的位置，降低输油温度，有效地防止气阻。

3）对于制动系统中产生的气阻，可根据不同的地区和气温选用合适的制动液，以减少气阻的产生，排掉制动管路中的空气即可。

4. 防止行车时爆胎

长时间在高温条件下行驶的汽车，极易出现爆胎事故，必须给予充分重视，并严格做到以下几点。

1）在运行中随时注意轮胎的温度和气压，经常检查，保持规定的气压标准。

2）在中午酷热地区行车时，适当降低行车速度，每行驶 40～50km 应停车于阴凉地点，待轮胎温度降低后再继续行驶。不得中途采用放气或冷水冲浇轮胎的办法降低气压，以免加速轮胎损坏。

5. 注意车身维护

漆涂层的主要损坏是老化、褪色、失光、粉化、开裂和起泡等；电镀层的主要损坏是锈斑、脱皮以及不耐汗手触摸而引起锈蚀等。因此，在维修中，应注意喷漆前的除锈和采用耐腐蚀、耐磨性高的涂层，并加强外表养护作业。

高温、强烈的阳光、多尘和多雨均影响驾驶人的劳动强度、行车安全和乘坐舒适性。应加装空调设备、遮阳板或加强驾驶室、车厢的通风和防漏雨。

10.4 汽车在高原和山区条件下的使用

10.4.1 高原山区对汽车使用的影响

汽车在高原和山区行驶时，由于海拔高、气压低、空气稀薄，发动机充气量减少。如果行驶于坡度陡而长的地段，发动机冷却系统容易“开锅”，并导致动力性与经济性下降，行驶安全变坏。而且，常有其他故障发生。

1. 对发动机动力性的影响

发动机功率指标中的平均指示压力 p_i、指示功率 P_i 与充气系数 η_V 有直接关系。发动机平均指示压力与充气系数的关系为

$$p_i = \frac{H_{mo}\eta_i}{1000\alpha}\eta_V$$

式中 p_i——发动机指示压力，单位为 kPa；

H_{mo}——理论混合气（即过量空气系数 $\alpha=1$ 时的混合气）热值，单位为 kJ/m^3；

α——过量空气系数；

η_i——指示效率；

η_V——充气系数。

即发动机平均指示压力与充气系数成正比。

当大气压力下降时，若进气温度和进气系统的阻力不变，进气终了的压力与进气压力的比值基本不变，相对于进气状态而言，充气系数变化不大。但是，随着海拔升高，气压逐渐降低，空气密度减小（表10-1），致使发动机的进气量减少，平均指示压力下降。对于四冲程发动机而言，平均指示压力与发动机功率成正比关系，即

$$P_i=\frac{p_i V_h n}{120}\times 10^{-3}$$

式中 V_h——发动机总工作容积，单位为L；

P_i——平均指示功率，单位为W；

n——曲轴转速，单位为r/min。

对于一定型号的发动机在转速不变的情况下，平均指示压力直接影响着发动机功率，即发动机功率随着海拔升高而下降。

表10-1 海拔、大气压力、密度及温度的关系

海拔/m	大气压力/kPa	气压比例	空气温度/℃	空气密度/（kg/m^3）	相对密度
0	101.3	1	15	1.2255	1
1000	89.9	0.887	8.5	1.1120	0.9074
2000	79.5	0.7845	2	1.006	0.8215
3000	70.1	0.6918	-4.5	0.9094	0.7421
4000	51.3	0.6042	-11	1.8193	0.6685
5000	54.0	0.533	-17.5	0.7363	0.6008

注：海拔每增加1000m，大气压力下降约11.5%，空气密度约减小9%。

由于气压降低，外界与缸内的压差减小；又因空气密度小，使发动机充气量下降，混合气变浓；由于大气压力降低，进气管真空度相应减小，真空点火提前装置的工作受到影响，点火推迟，同时因压缩终了的压力和温度降低，混合气的燃烧速度缓慢。充气量下降和燃烧速率降低均会使发动机动力性降低，海拔每上升1km，发动机有效功率 N_e 和有效转矩 M_e 分别下降12%和11%，见图10-8。

海拔增高也影响汽车的速度性能。海拔每增高1km，加速时间和加速距离增长50%，最高车速下降约9%。

海拔增加也对发动机的怠速性能有很大影响。由于进气管真空度下降，进气量不足，发动机怠速转速下降。海拔每增加1km，怠速转速下降50r/min。同时，发动机怠速稳定性变差。

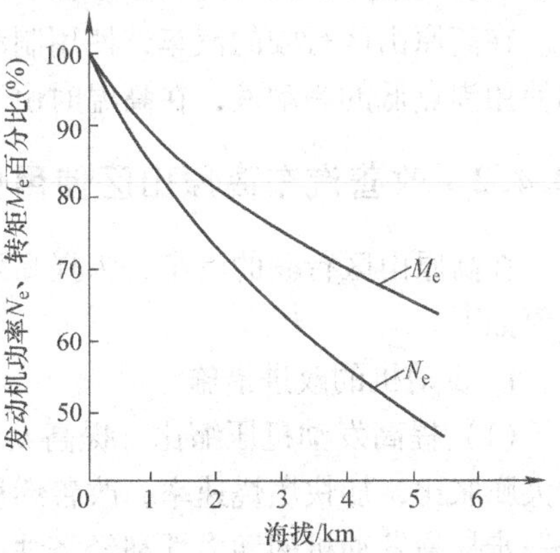

图10-8 海拔对发动机有效功率、有效转矩的影响

2. 对汽车行驶功耗的影响

高原山区行驶的汽车，发动机循环充气量明显下降，若供油系统未经调整或校正，则随着海拔增

加，空燃比变小，混合气变浓，发动机油耗增加。

同时，因发动机动力不足，又因高原山区坡度陡而大，道路复杂，汽车经常采用低档大负荷行驶，也会引起油耗增大。大气压力降低，燃料挥发性提高，因而易产生气阻和泄漏，使油耗增大。海拔对汽车行驶油耗的影响见图 10-9。

由于高原行车发动机功率下降，且高原山区道路复杂，行驶阻力大，因此发动机满负荷工作的时间比例增大，发动机易过热。发动机工作温度升高，使润滑油黏度变小，氧化速度加快；同时，过浓的混合气不能完全燃烧，窜入曲轴箱后，会稀释润滑油而加快润滑油变质。润滑油品质变差使发动机润滑不良，磨损加剧。

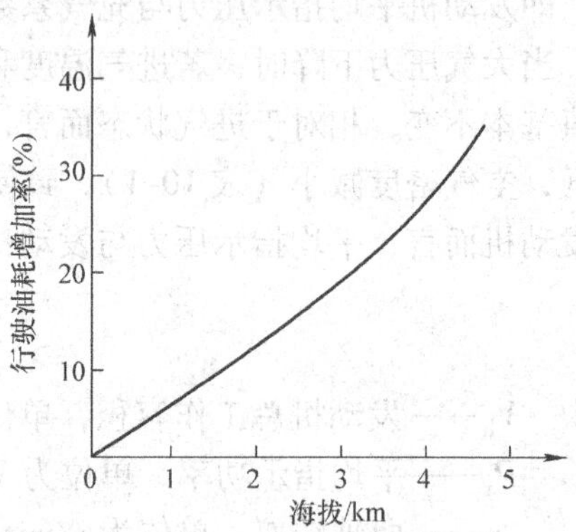

图 10-9　海拔对汽车行驶油耗的影响

3. 对汽车制动效能的影响

在山区行驶的汽车，由于地形复杂，经常会遇到上坡、下坡、路窄和弯多等情况。影响山区行驶安全的主要问题是汽车的制动性能。

在山区行驶，汽车需要经常制动减速，致使摩擦片和制动鼓经常处于发热状态，特别是下长坡时，经常需较长时间地连续制动，使制动器温度经常达到300℃以上，甚至高达600～700℃。制动器温度在一般情况下不应超过200℃，温度过高时，制动蹄摩擦片的摩擦因数将明显下降，导致汽车制动效能衰退。此外，由于摩擦片连续高温，会使磨损加剧并常有碎裂现象。

由于特殊的地理环境，在山区行驶的汽车，其制动安全性主要存在两个方面的问题，即失去转向能力和后轴侧滑。前者容易发生在坡道、湿路面和超载的情况下；后者容易发生在平路、干路面和空载的情况下。这两个问题造成了汽车前后制动力分配比例上的突出矛盾：第一种情况须防止前轮制动抱死；第二种情况须防止后轮抱死或提前抱死。

此外，路面附着特性的变化（山区公路常见现象）、道路曲率的变化等也会对汽车制动稳定性产生较大的影响。

在山区使用气压制动时，特别是高原山区，因空气稀薄，空气压缩机供气压力不足，再加上制动次数多，耗气量大，往往不能保证汽车，特别是汽车列车的制动可靠性。

在高原山区行驶的汽车，使用制动频繁，制动器因摩擦而生热，使制动系统温度升高。如使用沸点低的制动液，在高温时由于制动液的蒸发而产生气阻，引起制动失灵。

10.4.2　改善汽车高原山区使用性能的主要措施

在高原山区行驶的汽车，为提高发动机的动力性、经济性，确保行车安全，采取的措施主要如下。

1. 发动机的改进措施

（1）提高发动机压缩比　提高发动机的压缩比不仅可以提高压缩终了时的温度与压力，增大膨胀比，加快燃烧速率，改善燃烧过程，减少热损失，还可以采用较稀的混合气，从而进一步提高发动机的动力性和经济性。

从汽车使用的角度来讲，提高发动机的压缩比有以下两种方法。

① 如果汽车经常在高原地区行驶，应购置汽车制造厂为高原地区专门设计、制造的高原型汽车。

② 对缸盖进行改造，提高发动机的压缩比。高压缩比的气缸盖可由原缸盖加工而成。如经常在青藏高原使用时，可将原气缸盖刨薄，以提高压缩比。

在已提高压缩比的发动机上，若采用改进的进、排气歧管，可使发动机功率和油耗得到改善。把节气门轴方向改朝发动机纵向，部分负荷下可以提高各缸混合气质量的均匀性；进、排气歧管分成前后两腔，弯道平缓，可减少进气阻力，有利于解决“抢气”现象。

（2）合理选择配气相位　合理选择配气相位可以提高发动机的充气系数，改善发动机的动力性和经济性。

配气相位的确定，应与发动机的实际转速范围相适应。发动机的转速不同，进、排气门的开、闭角对气流惯性的影响也不同，因而最有利的进、排气门开闭角度应随之变化。在进、排气门开闭的四个行程中，进气迟闭角和排气提前角影响最大。

进气迟闭角是利用气流惯性提高充气系数的，在一定的气流惯性下，对应着一个最佳迟闭角。进气迟闭角减小能提高低转速下的充气系数，改善发动机低速范围的动力性与经济性。反之，进气迟闭角增大，对经常处于高速运转的发动机有利。

排气提前角主要影响做功行程中的膨胀功损失 P_W 和排气行程中的排气功损失 P_X。排气提前角增大，P_W 增加，P_X 减小；排气提前角减小，则 P_W 减小，而 P_X 增加。最佳的排气提前角可使（P_W+P_X）值最小。试验表明，随着发动机转速的提高，排气提前角亦增大。

为了使凸轮轴的设计（凸轮线形和各凸轮间的夹角等）更为合理，应与发动机常用转速工况相适应，以提高充气量，改善汽车在高原地区的使用性能。

（3）采用增压技术　废气涡轮增压器实际上是一种空气压缩机，通过压缩空气来增加进气量。增压器是利用发动机排出的废气能量推动涡轮室内的涡轮，涡轮又带动同轴的叶轮，叶轮压缩来自空气滤清器的空气使之增压进入气缸。当发动机转速加快，废气排出速度与涡轮转速也同步加快，叶轮压缩更多的空气进入气缸，使空气的压力和密度增大，相应增加喷油量和调整发动机转速，就可增加发动机的输出功率，降低油耗。

柴油机由于无爆燃的限制，使用增压器比较合适。柴油机装增压器后（一般是废气涡轮增压），增加了充气量，压缩终点的压力和温度也相应提高，从而改善了发动机的动力性和经济性。汽车上使用的增压器，由于发动机的工况复杂，以及发动机舱下空间的限制，要求增压器结构紧凑，涡轮等旋转零件的转动惯量小，反应敏感。此外，在使用中，还应对柴油机的供油量及喷油提前角进行适当的调整。

汽油机采用废气涡轮增压的困难很大，其中主要是爆燃问题。废气涡轮增压器的涡轮将吸入的空气压缩，使之温升，将造成发动机功率降低，爆燃倾向增加，效率降低。为此，可采用中冷器（图10-10），将吸入的空气在中冷器冷却后再进入气缸，使空气密度增加，输出功率和转矩相应增加。此外，在发动机高转速区，涡轮转速高，压缩的空气量多；在低速区达不到所要求的转速，压缩空气量不足，功率不够。调节方法有两种：增加旁通气道及可变截面设计。前者多用于汽油机，后者多用于柴油机。

（4）采用含氧燃料　所谓含氧燃料就是在汽油中掺入酒精、丙酮及其他含氧化合物。掺入的这些含氧燃料的分子中都含有氧分子，在燃烧过程中，理论上必要的空气量减少，能补偿因气压低而产生的充气量不足的问题。试验表明：采用含氧较高的燃料，其相对效能随

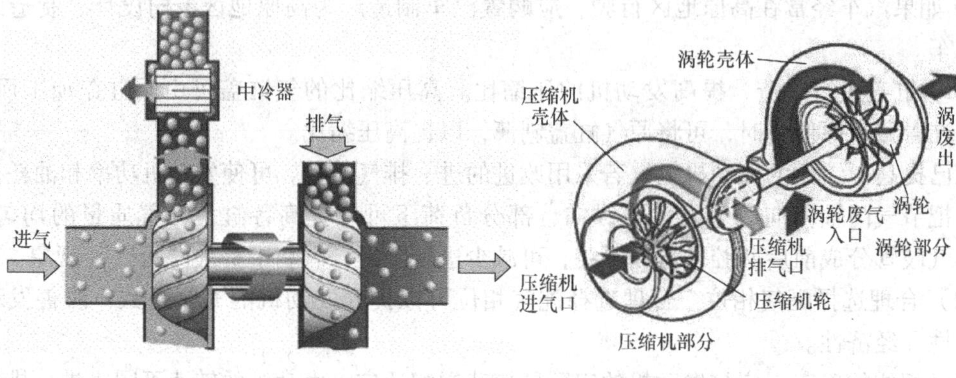

图 10-10 带中冷器的废气涡轮增压装置

海拔的增加而提高。例如，汽油 20%、丙酮 20%、甲醇 60% 的混合燃料在 3200m 高原上的试验效果良好。

(5) 改善润滑条件 在高原地区行驶的汽车，其所使用的发动机油应具有良好的黏温特性，以保证发动机在低温时起动性能良好，高温时具有良好的润滑性能。为防止润滑油变质，应保持良好的曲轴箱通风，并采用机油散热器散热。

2. 安全系统的改进措施

在高原山区使用的汽车，由于地形复杂，常会遇到上坡、下坡、窄路和弯多等问题，因此采取相应技术措施改善其安全性能非常重要。特别是制动性能的改善，对于汽车在高原山区安全行驶尤为重要。

(1) 采用耐高温制动摩擦片 汽车在繁重工作条件下制动时，如下长坡连续做强度较高的制动或高速制动时，制动器温度会很快上升，产生热衰退现象，制动力矩会显著下降。汽车制动器抗热衰退性能与制动器摩擦副材料及制动器的结构有关。一般，制动器以铸铁作为制动鼓，以石棉摩擦材料作为摩擦片。目前，国产石棉摩擦片所能耐的最高温度为 250℃，工作温度低于该值时，摩擦片与制动鼓间的摩擦因数为 0.3 ~ 0.4 且较稳定。但温度高于该值后，摩擦因数会大幅度下降，而使制动距离增长。采用耐高温制动摩擦片是一种改善汽车在高原山区条件下安全性的简单易行的方法。耐高温摩擦片采用环氧树脂、三聚氰胺树脂等改进的酚醛树脂作为黏合剂或采用无机黏合剂，把石棉摩擦材料黏结、固化成形而制成。石棉摩擦材料中常加有金属添加剂，摩擦片温度高达 400℃以上时，尚可产生足够的制动力矩，可适应高原山区条件下行车制动的需要。

(2) 采用发动机制动 汽车下长坡时，需要长时间连续制动，制动器温度会不断升高。例如：质量为 16t 的汽车沿 8% 的坡道下坡，如使用制动器保持下坡速度为 20 ~ 30km/h，在行驶 6 ~ 8km 之后，制动蹄片温度高达 300 ~ 350℃，轮辋温度可达 110℃ ~ 130℃。这样高的温度不仅对制动器不利，还有损于轮胎。所以，下长坡时应利用发动机制动。此时，变速器档位越低、发动机的转速越高，产生的制动力越大。一般，下长坡利用发动机制动时，将变速器挂在上坡所用的档位较为合适。

(3) 采用辅助制动器 辅助制动器有电涡流、液体涡流和发动机排气制动器。前两种辅助制动器由于体积较大、结构复杂，多用于山区或矿用重型汽车上，又称电力或液力下坡缓行器。发动机排气制动是一种有效而简便的措施，实际上，它是在一般发动机制动的基础上，再在发动机排气管上装一个排气节流阀，当使用排气制动时，切断发动机的燃料供给，关闭排气节流阀，达到降低车速制动汽车的目的（图10-11）。排气制动也属于缓速制动装置，多用在重型汽车上。

排气制动可保证各车轮制动均匀，制动功率可达发动机有效功率的80%～90%。

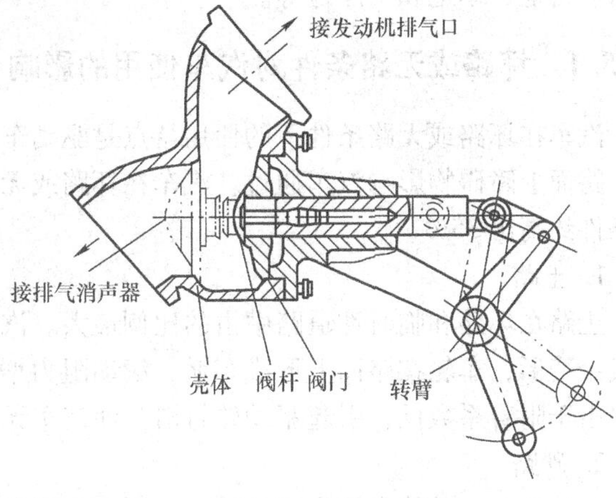

图10-11　汽车排气制动装置

（4）制动鼓淋水降温　为防止制动器过热，在汽车下长坡前，可开始对制动鼓外圆淋水冷却降温，也可以在制动过程中，不断地对制动鼓淋水降温，以防制动器温度过高而使摩擦片烧蚀。但是，这种方法需要有充足的水源，在缺水地区无法使用。此外，经常需要停车加水，增加了驾驶人的劳动强度和降低了运输生产率。

（5）采用大范围可调制动比例阀　现有的比例阀主要用于防止后轴制动抱死，不能解决前轮制动抱死问题，而一些进口矿用车的前轮制动减压阀，又只能用于防止前轮抱死，而且以上两类阀一般都是固定比例的，不适用于制动工况变化很大的山区情况。因此有必要试制一种从前轮制动减压到后轮制动减压的大范围可调比例阀。

（6）使用矿油型制动液　液压制动的汽车多使用醇型制动液，较易挥发，在高原使用时，因制动频繁，制动管路容易发生“气阻”现象，致使制动失灵，行车不安全。而矿油型制动液具有制动压力传递迅速、制动效果好、不易挥发变稠等特点，较适合在高原及山区使用。但使用矿油型制动液，必须换用耐矿物油的橡胶皮碗。

（7）防止轮胎爆裂　海拔升高时，轮胎气压也会升高。在海拔4km时，轮胎气压比在海平面时增加约501kPa；同时，轮胎传递驱动力较大或速度过高时，轮胎表面温度较高，橡胶强度变差。因此，在高原山区行车时易爆胎而引发事故，需注意保持轮胎压力不超过规定值，同时注意轮胎的工作温度。

（8）改善灯光，确保夜间行驶安全　由于山区弯多路窄，应加宽汽车前照灯照射角度，便于急转弯时可靠照明。前照灯最好采用能随转向传动机构相应转动的装置。

（9）加强维护保养　汽车在高原和山区使用时，因换档、制动和转弯次数多，道路不平，底盘的负荷大，轮胎磨损加快，所以维护周期应适当缩短。高原地区的冬季一般兼有寒区的低温特点，因而也要遵照寒冷地区的使用要求。

为了适应高原地区使用特点，有的汽车制造厂提供高原变型汽车，可适合于高原地区使用。

10.5　汽车在坏路或无路条件下的使用

坏路或恶劣道路是指泥泞的土路、冬季的冰雪道路和覆盖砂土的道路等。无路是指松软土路、耕地、草地和沼泽地等。

10.5.1 坏路或无路条件对汽车使用的影响

汽车在坏路或无路条件下的使用特点是驱动车轮与路面的附着力减小、车轮滚动阻力增大、路面上障碍物影响汽车通过。汽车在坏路或无路条件下使用，燃料消耗量比一般正常使用条件约高出35%。

1. 土路

土路在坏路和临时性道路中占的比例最大。汽车在松软的土路上行驶时，支承路面将出现残余变形，车轮在路面上形成车辙，滚动阻力增大。汽车在泥泞而松软的土路上行驶时，往往由于附着系数低，引起驱动轮打滑，使汽车无法通过。

2. 砂路

在砂路上，其特点是表面松散，受压力后变形大，嵌入轮胎花纹内的砂土在水平方向的抗剪切破坏能力差，使附着系数降低，轮胎的滚动阻力却增大，砂路和流沙地容易使汽车打滑，特别在流沙地上，汽车车轮的滚动阻力系数可达0.15~0.30或更大，而驱动轮由于附着系数低而空转，影响汽车通过性能。

3. 雪路

雪路对汽车通过性的影响是很大的，主要取决于雪的特性和深度。雪层的密度越大，其承受的压力也越大。雪层的密度、硬度都与气温和压实程度有关；气温低，雪层干而硬，气温高则相反。

当气温为-15~-10℃时，雪路主要性能见表10-2。从表中可以看出，雪层密度越小，车轮附着系数下降，汽车行驶条件变差。

表10-2 在-15~-10℃时，雪路的主要性能

雪的状态	密度/（g/cm^3）	车轮的滚动阻力系数	车轮的附着系数
中等密度的雪	0.25~0.35	0.10	0.1
密实的雪	0.35~0.45	0.05	0.2
非常密实的雪	0.5~0.6	0.03	0.3

雪层的厚度对汽车行驶也有一定影响，车轮压实的平坦而密实的雪路，其厚度为7~10mm时，对汽车正常行驶影响不大。如果雪层非常厚又特别松软，汽车通过能力将明显下降。经验表明：雪层厚度大于汽车离地间隙的1.5倍、雪的密度低于450kg/m^3时，汽车便不能通过。

4. 冰路

冰路上行驶的汽车，车轮与冰面的附着系数非常低，在冬季有冰的道路上，附着系数可降低到0.1以下，但是车轮的滚动阻力与刚性路面的差别不大。为了保证行车安全，在冰路上行驶时的车速要低，行车间隔要大。特别是通过河流或湖泊的冰面时，还需要检查冰层厚度和坚实情况（裂缝、气泡或雪的夹层等）。

冰层除了表面有一层冰雪外，主要由两部分组成：混浊的上层和透明的下层。在检查冰层厚度时，每隔15~25m测量一次这两部分冰层的厚度，并观察冰层的状况。在气温低于0℃情况下，汽车通过冰封的渡口时，冰层的最小厚度参见表10-3。

表 10-3　冰层的承载能力

汽车（汽车列车）的总质量/t	冰层厚度（气温 -1 ~ -20℃）/cm	从渡口到对岸的最大距离/m	
		海冰	河冰
到 3.5	25 ~ 34	16	19
≥10	42 ~ 46	24	26
≥140	80 ~ 100	38	38

注：春天的冰层厚度标准应提高 1.5 ~ 2 倍。

10.5.2　改善汽车坏路或无路使用性能的主要措施

在坏路和无路条件下使用时，改善驱动轮与路面之间的附着条件，减少滚动阻力对提高汽车通过性是很重要的。从使用方面改善汽车通过性的措施如下。

1. 降低滚动阻力，提高车轮与路面附着力，防止车轮滑转

在汽车驱动轮上装防滑链，是提高车轮与路面附着系数的有效措施。防滑链的形式主要取决于路面状况和汽车行驶系统的结构。防滑链有普通防滑链和履带式防滑链。

普通防滑链（图 10-12）适用于冰雪路面和松软层不厚的土路，在黏土路上，当链齿塞满土时，使用效果则明显下降。履带式防滑链（图 10-13）适用于松软层很厚的土路，它能保证汽车在坏路上，甚至驱动轮陷入土壤或雪内仍可以通过，菱形履带链还具有防侧滑的能力。

防滑链的缺点是链条较重，拆装不方便，更重要的是装上防滑链后，汽车动力性和经济性均下降，在硬路面上行驶冲击大，使轮胎和后桥磨损严重。

在短而难行的无路地段行驶时，宜使用容易拆装的防滑快和防滑带，见图 10-14。

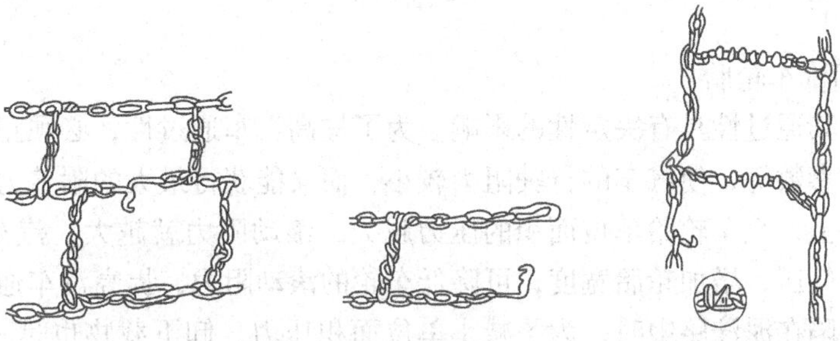

a) 双胎小圆环链　　b) 单胎小圆环链　　c) 齿形模链

图 10-12　普通防滑链

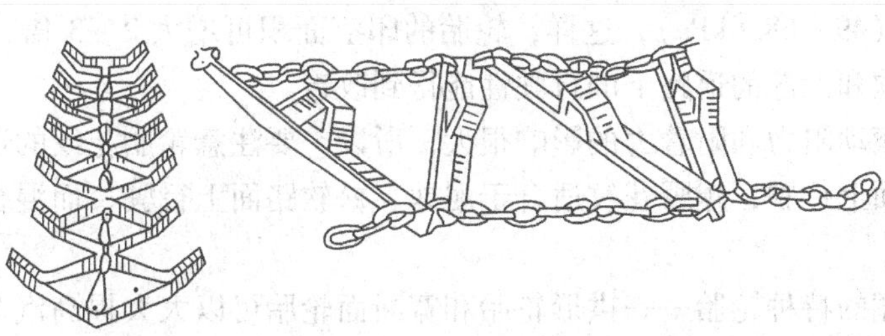

a) 菱形防滑链　　b) 直形防滑链

图 10-13　履带式防滑链

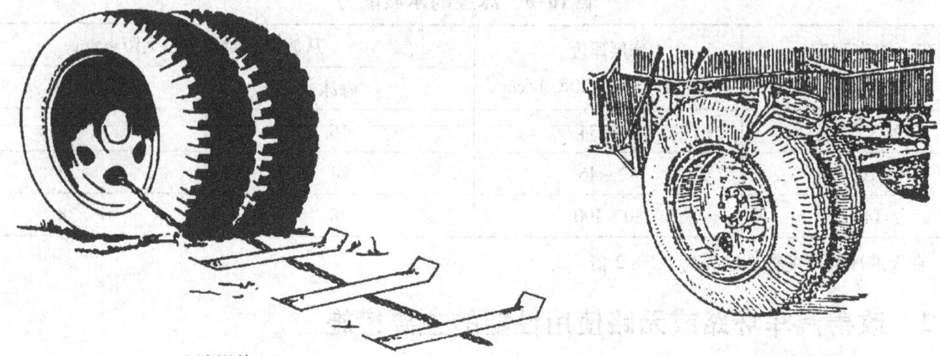

a) 防滑块　　b) 防滑带

图10-14　汽车用防滑块和防滑带

2. 采用合理的驾驶方法

在恶劣的道路上行驶时，要选择好线路，尽可能避开泥泞和滑度较大的路面。通过泥泞或翻浆路时，最好一鼓作气地通过，途中不要换档、停车。被迫停车后再起步时，如是空车，挂中速档，如是重车，挂低速档，轻踏加速踏板起步，使驱动力低于附着力，避免打滑。

松软道路附着系数很低，防止侧滑很重要，所以在驾驶时使用制动要特别小心，不准使用紧急制动，转向也不能过急，以免发生侧滑，尤其是坡道或急弯行驶时更要注意。若一旦出现侧滑，首先要抬起加速踏板降低车速，并立即将转向盘向着车轮侧滑的方向转动（在路面允许的条件下），以防止继续侧滑或发生事故。

当车轮已陷入泥泞道路空转时，不可盲目加油来强行驶出，以免越陷越深，且强行驶出易使机件损坏。

3. 合理使用汽车轮胎

汽车轮胎对其通过性具有决定性的影响。为了提高汽车通过性，必须正确选择轮胎的气压、花纹、结构参数等，使汽车的行驶阻力较小，而又能获得最大的附着力。

在松软道路上，汽车轮胎单位面积的压力越大，滚动阻力就越大，汽车通过性就越差。所以，降低轮胎气压，增加轮胎宽度，可降低车轮的滚动阻力，提高汽车通过性能。当汽车的驱动轮打滑或陷在泥泞路中时，为了减小单位面积压力，卸下载物也是一种必要的措施。这与汽车打滑而未下陷时，有意增加后轴附近的载质量，改变汽车附着重量，达到提高附着力的目的是不矛盾的。也可使用调压胎，驾驶人可在驾驶室内调节轮胎气压，可从正常气压降到极低的气压（49～68.6kPa），这样，轮胎的印痕面积可增大2～3倍，印痕压强相应降低，使汽车在松软和泥泞的道路上的行驶性能得到改善。

轮胎花纹对滚动阻力和附着力的影响很大，所以，要注意轮胎花纹的选择。普通花纹轮胎适合于在硬路面上行驶；越野花纹适合于泥地、松软路面上行驶；而混合花纹轮胎适合于各种路面上行驶。

使用断面加宽的特种轮胎——拱形轮胎和宽断面轮胎可以大大提高汽车通过性。

4. 采用自救或他救的方法

车轮已经陷入坑中时，可根据具体情况，采用自救或他救。他救就是用其他汽车、拖拉机等，拖出已陷入坑中的汽车。无法他救时，可采用自救措施：若车桥没有触地，可将坑铲成斜面，垫上碎石、灰渣等，然后用前进或后倒的方法将车驶出；如果车桥壳触地，车轮悬空，可先在车轮下面垫上木板、树枝、碎石等物，再以低速档驶出；如果驱动轮滑转，也可以将绳索绑在树干（或木桩）和驱动轮上，如同绞盘那样使汽车驶出陷坑（图10-15）。

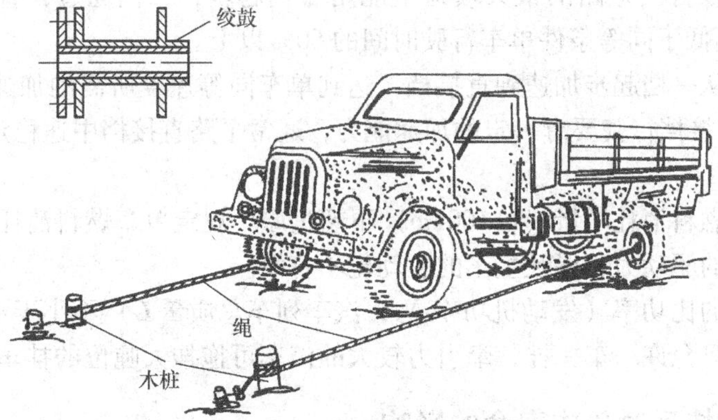

图10-15　汽车的自救

10.6　汽车合理拖挂

10.6.1　汽车组织拖挂运输的可能性

一般的营运汽车（货车或客车）在额定载荷下用直接档（包括超速档）和常用经济车速在良好道路上行驶时，节气门只需30%～40%的开度，仅利用了发动机同转速下最大功率的40%～50%，约为发动机最大功率的20%。低速行驶时，发动机功率利用率更低。所以，通常单车运行时，发动机的负荷都较低，具有相当大的剩余（或盈余）功率。汽车合理拖挂可以提高发动机功率的利用率。

汽车的拖挂能力可以用汽车的剩余功率来分析，见图10-16。P_k 表示发动机节气门全开、变速器在直接档时汽车的输出功率曲线，$\sum P$ 表示汽车克服行驶阻力所消耗的功率，P_k' 是节气门部分开启时汽车的输出功率。

汽车以某一车速 v_1 等速行驶时，汽车的输出功率 P_k'（线段 ab）完全用于克服行驶阻力。而在这一车速下，汽车所能发出的最大功率为 P_k（线段 ac），bc 即为汽车在车速 v_1 下的剩余功率。

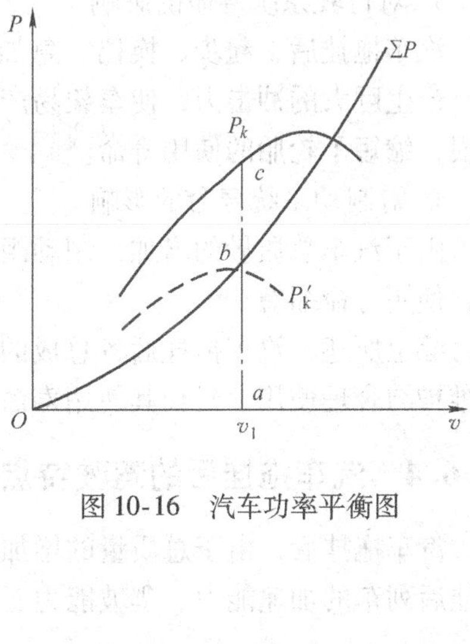

图10-16　汽车功率平衡图

汽车的剩余功率越大，汽车的加速和爬坡能力就越好。所以，利用发动机的剩余功率来组织拖挂运输是完全可能的。

10.6.2 确定拖挂质量的原则

在确定汽车的最大拖挂总质量时，应遵循以下原则。

1）汽车列车的平均技术速度不低于单车的70%，最高车速不低于单车的经济车速。

2）汽车列车在行驶道路的最大坡道上能用一档起步，二档通过，直接档（包括超速档）的行驶时间不低于同等条件单车行驶时间的60%以上。

3）汽车列车从一档起步加速到直接档，达到单车同等速度所需的加速时间不得高于单车的1倍，平路直接档行驶要有一定的加速能力，通常平路直接档中速稳定行驶时，发动机负荷不大于70%。

4）拖挂后的燃料消耗增量（L/100km）不超过原厂规定单车燃料消耗量的50%。

5）要有足够的驱动力，保证主车的驱动轮不打滑。

6）汽车列车的比功率（发动机功率 N_e、汽车列车总质量 G）不小于4.8kW/t。

7）汽车拖挂只允许一车一挂，牵引力较大的汽车可拖挂大吨位的挂车。

10.6.3 汽车拖挂后对总成寿命的影响

汽车拖挂后与单车的工作情况不同。拖挂后所需发动机的输出功率要大；传力机构所传递的转矩也相应增加；起步时间增加；行驶中由于冲击、摇摆、振动所引起的交变负荷大。因此，汽车各总成机件磨损增加，应适当缩短汽车维护和大修间隔里程。

1. 对发动机寿命的影响

汽车拖挂后，发动机功率利用率提高。同时，发动机负荷增大，温度升高，润滑系统工作性能有所下降，曲柄连杆机构的机件磨损有所增加。汽车拖挂后低档运行的时间长，发动机转速高，磨损增加。

2. 对传动系统寿命的影响

汽车拖挂后，起步阻力增加。起步时，离合器接合的延续时间要比单车增加2~3倍。因此，容易引起离合器摩擦片的磨损与烧蚀。传动系统的变速器、传动轴、主减速器和差速器，由于传递功率与转矩的增加，齿轮、齿槽和轴承所受到的压力增加，引起磨损增加。

3. 对行驶系统寿命的影响

汽车拖挂后，起步、换档、急加速及在不平道路行驶时，均增大了牵引钩上的交变载荷，产生巨大的冲击力，使车架易产生变形、裂纹和松动。由于驱动力增大，加快驱动轮的磨损，缩短了轮胎的使用寿命。

4. 对制动系统寿命的影响

由于汽车总质量的增加，制动距离延长，制动强度增大，所以制动鼓与摩擦片的磨损加剧，使用寿命缩短。

综上所述，汽车拖挂后各总成的使用寿命降低，大修间隔里程缩短。因此，要注意汽车的维护与合理使用，延长其使用寿命。

10.6.4 汽车拖挂后的驾驶特点

汽车拖挂后，由于总质量的增加和汽车外部尺寸的变化，导致起步和行驶的阻力增加。拖挂后列车的加速能力、爬坡能力、紧急制动能力及机动性、稳定性等都较单车有所下降。

因此，驾驶操作上应有相应的技术措施，如果操作不当，很容易造成事故。

1. 起步

在冬季，汽车起步前要对发动机进行充分预热升温。拖挂后发动机负荷增大，若发动机温度尚未达到40～50℃起步，发动机在低温重负荷下工作，会加剧发动机磨损，增加燃料消耗。

因起步阻力大，应缓抬离合器踏板，将牵引阻力逐渐加到发动机上，当感到汽车牵引钩被拉紧后，应踩下加速踏板，继续抬起离合器踏板（其速度要比前期缓些），切忌起步过猛。

2. 加速与上坡

汽车拖挂后，剩余功率比单车时小，使汽车加速性能、爬坡能力下降。加速性能下降，汽车逐级换档的加速时间与加速距离比单车要长，并且高速档的加速时间要比低速档的加速时间长，因而加速时不能急躁。

由于爬坡能力下降，汽车上坡前，驾驶人应根据汽车爬坡能力，拖挂情况，坡度的长短、陡缓等情况提前选择合适的档位爬坡，以防止汽车在爬陡坡途中换档、停车，以免在坡道上起步时驱动轮打滑、汽车倒溜或发生倾覆事故。

3. 下坡

汽车拖挂后，因行驶惯性比较大及挂车对主车的冲击作用，下坡时应保持汽车列车上坡档位，尽量利用发动机制动、排气制动（有排气制动装置时）控制好车速，缓慢下坡。当车速明显加快时，再配合行车（车轮）制动器制动将车速控制在安全范围。不可长时间使用行车制动器控制车速，以免制动鼓、制动摩擦片过热导致制动失效。特别要注意避免紧急制动，防止挂车冲击。

4. 转弯

汽车拖挂后，机动性要比单车差。弯道行驶时，因挂车的行驶轨迹产生向心偏移，转弯宽度（内轮差）加大，容易造成挂车掉钩或刮碰路旁物体。所以，转弯前应提前减速，在不影响其他汽车行驶的情况下，列车的行驶轨迹中心应靠向弯道中心外侧（即尽可能转大弯）。转弯时应使主车与挂车保持拉紧状态，以免挂车摆动；同时避免在弯道制动，防止挂车对主车的冲击。

5. 会车

与对方来车有会车可能时，应根据道路情况，判断有无会车、让车的道路条件，提前采取降低车速、选择会车地点、适当加大会车的间距等措施，以免挂车摆动而引起刮擦、碰撞事故。

6. 倒车

拖挂后，因主车与挂车是铰链连接，需掉头行驶时，尽量选择合适地点采用原地掉头方式。因运输任务必须倒车时，应将挂车转盘插上锁止销，并注意汽车拖挂后倒车时转向盘的转向与单车相反。因列车长度加大，视线条件差，倒车最好有专人指挥。倒车时如出现主车与挂车折叠现象，应停止倒车，并向前行进拉直后再重新倒驶。

7. 制动

拖挂后总质量加大，行驶惯性加大，制动距离较长，主、挂车制动的同步性较差，牵引钩等连接部位易产生撞击。所以，制动前期应采用连续间歇（点刹）制动，根据车速变化逐渐加大制动踏板力。不可制动过猛，避免紧急制动。

10.6.5 汽车拖挂应注意的问题

在组织拖挂时除应选择合适的拖挂质量外，还应注意以下问题。

1）额定载重量4t以上的汽车适宜组织拖挂，而额定载重量4t以下的轻型汽车可视情况组织拖挂。

2）拖挂质量不得超过最大允许载质量。

3）技术状况不良、走合期或走合后1000km以内的汽车不应组织拖挂。

4）驾驶操作不熟练的驾驶人不宜驾驶带挂车的汽车。

5）道路条件良好时宜组织拖挂，而路况较差时不宜组织拖挂。

6）主车空载时不得拖带重载挂车。

思 考 题

1. 名词解释：汽车走合期；气阻。
2. 汽车走合期的使用特点有哪些？
3. 汽车走合期应采取哪些技术措施？
4. 如何正确完成汽车的走合期？
5. 低温条件对汽车使用有何影响？
6. 改善汽车低温使用性能的主要措施有哪些？
7. 高温条件对汽车使用有何影响？
8. 改善汽车高温条件使用性能的主要措施有哪些？
9. 高原山区对汽车使用有何影响？
10. 改善汽车高原山区使用性能的主要措施有哪些？
11. 坏路或无路条件对汽车使用有何影响？
12. 改善汽车在坏路或无路使用性能的主要措施有哪些？
13. 应遵循哪些原则来确定汽车拖挂质量？
14. 汽车拖挂后的驾驶特点有哪些？

第11章

汽车技术状况及其变化

11.1 汽车技术状况变化的原因与影响因素

11.1.1 汽车技术状况变化的分类

汽车技术状况是指定量测得的、表征某一时刻汽车外观和性能的参数值的总和。由此可知，汽车技术状况包括外观和性能两大方面。

汽车运行工作的效率、安全性以及对运行环境的污染和干扰的程度，完全由汽车运行时的技术状况决定。为此，掌握控制汽车技术状况的理论，具有十分重要的意义。

《汽车维修术语》(GB 5624—2005)，将汽车技术状况分为完好、不良和极限三种状况。

汽车完好技术状况是汽车完全符合技术文件规定所要求的状况。处于完好状况的汽车，不但性能发挥正常，而且外观、外形均符合有关技术文件的要求。

汽车不良技术状况是汽车不符合技术文件规定的任一要求的状况。处于这种状况的汽车，可能是主要性能指标不符合技术文件规定，不能完全发挥它应有的功能，也可能是主要性能指标完全符合技术文件要求，外观、外形及其他次要性能指标不符合技术文件规定，但不影响汽车完全发挥它的功能。

汽车极限技术状况是汽车技术状况参数达到了技术文件规定的极限值的状况。汽车技术状况参数是评价汽车使用性能的物理量和化学量。

11.1.2 汽车技术状况变化的外观症状

汽车在使用过程中，随着行驶里程的增加，技术状况将逐渐变坏，致使汽车动力性下降、经济性变差、可靠性降低，同时相继出现种种外观症状。其中主要有：

(1) 动力反常　汽车最高行驶速度和技术平均速度降低，加速能力和爬坡能力减弱等。

(2) 作用反常　加速时间与加速距离增长，制动迟缓或失灵，操纵沉重等。

(3) 消耗反常　燃料与润滑油等的消耗量增加。

(4) 声响反常　行驶中出现振抖、摇摆或异常声响等。

(5) 温度反常　出现温度过低或过高的现象。

（6）外观反常　排黑烟或有异常气味，运行中因技术故障而停歇的时间增多等。

11.1.3　汽车技术状况变化的原因

了解汽车技术状况发生变化的原因，对于完善汽车结构，维持汽车处于最佳状况，预防出现不良状况和故障，正确鉴定汽车技术状况具有重要意义。

汽车技术状况的变化是汽车诸多内在原因综合作用的结果。主要原因有磨损、疲劳损坏、腐蚀损坏、变形、老化、偶然损伤和缺陷等。这些原因使零件原有尺寸和几何形状及表面质量发生改变，破坏了零件原来的配合特性和正确位置关系，从而引起汽车（或总成）技术状况变坏。

1. 磨损

磨损是指汽车零件工作表面的物质，由于相对运动不断损耗的现象。

磨损是零件的主要损坏形式，磨损现象只发生在零件表面，其磨损速度的快慢既与零件的材料、加工方法有关，又受汽车运用中装载、润滑、车速等条件的影响。引起汽车技术状况变化的主要磨损形式有磨料磨损、分子－机械磨损和腐蚀磨损。磨料磨损是零件相互摩擦表面间在坚硬、锐利的微粒的作用下产生的磨损。微粒的来源有的来自外界，如尘埃、沙土等；而有的是从零件工作表面上脱落下来的，如金属磨屑。在零件相互摩擦过程中，磨料的作用将加速零件的磨损过程。分子－机械磨损也称黏着磨损，当零件接触面承受大载荷、滑动速度高，同时润滑又不良时，零件表面在摩擦过程中会产生大量的热，使材料强度降低并形成局部热点，而易使零件局部表面金属黏结在一起；而黏结点在零件表面的相对运动中又被撕开，使一部分金属从一个零件表面转移到另一个零件表面而造成零件表面的损伤。产生黏着磨损的典型实例是气缸筒“拉缸”和曲轴“烧瓦”。腐蚀磨损是摩擦表面在酸、碱等腐蚀物质作用下而产生的磨损。腐蚀物质对零件表面的腐蚀可使表面形成薄而脆的氧化层，在摩擦力作用下，氧化层脱落，腐蚀作用进一步向零件深部发展，再形成氧化层。如此，氧化层不断生成，不断脱落，从而造成了零件表面的损伤。

2. 疲劳损坏

疲劳损坏是指汽车零件在较长时间内由于交变载荷的作用，性能变差，甚至产生断裂的现象。通常，易于产生疲劳损坏的零件是承受交变载荷较大的零件，如汽车的钢板弹簧等。在交变载荷于零件内部所产生的循环应力作用下，零件表面产生疲劳裂纹，裂纹不断积累、加深、扩展而产生零件的疲劳损坏。

3. 腐蚀损坏

腐蚀损坏产生于与腐蚀性物质接触的零件表面。易于产生腐蚀损坏的主要部件有燃料供给系统和冷却系统管道、车身、车架等。在汽车运动中，车身外表要受到风沙的磨蚀；而汽车使用环境中的空气湿度、尘埃等，对车身及裸露的金属零件也都有一定的腐蚀作用。

4. 变形

变形是指汽车零件在使用过程中零件要素的形状和位置发生变化而不能自行恢复的现象。零件所受载荷在内部产生的内应力超过零件材料的弹性极限，就会发生变形。零件在制造和加工过程中产生的残余内应力和零件受热不匀而产生的热应力足够大时，也会导致零件变形或加剧变形过程。

5. 老化

老化是指汽车零件材料的性能随使用时间的增长而逐渐衰退的现象。老化是由于零件材料在物理、化学和温度变化的影响下，而逐渐变质或损坏的故障形式。汽车上的橡胶零部件（如轮胎、油封、膜片等）和电气元件（如晶体管、电容器等），长期受环境和温度变化的影响，会逐渐老化而失去原有性能。例如：温度的冷、热作用；油类及液体的化学作用；太阳光的辐射作用等。在汽车使用过程中，润滑油等液体的性能也会因氧化、污染而逐渐变坏。

因汽车零件和运行材料性能的变化，而使汽车技术状况逐渐变坏的现象，不仅发生于汽车使用过程中，还发生于储存过程中。例如：橡胶、塑料等非金属零件因老化而失去弹性，强度下降；燃料、润滑油、制动液等氧化变质及产生沉淀；金属零件产生锈蚀；车身表面漆层剥落等。

6. 损伤

损伤是指超过技术文件规定的外因作用下，使汽车或其零件的完好技术状况遭到破坏的现象。最常见是的汽车碰撞损伤。

按碰撞损伤程度不同，通常将汽车碰撞损伤分为一般损伤、严重损伤和汽车报废。一般损伤又称为轻微损伤，是指只需更换或修理少数零部件，通过喷漆即可修复的损伤。严重损伤是指通过更换、修理和校正较大的车身部件，然后再喷漆修复的损伤，有时甚至需要对损坏的零件进行切割，然后焊接新件。汽车报废是指碰撞程度十分严重，足够达到全损标准的损伤。

按汽车碰撞行为分，汽车碰撞损伤可分为直接损伤（或一次损伤）和间接损伤（或二次损伤）。直接损伤是指汽车直接碰撞部位出现的损伤。直接碰撞点多为汽车左前方，推压前保险杠使汽车左前翼子板、散热器护栅、发动机舱盖、左车灯等导致变形损伤，称为直接损伤。间接损伤是指二次损伤，并离碰撞点有一段距离的损伤。它是因碰撞力传递而导致的变形，如车架横梁、行李舱底板、护板和车轮外壳等因弯曲变形和各种钣金件的扭曲变形等。

按汽车碰撞后导致的损伤现象不同，汽车碰撞损伤可归纳为五大类，即侧弯、凹陷、褶皱或压溃、错位损伤和扭曲等（图 11-1）。

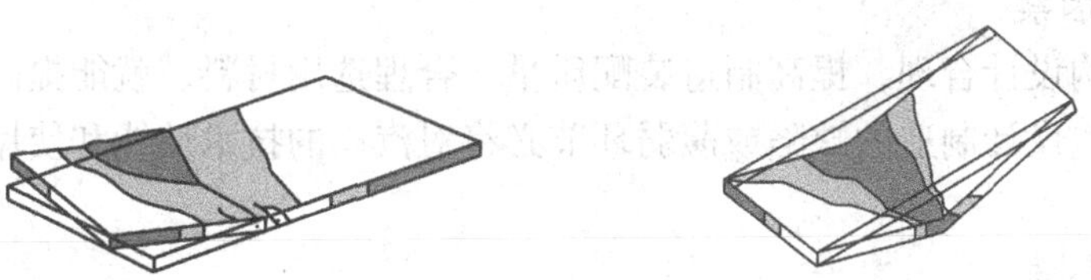

a) 侧弯　b) 凹陷

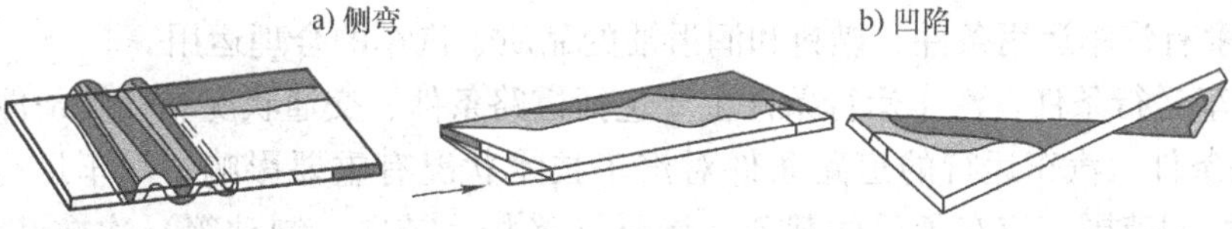

c) 褶皱或压溃　d) 错位损伤　e) 扭曲

图 11-1　汽车碰撞损伤的类型

7. 缺陷

缺陷是指汽车零件任一参数不符合技术文件要求的状况。

汽车产品缺陷是指由于设计、制造、标识等原因导致的在同一批次、型号或者类别的汽车产品中普遍存在的不符合保障人身、财产安全的国家标准、行业标准的情形或者其他危及人身、财产安全的不合理的危险。

《缺陷汽车产品召回管理条例》已于2012年10月10日国务院第219次常务会议通过，10月31日正式公布，自2013年1月1日起施行。

汽车的缺陷形式多种多样，但比较常见的缺陷形式有：

1）转向、制动系统零部件突然失效，如助力泵或管路渗漏、ABS泵卡滞等，导致汽车部分或完全失去转向或制动能力。

2）燃油系统零部件失效，如燃油管路、燃油箱等连接不良或发生破裂，或者在碰撞事故中容易破损，可能导致燃油渗漏和汽车起火。

3）发动机零部件失效，如燃油泵突然停止工作、加速踏板或节气门突然卡住，可能导致汽车突然熄火或加速。

4）车轮开裂，轮胎裂纹或鼓包，可能导致爆胎或汽车失控。

5）发动机冷却风扇叶片突然断裂，可能导致维护人员受伤。

6）刮水器装置失效或电动机过热，导致驾驶人视线不好或汽车起火。

7）座椅或靠背在正常使用中突然失效，导致乘员可能受伤。

8）汽车上的关键零部件开裂、脱开或脱落，可能导致油液渗漏、汽车失控，或者可能导致车内或车外人员受伤。

9）汽车电器或电路出现短路或断路，可能导致汽车过热、起火或照明不好。

10）随车附带的举升器突然坍塌，可能导致操纵人员受伤。

11）气囊在应当膨开的情况下不膨开，或者在不该膨开的情况下膨开。

12）车身结构件腐蚀，导致车身强度受到影响，影响碰撞安全性。

11.1.4 汽车技术状况变化的影响因素

汽车技术状况变化的影响因素包括汽车结构和汽车使用两方面的因素。

1. 汽车结构因素

保证汽车结构设计合理，提高制造装配质量，合理选用材料，就能提高汽车的使用性能和可靠性。反之，设计制造的缺陷或薄弱环节必将对汽车的技术性能和使用寿命造成不良的影响。

2. 汽车使用因素

使用因素有汽车运用条件、燃料和润滑油的品质、汽车的合理运用等。

（1）汽车运行条件　汽车运行条件主要包括道路条件、交通状况和气候条件。

① 道路条件。汽车运行的道路条件对汽车技术状况有重要影响。汽车运行速度范围、发动机转速控制范围、汽车承受的载荷、操纵（换档、转向、制动等）次数和强度等汽车运行情况都取决于道路的质量，因此汽车总成、零件的磨损强度也取决于汽车运行的道路条件。

汽车在良好道路上行驶时，行驶阻力小，承受的冲击和动载荷小，汽车的速度性能得以发挥，燃油经济性好，零件磨损速率小，汽车的使用寿命就长。

汽车在坏路面上行驶时，行驶阻力大，低档使用的时间比例大，因而汽车的平均技术速度低，但发动机转速和负荷却很大，气缸内平均压力也很高，所以气缸活塞组件磨损严重；汽车在崎岖不平的道路上行驶时，汽车底盘各总成，如车轮、悬架、车桥等受到的冲击载荷加大，有时甚至遭到直接破坏和损伤；汽车在不良道路上使用时，由于操作次数增加和使用时间增长，离合器、变速器、制动蹄和制动鼓等部件的磨损增大，这都使得汽车在坏路面上运用时的使用寿命大大缩短。

② 交通状况。交通状况的好坏对汽车技术状况的变化也有很大影响。在路面质量和交通状况良好的道路上行驶时，汽车能够经常采用高档在经济工况下运行，操纵次数减少，因而汽车运行平稳，所承受的冲击载荷大大减轻；而在不良交通状况下运行时，如在城市混合交通状况下，常因车多路窄、交通流量大、交叉路口多而不能以最佳工况运行。据统计，在同样路面条件下，货车在市内的行驶速度较郊区降低50%左右，换档次数增加2~2.5倍，制动消耗的能量增加7~7.5倍。显然，汽车在交通状况不良的道路上行驶时，汽车技术状况的恶化进程加剧。

③ 气候条件。气候条件包括环境温度、湿度、风力和阳光辐射强度等。气候条件通过影响汽车总成的工作温度，改变其技术性能和工作可靠性。

(2) 燃料和润滑油的品质　燃料、润滑油规格和品质对保证汽车正常工作和技术状况变化的快慢具有重要影响。

汽油的蒸发性、馏分温度、辛烷值和含硫量是与汽车技术状况的变化有直接联系的指标。馏分温度高低表示汽油中所含重馏分的多少。馏分温度越高，说明汽油中不易挥发、雾化和燃烧的重馏分越多。重馏分易以液滴状态进入气缸，冲刷缸壁润滑油膜，窜入曲轴箱稀释润滑油，从而使润滑条件差，磨损加剧。若所用汽油的辛烷值与发动机的压缩比不相适应，易于发生爆燃，使发动机承受的机械负荷和热负荷增大，同时破坏缸壁上的润滑油膜，使磨损加剧，同时还会引起气门烧蚀、连杆变形、火花塞绝缘部分损坏等故障。燃料中的含硫量决定了发动机腐蚀磨损的强弱。

柴油的蒸发性、十六烷值、黏度和含硫量对发动机工作过程有很大影响。柴油中重馏分过多，会使燃烧不完全而形成炭粒，排放烟度增大，气缸磨损增加，还易堵塞喷油器喷孔。十六烷值高低对发动机工作的平稳性影响很大：柴油十六烷值选择不当，柴油机工作粗暴，所承受的载荷增大；或因其蒸发性差、低温流动性不良，发动机起动困难，从而加剧零件磨损。柴油的黏度应适宜：黏度大，则柴油的低温流动性和雾化性差，燃烧不完全，积炭和黑烟排放多；黏度小，则柴油对于喷油泵柱塞偶件的润滑作用下降，磨损加剧。柴油中含硫量从0.1%增加到0.5%时，柴油机气缸和活塞环的磨损量将增加20%~25%。

润滑油的黏度和抗氧化安定性是对汽车技术状况影响较大的性能指标。润滑油的黏度应与发动机转速、磨损状况和气候条件相适应。黏度大，则润滑油流动性差，低温时润滑条件差，磨损加剧；黏度小，则润滑油流动性好，但油性差，润滑油吸附金属表面的能力差，易使工作表面出现边界摩擦或半干摩擦状态，也会使发动机的磨损增加。如果润滑油的氧化安定性不良，则易于在空气中的氧和热的作用下形成胶质沉淀物，使润滑油润滑性能下降；同时会因胶质物在油管、油道和机油滤清器中的沉积而影响润滑系统的正常工作，从而加剧零件的磨损。

(3) 汽车的合理运用　驾驶技术、装载情况和行驶速度等因素对汽车技术状况的变化有很大影响。

① 驾驶技术。驾驶技术对汽车的使用寿命有直接影响。实践证明，相同型号和结构强度的汽车在运行条件相同或类似时，若驾驶人素质和驾驶技术有差别，则在汽车行驶一定的里程后，其技术状况也会产生很大差别。驾驶技术好的驾驶人在驾驶操作过程中，一般均注意采用预热升温、平稳行驶、换档及时、合理滑行和温度控制等一系列正确合理的操作方法，并注意根据道路情况合理选择行驶路线和车速，保证汽车经常处于最佳工作状态，从而使汽车技术状况变差的速度放慢，汽车使用寿命延长。同时，驾驶人还应有一定的技术素质，能根据汽车使用说明书中所规定的各项使用要求合理使用汽车。

② 超载。汽车装载量应按额定装载量进行控制。在超载状态下，汽车各总成承受的负荷增加，发动机工作不稳定，低速档使用时间比例增大，冷却系统和润滑系统的工作温度升高，从而导致发动机和其他总成的磨损增大，汽车的使用寿命缩短。

③ 车速。车速高低对汽车技术状况的影响十分明显。汽车载质量一定时，行驶车速对发动机磨损的影响见图 11-2。汽车行驶车速过高，发动机经常处于高转速下运转，活塞在气缸内平均移动速度增高，气缸磨损相应增大。高速行驶时，汽车底盘，特别是行驶机构受到的冲击载荷增大，易使前、后桥发生永久变形；同时，高速行驶时，制动使用更为频繁，汽车制动器磨损加剧。因此，汽车经常高速行驶对汽车使用寿命有一定影响。汽车行驶车速过低时，低档使用时间比例增多，汽车行驶相同里程发动机平均运转次数增多，同时由于润滑条件变差，其磨损强度较大。

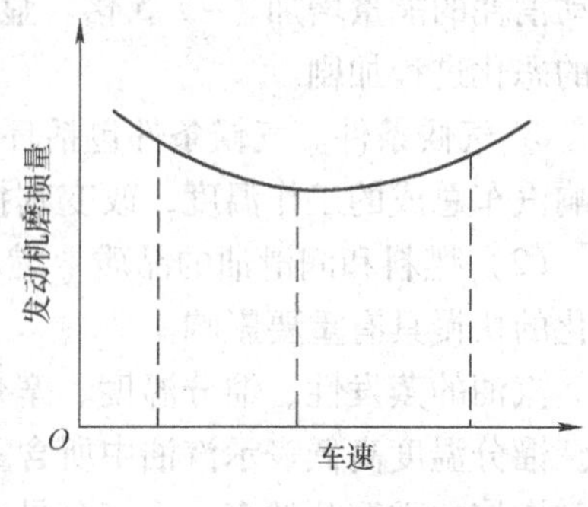

图 11-2　行驶速度对发动机磨损的影响

11.2　汽车技术状况的变化规律

11.2.1　汽车技术状况变化规律的类型

汽车技术状况的变化规律是指汽车技术状况与汽车行驶里程或行驶时间的关系。汽车技术状况变化规律表现为渐发性和突发性两种变化规律。渐发性变化规律又称为汽车技术状况随行驶里程的变化规律；突发性变化规律又称为汽车技术状况的随机变化规律。

1. 渐发性变化规律

渐发性变化规律指汽车技术状况的变化随行驶时间或行驶里程单调变化，从而可用函数式表示的变化规律。属于该种变化规律的技术状况参数类型有汽车零件磨损而导致的配合间隙的变化、冷却系统和润滑系统中沉淀物的积累、润滑油消耗率及润滑油中机械杂质含量等。

2. 突发性变化规律

突发性变化规律表示汽车或总成出现故障或达到极限状态的时间是随机的、偶发的，没有必然的变化规律，对其变化过程独立地进行观察所得结果呈现不确定性，但在大量重复观察中又具有一定的统计规律。汽车技术状况的突发性变化受汽车使用中的偶然因素、驾驶操作技术水平、零部件材料的不均匀性和隐蔽缺陷等因素的影响，汽车或某总成技术状况变坏而进入故障状态所对应的行程是随机变量，与故障前的状况无直接关系。其本质原因是，在上述多种因素影响下，若机件所承受的载荷超过规定的许用标准，可使机件产生损伤并迅速超过极限值而进入故障状态。

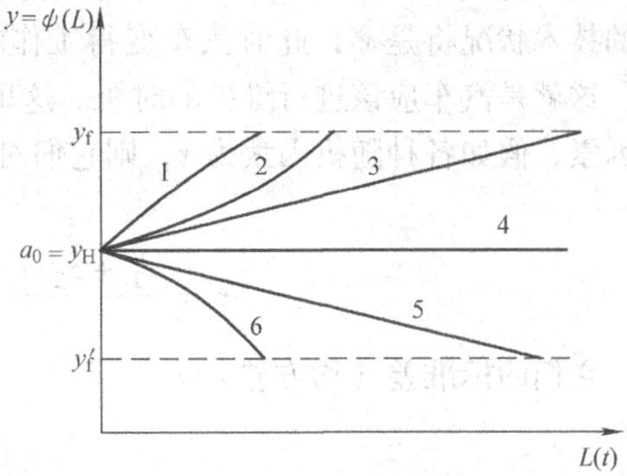

图 11-3 汽车技术状况按汽车工作时间 t 或行驶里程 L 变化的 n 种形式

1、2、3—汽车运用中逐渐变大的技术参数

4—汽车运用中稳定不变的技术参数

5、6—汽车运用中逐渐变小的技术参数

y—各种技术参数变化的范围

11.2.2 汽车技术状况的渐发性变化过程

汽车技术状况的变化，大多是按照汽车工作时间或行驶里程而逐渐平缓地发生变化，具体变化形式可能有图 11-3 所示的几种情况。

实际经验和研究结果表明，运用中的汽车技术状况 y 与汽车工作情况 L 之间的函数关系，可用多项式方程或指数方程表示，其多项式方程为

$$y=a_0+a_1L+a_2L^2+a_3L^3+\cdots+a_nL^n$$

式中 a_0——汽车初始技术状况参数；

L——汽车工作状况参数，即汽车工作时间或行驶里程；

a_1，a_2，a_3，…，a_n——由 L 确定 y 的情况和程度的系数。

如果用指数方程则可表示为

$$y=a_0+a_1L_b$$

式中 a_1、L_b——确定汽车工作强度和技术状况变化程度的系数。

若已知 $y=\Psi(L)$ 的函数关系和汽车技术状况参数 y，可用方程 $L=f(y)$ 确定出汽车的平均技术寿命。在有足够多的有规律变化的技术参数（如制动蹄与制动鼓的间隙、离合器自由行程等）的情况下，汽车技术状况 y 可写成下列线性方程：

$$y=a_0+a_iL$$

式中 a_0——汽车初始技术状况参数；

a_i——汽车技术状况变化的强度，它根据汽车结构与运用条件而变化；

L——汽车工作状况参数（汽车工作时间或行驶里程）。

11.2.3 汽车技术状况的突发性变化过程

汽车在运用过程中，能够影响汽车技术状况发生变化的运用条件、驾驶人的技术水平以及各种汽车的本身性能，都是不尽相同的。因此，当确定了某项汽车运用性能的基准后（图 11-4a），并将汽车技术状况的极限（即汽车使用寿命）定为 y_P，则各种不同汽车工作到这一极限状态的行驶里程分别是 L_{P1}，L_{P2}，L_{P3}，…，L_{Pn}。也就是说，各种汽车工作到使用极限的情况是有很大差别的。因此，在这种情况下，不易预测出汽车的最佳维护时机。另

外，如果把汽车工作到需要维护时的行驶里程定为 L_0（图 11-4b），则汽车工作到这种状况下的技术状况将是 y_i，此时汽车变得工作吃力，达到了技术状况需要恢复的阶段，也就是说，这就是汽车应该进行维护的时机。这里可以明显地看出，解决这个问题需要涉及很多随机因素，假如各种随机因素为 x，则它们对汽车技术状况影响所起的平均作用为

$$\bar{x} = \frac{x_1 + x_2 + x_3 + \cdots + x_n}{n} = \frac{\sum_{i=1}^{n} x_i}{n}$$

它们的标准差（均方差）为

$$\sigma = \sqrt{\frac{\sum_{i=1}^{n} (x_i - \bar{x})^2}{n}}$$

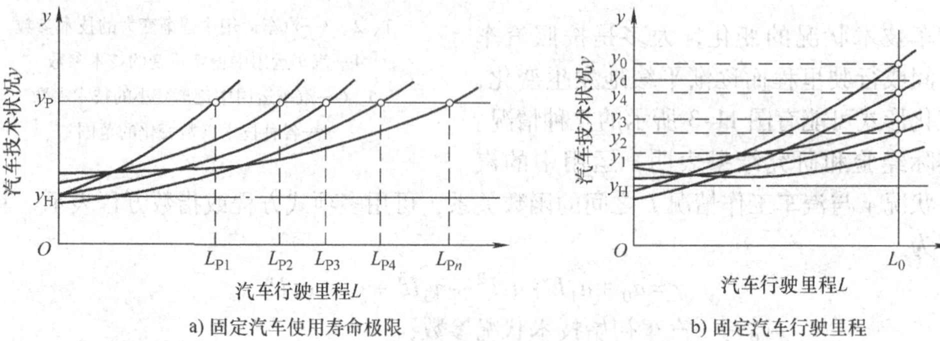

图 11-4 汽车技术状况的随机变化

y_H—汽车技术状况参数的初始值（名义值） y_P—汽车技术状况参数的极限值 y_d—汽车技术状况参数的许用值

标准差变异系数 ν 可写为

$$\nu = \frac{\sigma}{\bar{x}}$$

标准差 σ 可用来衡量随机因素离散程度的大小；而标准差变异系数 ν 可用来区分各种随机因素离散程度的显著性。当 $\nu \leqslant 0.1$ 时，表明离散程度显著性（偶然性）小；当 $0.1 < \nu \leqslant 0.33$ 时，表明离散程度显著性中等；当 $\nu > 0.33$ 时，表明离散程度显著性大。

此外，还有一个重要的特性就是各种随机因素对汽车技术状况影响的概率。汽车连续工作可靠性的概率为 $R(x)$，它与汽车工作中产生的故障次数有关，具体可用下式表示：

$$R(x) = \frac{n - m(x)}{n} = 1 - \frac{m(x)}{n}$$

式中 $m(x)$ ——汽车工作期为 x 时所出现的故障次数。

汽车工作过程中的故障频率为 $F(x)$，它与汽车连续工作可靠性概率 $R(x)$ 的意义正好相反，因而可写为

$$F(x) = 1 - R(x) = \frac{m(x)}{n}$$

汽车可靠性概率 $R(x)$ 与故障频率 $F(x)$ 之间的关系见图 11-5。

此外，随机因素对汽车技术状况的影响还可用故障概率密度 $f(x)$ 来评价。若汽车无故障工作可靠性概率为 $R(x)=1-\dfrac{m(x)}{n}$，n 为常数，微分后可得

$$\frac{dR}{dx}=-\frac{dm}{dx}\frac{1}{n}$$

式中 $\dfrac{dm}{dx}$——基本概率，在汽车不更换总成和零件的情况下工作发生故障的概率。

上述情况对于 n 个零件而言，即是故障概率密度函数。因此，$f(x)=\dfrac{1}{n}\dfrac{dm}{dx}$。

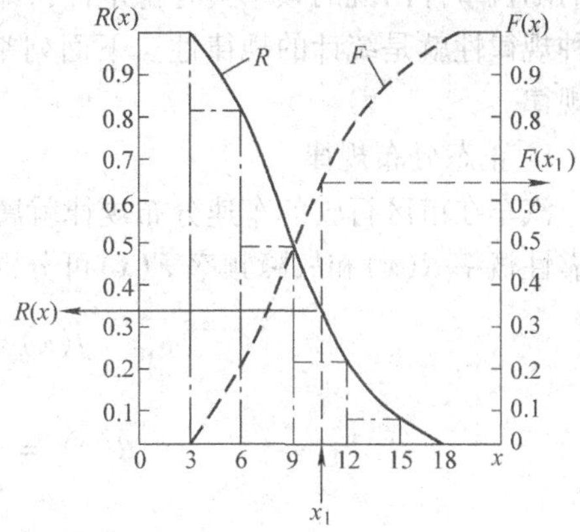

图11-5 可靠性概率 R 与故障频率 F 的关系

x—汽车工作到出现故障时的行驶里程（1000km）

又因 $F(x)=\dfrac{m(x)}{n}$，于是可得

$$f(x)=F'(x),F(x)=\int_{-\infty}^{x}f(x)dx$$

$F(x)$称为积分分布函数（图11-6a），而$f(x)$称为微分分布函数（图11-6b）。

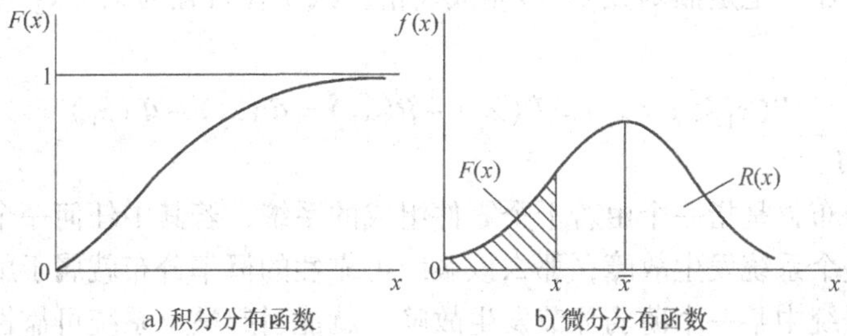

图11-6 汽车故障的分布函数

$F(x)$—故障概率 $f(x)$—故障概率密度

又因 $R(x)=1-F(x)$，于是也可得

$$R(x)=\int_{x}^{\infty}f(x)dx$$

有了$F(x)$或$f(x)$的关系，就可以对汽车进行可靠性评价。也就是说，可以确定出汽车故障概率和求出连续工作到出现故障的平均周期：

$$\bar{x}=\int_{-\infty}^{\infty}xf(x)dx$$

微分分布函数$f(x)$，有时也称为随机变量的分布规律。

掌握了随机变量的分布规律后，就能够更加精确地定出汽车的维护时期与维护工作量，算出各个维护时期所需备件的必要数量和决定其他的工艺组织问题。

汽车在运用过程中，技术状况的变化要受到运用条件的影响，而运用条件（如行驶速度）在汽车运行过程中有着一定的随机性，因而汽车技术状况的变化也具有随机性。事实上，各种随机现象既有其偶然性的一面，也有其必然性的一面。这种必然性表现为大量试验

中的随机事件出现的频率具有稳定性，即一个随机事件出现的频率常在某固定值附近波动。这种规律性就是统计的规律性。下面列举汽车技术状况（或汽车运用条件）变化的两种典型规律。

1. 正态分布规律

汽车在市区行驶的车速分布规律就属于正态分布规律。正态分布的概率密度函数$f(x)$、可靠性概率$R(x)$和故障频率$F(x)$可分别写成下式：

$$f(x)=\frac{1}{\sigma\sqrt{2\pi}}e^{-\frac{(x-\bar{x})^2}{2\sigma^2}}$$

$$R(x)=\frac{1}{\sigma\sqrt{2\pi}}\int_x^{\infty}e^{-\frac{(x-\bar{x})^2}{2\sigma^2}}dx$$

$$F(x)=\frac{1}{\sigma\sqrt{2\pi}}\int_{-\infty}^{x}e^{-\frac{(x-\bar{x})^2}{2\sigma^2}}dx$$

对于正态分布大量计算时，可采用定额函数$\Phi(z)$的概念，新的随机变量为$z=\frac{x-\bar{x}}{\sigma}$，从而$x=\bar{x}+z\sigma$：

$$\Phi(z)=\frac{1}{\sigma\sqrt{2\pi}}\int_{-\infty}^{z}e^{-\frac{z^2}{2}}d(\bar{x}+z\sigma)=\frac{1}{\sqrt{2\pi}}\int_{-\infty}^{z}e^{-\frac{z^2}{2}}dz$$

为便于计算，还可把定额函数$\Phi(z)$制成表格。汽车在行程为$x_1\sim x_2$时的故障概率取决于下式：

$$P(x_1<\bar{x}<x_2)=P(x_2)-P(x_1)=\Phi(z_2)-\Phi(z_1)$$

2. 威布尔分布

所谓威布尔分布，是指一个由若干个零件组成的系统，若其中任何一个零件发生故障或损坏，都将导致整个系统发生故障，那么该系统可靠性的概率分布就属于威布尔分布。也就是说，如果一个系统中某一个薄弱环节发生故障，就能引起整个系统可靠性概率分布发生变化，因此也称为“薄弱环节”的概率分布。汽车使用寿命的变化情况，就属于威布尔分布，因为汽车的技术状况就是由一系列零件所组成的链来决定的。

故障分布属于这种形式的系统状况，受系统中独立环节x_i（如汽车使用中的里程或时间等）作用的影响，这些最小独立环节为$x_c=\min$（x_1，x_2，x_3，…，x_n），其分布函数可写成下式：

$$F_n(x)=P(x_c<x)=1-P(x_1\geqslant x,x_2\geqslant x,\cdots,x_n\geqslant x)$$

例如：在汽车上某一个总成的滚动轴承中，只要有一个钢球（或滚子）损坏或错位，即可造成轴承的故障，从而导致总成的故障乃至汽车的停歇。

11.3 汽车技术状况的分级

汽车经过一段时期的使用以后，技术状况将发生变化。变化的程度随行驶里程的长短不同及运行条件、使用强度、维修质量的不同而各有差异。为了及时掌握汽车的状况，采用相应技术措施，合理地组织安排运输能力，正确地编制汽车维修计划，各运输企业应定期对汽车性能进行综合评定，核定其技术状况，并根据国家有关标准将汽车技术状况划分等级，以便于汽车的合理运用和科学管理。

11.3.1　二手车的汽车技术状况等级

GB/T 30323—2013《二手车鉴定评估技术规范》按照汽车的技术状况不同，将二手车划分为五个等级，即一级车、二级车、三级车、四级车和五级车。

二手车是指从办理完注册登记手续到达到国家强制报废标准之前进行交易并转移所有权的汽车。二手车实质上就是指在用汽车。

对汽车的车身、发动机舱、驾驶舱、起动、路试、底盘六大部分进行技术状况检查，各部分的检查项目、满分、权重分别如下。

1）车身外观检查项目有23项，共计分数15分，权重为15%。

2）发动机舱检查项目有13项，共计分数25分，权重为25%。

3）驾驶舱检查项目有13项，共计分数10分，权重为10%。

4）发动机起动检查共设13项，共计分数15分，权重为15%。

5）路试检查共设12项，共计分数15分，权重为15%。

6）底部检查共设8项，共计分数20分，权重为20%。

每部分确定检查分项及分值，根据所得总分进行分级，满分100分。各级车的技术状况等级的分值区间见表11-1。

表11-1　各级车的技术状况等级的分值区间

技术状况等级	分值区间
一级车	鉴定总分≥90
二级车	60≤鉴定总分<90
三级车	20≤鉴定总分<60
四级车	鉴定总分<20
五级车	重大事故车

11.3.2　营运车的汽车技术状况等级

JT/T 198—2004《营运车辆技术等级划分和评定要求》，将营运车的技术状况划分为三个等级，即一级车、二级车和三级车。

1. 一级车（完好车）

一级车的标准有三条。

1）汽车技术性能良好，各项主要技术指标符合定额要求。

2）汽车行驶里程必须是在其相应定额大修间隔里程的三分之二以内，如第一次大修间隔里程定额为18万km，第二次大修间隔里程定额为12万km，则处于第一次大修间隔里程定额12万km以内，第二次大修间隔里程定额8万km以内的汽车才可作为一级车。

3）汽车状况良好，能随时参加运输生产。

凡有一项达不到要求的不能核定为一级车。凡同时符合上述三项条件的汽车核为一级车。从这个规定可看出，一级车不仅受汽车的技术状况和性能的定性指标制约，还受到汽车行驶里程，即新旧程度的定量指标制约。因为新车或是第一次大修后的汽车，其行驶里程超过其相应定额大修间隔里程的2/3以上，技术状况和性能必然随里程的增加而降低，尽管其下降程度未低于上述规定的技术性能要求，也不能列入一级车。

2. 二级车（基本完好车）

汽车主要技术性能和状况或行驶里程低于完好车的要求，但符合GB 7258—2012《机动车运行安全技术条件》的规定，能随时参加运输。

3. 三级车（需修理车）

送大修前最后一次二级维护后的汽车和正在大修或待更新尚在行驶的汽车。三级车的含义是：

1）技术状况和性能较差，不再计划做二级维护作业，即将送大修但仍在行驶的汽车。

2）正在大修的汽车。

3）技术状况和性能变坏，预计近期更新但仍在行驶的汽车。

汽车技术等级评定后，要综合计算本单位全部汽车的平均技术等级

$$汽车平均技术等级=\frac{(1\times 一级车数)+(2\times 二级车数)+(3\times 三级车数)}{各级车数总和}$$

汽车平均技术等级是汽车运输企业的主要技术、经济定额指标之一。它标志着企业全部汽车的平均技术状况，体现了企业对汽车的技术管理水平，以及汽车装备的技术状况。运行汽车的技术等级评定后，其结果应归入《汽车技术档案》中。

营运车辆技术等级的评定项目及技术要求可参见JT/T 198—2004《营运车辆技术等级划分和评定要求》。

汽车技术状况是随着行驶里程和大修次数的增加而逐渐变坏的。为了及时掌握车况，有计划地安排与组织维修工作，不断提高装备素质，汽车技术状况等级的评定，至少每半年进行一次。评定的内容主要是汽车动力性、燃料经济性、制动性、转向操纵性、前照灯及喇叭噪声、废气排放、汽车防水密封性以及整车外观。

根据汽车技术状况检验结果，就可以对汽车进行技术等级评定，其评定标准见表11-2。

表11-2 汽车技术等级的标准

技术等级	评定依据
一级车	营运车辆技术等级划分和评定要求（JT/T 198—2004）中所有评定项目均达到规定的技术要求
二级车	① 车架、车身、驾驶室应达到规定的技术要求 ② 车轮、轮胎应达到规定的技术要求 ③ 制动力平衡应达到规定的技术要求 ④ 整车装备与标识、车门与车窗、驱动轮输出功率、等速百公里油耗、车轮阻滞力、转向盘最大自由转动量、排放污染物和车速表示值误差8个项目中至少有3项应达到规定的一级技术要求 ⑤ 没分级的项目应为合格
三级车	① 分级的项目应达到三级技术要求 ② 没分级的项目应为合格

思考题

1. 名词解释：汽车技术状况；汽车完好技术状况；汽车不良技术状况；汽车极限技术

状况；汽车技术状况的变化规律；二手车。

2. 汽车技术状况变化的外观症状有哪些？
3. 汽车技术状况变化的主要原因有哪些？
4. 汽车运行条件对汽车技术状况变化有何影响？
5. 燃料和润滑油的品质对汽车技术状况变化有何影响？
6. 驾驶技术对汽车技术状况变化有何影响？
7. 汽车技术状况变化规律的类型有哪些？
8. 简述汽车技术状况的渐发性变化过程的特征。
9. 简述汽车技术状况的突发性变化过程的特征。
10. 简述二手车的汽车技术状况等级的分级依据。
11. 简述营运车的汽车技术状况等级的分级依据。

第 12 章

汽车使用寿命

汽车使用寿命是指汽车从开始使用的时间到不能使用的时间的整个时期。汽车使用寿命的实质是从技术和经济上分析汽车的使用极限。

汽车在使用过程中由于磨损、老化等原因，其性能随着使用年限（或行驶里程）的增加而逐渐下降，到了一定期限就应报废，这是一种自然规律。

如果把汽车的使用寿命无限延长，不断地进行维修，用很高的代价来维持汽车运行，这就必然会出现车况下降，需消耗大量的配件和材料，花费较多的劳动工时，致使维修费用急剧上升。由于汽车老旧，其动力性、经济性都将大幅下降，造成燃料、润料消费增加。此外，小修频率上升，零部件的可靠性与汽车完好率下降，同时还会使汽车的平均技术速度下降，排气污染与噪声均较严重。必须更新现有劣等汽车，提高工作效率，降低费用，减少污染。所以研究汽车的使用寿命对汽车的报废更新具有重要意义。

12.1 汽车损耗

汽车损耗是指汽车各种损坏和磨损现象的总称。一般来说，汽车的损耗有两种形式，即有形损耗和无形损耗。

12.1.1 有形损耗

汽车的有形损耗是指其本身实物形态上的损耗，又称物质损耗。它是汽车在存放和使用过程中，由于物理和化学原因而导致汽车实体发生的价值损耗，即为自然力的作用而发生的损耗。有形损耗的发生有两种情况。

1. 有形损耗的第一种情况

汽车在使用过程中，由于零、部件发生摩擦、冲击、振动、腐蚀、疲劳和日照老化等现象而产生的损耗。这种有形损耗通常表现为汽车零、部件的原始尺寸、间隙发生变化，公差配合性质和精度降低；零、部件变形，产生裂纹，以致断裂、损坏等。这种有形损耗具有一定的规律性，大致可分为三个阶段，见图 12-1。

第一阶段为初期磨损（走合）阶段。在这个阶段，汽车的行驶速度不能太高，最好不要满载运行。因为汽车零、部件在加工装配过程中，其相对运动的表面不可避免地具有一定的粗糙度，当相互配合件做相对运动时，表面上的凸峰由于摩擦很快被磨平，配合间隙适中。汽车走合期的长短，各汽车公司都有严格的规定。一般，欧美国家的汽车约为7000km，日本汽车约为5000km，也有的车为3000km，甚至有的车型为1500km。使用中，必须按汽车厂家的规定，跑到走合期的里程数，必须按时进行首次保养，更换机油，清洗空气滤清器，调整间隙等，使汽车处于最佳状态。

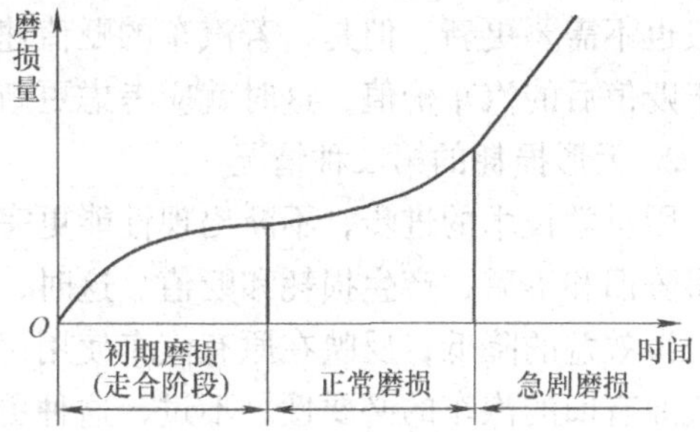

图12-1 汽车部件的磨损曲线

第二阶段为正常磨损阶段。在这个阶段，汽车零、部件表面上的高低不平已被磨去，磨损速度较第一阶段缓慢，磨损情况较稳定，磨损量基本随行驶里程的增加而均匀正常地增加，持续时间较长，曲线较平缓。这阶段，车主应严格按汽车制造厂家在使用手册中规定的技术要求使用汽车，也就是通常所说的正常使用，尽可能延长其正常磨损阶段。

第三阶段是急剧磨损阶段。这一阶段由于破坏了正常磨损关系，从而使磨损加剧，磨损量急剧上升，图12-1中曲线较陡，上升快。此时，汽车各零、部件的精度、技术性能和效率明显下降，使用费用急剧增加，油耗、排放超标。

从上述磨损规律可知：如果汽车在使用中加强维护保养，合理使用，则可延长其正常使用阶段的期限，从而可提高经济效益，减少使用费用的支出。此外，对汽车要定期进行检查，发现问题，及时解决，“小病不理，大病吃苦”，在进入急剧磨损阶段之前，就进行修理，以免遭到不可逆转的破坏性损耗。

2. 有形损耗第二种情况

汽车在存放闲置过程中，由于自然力的作用而受到腐蚀、老化，或由于管理不善和缺乏必要的养护而使汽车自然丧失精度和工作能力。这种损耗和闲置时间与保管条件有关。例如，起动用蓄电池在长期闲置中，如果没有定期进行养护，会使其丧失工作能力而报废。发动机在长期的闲置中，首先应进行封存，或至少每年要进行维护保养并起动一次，否则就有可能因缸内锈蚀而影响其使用寿命。

汽车存在的上述两种损耗形式往往不是以单一形式表现出来的，而往往是共同作用。其损耗的技术后果是汽车的使用性能变差，价值降低，到一定程度可使汽车完全丧失使用价值。在经济上，显然会导致汽车使用费用不断上升，经济效益则会逐步下降。在有形损耗严重时，若不采取措施，会引起行车事故，从而带来极大的经济损失，甚至危及生命。

12.1.2 无形损耗

所谓无形损耗，是由于科学技术的进步和发展，从而导致汽车的损耗与贬值。这也分两种情况。

1. 无形损耗的第一种情况

因技术不断进步引发劳动生产率的提高，现在再生产制造与原性能和结构相同的汽车，其社会必要劳动时间减少，致使重新生产制造结构相同汽车的成本降低，造成现有汽车的价值损耗而贬值。这种无形损耗并不会影响汽车本身的技术特性和功能，汽车可以继续使用，一般也不需要更新。但是，若汽车的贬值速度比维修汽车的费用提高的速度还快，修理费用高于贬值后的汽车价值，这时就应考虑更新了。

2. 无形损耗的第二种情况

因科学技术的进步，不断出现性能更完善、运输效率更高的汽车而使原有汽车在技术上显得陈旧和落后，产生损耗和贬值。这时，如果继续使用原有汽车，就会降低经济效益，这种经济效益的降低，反映在原有汽车使用价值的局部或全部丧失，这就产生了用新的汽车来取代原有旧的汽车的必要性。不过，这种更新的经济合理性取决于原有汽车的贬值程度及经济效益下降的幅度。例如，电控燃油喷射系统的成功使用，使汽车的燃油经济性和排放污染都有明显的改善，使原有化油器汽车产生贬值，并逐渐淘汰退出市场。

12.2 汽车使用寿命的评价标准

12.2.1 汽车使用寿命的分类

汽车使用寿命主要可分为技术使用寿命、经济使用寿命和合理使用寿命。三者的关系一般可用下式表示：

技术使用寿命＞合理使用寿命≥经济使用寿命

1. 技术使用寿命

汽车的技术使用寿命指汽车已达到技术极限状态，而不能用修理的方法恢复其主要使用性能的使用期限。汽车的技术使用寿命取决于汽车各总成的设计水平、制造质量和合理使用与维修。其技术极限状态在结构上表现为零部件的工作尺寸、工作间隙极度超标；在性能上表现为汽车动力性、使用经济性、使用安全性和可靠性极度下降。

汽车达到技术使用寿命时，应进行报废处理。

2. 经济使用寿命

汽车的经济使用寿命指综合考虑汽车使用中的各种消耗，以取得汽车使用最佳经济效果为出发点进行分析，保证汽车总使用成本最低时的使用期限。随着汽车使用时间和行驶里程的延长，汽车的技术状况不断变坏，汽车维修费、燃料费等经营费用不断增加。当汽车使用到某一年限后，继续使用将使经济性变坏。根据汽车使用的经济效益所确定的汽车寿命，称为汽车的经济使用寿命。

汽车的经济使用寿命是确定汽车最佳更新时机的依据。

3. 合理使用寿命

汽车的合理使用寿命指以汽车经济使用寿命为基础，考虑整个国民经济发展和能源节约的实际情况后所制定出的符合我国实际情况的使用期限。也就是说，汽车已经达到经济寿命，但是否更新应视国情而定，如更新汽车的来源及更新资金等。

12.2.2 汽车经济使用寿命的评价标准

汽车经济使用寿命时期内，汽车使用的经济效益最佳，因此得到广泛关注。研究表明：在汽车使用寿命内，汽车制造费用平均占总费用的15%，而使用和维修费则占85%。

发达国家的汽车使用寿命完全按经济规律确定，除考虑汽车本身的运行费用增长外，还考虑新车型性能的改进和价格下降等因素。表12-1列出了几个主要国家载货汽车的平均经济使用寿命。

表12-1　主要国家载货汽车的平均经济使用寿命

国别	美国	日本	德国	法国	英国	意大利	中国
平均经济使用寿命/年	10.3	7.5	11.5	12.1	10.6	11.2	10

汽车经济使用寿命的主要指标有规定使用年限、行驶里程、使用年限和大修次数。

1. 规定使用年限

规定使用年限是从汽车投入运行到报废的年数。用其作为经济使用寿命的量标，除考虑了运行的时间外，还考虑了汽车停驶闲置期间的自然损耗。这种计量方法虽然较简单，但是，尚未真实地反映出汽车的使用强度和使用条件对寿命的影响，造成同年限汽车差异较大。例如，两辆同型号的汽车，一辆每天运行8h，另一辆则每天只运行2h，其使用强度相差很大，但规定使用年限是一样的。

商务部发布的《机动车强制报废标准规定》（2013年5月1日起施行）规定：我国汽车的使用年限为9个等级，即8年、9年、10年、12年、13年、15年、20年、30年和不限，各种汽车规定使用年限见表12-2。

2. 行驶里程

行驶里程是指汽车从开始投入运行到报废，这期间累计行驶的里程数。用其作为汽车使用寿命的量标比较客观地反映了汽车的使用强度，但它也不能反映汽车使用条件的影响，也未考虑停驶闲置期间的自然损耗。例如，有的汽车长年在大、中城市中行驶，道路全为铺设路面。而有的汽车则长期在山区、边远地区行驶，道路条件较差。使用行驶里程这个量标，则没有考虑这种差异。

应该说，汽车累计行驶里程数是考核汽车各项技术性能指标的重要参数，是一个很实用、很实际的量标，充分反映了汽车使用强度的大小。汽车使用性质不同，同年限的汽车，其累计行驶里程数相差是很大的。一般来说，同年限的专业运输汽车，行驶里程数较大。

3. 使用年限

使用年限是指把汽车总的行驶里程与年平均行驶里程之比所得的折算年限，即

$$T_{折} = \frac{L_{总}}{L_{年}}$$

式中　$T_{折}$——折算年限，单位为年；

$L_{总}$——总的累计行驶里程，单位为km；

$L_{年}$——年平均行驶里程，单位为km/年。

年平均行驶里程是用统计方法确定的，与汽车的技术状态、完好率、平均技术速度和道路条件等因素有关。据统计，我国城市和市郊运输汽车平均行驶里程一般为4万km左右，长途货运汽车为5万km左右。对于营运汽车，在使用过程中，由于汽车的技术状况、平均技术速度和道路条件等因素的不同，年平均行驶里程的差异较大，但汽车的年平均使用强度基本相同。因此，按折算年限基本上可以在全国范围内取得统一指标。这对于社会专业运输和社会零散使用汽车也是适用的。但由于使用强度相差太大，年平均行驶里程也不相同，其

表 12-2 机动车规定使用年限（报废年限）及行驶里程参考值

<table>
<tr><th colspan="5">车辆类型与用途</th><th>使用年限/年</th><th>行驶里程参考值/万 km</th></tr>
<tr><td rowspan="23">汽车</td><td rowspan="15">载客</td><td rowspan="11">营运</td><td rowspan="3">出租客运</td><td>小、微型</td><td>8</td><td>60</td></tr>
<tr><td>中型</td><td>10</td><td>50</td></tr>
<tr><td>大型</td><td>12</td><td>60</td></tr>
<tr><td colspan="2">租赁</td><td>15</td><td>60</td></tr>
<tr><td rowspan="3">教练</td><td>小型</td><td>10</td><td>50</td></tr>
<tr><td>中型</td><td>12</td><td>50</td></tr>
<tr><td>大型</td><td>15</td><td>60</td></tr>
<tr><td colspan="2">公交客运</td><td>13</td><td>40</td></tr>
<tr><td rowspan="3">其他</td><td>小、微型</td><td>10</td><td>60</td></tr>
<tr><td>中型</td><td>15</td><td>50</td></tr>
<tr><td>大型</td><td>15</td><td>80</td></tr>
<tr><td colspan="3">专用校车</td><td>15</td><td>40</td></tr>
<tr><td rowspan="3">非营运</td><td colspan="2">小、微型客车，大型轿车①</td><td>不限</td><td>60</td></tr>
<tr><td colspan="2">中型客车</td><td>20</td><td>50</td></tr>
<tr><td colspan="2">大型客车</td><td>20</td><td>60</td></tr>
<tr><td rowspan="6">载货</td><td colspan="3">微型</td><td>12</td><td>50</td></tr>
<tr><td colspan="3">中、轻型</td><td>15</td><td>60</td></tr>
<tr><td colspan="3">重型</td><td>15</td><td>70</td></tr>
<tr><td colspan="3">危险品运输</td><td>10</td><td>40</td></tr>
<tr><td colspan="3">三轮汽车、装用单缸发动机的低速货车</td><td>9</td><td>无</td></tr>
<tr><td colspan="3">装用多缸发动机的低速货车</td><td>12</td><td>30</td></tr>
<tr><td rowspan="2">专项作业</td><td colspan="3">有载货功能</td><td>15</td><td>50</td></tr>
<tr><td colspan="3">无载货功能</td><td>30</td><td>50</td></tr>
<tr><td colspan="2" rowspan="4">挂车</td><td colspan="2" rowspan="3">半挂车</td><td>集装箱</td><td>20</td><td>无</td></tr>
<tr><td>危险品运输</td><td>10</td><td>无</td></tr>
<tr><td>其他</td><td>15</td><td>无</td></tr>
<tr><td colspan="3">全挂车</td><td>10</td><td>无</td></tr>
<tr><td colspan="2" rowspan="2">摩托车</td><td colspan="3">正三轮</td><td>12</td><td>10</td></tr>
<tr><td colspan="3">其他</td><td>13</td><td>12</td></tr>
<tr><td colspan="5">轮式专用机械车</td><td>不限</td><td>50</td></tr>
</table>

注：1. 表中机动车主要依据《机动车类型 术语和定义》（GA 802—2008）进行分类；标注①车辆为乘用车。

2. 对小、微型出租客运汽车（纯电动汽车除外）和摩托车，省、自治区、直辖市人民政府有关部门可结合本地实际情况，制定严于表中使用年限的规定，但小、微型出租客运汽车不得低于 6 年，正三轮摩托车不得低于 10 年，其他摩托车不得低于 11 年。

3. 营运车辆（包括出租车）转为非营运车辆或非营运车辆转为营运车辆，均按营运车辆（出租车）年限计算。

使用年限也不相同。社会零散汽车的管理水平、使用水平、维修水平一般都比较低，所以这些汽车又不能按专业运输汽车的指标要求，应相对于专业运输企业汽车的使用寿命做适当的修正。这种（使用年限）表示方法既反映了汽车的使用情况、使用强度，又包括了运行条件和某些停驶时间较长的汽车的自然损耗。

4. 大修次数

大修次数指汽车报废之前所经历的大修次数。汽车经几次大修后报废最为经济，对这一问题，需综合考虑购买新车的费用、旧车未折完的费用、大修费用和经营费用等。

对全国来说，采用使用年限这个指标比采用行驶里程更为合理些，因为我国地域辽阔，地理、气候、道路条件差异较大，管理水平有高有低。即使是相同的使用年限，而汽车总行驶里程有的长、有的短，年平均行驶里程不同，汽车技术状况也不相同。为此采用使用年限作为主要考核指标更为确切。

12.3 汽车折旧

汽车折旧是指汽车随着时间的推移或在使用过程中，由于损耗而转移到产品中去的那部分价值。对于营运汽车，当这部分价值随着汽车产生收益的回收、积累，则形成汽车的折旧基金。折旧基金是为了补偿汽车的磨损而逐年提取的专用基金，其主要目的是在汽车不能使用或不再使用时，用折旧基金购置新汽车，实现汽车更新。

汽车折旧根据汽车的价值、使用年限，用所规定的折旧方法计算。常用的汽车折旧方法有等速折旧法和快速折旧法两种，其中等速折旧法应用较广。

12.3.1 等速折旧法

等速折旧法又称直线折旧法、使用年限法或平均折旧法，是指用汽车的原值除以汽车使用年限，求得每年平均计提折旧额的方法。计算公式为

$$D_{\mathrm{t}}=\frac{1}{N}(K_{\mathrm{o}}-S_{\mathrm{V}})$$

式中 D_{t}——汽车年折旧额；

K_{o}——汽车原值；

S_{V}——汽车残值；

N——汽车规定的折旧年限。

12.3.2 快速折旧法

快速折旧法常分为年份数求和法和余额递减折旧法两种。

1. 年份数求和法

年份数求和法是指每年的折旧额可用汽车原值减去残值的差额乘一个逐年变化的递减系数来确定的一种方法。此递减系数的分母为汽车使用年限历年数字的累计之和，即对每年递减系数的分母均相等；分子的大小等于当年时止还余有的使用年数。例如，当 $N=5$ 时，则分母为 $1+2+3+4+5=15$；分子在第3年时，还余有使用年限2年，则分子为2，此年的递减系数为2/15。一般来讲，汽车使用年限为 N 时，递减系数的分母等于 $N(N+1)/2$，分子等于 $N+1-t$。年份数求和的计算公式为

$$D_t = (K_o - S_V) \times \frac{N+1-t}{\frac{N(N+1)}{2}}$$

式中 $\frac{N+1-t}{N(N+1)/2}$——递减系数（或年折旧率）；

t——汽车在使用期限内某一确定年度。

2. 余额递减折旧法

余额递减折旧法是指任何年的折旧额用现有汽车原值乘以在汽车整个寿命期内恒定的折旧率，接着用汽车原值减去该年折旧额作为新的原值，下一年重复这一做法，直到折旧总额分摊完毕。在余额递减中所使用的折旧率，通常大于直线折旧率，当使用的折旧率为直线折旧率的两倍时，称为双倍余额递减法，具体计算公式为

$$D_t = K_o a\ (1-a)^{t-1}$$

式中 a——折旧率，直线法的折旧率为 $a = 1/N$；

t——汽车在使用期内某一确定年度。

应用该公式计算时，在使用期终了仍有余额，为了使折旧总额到使用期终了分摊完毕，到一定年度后，要改用等速折旧法。

三种方法计算出的折旧率是不同的，汽车的规定使用年限分为 8 年、10 年和 15 年三种，其每年的折旧率见表 12-3 所示和图 12-2。

表 12-3 三种方法计算折旧率对比

使用年限	折旧率（%）								
	规定年限 8 年			规定年限 10 年			规定年限 15 年		
	等速折旧法	年份数求和法	双倍余额递减法	等速折旧法	年份数求和法	双倍余额递减法	等速折旧法	年份数求和法	双倍余额递减法
1	0.1250	0.2222	0.2500	0.1000	0.1818	0.2000	0.0667	0.1250	0.1333
2	0.1250	0.1944	0.1875	0.1000	0.1636	0.1600	0.0667	0.1167	0.1156
3	0.1250	0.1666	0.1406	0.1000	0.1455	0.1280	0.0667	0.1083	0.1001
4	0.1250	0.1389	0.1055	0.1000	0.1273	0.1024	0.0667	0.1000	0.0868
5	0.1250	0.1111	0.0791	0.1000	0.1091	0.0819	0.0667	0.0917	0.0752
6	0.1250	0.0833	0.0593	0.1000	0.0909	0.0655	0.0667	0.0833	0.0652
7	0.1250	0.0556	0.0445	0.1000	0.0727	0.0524	0.0667	0.0750	0.0565
8	0.1250	0.0278	0.0334	0.1000	0.0545	0.0419	0.0667	0.0667	0.0470
9				0.1000	0.0364	0.0336	0.0667	0.0583	0.0424
10				0.1000	0.0182	0.0268	0.0667	0.0500	0.0368
11							0.0667	0.0417	0.0319
12							0.0667	0.0333	0.0276
13							0.0667	0.0250	0.0239
14							0.0667	0.0167	0.0207
15							0.0667	0.0083	0.0180

从表 12-3 和图 12-1 中可以看出，等速折旧法的每年折旧率是相等的；年份数求和法的

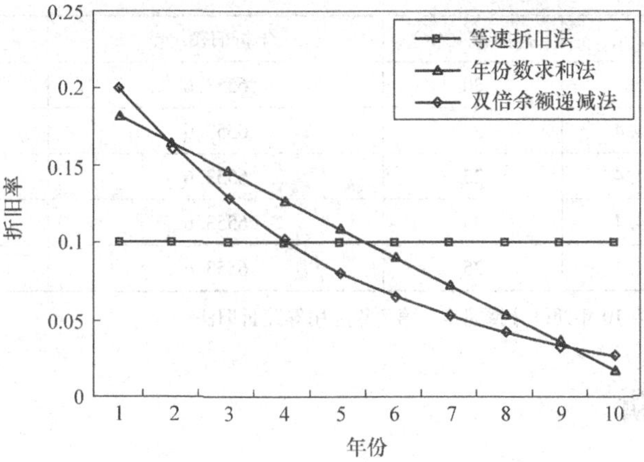

图 12-2　三种方法计算折旧率对比（以 10 年为例）

每年折旧率是不相等的，且呈直线规律下降；双倍余额递减法的每年折旧率也是不相等的，但其变化规律为指数曲线。

例：某汽车的原值为 10 万元，规定使用年限为 10 年，残值忽略不计，试用上述两种快速折旧法分别计算其折旧额。

计算结果见表 12-4、表 12-5。

表 12-4　用年份数求和法计算折旧

年数	基数/元	递减系数	年折旧额/元	累计折旧额/元
1	100000	10/55	18181	18181
2		9/55	16363	34544
3		8/55	14545	49089
4		7/55	12727	61816
5		6/55	10909	72725
6		5/55	9090	81815
7		4/55	7272	89087
8		3/55	5454	94541
9		2/55	3636	98177
10		1/55	1818	100000

表 12-5　用双倍余额递减法计算折旧

年数	基数/元	折旧率（%）	年折旧额/元	累计折旧额/元
1	100000	20	20000	20000
2	80000	20	16000	36000
3	64000	20	12800	48800
4	51200	20	10240	59040
5	40960	20	8192	67232

（续）

年数	基数/元	折旧率（%）	年折旧额/元	累计折旧额/元
6	32768	20	6553.6	73785.6
7	26214.4	25	6553.6	80339.2
8	26214.4	25	6553.6	86892.8
9	26214.4	25	6553.6	93446.4
10	26214.4	25	6553.6	100000

注：为使累计折旧额在第10年期终分摊完毕，第7年起用等速折旧法。

12.4 汽车更新

以新汽车或高效率、低消耗、性能先进的汽车更换在用汽车，称为汽车更新。汽车更新既包含用同类型的新汽车或性能优越的（高效率、低消耗、性能先进和吨位更合理）汽车更换尚未达到报废条件的性能较差的汽车，也包含已达到报废条件的汽车的更新。汽车更新是运输单位维持简单再生产和扩大再生产的基本手段之一，是降低运行消耗、提高经济效益的重要措施。

在汽车进行更新前，运输单位应进行可行性论证，以贯彻“汽车更新应以提高运输经济效益和社会效益为原则”的技术管理规定。

汽车更新应以经济寿命为依据，根据我国汽车工业发展水平、单位经济实力，考虑更新车的来源、更新资金、更新成本、汽车折旧率、燃料供应（如用燃气汽车更新燃油汽车）、维护修理及技术管理人员的培训、维修设备的配套，结合汽车改装、改造等因素综合分析，决定对汽车进行改装、改造还是更新。汽车更新不是简单的新换旧、原车型的重复，而是通过更新优化汽车配置，降低运行消耗，提高运输生产能力。

被更新替代的运输汽车，应根据国家有关规定进行处理。属于报废汽车的更新，应按报废汽车处理，不准转让和移做他用。

确定汽车更新周期是通过计算汽车经济使用寿命来确定的，计算汽车经济使用寿命的方法主要有最小平均费用法、低劣化数值法、判定大修与更新界限法、面值法、应用现值和资本回收等数估算法、模式法、折现法等方法。

12.4.1 最小平均用法确定更新周期

平均费用即是平均使用成本或开支，一般由年均维修费用和年均折旧费用组成。计算公式为

$$C_n = \frac{\sum V + \sum B}{T}$$

式中 C_n——每年的平均费用，即年均使用成本；

$\sum V$——累计运行中的维修费用；

$\sum B$——累计折旧费用；

T——使用年数。

汽车每年的平均使用费用，在一般情况下，随着使用年限的增长，平均运行维修费用增

加，而年均折旧费用下降。可把年平均费用 C_n 最小的那个年份作为最佳的更新周期，也就是汽车的经济使用寿命。

图 12-3 的年平均费用曲线，反映了年均运行维修费用和平均折旧费用的变化。最小的年均费用所对应的年份数，即为其经济使用寿命。超过此经济使用寿命的年份，其年均费用又将上升。因此，汽车使用到年均使用费用最小的年限就更新汽车最为经济。

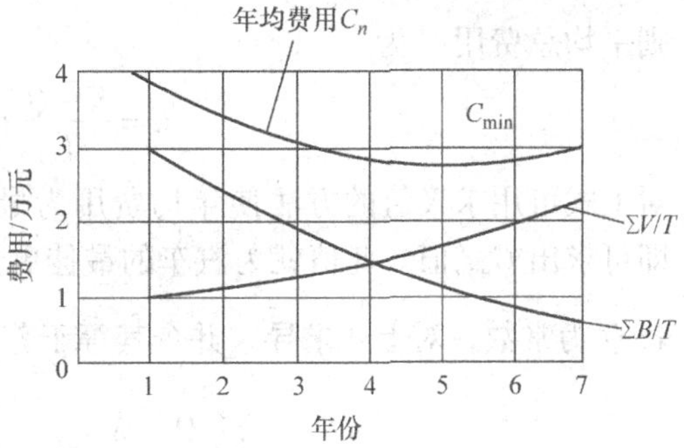

图 12-3 汽车年均费用曲线

现举例说明此种估算方法的应用。

例 12-1 现购得一微型轿车，原值为 40000 元。每年的运行维修费用和折旧后的每年净值见表 12-6。试计算其最佳更新周期，即经济使用寿命期。根据表 12-6 数据按最小平均费用法进行计算，结果见表 12-7。

表 12-6 某车年运行维修费用和折旧后的年净值

使用年数	1	2	3	4	5	6	7	8	9	10
运行维修费用	5000	6000	7000	8000	9000	12000	14000	16000	18000	20000
净值	30000	22000	16000	12000	8000	6000	4000	2000	1000	0

表 12-7 按最小平均费用法计算经济使用寿命期

使用年数 T	1	2	3	4	5	6	7	8	9	10
累计维修费用 ΣV	0.5	1.1	1.8	2.6	3.5	4.7	6.1	7.7	9.5	11.5
累计折旧费用 ΣB	1.0	1.8	2.4	2.8	3.2	3.4	3.6	3.8	3.9	4.0
总使用成本 $\Sigma V+\Sigma B$	1.5	2.9*	4.2	5.4	6.7	8.1	9.7	11.5	13.4	15.5
年均费用 C_n	1.5	1.45	1.4	1.35	1.34	1.35	1.38	1.43	1.49	1.55

从表 12-7 的计算结果可以看出，平均费用最低的为 $C_5=1.34$ 万元。故这辆汽车最佳使用期限为 5 年。若再继续使用下去，平均费用 C_n 就又上升了。若使用到 7 年以上，就很不经济了。所以，其更新的最佳期限为 5 年，退一步讲，最好不要超过 7 年。工业发达国家一般 5 年左右更新一代车是有一定道理的。

12.4.2 低劣化数值法确定更新周期

随着使用年限的增长，汽车有形损耗和无形损耗都不断加剧，运行维修费用相应加大，这就是汽车运行成本低劣化现象。若能按统计资料预测到这种低劣化程度，则在汽车使用早期就可预测其最佳更新周期。

假定汽车的原始价值为 K，其使用年限为 T，则每年费用为 K/T。由于使用中，汽车性能逐年低劣化，从而导致运行费用每年以 λ 的数值增加。T 年后其残值为 Q，则汽车最佳使用期计算如下：

因低劣化值在汽车使用的第一年末为 λ，第二年末则为 2λ……第 T 年末为 $T\lambda$。逐年低

劣化值为 λ 的等差级数。其 T 年的平均低劣化值为

$$\frac{\lambda+2\lambda+\cdots+T\lambda}{T}=\frac{(T+1)\lambda}{2}$$

则平均总费用 C 为

$$C=\frac{K-Q}{T}+\frac{(T+1)\lambda}{2}$$

对上式可用求极值的方法使年均费用为最小，也就是对时间求一阶导数，并令其等于零，即可求出 $C_{\min}$ 值。此值就为汽车的最佳更新周期，也就是其经济使用寿命期。

若 Q 为常数，对上式求导，并令其等于零，即令 $\frac{\mathrm{d}c}{\mathrm{d}t}=0$，则有

$$-\frac{k-Q}{T^2}+\frac{\lambda}{2}=0 \qquad T=\sqrt{\frac{2(K-Q)}{\lambda}}$$

式中 T——汽车最佳使用年份数，单位为年；

K——汽车原值；

Q——汽车使用 T 年后的残值；

λ——低劣化值。

若不计残值，即令 $Q=0$，则上式变化为

$$T=\sqrt{\frac{2K}{\lambda}}$$

上式就是计算汽车最佳更新周期的公式。现仍用例 12-1 的微型轿车为例进行其经济使用寿命的估算。

例 12-2 例 12-1 微型轿车原值 K 为 4.0 万元，假设残值 Q 为零。每年运行费用增加值 λ 为 0.3 万元，求该微型轿车最佳更新周期，即经济使用寿命。

解：该车的最佳更新周期为

$$T=\sqrt{\frac{2K}{\lambda}}=\sqrt{\frac{2\times4.0}{0.3}}=5.16(\text{年})$$

12.4.3 应用现值及投资回收系数估算法确定更新周期

在计算汽车经济寿命时，若考虑到利率对年使用费用的影响，就应把已发生的费用或预期将要发生的费用做现值计算。使得在同一时间基点上，将所涉及的各项费用按现在的价值折算出总的费用，称为年使用现值。其折算公式为

$$P=S/(1+i)^T$$

式中 P——现值；

S——未来值，即第 T 年付出的费用；

i——为利率；$1/(1+i)^T$ 为现值系数。

设汽车使用过程中，平均每年陆续付出的费用为 R（称为年当量使用费用），每年陆续付出费用的总和为 P（以现在的费用值表示，称为现值）。则 R 与 P 之间的关系为

$$P=\frac{R}{(1+i)}+\frac{R}{(1+i)^2}+\cdots+\frac{R}{(1+i)^{T-1}}+\frac{R}{(1+i)^T}$$

$$=\frac{R}{(1+i)^T}[(1+i)^{T-1}+\cdots+(1+i)+1]$$

$$=\frac{R}{(1+i)^T}\frac{(1+i)^T-1}{i}$$

$$R=P\frac{i(1+i)^T}{(1+i)^T-1}$$

式中 $\frac{i(1+i)^T}{(1+i)^T-1}$——投资回收系数。

年当量使用费用 R 是为了使支出的现值可与每年由更新而获得的效益进行比较而提出的。当列表计算后，选出与年当量使用费用 R 最小的使用年限 T 时，即为经济寿命年限。

以表12-8所列数据为例，取利率 $i=10\%$，$b=0.218$，$K_0=10.500$ 元，列表计算，经济寿命为11年，结果见表12-9。因此，考虑利率时，汽车经济寿命计算值将比不考虑利率影响时稍有增加。

表12-8 某汽车运输公司对某国产汽车使用成本的统计

里程段 D/万km	平均累计里程 $X/10^3$km	维修费 Y_1/（元/1000km）	大修费 Y_0/（元/1000km）	燃料费 Y_2/（元/1000t·km）	燃料费折算系数 C/t	总费用 $Y=Y_1+Y_0+Y_2+C$/（元/km）
0~10	90	91.77	0	49.5105	3.33	256.4
10~15	117.65	91.79	0	48.7808	3.33	254.3
20~25	244.11	94.20	47.15	51.8829	3.33	314.4
25~30	268.76	97.34	47.15	53.2102	3.33	321.8
30~35	340.88	105.42	52.16	56.1802	3.33	344.6
45~50	486.67	115.66	58.13	52.3003	3.33	347.5
50~55	529.33	127.33	60.46	55.3093	3.33	371.7
55~60	575.55	128.06	60.46	58.5105	3.33	383.6
60~65	625.69	124.24	68.15	60.7087	3.33	394.5
65~70	676.37	123.19	68.15	59.5886	3.33	389.7
70~75	726.59	128.67	73.48	60.2703	3.33	402.5
75~80	776.29	130.27	73.48	60.9009	3.33	406.5
$\sum X$	5457.89				$\sum Y$	4187.50
$\sum X^2$	3097781.6				$\sum Y^2$	1492372.150

注：燃料费的折算系数是把1000t·km燃料费折算成1000车·km燃料费，$C=$（主车标记吨位+挂车标记吨位×拖挂率）×实载率。

表 12-9 汽车经济寿命计算表

年限 T /（1）	年使用费用/元（2）	现值系数（3）	年使用费用现值/元（4）=（2）×（3）	现金合计（5）$=K_0+$（4）的累计	投资回收系数（6）	年当量使用费用/元（7）=（5）×（6）
1	8752	0.909	7955.57	18455.57	1.100	20301.13
2	9004	0.826	7437.30	25892.87	0.576	14914.29
3	9256	0.751	6591.26	32844.13	0.402	13203.34
4	9508	0.683	6493.96	39338.09	0.316	12430.84
5	9760	0.621	6060.96	45399.05	0.264	11985.35
6	10012	0.565	5656.78	51055.83	0.230	11742.84
7	10264	0.513	5265.43	56321.26	0.205	1154.86
8	10516	0.467	4910.97	61232.23	0.187	11450.43
9	10768	0.424	4565.63	65797.86	0.174	11448.83
10	11020	0.386	4253.72	70051.58	0.163	11418.41
11	11272	0.351	3956.47	74008.05	0.154	11397.24
12	11524	0.319	3676.16	77684.21	0.147	11419.58

12.4.4 面值法

面值法是一种仅以账面数字作为分析基础的经济分析法。与低劣化数值相比，面值法可避免数据统计困难，适于在实际生产中分析和预估本单位汽车的经济使用寿命。

假定以 $K_0=30000$ 元购入一台新车，预计可使用 10 年，其价值将随着使用年限的增加而降低，而运行成本则增加。将这些有关的数据列表，并计算其总使用成本和在使用期间的每年平均使用成本，则可以得到年平均使用成本最低的使用年限（表 12-10）。

表 12-10 汽车年总使用成本

年限 ①	汽车残值 ②	年折旧 ③＝（K_0－②）/①	运行成本 ④	累计运行成本 ⑤＝∑④	总使用成本 ⑥＝③＋⑤	年均使用成本 ⑦＝⑥/①
1	25000	5000	3200	3200	8200	8200
2	20000	5000	3850	7050	12050	6025
3	15000	5000	4300	11350	16350	5450
4	10000	5000	4700	16050	21050	5263
5	8000	4400	5200	21250	25650	5113
6	6000	4000	5600	26850	30850	5142
7	4000	3714	6100	32950	36664	5238
8	3000	3375	6500	39450	42825	5353
9	2000	3111	7000	46450	49561	5057
10	1000	2900	7200	53650	56550	5655

面值法通常列表计算。由表 12-10 中数据可看出，第 5 年年末为最经济的寿命时期，因

为与其他几年比较该车的年平均使用成本为最低。

12.5 汽车报废

汽车经过长期使用，车型老旧，性能低劣，物料消耗严重，维修费用过高，继续使用不经济、不安全的应予以报废。汽车报废应根据汽车报废的技术条件，提前报废会造成运力浪费，过迟报废则又增大运输成本，影响运力更新。

12.5.1 按规定使用年限进行强制报废

2013年我国新修订的《机动车强制报废标准规定》规定：已注册机动车有下列情形之一的应当强制报废，其所有人应当将机动车交售给报废机动车回收拆解企业，由报废机动车回收拆解企业按规定进行登记、拆解、销毁等处理，并将报废机动车登记证书、号牌、行驶证交公安机关交通管理部门注销。

1）达到本规定各类汽车的规定使用年限的。

① 小、微型出租客运汽车使用8年，中型出租客运汽车使用10年，大型出租客运汽车使用12年。

② 租赁载客汽车使用15年。

③ 小型教练载客汽车使用10年，中型教练载客汽车使用12年，大型教练载客汽车使用15年。

④ 公交客运汽车使用13年。

⑤ 其他小、微型营运载客汽车使用10年，大、中型营运载客汽车使用15年。

⑥ 专用校车使用15年。

⑦ 大、中型非营运载客汽车（大型轿车除外）使用20年。

⑧ 三轮汽车、装用单缸发动机的低速货车使用9年，装用多缸发动机的低速货车以及微型载货汽车使用12年，危险品运输载货汽车使用10年，其他载货汽车（包括半挂牵引车和全挂牵引车）使用15年。

⑨ 有载货功能的专项作业车使用15年，无载货功能的专项作业车使用30年。

⑩ 全挂车、危险品运输半挂车使用10年，集装箱半挂车使用20年，其他半挂车使用15年。

⑪ 正三轮摩托车使用12年，其他摩托车使用13年。

⑫ 小、微型非营运载客汽车、大型非营运轿车、轮式专用机械车无使用年限限制。

2）经修理和调整仍不符合机动车安全技术国家标准对在用车有关要求的。

3）经修理和调整或者采用控制技术后，向大气排放污染物或者噪声仍不符合国家标准对在用车有关要求的。

4）在检验有效期届满后连续3个机动车检验周期内未取得机动车检验合格标志的。

12.5.2 按行驶里程进行引导报废

如果汽车的规定使用年限未达到《机动车强制报废标准规定》的规定要求，但行驶里程长，使用强度大，汽车技术状况差，《机动车强制报废标准规定》也提出了引导报废规定。

达到下列行驶里程的机动车，其所有人可以将机动车交售给报废机动车回收拆解企业，由报废机动车回收拆解企业按规定进行登记、拆解、销毁等处理，并将报废的机动车登记证书、号牌、行驶证交公安机关交通管理部门注销。

1）小、微型出租客运汽车行驶60万km，中型出租客运汽车行驶50万km，大型出租客运汽车行驶60万km。

2）租赁载客汽车行驶60万km。

3）小型和中型教练载客汽车行驶50万km，大型教练载客汽车行驶60万km。

4）公交客运汽车行驶40万km。

5）其他小、微型营运载客汽车行驶60万km，中型营运载客汽车行驶50万km，大型营运载客汽车行驶80万km。

6）专用校车行驶40万km。

7）小、微型非营运载客汽车和大型非营运轿车行驶60万km，中型非营运载客汽车行驶50万km，大型非营运载客汽车行驶60万km。

8）微型载货汽车行驶50万km，中、轻型载货汽车行驶60万km，重型载货汽车（包括半挂牵引车和全挂牵引车）行驶70万km，危险品运输载货汽车行驶40万km，装用多缸发动机的低速货车行驶30万km。

9）专项作业车、轮式专用机械车行驶50万km。

10）正三轮摩托车行驶10万km，其他摩托车行驶12万km。

思考题

1. 名词解释：汽车使用寿命；汽车损耗；汽车的有形损耗；汽车的无形损耗；汽车的技术使用寿命；汽车的经济使用寿命；汽车的合理使用寿命；汽车规定使用年限；汽车行驶里程；折旧法；快速折旧法；年份数求和折旧法；余额递减折旧法；汽车更新；汽车报废。
2. 汽车有形损耗有哪些表现形式？
3. 简述汽车无形损耗的原因。
4. 分析汽车技术使用寿命与汽车经济使用寿命的不同点。
5. 我国汽车强制报废年限是多少？
6. 汽车折旧方法有哪些？
7. 如何运用最小平均用法来确定汽车更新周期？
8. 如何运用低劣化数值法来确定汽车更新周期？
9. 如何运用现值及投资回收系数估算法来确定汽车更新周期？

参 考 文 献

[1] 陈焕江，胡大伟．汽车运用工程［M］．北京：人民交通出版社，2011.
[2] 陈焕江．汽车运用工程［M］．北京：机械工业出版社，2013.
[3] 储江伟．汽车运用工程［M］．北京：中国林业出版社，2013.
[4] 戴汝泉．汽车运行材料［M］．2 版．北京：机械工业出版社，2012.
[5] 高延龄．汽车运用工程［M］．3 版．北京：人民交通出版社，2007.
[6] 黄会奇．汽车使用性能与检测［M］．北京：电子工业出版社，2003.
[7] 姜玉波．汽车运用基础［M］．北京：机械工业出版社，2012.
[8] 李岳林，王生昌．交通运输环境污染与控制［M］．2 版．北京：机械工业出版社，2010.
[9] 鲁植雄．旧机动车鉴定与评估［M］．2 版．北京：人民交通出版社，2013.
[10] 鲁植雄．汽车事故鉴定学［M］．北京：机械工业出版社，2013.
[11] 马明伟．汽车走合期使用方法浅析［J］．汽车维修，2013，(4)：44－46.
[12] 苗泽青．汽车检测人员岗位培训教材［M］．北京：人民交通出版社，2005.
[13] 潘公宇，盘朝奉．汽车运用工程［M］．北京：国防工业出版社，2013.
[14] 王云鹏，鹿应荣．车辆保险与理赔［M］．2 版．北京：机械工业出版社，2010.
[15] 许洪国．汽车事故工程［M］．2 版．北京：人民交通出版社，2009.
[16] 余志生．汽车理论［M］．5 版．北京：机械工业出版社，2009.
[17] 张西振，黄艳玲，张成利．汽车运用工程［M］．北京：北京理工大学出版社，2011.
[18] 赵英勋．汽车运用工程［M］．北京：国防工业出版社，2013.
[19] 钟志华，张维刚．汽车碰撞安全技术［M］．北京：机械工业出版社，2003.

读者沟通卡

一、申请课件

本书附赠教学课件供任课教师采用，可在**机械工业出版社教育服务网**（**www.cmpedu.com**）注册后免费下载；也可扫描二维码关注“机工汽车”微信订阅号获取课件。

机工汽车	**免费下载** 教学课件、学习视频、海量学习资料 ➢ 扫描二维码，关注“机工汽车” ➢ 点击“粉丝互动”→“视频课件”

二、机工汽车教师群

任课教师可加入**“机工汽车教师群”**，与教材主编、编辑直接沟通交流。**“机工汽车教师群”**提供最新教材信息、教材特色介绍、专业教材推荐、样书申请、出版合作等服务。

QQ 群号码：7348129，本群实施实名制，请以“院校名称＋姓名”的方式申请加入。

三、微信购书

车界瞭望	关注汽车分社微信订阅号**“车界瞭望”**，可直达机工社旗下网络购书平台**“汽车书院”**，第一时间购买新书，获取车界前沿资讯

四、意见反馈和编写合作

联 系 人：赵海青　齐福江　母云红
电　　话：010-88379353、88379160、88379439
电子信箱：13744491@qq.com、502135950@qq.com、2455675943@qq.com
地　　址：北京市西城区百万庄大街 22 号汽车分社
邮　　编：100037